谈迁与《国榷》

郑一奇

　　谈迁（1593—1657），浙江海宁人，明清之际史学家。原名以训，字仲木。明亡后改名迁，字孺木。他"少读国史，辄仰名阀"。万历四十六年（1618）夏赴京考试，再次落榜，认清仕途难进，遂回乡耕读。从吟诗作文转向研习经史。天启元年（1621），他28岁，母亲亡故，守丧在家，读了不少明代史料、史书，发现这些书错漏甚多：如诸家编年体明史"讹陋冗繁"，官修的《明实录》"颇多忌讳""史实失真"。遂以《明实录》为蓝本，参阅有关明代史籍百余种，整理史料，考订史实，编成《国榷》一书。《国榷》是编年体明史，一百〇四卷，卷首四卷。四百多万字。榷，指"渡水的横木"，此处指商讨、商榷。《国榷》即对明代国史的商讨。此书即是对明史的记述，集成国家大事，也寄托作者"明亡之痛"，有对国史的反思。

　　此书从天启元年（1621）开始编写，后六易其稿，天启六年（1626）完成初稿，作者署名为"江左遗民"。此书初稿完成后，未及刊行，于清顺治四年（1647）被偷。谈迁此时已54岁，伤心不止，但仍以惊人毅力，发奋重写。顺治十年（1653），他应清弘文院编修朱之锡之请，携书稿至北京。居京两年半，遍访前朝遗老、皇室、宦官、公侯、门客，搜集遗闻，又大量阅读明代邸报、公文、方志，以充实订正此书。《国榷》从明天启元年（1621）开始编写，至清顺治十三年（1656）完稿，历时35年，几乎耗尽谈迁一生精力。所记史事，起自元文宗天历元年（1328）九月，明太祖朱元璋诞生，终至顺治二年（1645）五月，清兵入南京，福王政权灭亡。共记述了317年的历史。对研究明史，尤其研究明代建州女真及崇祯一朝史，有重要参考价值。

　　《国榷》著述依据《明实录》，但又广征博引，遍览明代私家著述，择善而从，取舍严谨，秉笔公正。参阅"诸家之书凡百余种，苟有足述，靡不兼收"。征引较多，有雷礼、王世贞、高岱、屠叔方、徐学谟、邓元锡等人著述。《国榷》写出了《明实录》因政治考量回避的历史真相。如洪武朝杀功臣之事。又如《明太祖实录》中有关燕王的记录，谈迁指为"政治粉饰"，是当时有意编造的。他认为"史之所凭者实录耳。实录见其表，其在里者，已不可见"，即《明实录》提供的多是表象，而缺少揭示真实原因的史料。如从表象进到真实，还必须辅之其他史料。《国榷》补充了《明实录》遗漏的重要史实，也纠正了《明实录》主观叙述的失误。明末天启、崇祯、弘光三朝，官方已顾不上修《实录》，《国榷》中有三朝编年史。《国榷》对明末史、清初史均有详细记录。

　　明史专家吴晗（1909—1969）在1959年写有《谈迁和〈国榷〉》长文，说："谈迁对史事的真实性态度很严肃，为了求真，不惜一改再改。"此书清代被禁，未刊印，仅有六种手抄本存世。中华书局以张宗祥先生校勘的海宁蒋氏藏抄本为底本，参照四明卢氏藏本对校断句，于1958年将其出版。此为明史研究之盛事，亦展示了中华民族重史、修史之好传统。✤

目

出版史料 丛刊
Publication Archives
2024 年
（新总第 64 期）

主　　编　沈　伟
副主编　卓　玥
责任编辑　程　刚

美术编辑　刘昭弘
封面设计　张慈中

录

图书在版编目（CIP）数据

出版史料. 2024 年/沈伟主编. --

北京：开明出版社，2024.12. --

ISBN 978-7-5131-9357-3

Ⅰ . G239.29

中国国家版本馆 CIP 数据核字第

20248L22A8 号

出版：开明出版社

开本：787mm×1092mm　1/16

印张：14.25

字数：329 千字

地址：北京市海淀区西三环北路

　　　25 号青政大厦 6 层

邮编：100089

电话：（010）88818060

E-mail：cbsl@263.net

版次：2024 年 12 月第 1 版

印次：2024 年 12 月第 1 次印刷

印刷：保定市中画美凯印刷

　　　有限公司

定价：36.00 元

韬奋精神永存

——老三联的革命历程

黄燕生　沈建林　徐　虹

2024 年是近代著名出版家邹韬奋逝世八十周年。1944 年 7 月 24 日，韬奋先生在上海病逝。同年 9 月 28 日，中共中央追认他为中共正式党员，并在唁电中对他的一生给予高度评价：韬奋先生二十余年为救国运动，为民主政治，为文化事业，奋斗不息，虽坐监流亡，决不屈于强暴，决不改变主张，直至最后一息，犹殷殷以祖国人民为念，其精神将长在人间，其著作将永垂不朽。

以韬奋先生为代表的三联书店 1948 年在香港正式成立，而它的前身生活书店、读书出版社、新知书店，早在 20 世纪 30 年代就在中国共产党的领导下，紧密配合党中央抗日统一战线的方针政策，在国民党统治区，积极投入到宣传抗日、普及革命理论、号召和教育群众的工作中，成为革命文化阵地的坚强堡垒。三家书店，坚持为广大的中国人民谋利益，以推动中国社会的进步为宗旨，在经济极其穷困、政治极端险恶的环境中，艰苦创业，艰难奋斗。他们所致力的革命出版事业，成为中国人民文化事业的一个重要组成部分。

一、党领导的革命出版队伍

生活书店、读书出版社、新知书店，自诞生起就受到中国共产党的关注，三家书店都有共产党员在活动，自觉地出版革命理论书籍，宣传党的方针政策。

著名的新闻记者、出版家邹韬奋在革命岁月里以笔为剑，传播真理，主持正义，他不畏强权，创办报刊，唤醒民众。正如周恩来所指出的，"我们党的抗日救国和抗日民族统一战线政策，主要是通过韬奋主编的刊物传播到国民党统治区广大知识分子中去的。韬奋在国统区知识分子中的威望最高。我们党专门在国统区做知识分子工作的领导人，都比不上他"。邹韬奋则说："从武汉到重庆，直到我离开重庆到香港，其后回到上海，转到解放区，我的一切工作和行动，都是在党和周恩来同志指示下进行的。"早在 1938 年，邹韬奋就直接向周恩来提出加入中国共产党的要求。周恩来表示："你现在以党外民主人士身份在国民党地区和国民党做政治斗争，和你以一个共产党员身份所起到的作用不一样，这是党需要你这样做的。"邹韬奋接受了党的决定，自觉地在党的领导下以党外人士的身份为党工作。对此，毛泽东给予高度评价："我们干革命有两支队伍，武的是八路军，文的是邹韬奋在上海办刊物、开书店。"

在三家书店中，生活书店的张仲实，1925 年即加入中国共产党，1935 年初任生活书店总编辑，主编《世界知识》半月刊，组织出版"青年自学丛书""救亡丛书"等。1927 年加入中国共产党的黄洛峰，自 1937 年成为读书出版社的负责人起，就以极大的政治勇气和历史担当，组织出版了《资本论》全译本等书。徐雪寒、钱俊瑞等都是在创办新知书店前便是中国共产党党员，而新知书店自创建起便是中国共产党领导的革命出版机构。

八一三事变爆发，三家书店先后转移到武汉，又至重庆，党员的组织关系归属南方局，正式建立了党的统一领导。自此，三家书店开始在党的关怀和指导下成长、发展。在三联书店同人的回忆录里，在《生活·读书·新知三联书店大事记》与《周恩来年谱》中，我们可以看到关于此的回忆和记录，主要体现在以下几个方面：

首先，从组织系统实现党的领导。党中央十分重视革命理论的出版、宣传工作，尤其是在国统区宣传党的抗日主张和普及马克思主义。在抗日战争十分艰苦的条件下，作为领导核心的政治局仍安排专人负责国统区的图书出版事宜。1937年12月，韬奋从广州绕道广西抵达汉口，在张仲实的陪同下，他到八路军办事处访问周恩来，从此以后，韬奋、生活书店即与中共中央及后来的南方局建立了密切的联系。（《三联书店简史》）

1937—1938年，三家书店负责人的党的关系先是隶属于中共长江局，由凯丰联系、领导，后长江局改为南方局，由徐冰领导。1938年冬，三家书店的负责人徐伯昕、黄洛峰、徐雪寒"为交换业务情况，讨论同国民党斗争的策略，形成经常碰头的制度。有重要的问题和意见则请示南方局后共同执行，南方局指定徐冰为领导三店工作的具体领导人。徐冰担任这一工作直到抗战胜利"。（《生活书店史稿》）

1940年7月30日，周恩来出席中共中央政治局会议，作统一战线工作的报告，指出"救国会、生活书店等是进步分子的组织，他们的成败就是我们的成败，我们不应使同盟者失败。对于非党干部，要说服他们做非党的布尔什维克，不要急于入党"。（《周恩来年谱》）韬奋生前几次要求入党，未能如愿，源之于此。同年10月4日，中共中央南方局会议，讨论内部的分工。会议决定文化工作委员会由凯丰任书记，周恩来任副书记，下设书店、社科、宣传、新闻等组，分别由徐冰、胡绳、冯乃超、潘梓年等负责。（《周恩来年谱》）为了加强党的领导，1940年秋，胡绳任生活书店编审。1943年，时任中共南方局文委秘书长、《新华日报》代总编辑的张友渔，就任生活书店总编辑，同时领导书店内部的中共组织。（《三联书店简史》）黄洛峰则是南方局文委书店组成员。整个抗日战争时期，三家书店在中共南方局领导下开展工作，分别建有自己的支部，进行组织活动。1947年，由于反动派的迫害日益猖獗，三家书店人员在党的安排下大部分转移香港，组织关系转为中共港澳工委领导。

其二，中共中央领导人多次会见书店的负责人，给予具体的工作指导。1938年11月，救国会领导人、读书生活出版社的创建人李公朴等人访问延安，28日毛泽东前往招待所看望他们，就国统区文化出版工作的发展方向进行了亲切交谈，鼓励书店克服战时条件和政治环境造成的困难，真诚地做好服务工作，满足大后方读者的需要，同时指示书店要向游击区谋发展，派人到敌后抗日根据地开展工作。

周恩来更是在抗日战争时期和解放战争时期，对处于大后方隐蔽战线的三家书店时时处处关心，事无巨细地悉心指导，并给予经济上的支援。早在1938年4月下旬，他同《救亡日报》负责人夏衍谈办报方针时，就指出"办报要学习邹韬奋办《生活》周刊的作风，通俗易懂，精辟动人，讲人民大众想讲的，讲国民党不肯讲的，讲《新华日报》不便讲的"。（《周恩来年谱》）

周恩来的很多指示非常具体，如怎样在国统区的困难环境下将合法斗争与地下斗争相结合，哪些人出面、哪些人不出面，等等。

根据《周恩来年谱》，周恩来先后约韬奋到重庆曾家岩50号，传达给他党中央对白区文化工作的指示，约三家书店负责人黄洛峰、徐伯昕、徐雪寒，商议国统区书店工作人员的撤退问题，以及三家书店派人到敌后开办书店、加强解放区的出版事业等事宜。（《周恩来年谱》）1940年夏，周恩来又一次约三店负责人谈话，指示他们以民间企业的形式去延安和华北敌后开办华北书店，开展图书出版发行工作，并由党组织拨给华北书店流动资金。遵照这一指示，三家书店几次派人到晋东南、延安、江西、福建、浙江等地开设书店或文具店，出版发行革命理论书籍，或作为隐蔽战线的交通站。（《周恩来年谱》）

1940年冬、1942年8月、1943年夏，周恩来还多次听取三店负责人汇报工作并做出相关指示。1942年8月，周恩来听取徐伯昕关于生活书店在国统区出版机构的布局和工作进展情况的汇报后，"指示说：在投资合营和化名自营的出版机构中，务必要区分一、二、三三条战线，以利于战斗，免于遭

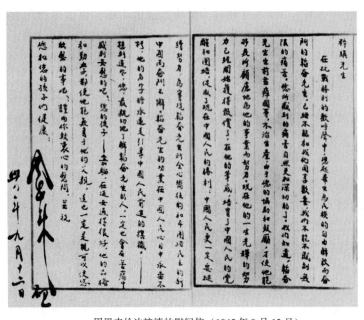

周恩来给沈粹缜的慰问信（1945年9月12日）

受更加严重的损失。后来书店遵照这一指示，将已办机构逐一排队：第一线出版机构是在政治上冲锋陷阵，准备牺牲的；第二线偏重于出版理论性的书籍；第三线以出版工具、技术或者历史、中外文学书籍为主，采取稳重、隐蔽的作法"。（《周恩来年谱》）

1943年，周恩来"在重庆听取新知书店沈静芷关于中共在桂林地区出版工作情况的汇报，关注生活、读书、新知三家书店留在桂林干部的安全情况。指出将来在日军大举进攻、国民党溃退时，桂林出版机构应部署撤退。届时可以分两路，一路由陆路向西撤到重庆；另一路，由水路向桂东撤，那边是山地，地势好，是打游击的好地方，必要时，可组织当地人民干。回去告诉三家书店的同志，要吸取1938年湖南长沙大火撤退时的严重教训，提高警惕，事先做好准备。撤，就是要大家去撤革命的文化火种。1944年，三家书店即遵照周恩来这个指示，分两路疏散"。（《周恩来年谱》）

1944年7月24日，韬奋先生因病在上海去世。徐伯昕携带韬奋遗嘱，秘密到中共华中局报告，请求将遗嘱送往延安。党接受了韬奋临终前的请求，接受他为中共党员，徐伯昕也在此时实现了他的入党愿望。周恩来向中共中央建议并亲自组织追悼大会，他致信韬奋夫人沈粹缜："在他（韬奋）的笔底，培育了中国人民的觉醒和团结，促成了现在中国人民的胜利。中国人民一定要继续努力，为实现韬奋先生全心向往的和平、团结、民主的新中国而奋斗不懈。"（《周恩来年谱》）

1948年6月6日，周恩

来致电章汉夫转胡绳告三联书店负责同志，对书店工作做出指示。1949年3月，黄洛峰去河北西柏坡和陆定一一起，向周恩来汇报出版战线面临新的形势和要求，周恩来当即做了重要指示："出版工作需要统一集中，但是要在分散经营的基础上，在有利和可能的条件下，有计划地、有步骤地走向统一集中。"

其三，抗战中和抗战胜利以后，党组织在国统区和解放区先后几次拨给三店流动资金，这是三店在经济上能够支撑下去的一个最基本的条件。据黄洛峰在1978年国家出版局座谈会上回忆，1939年南方局拿出两万元钱以沈钧儒的名义交给读书出版社入账以资出版，1973年给三联老同志的信中他就提到此事，"三九年（至迟四〇年春）南方局（当时对外一般称八路军办事处）曾拨给'读生'两万元资金，其后又拨过几次（生活、新知具体情况我不清楚）。1945年成立三联后，解放区各地拨款更多"，"四九年我们曾要三联总管理处算过一笔账，截至当时，三联资金总额，公家约占百分之八十，私资约占百分之二十。三联在解放前，政治上是党领导的，经济上是公私合营的（私资是我们拉来的，解放前从未发过股息，也未分过一文红利；解放后也从未给私资定息，私资也都上交国家了）。这些事，在解放前是绝密的，所以我从未向社内的人透露过（即使对党员，也未透过……）我之所以要把这些情况简告你，无非是为了使你知道，没有党的领导，没有党在各个时期拨给资金，三联特别是'读生'，是不可能支撑到解放的"。另外，1944—1945年抗战胜利前夕，徐伯昕曾用向地下党借的十根金条，以千字百元预付稿酬，接济不与日伪合作的作家，又在上海日伪倒台之际，神奇般地迅速恢复生活书店。

其四，党中央不仅对三家书店的出版业务给予指导，也十分关心队伍建设和人员的培养。《周恩来年谱》中有这样一段记载："1939年4月，为加强党的建设，巩固党的组织，中共中央南方局从本月起先后在重庆机房街70号和红岩嘴13号举办党员训练班，学习政治形势、党的方针任务、马列主义基本理论、社会发展史等课程。周恩来、董必武、博古、凯丰、邓颖超等为学员讲课。"在三联人的回忆和《生活·读书·新知三联书店大事记》中，也都有记载，三家书店曾数次请周恩来同志到书店作时事报告，讲解党的目标、方针和任务。其他中共领导人朱德、董必武、叶剑英、徐特立、博古、凯丰等也多次被请去演讲。这是党领导书店的特殊形式，在不同层面，对书店的出版工作起到了引领作用。

1949年3月，三联书店迁到北京。7月18日，《中共中央关于三联书店今后工作方针的指示》明确指出，"三联书店（生活书店、读书出版社、新知书店），过去在国民党统治区及香港起过巨大的革命出版事业主要负责者的作用""三联书店与新华书店一样是党的领导之下的书店"。

上海辣斐德路(今复兴中路)生活周刊社(1926年)

重庆民生路读书出版社（1939 年）

1983 年 5 月 26 日，中共中央组织部再次发文，指出："生活书店、读书出版社、新知书店及其联合后的三联书店，在建国前实际上起到了我党在国民党统治区的出版发行机关的作用。其性质与新华书店一样，其工作是在我党领导下进行的，其经营目的是宣传马克思列宁主义和我党的方针政策，在扩大革命影响、唤起广大青年投身革命、冲破国民党反动政府的文化围剿等方面做了大量工作。"（《关于确定党的秘密外围组织、进步团体及三联书店成员参加革命工作时间的通知》，中共中央组织部　组通字〈83〉34 号）

以上文件明确了三联书店是在党的领导下开展工作的，是党在国统区出版工作的主要负责者。三联书店与延安及解放区的革命出版机构密切配合，对中国人民的解放事业做出了不可替代的历史性贡献。

但是现在很多人不了解这段历史，把 20 世纪三四十年代的三家书店仅看作是进步书店。为什么？笔者认为，有以下几个原因：

（一）党中央在特定的历史阶段，对在敌占区和国统区的地下工作者有 16 字方针："隐蔽精干，长期埋伏，积蓄力量，以待时机。"周恩来也经常教导在隐蔽战线上奋战的同志"有苦不说，有气不叫，顾全大局，任劳任怨"。这些优秀党员严守党的秘密，无论是对敌还是对友，均守口如瓶，既保护了自己，也保护了组织、同志和朋友。即使在中华人民共和国成立后，很多人仍然遵守党的纪律，没有讲出当时三家书店在党的领导下的实情。

（二）共产党人和党的出版机构，以不同的身份和隐蔽的方式活跃在复杂险恶的政治环境中，是党在特殊历史阶段的斗争策略。汉奸出没、特务遍地的险恶环境下，以民主人士、进步分子的形象出面活动，更容易团结社会各方面的人士，动员群众，争取到朋友，扩大统一战线。进步的色彩只是为了取得合法身份的斗争方式，而吸收私人资本也是一种经营之道。

（三）在隐蔽战线奋斗的革命前辈，一贯秉承党的教导，保持"谦虚谨慎，不骄不躁"的优良作风，即使在和平时期，即使到了晚年，仍把自己与敌机智周旋、英勇斗争的事迹当作很普通的事情看待，认为这是自己的职责所在，没什么值得吹嘘的。韬奋生前五次流亡，他和李公朴、徐雪寒都进过国民党的监狱，前两位还在新中国成立前牺牲了生命；徐伯昕被抄过家，被追查是否是共产党；黄洛峰进过日本的拘留所，被关押在上海的提篮桥监狱一年半。在这样危难当头的斗争环境中，很多身边的领导、战友、亲朋都献出了宝贵的生命，活下来的人，亲身经历了中华人民共和国的成立，他们已经很满足，也感到很幸运了，他们更关心的是如何在新的历史时期为党和人民做出新的贡献。

二、以书刊为武器坚持革命斗争

20世纪上半叶的中国灾难深重，内有军阀混战，外有强敌入侵，人民处于水深火热之中。关心国家和民族命运的先进知识分子们，苦苦寻求救国之道。他们广泛吸取中外文明和学术文化营养，引进西方先进理论，借鉴外国改造社会的成功经验，宣传科学知识，意在唤起民众，改造政治，改造社会。生活书店的创始人邹韬奋、胡愈之、徐伯昕等，读书出版社的创始人李公朴、艾思奇、黄洛峰、郑易里等，新知书店的创始人钱俊瑞、徐雪寒、华应申等，就是这样一批先进的知识分子，他们把个人的前途与命运与祖国紧密地联系在一起。

1925年10月，中华职业教育社在上海创办《生活》周刊，翌年韬奋接任主编，它"拥有着中国出版界历史上空前未有的广大读者"，"销行到国内各地和南洋、日本、欧美各国"。（徐伯昕《国统区革命出版工作·1949年10月6日在全国新华书店出版工作会议第五次大会的报告》）1932年7月，在生活周刊社的基础上成立了"生活出版合作社"，对外称"生活书店"，此后发展成有56家分支店的全国性出版社，并在海外设有分店。

由于主张抗日御侮，反对国民党的书报检查制度，

宣传民主，宣传社会主义理论，生活书店和它出版的书刊经常被查封、禁止发行，韬奋也被迫远走异国他乡。1935年5月，发生了震惊中外的"新生事件"，生活书店出版的《新生》周刊被迫停刊，主编杜重远被判刑，引发群情激愤。韬奋于1935年8月底回国，11月16日《大众生活》周刊面世，重整《生活》《新生》旗鼓，锋芒直指日帝，把抗日救亡的号角吹得更加嘹亮。《大众生活》创刊不久，北平的爱国学生发动了"一二·九"运动，韬奋立即予以热烈的声援和支持。在《大众生活》上以最大的篇幅来报道这个运动，并采用北平学生在宣武门前持喇叭筒宣讲的女学生（陆璀）照片用影写版印作封面，助长其声势，来推进这个运动广泛深入的发展。在民族危机空前的时候，读者反响强烈，其影响甚至超过当年的《新青年》，销量达20多万册。1936年2月29日《大众生活》被查禁，不出十天，代之而起的《永生》周刊继续着救亡的呼号，6月27日又被迫停刊。就在《永生》停刊前，1936

茅盾主编的《文艺阵地》书影

邹韬奋、柳湜编辑的《全民抗战》三日刊书影

年6月7日韬奋主笔的《生活日报》在香港出版，销量达两万余份，创香港一般报纸发行量三倍的纪录。55天后，该刊重返上海改出《生活星期刊》，是为《永生》的继续。

1937年，因"七君子"事件被捕后被无罪释放的韬奋投入了抗日救亡的新战斗。经过昼夜的奋力筹备，8月19日，由他主编的《抗战》三日刊在上海创刊。他在《抗战》三日刊上写道："在这整个民族生死存亡的最后关头的时候，个人的前途与国族的前途已混织在一起而无法分离。个人的前途只有在争取国族前途里面得到。国族如没有前途，个人即得苟存生命，过奴隶生活，也是生不如死。故为国族争光明的前途，必要时虽牺牲个人而无所怨悔。"

1938年4月，茅盾主编的《文艺阵地》半月刊和胡愈之主持的《国民公论》旬刊，相继在当时的政治文化中心武汉出版，明确提出抗日救亡团结统一的主张。7月，《抗战》三日刊与沈钧儒等主持的《全民周刊》合并成《全民抗战》三日刊，韬奋以"本社同人"名义在创刊号上发表《〈全民抗战〉的使命》，指出该刊的任务有两个："一是巩固全国团结，提高民族意识，灌输抗战知识，传达、解释政府的国策，剖析国内政治、军事、经济、文化以及国际之情势，为教育宣传的任务。""另一是使政府经常听到人民的声音，民间的疾苦，动员的状况，行政的优劣，使政府在领导抗战、实施庶政上得到一种参考，为我们政治的任务。"8月19日起曾增出"保卫大武汉特刊"13期，但10月武汉沦陷后，《全民抗战》迁重庆改为五日刊继续出版，直至1941年2月被迫停刊。

早在1939年1月，国民党五届五中全会上即有人惊恐地说："生活书店的书籍，虽在乡村僻壤，随处可见，可谓无孔不入，其势力实在可怕，而本党的文化事业却等于零，不能和它斗争，所以非根本消灭它不

可！"此时，生活书店的影响已呈燎原之势，招致国民党的忌惮和封杀的决心。皖南事变后，国民党接连对生活书店进行各种查封，生活书店40多人被捕，56家分店只剩下陪都重庆的分店，韬奋再次流亡。根据中共"隐蔽精干，以待时机"的方针，生活书店疏散人员，化整为零，分散经营，改头换面，采取合作等多种形式，统筹调度敌后根据地、国统区、沦陷区和海外的出版发行工作，以此对抗国民党对进步文化的围剿。于是，韬奋与夏衍等大批文化名人及出版工作者转移到香港。5月17日，《大众生活》复刊，开始了香港沦陷前长达八个月之久的奋斗。

"生活"以马克思主义经典著作及中外文学名著等挥动思想的大旗，"读书"则以出书起家，译书立名。读书出版社的前身是1934年创刊的《读书生活》半月刊，该刊普及文化知识，宣传进步思想，从事救亡工作，在新文化运动中产生了极大的影响。1936年，主编李公朴因"七君子"事件入狱，《读书生活》被查封，迫于形势，出版社改组，由艾思奇任总编辑，郑易里任董事长，黄洛峰任经理，李公朴转任董事。

改组后出版的第一本书就是原先在《读书生活》上连载的艾思奇的《哲学讲话》。此书影响极大，改称《大众哲学》后，虽一再被查禁，但销售依然火爆，1938年出第10版，到1948年出了第32版，成为出版史上的传奇。1936年10月，远在陕北山沟里的毛泽东写信给在西安的叶剑英和刘鼎，内容包括要他们采购既"通俗"又"有价值"的"社会科学自然科学及哲学书"，"作为学校（此时红军大学已经成立——笔者注）与部队提高干部政治文化水平之用"，并点名要《大众哲学》。（刘大明《谈〈大众哲学〉66年的出版》）在财薄力弱且政治环境极其险恶的情况下，"读书"诸贤竟然提出翻译《马克思恩格斯全集》的计划。没有资金怎么办？

读书出版社出版的《资本论》书影

郑易里兄弟用自家做生意赚的钱资助出版社3000元，黄洛峰在亲友中筹集了1000元，他们再从中提取2000元单立账户，每月向译者郭大力、王亚南各预付80元版税。此举大大增强了译者的信心，郭大力在"译后跋"中写道："我们应当感谢郑易里，他不仅是这个译本出版的促成者和执行者，而且曾细密地为这个译本担任校正工作。"

1937年10月，黄洛峰带领读书生活出版社大部分人员转移汉口，郑易里和少数同事则留守上海，继续《资本论》的排版印刷。1938年，这部200多万字三大卷精装本巨著问世，首版2000套，在"人类思想的光辉的结晶，政治经济学不朽的宝典"的广告词鼓吹下很快售完。该书一再加印，并通过秘密渠道送到了红色首府延安。此前的1937年8月，读社的《生活学校》半月刊改为《战线》五日刊，创刊号全文刊载八路军总指挥朱德、副总指挥彭德怀的就职通电。以上这些创举都是读书出版社在从上海到武汉，再至重庆的不断迁移、变动中，在"国民政府"眼皮底下完成的。这份胆识为后世出版家所敬佩。

除了《资本论》，读社在抗日战争时期出版的马克思主义经典著作还包括《剩余价值学说史》《唯物论与经验批判论》等；期刊有《学习生活》《文学月报》《新音乐》等；

另有许多政治、社会、文化著作和知识读物，如《哲学选辑》《新哲学大纲》《论民主革命》等，教育启蒙了大众，广受读者欢迎。

新知书店成立于1935年，前身是《中国农村》半月刊（后改为月刊）。与"生活"和"读书"不同，"新知"聚集了一批马克思主义经济学家，他们以经济论文结集出版的形式与敌人论战，在学术思想领域进行斗争，旗帜鲜明地向广大读者介绍马克思主义理论知识，特别是政治经济学和农村问题的基本知识。此外，出版了一些期刊，如《新世纪》《语文》等，以及吴清友翻译的《帝国主义论》等。这些书刊都有助于广大读者了解和探讨当时的国际形势和国内半封建半

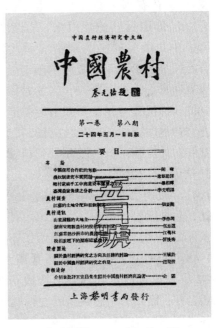

《中国农村》（1935年5月1日）

殖民地的社会性质，从而认识到自己肩负的历史责任。

1937年"八一三"淞沪抗战后，新知书店从上海迁至武汉，在这一抗战重镇得到迅速发展。中共中央长江局决定，将新建立的中国出版社的出版发行任务交由新知书店承担，后者便以"中国出版社出版，新知书店总经售"的形式出版发行。1938年初到1941年初的三年间，武汉、重庆两地印行的中国出版社图书大约四五十种，大多为马克思主义经典著作和党的文献，对抗日救亡和革命理论在中国的传播起了重要作用，成仿吾、徐冰合译的《共产党宣言》全译本就是在此期间出版的。

中国出版社的书籍，后来多为中共中央长江局和南方局从延安运来纸型，由新知书店在武汉或重庆印制；也有两局直接撰写或编辑的，如毛泽东著《毛泽东救国言论选集》和《关于团结救国问题》、吴玉章著《吴玉章抗战言论集》、凯丰编写《什么是马克思主义》《中国共产党党章》（中共六大通过的党章），还有列宁的《共产主义运动中的"左派"幼稚病》《论反对派》《国家与革命》等。中共中央的机关刊物《解放》周刊，曾在国统区由新知书店以中国出版社的名义按期印行；为扩大影响，广为宣传中国共产党的团结抗战主张，新知书店香港办事处也有选择地印行中国出版社的图书，让港澳同胞和海外侨胞有机会及时听到祖国人民抗战的声音。

1941年皖南事变后，国内分店只剩下重庆一处，除继续用"新知"名义出书外，还设立了远方书店、实学书局，出版了不少书籍。1945年抗日战争胜利，总店迁回上海，但1947年底又被迫迁到香港。从成立至之后三店合并，新知书店总共出版发行期刊10种，各类图书200多种，影响较大的主要有毛泽东著《论持久战》《在延安文艺座谈会上的讲话》，徐懋庸、徐冰、何干之等合著《社会科学基础教程》，翦伯赞著《历史哲学教程》、中国现代史研究会编《中国现代革命运动史》、吴大琨著《怎样做战地工作》、罗琼著《怎样动员妇女》、光未然著《街头剧作集》，以及"救中国小丛书""战时问题丛书"等。

1948年，解放战争节节胜利，为适应革命形势发展的需要，根据中共中央的指示，三家书店彻底合并，生活·读书·新知三联书店诞生。

整个抗日战争时期和解放战争时期，三家书店初期的出版物就有1600多种，每种印数在5000或10000册以上，且被抢购一空。生活书店出版的《战时读本》，深入浅出地科普抗日救国知识，专供各地小学作为教材使用，读者群还有工人、农民、部队士兵，重版多次，印数近千万册（《生活书店史稿》）。

在大后方，三家书店分别在各大城市建立了自己的发行网，最多时分支店共有70多处，遍及14个省份；针对中小城市和乡村，

成仿吾、徐冰合译的《共产党宣言》全译本书影

采用设立办事处和流动供应的办法、教育群众、发动群众、推动群众参加到抗日的实际斗争中去，甚至发展到前线，深入到敌后。三家书店不仅出版了大量通俗读物，还出版了对广大读者有着深远影响的《生活》《新生》《大众生活》《读书生活》《中国农村》《新世纪》等期刊和马列经典著作、社科理论著作、文学艺术著作。三家书店在宣传阵地和意识形态领域也发挥了巨大作用，作出了不可磨灭的贡献，同时付出了惨痛的代价。皖南事变后，三家书店遍布全国的七八十家分支店，除重庆一地的新知书店分店，全部被查封；出版物遭到没收、检扣或被迫开天窗，工作人员的安全无任何保障，随时遭到毒打和逮捕，有些同志惨死在狱中。"中国近20年来的进步文化工作，在国民党反动派统治下，可说是受尽了压迫和摧残，凡是法西斯独裁集团所惯用的最残酷的、最无耻的手段，我们都已经遭受过了"。"我们牺牲了许多的革命文化干部，损失了无数的革命人民的财力。搜查、封禁、捣毁等白色恐怖，已成了革命出版工作者常常要经受的考验。但是，我们没有屈服，没有低头，更没有退缩，我们始终坚持着""我们从多年的摸索中找到了真理，中国的文化只有走上新民主主义的道路才有前途"，只有在党的领导下，才能获得最后的胜利。因此，三家书店没有被压垮，恰恰相反，得到了更多的社会同情和支持，影响越来越大；这支文化生力军总能突破国民党的围剿，将出版物呈现在读者大众的面前。

在荆棘丛生、举步维艰的道路上，生活·读书·新知三联书店大义凛然、激流勇进，生活书店店训"竭诚为读者服务"，深深扎根于群众之中，加之党的直接领导和

沈静芷（左）、黄洛峰（中）、徐伯昕（右）
主持三店合并成立三联书店（1948年，香港）

部署，使三家书店闯险滩、绕暗礁、走向胜利。

三、为革命出版事业献身

从20世纪30年代成立起，生活、读书、新知三家书店就不断地遭遇警告、查禁、查封、停刊、停业、取缔。据不完全统计，抗日战争如火如荼之时，三家书店本店、各分店，被迫停业竟达50次之多！各种出版物，遭到查禁、停刊有200多种，而书店的员工，更是付出了惨重的代价。有的被日寇、国民党反动派逮捕、杀害；有的在压迫折磨下积劳成疾，过早离世。

从抗日战争到新中国成立，三家书店为国捐躯者达38位，他们中绝大多数是共产党员，绝大多数才20岁出头，平均年龄29岁；如果6位40岁以上者不计在内，平均年龄25岁，最小的21岁。其中有4位国家级知名烈士邹韬奋、李公朴、杜重远、朱枫；正式评定烈士身份的24位；殉难，但没有烈士身份或未能查明烈士身份的6位；因公或积劳成疾以身殉职的8位。他们有的在日军对重庆的大轰炸中，为保护书店遇难；有的在书店遭封时被捕，狱中为保护书

四位被国家追认的烈士：邹韬奋（左上）、杜重远（右上）、李公朴（左下）、朱枫（右下）

店和同仁受尽折磨坚贞不屈，不幸病故；有的在重庆歌乐山刑场献身；有的在抗日战场上流尽最后一滴鲜血。1949年前逝世的"老三联"前辈，就目前所知至少还有11位，由于史料中可供查找线索太少，无法查明去世原因，现已知其中两位是共产党员。

以下是三家书店为中国的抗战和革命文化事业牺牲烈士和殉职者名单。

生活书店牺牲、殉职者23人，除患耳癌病逝的邹韬奋和被反动军阀盛世才杀害的杜重远外，其他牺牲或殉职人员有：

王永德（1916—1936），因公殉职；钱亦石（1889—1938），积劳成疾，不幸病逝，烈士；柳乃夫（1919—1939），牺牲在抗日战场，烈士。何中五（1914—1939），烈士；黄晓萍（?—1939），被捕入狱，营救出狱后病重殉职；孙梦旦（1911—1939），劳累过度殉职；陈元（1914—1939），因病殉职；毕子桂（1914—1940），遭日军空袭，手术中停电殉难；凌毓俊（1916—1941），皖南事变中牺牲，烈士；陈冠球（1916—1942），烈士；周名寰（1921—1942），书店查封时被捕，牺牲狱中，烈士；方钧（1914—1942），烈士；殷益文（1920—1942），烈士；陈树谷（1916—1944），烈士；冯景耀（1923—1945），在战斗中牺牲；诸克（1921—1945），烈士；华风夏（1918—1949），烈士；岳德明（1921—1949），1949年被捕，牺牲于重庆歌乐山松林坡，烈士；陈君元（?—?），因病殉职；戴绍钧（1917—1940），烈士；戴耀德（?—1940），生活书店香港分店员工，1940年加入新四军，牺牲。

读书出版社牺牲、殉职者5人，除遭国民党特务暗杀不幸牺牲的李公朴外，其他牺牲或殉职人员有：

王兰芬（1919—1943），女，因病殉职；张汉卿（1917—1948），又名张汉清，在狱中牺牲；蒋绍先（1925—1948），原名蒋仲明，烈士；却有模（?—?），在滇南战斗中牺牲。

三家书店牺牲的四位烈士：诸克（左上）、殷益文（右上）、王兰芬（左下）、吴渊（右下）

新知书店牺牲、殉职者 8 人，除被叛徒出卖而牺牲在台北马场町的朱枫外，其他牺牲的有：

钱岐（1914—1938），在日军扫射中牺牲；吴渊（1898—1939），烈士；王伟生（1911—1942），原名王维新，又名沈忠，烈士；王宏（？—1942），因病殉职；张晓初（1913—1944），烈士；王福和（1922—1944），烈士；陈少淳（1918—1944），烈士。

生活·读书·新知三联书店牺牲两人：

于涛（？—1951），在朝鲜战争中牺牲；黄荣灿（1920—1952），著名版画家，三联书店台北分店店长，被害于台湾。

四、革命出版事业主要负责者

生活书店、读书出版社、新知书店在党的关怀和领导下，探索出一条适合自己发展的道路，经过艰苦奋斗，从十几人的小小出版机构发展成数百人的全国性庞大组织。

抗日战争时期，三家书店分别从大后方国统区发展到沦陷区，又扩展到延安、晋东南、苏北、苏中等抗日根据地，创建了大众书店、华北书店等近 20 家分支书店或合作机构。解放战争时期书店事业更是得到迅猛发展，在国统区三联的分支书店就有重庆三联书店、广州兄弟图书公司、上海三联贸易机构、台北新创造出版社、昆明茂文堂、北平朝华书店等十多家。山东解放区开辟了烟台、石岛、潍坊、济南 4 家光华书店；东北解放区开辟了大连、齐齐哈尔、长春、佳木斯、哈尔滨、沈阳等 9 家光华书店；华北、华东分设的书店有 6 家；香港、平壤也成立了分店，总计有 30 多家。

生活书店、读书出版社、新知书店从诞生之日起，就高举宣传抗日救国的大旗，传播革命的真理，普及先进的科学文化知识，周围聚集了大批的先锋知识青年，他们呼风唤雨，改造着社会也发展着自己，奏出了激荡时代的最强音，造就了一大批 20 世纪出版界、文化界、知识界叱咤风云的名字：邹韬奋、胡愈之、徐伯昕、胡绳、李公朴、艾思奇、黄洛峰、郑易里、钱俊瑞、徐雪寒、薛暮桥、沈静芷……

三家书店以不畏强暴、捍卫真理的斗争精神，吸引、凝聚了一大批中国著名的文学家、法学家、教育家、思想家，像沈钧儒、鲁迅、郭沫若、侯外庐、艾思奇、巴金、茅盾、朱自清、郑振铎、老舍、丁玲、郁达夫、叶圣陶、傅雷等；还云集了一批国际政治、经济学方面的专家学者，像沈志远、张仲实、金仲华、钱俊瑞、薛暮桥等。这些在中国近代史上无人不知的社会名流，既是书店的读者，也是书店的作者，为书店的发展立下汗马功劳。

20 世纪 30 年代开始，三家书店在国统区不畏艰辛，出版发行了对广大读者有深远影响的图书、报刊，这些构成了中国现代出版的红色基调，成为进步出版事业的主流，在社会上激起了巨大反响，吸引了大批进步人士特别是青年，唤醒了人们的民族意识、革命意识。很多人就是读了这三家书店的书走上革命道路的。中华人民共和国原副主席王震曾说："在中国黎明前的黑暗里，这几家书店像几盏明灯出现了。它们传播马列主义、毛泽东思想，传播周恩来、刘少奇、朱总司令等中央领导同志关于建立抗日统一战线、打败日本帝国主义、建立新中国的言论。它们出版的书刊，给我们这些拿枪杆子的人提供了精神食粮和精神武装。"（《三联书店简史》）徐伯昕回忆道："当时，各地进步书店的门市部，尤其是三店（生活、读书、新知三店）的门市部，读者都是拥挤得只见人头攒动，抢购他们热爱的、对他们增进知识有帮助的、对他们政治认识和思想上能获得指导的（书刊）。"（同上）著名党史专家龚育之在回忆自己年轻时代走上革命道路时，就提到三联书店对他的影响（范用、刘大明主编《出版家黄洛峰》）。三家书店的大名在国统区的读者中广为流传，可谓"天下谁人不识君"，本店、分店常常是顾客盈门，新书刚一上市，便告售罄。许多读者甘冒被特务跟踪的危险，到书店寻求真理之书。

同时，三家书店利用合法身份，努力团结出版界同仁并扩

上海北四川路上的新知书店（1947年）

展到文化界、学术界、工商界，广交朋友，在国统区实践党的统一战线政策，成为党的得力助手。1943年12月，根据周恩来的指示，以生活、读书、新知三家书店为核心，成立了重庆新出版业联合总处，不久成员就发展到20余家，联合出版同业谋生存求发展，开展了轰轰烈烈的拒检运动。抗战胜利时，新出版业联合总处旗下已有50余家出版社，为以后的民主运动取得胜利成果打下基础，也为新中国的出版事业打下基础。

书店又是党的秘密交通站，将最新出版的书报和一些紧缺物资如纸张、医药、仪器等秘密输送到延安、抗日敌后根据地，解决了根据地缺教材、读书难、物资匮乏等问题。也有很多青年信任书店，通过书店的介绍或联系，去延安和抗日根据地、解放区参加革命。方志敏烈士狱中所写《可爱的中国》等文章和给党的信，传递者就是仅凭着生活书店的声名和对书店的信任，悄悄找到书店要求传递给党。

书店不仅引导大批知识青年走上革命道路，也培养出一批理论家、文学家、诗人、经济学家和出版家。这些人在新中国的建设中，继续发挥作用，特别是在新的历史转型时期，为推动计划经济转向市场经济振臂高呼，像新知书店那群年轻的经济学家钱俊瑞、徐雪寒、薛暮桥、孙冶方、骆耕漠等。著名学者季羡林曾说："我常常感到，国有国格，人有人格，书店也有店格。这个'格'绝不是一朝一夕一蹴而就地形成的，而是要经过长时间的培育和酝酿才逐渐被广大群众接受的。我，作为一个老知识分子，经过了多年的观察与思考，把我心目中的三联书店的'店格'归纳为八个字：清新、庄重、认真、求实。"（《三联书店简史》）还有人说："一部三联的历史就是半个世纪以来中国知识分子的精神史。……在中国出版界，具有标志鲜明的标志性出版风格的出版社是不多的，三联书店就属于其中的凤毛麟角。"这一评价应当是恰如其分的。

在拨乱反正的1978年2月3日，《人民日报》刊发了三联老前辈陈原的文章《驳所谓"三十年代黑店"论》。文章指出："三十年代在我党领导下的白区出版工作，是三十年代白区文化运动的一个组成部分。关于'五四'以后到抗日战争时期的白区（国民党统治区）进步文化运动，毛主席早在1940年就做了科学的总结。毛主席说：'二十年来，

这个文化新军的锋芒所向，从思想到形式（文字等），无不起了极大的革命。其声势之浩大，威力之猛烈，简直是所向无敌的。其动员之广大，超过中国任何历史时代。'""周总理还亲自指示在白区坚持工作的出版人员，执行毛主席、党中央规定的白区工作'隐蔽精干、长期埋伏、积蓄力量、以待时机'的总方针，具体部署了第一线出版机构（态度比较鲜明）和第二线出版机构（保护色比较多），以适应新的斗争环境的需要。就在1940年这一年，毛主席还亲自规定了每个根据地都要建立印刷厂，出版书报，组织发行和输送的机关。这样，我们党就有了根据地和白区两支革命的出版队伍，在不同的战场上，互相呼应，互相支持，为着共同的革命目标，进行艰苦卓绝的斗争。"

"据统计，建国前国内共出版红色读物400余种，而生活书店、读书出版社、新知书店就出了200种，其余为解放区的出版社所出。"可以说，诞生于国土沦丧、民生凋敝之时，三家书店从事的绝不是一般的文化出版事业，而是一方面团结进步的作家、翻译家，向广大读者传播抗日救亡思想，另一方面以启蒙为号召，影响广大民众，特别是青年读者走上革命和进步的道路，对马克思主义在中国的传播起到了至关重要的、无可替代的作用。说三联书店曾经是中国的"红色出版中心"，恰如其分。（《三联书店简史》）

三联老前辈陈原的文章强调："在这里有必要讲一下邹韬奋同志。他主编的《生活周刊》等杂志，团结和教育了千千万万爱国知识分子，吸引他们走向进步和革命，在海内外有重大影响。他被国民党反动派迫害，坚贞不屈，颠沛流离，转到解放区后，又被重病（癌）折磨，于1944年逝世。他在1944年6月2日病危时口述遗嘱中说："我自愧能力薄弱，贡献微少，二十余年来追随诸先进，努力于民族解放、民主政治和进步文化事业，竭尽愚钝，全力以赴，虽颠沛流离，艰苦危难，甘之如饴。此次在敌后根据地视察研究，目击人民的伟大斗争，使我更看到新中国光明的未来。我正增加百倍的勇气和信心，奋勉自励，为我伟大祖国与伟大人民继续奋斗。但四五年来，由于环境的压迫，我的行动不能自由，最近更不幸卧病经年，呻吟床褥，竟至不起。但我心怀祖国，眷念同胞，愿以最沉痛迫切的心情，最后一次呼吁全国坚持团结抗战，早日实行真正的民主政治，建设独立自由幸福的新中国。"

1944年11月15日，毛泽东为韬奋逝世题词："热爱人民，真诚地为人民服务，鞠躬尽瘁，死而后已，这就是邹韬奋先生的精神，这就是他之所以感动人的地方。"1949年7月，在北京举行韬奋逝世五周年纪念会时，周恩来为纪念会题词："邹韬奋同

邹韬奋创办和主编的报刊及重要著译书影

我国经济体制由计划经济转入市场经济之后，出版业也随之按市场体制进行了深层次的体制改革，出版社除人民出版社、盲文出版社和几家少数民族出版社之外，均由事业单位转为企业，图书市场也全面放开，中国出版业出现了一派新的景象，出版集团、发行集团、上市公司，以新的书业形象出现在市场，市场调节的作用逐渐显示出优胜劣汰的威力，书业界的竞争日趋激烈。

窗户打开了，进来了新鲜空气，自然也会钻进来一些苍蝇蚊子。市场竞争给书业带来的一个严重问题是开放不统一，竞争而无序。图书作为明码标价的特殊商品进入市场销售，"折扣仗"把它贬值成同变质的烂白菜一样论堆卖；网上书店自相残杀做亏本生意，导致实体书店难以维持生计，大面积关门转产。

行业发展需要良好环境，企业竞争需要公平规则。从总署领导、协会到出版社、书店，急切盼望立法立规，在立法立规一时难以实现的情况下，急需建立一个行业交易规则。《图书公平交易规则》（以下简称《规则》）就是在这种情况下应运产生。我有幸直接参与了《规则》的起草、修改到发布的全过程。

一、《规则》制订的背景

《规则》是2007年下半年，在新闻出版总署副署长阎晓宏亲自指挥下，由新闻出版总署发行司牵头，组织业内人士起草。当时动议制订这个《规则》有四方面的因素：

1. 行业建设诚信体系的需要。新闻出版总署在2007年组织了三个调研组，分别到山西、陕西、山东、河南、江苏和安徽六个省，对出版业的诚信建设问题进行了专题调研，获取了大量的第一手信息和资料。发现出版业诚信缺失问题严重，已经影响到出版业深化改革和发展。总署提出在出版行业建设诚信体系的任务，召开

志经历的道路是中国知识分子走向进步走向革命的道路。"

1949年7月，中共中央做出关于三联书店今后工作方针的指示明确指出："三联书店（生活书店、读书出版社、新知书店），过去在国民党统治区及香港起过巨大的革命出版事业主要负责者的作用，在党的领导之下，该书店向国民党统治区域及香港读者，宣传了马列主义、毛泽东思想和党在各个时期的主张，这个书店的工作人员，如邹韬奋同志（已故）等，做了很宝贵的工作。"

在新时代的今天，追求真理、不屈不挠的韬奋精神历久弥新，以韬奋为代表的老三联历程辉煌，这些精神和历史，在中国近代出版史上占有重要位置，无疑应该载入我们民族革命史和文化史。

韬奋精神永存！

2024年4月 ✤

了电话会议。制订《规则》是加强诚信体系建设的一个举措。

2. 规范图书交易行为，维护市场秩序的需要。那个时期，交易不规范，诚信缺失问题突出，主要表现在：

（1）高定价低折扣图书，三令五申，屡禁不止。有的图书定价一千多元，一百元就卖。这种欺诈性经营行为，让消费者误以为图书成本都只要一两折。有的教辅图书供货商两三折就出手，40%左右的折扣空间没有到学生手里，而进了采购者和经办人腰包。这种虚高定价，扰乱了市场秩序，直接损害消费利益，败坏社会风气，给腐败滋生提供土壤。消费者非常不满，引起中央领导重视，专门作过批示，直接影响出版行业的威信。

（2）打折扣战，以排除对手为目的争夺消费者。折扣战不只在北京发生，外地也有。有的新书一上架就打折，有的书城全场打折；卓越网和当当网分别推出畅销书5折和4.9折的恶性竞争促销活动，对业内和社会产生很大影响。这些行为本质上都是不正当竞争。

（3）欠款现象普遍。书店欠出版社的书款，出版社拖欠纸厂的纸款、欠印刷厂的印刷费，甚至拖欠作者的稿酬，给出版行业蒙上了非常不光彩的阴影。

（4）出版社出伪书，不法分子则以盗印、假冒等非法手段印制畅销书，剽窃、抄袭纠纷时有发生，欺世盗名，欺骗消费者，消费者难辨真伪。跟风出版造成选题撞车、重复出版，变相地侵害了消费者的利益。

3. 建设社会主义核心价值体系的需要。党的十七大报告中强调："大力弘扬爱国主义、集体主义、社会主义思想，以增强诚信意识为重点，加强社会公德、职业道德、家庭美德、个人品德建设。"培养良好的职业道德是建设和谐文化的前提。

4. 协会由行业社团向行业协会过渡的需要。中宣部领导专门召见过中国文学艺术界联合会、中国作家协会和中国出版工作者协会的负责人，听取了各协会的工作汇报，明确提出要学习外国行业协会的经验，各协会要逐步由社团组织向行业协会过渡，充分发挥协会在行业建设中的监管自律功能，协助党和政府做好工作。总署领导也多次在各种会议上强调，要转变政府职能，把一部分监管工作让协会来做，让协会逐步向行业协会过渡。这个《规则》的发布，正是协会由社团组织向行业协会过渡的一个标志。

二、制订《规则》的目的

制订这个《规则》有三个目的：一是规范图书交易行为；二是维护图书市场秩序；三是保障消费者、供货商（出版社、总发行企业）、经销商（批发和零售企业）三者的合法权益。《规则》共九章三十条，除了总则、监督和附则外，其余六章的条款都是针对图书交易行为的六个步骤中存在的不公平、不规范、不守信等诚信缺失现象来拟定。规范图书交易行为，维护图书市场秩序，不只是保障出版者和书店的合法权益，最终是保障消费者的合法权益。

三、《规则》制订的过程

《图书公平交易规则》草稿形成后，总署责成中国出版协会牵头，联合中国发行协会、新华书店协会组织修改。2007年11月，我们组织了60多家出版社和发行集团的老总，集合在北京神舟国际酒店，人民教育出版社提供了会议室，用三天时间，分成供货单位和经销单位两个组，也就是出版社代表组和书店代表组，分别对《规则》草案进行逐条逐句逐字地讨论和修改。在分组讨论修改的基础上，再进行大组交流，统一认识，统一意见。草案经过广泛征求意见，形成了初稿。2009 年下半年，根据晓宏同志的指示，总署印刷发行管理司又重新组织了《规则》的第二轮修改，分别请一些发行、出版单位再度讨论，提出修改方案，然后再汇集各方意见，完成修改稿。发行司召集中国版协、中国发协和新华书店协会以及总署相关业务司针对修改稿，召开了专题研讨会，最后形成送审稿。送审稿经新闻出版总署审定批准后，再报国家发展改革委（下简称发改委）价格司征求意见，最后形成了对外发布的《图书公平交易规则》。

可以说，这个规则集中了政府主管部门、行业社团和出版发行单位的各方意见，是一个较成熟的《规则》，也是行业盼望已久的《规则》。

《图书公平交易规则》是我国第一个以几个协会名义联合发布的行规行约。既然是行规行约，它代表的是全行业的共同意志，维护的是全行业的共同利益。它由行业共同来制订，也由行业共同来遵守执行。为了使这个《规则》在规范市场，促进行业诚信体系建设中发挥应有的作用。我们三个协会将成立咨询核查办公室，中国版协、中国发协和新华书店协会将分别负责接收出版社、社会发行企业、新华书店的咨询和举报，建立出版发行企业诚信档案，对执行维护《规则》的诚信行为和违规行为进行核查，将核查情况记录档案，有必要的请行业媒体曝光监督，问题严重的交总署主管业务司备案，作为年检、评级、评优的参考依据。

中国出版工作者协会、中国书刊发行业协会、中国新华书店协会于 2010 年 1 月 8 日，联合发布了《图书公平交易规则》。业界和社会对《规则》反响强烈，业外各媒体表现出少见的热心。中央电视台、东方电视台、中央各大报纸都做了专题报道。业内普遍反映，这是在总署组织指导下，行业协会为我国出版行业做的一件事关行业健康发展的大事，出版业市场化程度越来越高，竞争越来越激烈，行业监管，除了现有法律制约之外，道德层面的诚信缺失问题很需要行规行约来自律。

但是没有想到的事情发生了。北京市消费者协会和律师协会，先后给发改委写信，告《规则》涉嫌违反《反垄断法》，侵害消费者利益。也有部分读者和一些业外人士，因对出版行业不熟悉，对图书这个明码定价商品经营机制不了解，对《规则》一些条款产生疑问。发改委给中国版协发函，称《规则》违反《反垄断法》，侵害消费者利益，要求《规则》停止实施，并要处以 50 万元罚款。

我们一面向新闻出版总署汇报，一面与发协和新华书店协会碰头，商量这事如何应对。经过总署与发改委价格司沟通，发行司的吕晓清处长带我和发协的吴修书秘书长、新华书店协会的张雅珊秘书长于 1 月 26 日下午，到发改委价格监督检查司作了汇报。请求他们全面理解《规则》内容，保障消费者、出版者、经营者三方利益。

消协、律师协会的意见集中在《规则》的第 22 条、第 23 条，即"新书一年内不得打折销售"和"优惠促销不得低于定价的 85%"。为了让他们了解图书这个定价商品的定价原则、经营方式和图书价格涉及的不同系统的利益关系，真正理解"新书不打折"和"促销限折"，是要遏制高定价、低折扣行为，确保图书如实定价，保护消费者利益的道理。我当面向他们作了解释与说明。

其一，图书是我国至今仅有几种保留明码标价的定价商品，定价权在生产者，而不在经营者。一般商品，比如服装、家电，厂家只定出厂价，由经营者随行就市自由预设打折空间而顺向确定零售价格。图书定价权不在经营者，由出版者按一本书的稿酬、纸张、印刷工价、物流、批发零售、出版者、税收等十个基本构成要素确定，其方式是反向核算各个环节的费用和预期利润，化解到每个印张上，按印张定价，直接印在图书封面上，谁也不能更改。图书之所以要明码标价，就是为了保护消费者利益。世界各国的图书一般都如此，图书定价是全国市场销售的统一销售价格。按定价销售是图书经营的基本原则，这与其他商品不一样，不能因运输远近、地区差异、畅销程度，或名牌出版社、名作家而随意涨价，也不能随意降价。

其二，"新书不打折"和"优惠促销限折"是确保出版社如实定价的有效手段，旨在遏制定价虚高，给消费者真实价格，直接保护消费者利益。新书不打折，其真实含义就是新出版的图书应按出版者自己标明的定价销售。有些消费者和业外人士非常不理解，"不打折"和"限折"怎么还会保护消费者利益？因为现时图书销售主要是寄销制，而不是包销制、经销制。图书不像其他商品，经营者订货交钱拿货后，卖高卖低赔赚与厂家无关；图书是先供货销售，后结算；卖了的算钱，没卖出的全部退货。现时零售店（包括网上书店）新书打折销售，并不是拿自己的利润让利读者，而是结算时除了退货，还要求出版社降低供货折扣。如果降到出版社亏本，出版社只有两个办法，一是提高图书定价，二是少出书，甚至不出书（去卖书号）。消费者追求打折购物，只是满足个人省钱心理，而并不顾实际受没受损害。如果出版社定价时抬高图书定价，预留下打折空间，即使零售店打折销售，消费者心理上是满足了，实际却受了侵害。所以，《规则》在第11条就强调"供货商应本着公平、合法、诚实守信的原则合理定价，并建立合理的供货折扣体系"。

其三，图书定价的构成基本要素公开而且稳定。1. 作者稿酬，一般在 10% 左右；2. 造纸厂纸款；3. 排版费；4. 印刷费；5. 装订费：纸款与排印装工价四项约占

30% 左右；6. 物流运输费用，约占 1.5% 至 2%；7. 批发商费用和利润，约占 8% 左右；8. 零售商费用和利润，占 20% 左右；9. 出版社间接成本和利润，约占 20% 左右；10. 国家税收（增值税、营业税、所得税），约占 10% 左右。这 10 个环节涉及国家和几个不同系统的企业和个人的利益，都要通过确定的书价来实现。如果销售这个环节随意打折，因为先销售后结款，倒过来要损害其他众多不同行业环节的成本回收和利益。拖欠款"三角债"大都是因此而造成。

其四，图书虽是商品，但它同时又是精神产品，这种特殊性不能忽略。我国图书定价，有国家对教材规定的定价标准作参照，有历史定价的传统依据，有精神产品的责任意识等诸多因素制约，当时正规出版社图书定价相对合理。以那时几本畅销的新书为例：《秦腔》（作家出版社），定价 39 元，16 开，32.5 个印张，每印张 1.2 元；《蛙》（上海文艺出版社），定价 27 元，16 开，22 个印张，每印张 1.23 元；《九号干休所》（解放军文艺出版社），定价 30 元，16 开，19 个印张，每印张 1.58 元；《目送》（三联书店），定价 39 元，16 开，18.5 个印张，每印张 2.1 元，但该书用的是 80 克胶版纸，有七十多幅彩色照片插图。新书出售时采取打折方式，我们认为这属于不正当竞争行为。

其五，新书不打折销售世界通行。德国 2002 年 10 月 1 日生效的《图书统一定价法》规定，图书定价在出版之日起 18 个月以后方可以被撤销，撤销统一定价是印刷品得以廉价销售的前提。法国《雅克·朗法案》规定，图书价格由出版商制定；图书在出版后的两年内不允许随意打折，零售商可以在规定价格 5% 以内的折扣范围内调整书价。2008 年 10 月，瑞士国家经济咨询委员会通过了图书定价制法律预案。图书在出版后的 18 个月内不允许随意打折，零售商有在建议零售价 5% 以

内的折扣活动范围。日本、韩国和其他许多国家都是由行业协会制定新书不打折规则。

但是，经我们解释后，价格监督检查司的同志并不接受我们的意见。那位副司长认为，尽管我们解释的情况都有道理，但国家没有这方面保护的法律依据，没有法律依据的事，只能按现有的法律办。《规则》不准打折销售，和限制优惠折扣销售，直接违反《反垄断法》，必须执行《反垄断法》的相关条款。

我十分悲哀地感慨，那些资本主义国家尚且能以国家法律来保护图书定价的严肃性，维护图书市场的秩序与稳定，而我们却没有任何法律来保护图书这个特殊商品的市场稳定性。现时民营实体书店不堪图书销售价格战的打击，上年度已经有17%的从业人员退出书业。假如没有法规和制度来维护市场秩序，其结果有两个：一、图书市场秩序更加混乱，价格战必然导致更多的民营实体书店关门退出书业；二、图书定价继续攀高，图书市场造成网络销售垄断，出版社经营与生存更加困难。

在新闻出版总署领导出面协调之后，发改委对《规则》的处理意见有所缓和。不久国家发改委价格监督检查司副司长陈志江给印刷发行管理司副巡视员闫国庆同志打了电话，要求对《规则》与《反垄断法》相抵触的条款进行修改，报发改委同意后，重新再发布。

2010年2月3日下午，新闻出版总署印刷发行管理司召集我们三个协会有关负责人开会，传达了陈志江副司长的电话精神，要求向三个协会主要负责人汇报，并作认真研究，对《规则》进行修改，然后报总署审定后，再向发改委送审。

于是，我们对《规则》进行了修改：将第22条"新书一年内不能打折销售"改为"新版图书（出版一年内，以版权页出版时间为准）进入零售市场时，原则上按图书版权页标定的价格销售"；第23条"优惠销售不能低于定价的85%"，改为在下列特殊情况下，经销商销售新版图书可进行优惠促销，但优惠价格不得低于成本价（批发商批发进货折扣价为批发成本价，零售商零售进货折扣价为零售成本价）；对其他条款的文字也做了一些调整。经发改委审批后重新发布，它的执行力可想而知。

事隔两年之后，图书市场的状态没出我们所料，价格战愈演愈烈，当当网与京东商城价格战打得没了底线，激起24家少年儿童出版社集体出来维权，抵制京东商城低价倾销少儿图书；全国大批民营书店关门退出书业，北京著名的风入松书店、第三极书局关门引起社会强烈关注。

2012年5月一天，我突然接到发改委价格监督检查司一位处长的电话。她说，《图书交易规则》实施两年来，你们当时反映的情况现在看来值得研究，大量实体书店退出书业是个需要研究的问题，我们想在图书行业实行一个《反垄断法》豁免，准备提交领导研究决策。我非常高兴，称赞他们工作作风实事求是。她让我帮忙起草一个《关于豁免新版图书出版发行纵向协议的规定（试行）》文件，我非常愉快地接受了这个任务。我将这事报告了新闻出版总署，同时也报告了三个协会的领导，大家感到这是一件好事。我起草文件后，去了一趟发改委，将文件草稿交给了那位处长，处长表明两点，文件草案将请人民大学的有关专家帮助研究修改，这个豁免还只是司里的一个想法，能不能施行，还要征求有关方面的意见，还要经领导集体研究决定。

我也告诉她，我即将要离开中国出版协会，但这件事，有需要我做什么，我一定会尽力尽责到底。

不知后来在哪个环节上出了障碍，此事至今未能如愿，是一件遗憾的事。❖

新中国古籍整理出版事业的艰难起步

——以古籍出版社组建为中心的考察

王贵彬

新中国成立初期，为了保存和整理中国文化遗产，按照出版专业分工原则，出版总署组建了新中国第一家专业从事古籍整理出版工作的国家级出版社——古籍出版社。古籍出版社1956年6月出版的点校本《资治通鉴》，是新中国第一次对大型古籍进行整理出版的成果。点校本《资治通鉴》的整理出版，在大型古籍整理出版工作中点校人员的选择、组织，以及点校原则和方法等方面，为新中国最大的古籍整理出版工程——点校本"二十四史"的整理出版积累了经验，可以说，新中国古籍整理出版事业真正的发端起于古籍出版社整理出版点校本《资治通鉴》，古籍出版社对新中国古籍整理出版事业的发展作出了开拓性的贡献。1956年5月，当时的文化部甚至有将彼时尚作为财政经济出版社副牌存在的中华书局并入古籍出版社的想法[②]。

出版总署于1952年9月提出组建古籍出版社的计划，但由于新中国成立初期古籍编辑力量严重缺乏，加之组建时还要兼顾其他出版社的建立，古籍出版社的组建思路几经变更，直到1954年12月古籍出版社才组建完毕，历时两年多，过程曲折。这一过程，是新中国古籍整理出版事业筚路蓝缕、艰难起步的真实写照。

一、组建古籍出版社计划的提出

中华民族有五千多年的文明历史，留传下来的古籍可谓汗牛充栋，成为中华文明的象征。清朝末年直至1937年"卢沟桥事变"爆发，以商务印书馆、中华书局为代表的中国近代私人出版企业，出版了"百衲本"二十四史、《四部丛刊》、《四部备要》等传统古籍，形成近代以来中国古籍整理出版的第一个高潮，起到了传承和弘扬中华传统文化的作用。之后，由于战争不断，中国的出版业大受影响，古籍整理出版工作几乎陷于停顿状态。

1949年新政权成立之后，政局渐趋稳定，有识之士重新开始关注文化建设及古籍整理出版工作。1950年4月2日，宋云彬在《光明日报》上发表《略谈整理古书》一文，提出古书"到今天，应该来做'结账式'的整理工作了"[③]。郑振铎更是为古籍整理大声鼓与呼，并积极实践的有识之士。1951年8月13日，郑振铎在《人民日报》发表《关于〈永乐大典〉》一文，认为苏联列宁格勒大学和商务印书馆董事会将各自所藏《永乐大典》残本捐赠给北京图书馆是因为"他们明白人民政权会十分重视这些文化、艺术遗产，而且十分珍重地保存、管理，供给人民大众加以应用与参考研究的"[④]，意在呼吁新政权加强对古籍的整理、保护和使用。1952年1月19日，郑振铎给时任上海市文物保管委员会副主任的徐森玉写信，信中提出："我意必须编纂若干部空前的大书，将过去的文化艺术作一个总结。……《全宋诗》《全明曲》亦可着手。十三经、廿四史之类，也必须加以整理。"[⑤]1953年10月，《人民日报》发表郑振铎《为做好古典文学的普及工作而努力》一文，文中提出"我们将怎样把那末丰富的古典文学遗产加以普及呢？将怎样使他们对于我们更有益、有用呢？"的问题，为此，他明确提出要对古典文学作品进行注释，并指出做好注释工作要遵守的四项原则⑥。从1952年开始，郑振铎即多方寻找公私藏书，慎重选择戏曲古籍版本，制订选目，开始编辑《古本戏曲丛刊》。在1958年10月因飞机失事去世前，郑振铎主持的《古本戏曲丛刊》已出版四集，共480册。

新中国成立初期，在文化界有识之士大力提倡进行古籍整理出版工作的同时，少数出版机构也开始整理出版古籍。1951年3月人民文学出版社刚一成立，即设立古典文学编辑室整理出版文学古籍。1952年10月，以金圣叹批改删订的明贯华堂刊七十回本为底本，张友鸾整理校订的七十回本《水浒》出版。此为新中国由国营出版社最早整理出版的古典文学作品。又如，从1951年起，中国史学会组织翦伯赞、范文澜等学者编撰的《中国近代史资料丛刊》陆续由神州国光社（后改由上海人民出版社）出版，这是在马克思主义理论指导下对中国近代史资料所作的一次系统整理。总的来看，1949年10月新政权成立至1952年末，虽有少量出版机构重印和整理出版古籍，但由于国家对古籍整理出版工作缺少规划，出书品种很少⑦。

1949年11月1日正式成立的中央人民政府出版总署负有领导全国古籍整理出版事业的职责，但是，出版总署在成立之初，将工作重点放在按照出版专业化的方针，对全国的发行业实行专业化改造，成立以新华书店为主体的全国发行网络，以及组建人民出版社、人民教育出版社等负责政治读物、中小学教材出版的国家级出版机构等最紧迫的工作，没有精力对古籍整理出版工作予以太多关注。到1953年，新生共和国的经济形势好转，抗美援朝战争也已近结束，国内和国际形势趋于稳定，新中国开始实施第一个

五年计划，开始大规模的经济建设。与此同时，文化建设也在加速。为配合第一个五年计划的实施，1952年9月26日，出版总署在呈报给中宣部的《中央人民政府出版总署全国出版事业五年建设计划大纲（草案）》中提出，"五年内应逐步分别建立15个至20个专业出版社。即财经、翻译、通俗读物、少年儿童读物、人民卫生、少数民族读物、字典辞书、农业、重工业、轻工业、电影、音乐、戏剧、体育、史地、古籍等出版社及地图编绘社。每年平均建立三个到四个"⑧。这是现有史料中关于组建古籍出版社最早的记载。

二、出版总署组建古籍出版社的计划及存在的问题

（一）出版总署的组建计划

在文化界的呼吁和出版界的实践下，古籍整理出版工作的重要性被出版行政机关认可，组建古籍出版社列入出版总署1952年制订的"五年建设计划大纲"中。但是，按照建设计划大纲"每年平均建立三个到四个"专业出版社的计划，出版总署提出1953年要"增设中央级出版社四个：民族出版社、人民卫生出版社、通俗读物出版社、重工业出版社。改组地图编绘社"⑨，并未提到在1953年要组建古籍出版社，组建古籍出版社的迫切性似乎并不强。

这种情况在1953年底发生了改变。1953年12月5日，出版总署副署长、党组书记陈克寒代表出版总署党组小组向毛泽东并中央汇报1953年出版工作情况和今后方针任务，提出出版总署今后"在出版方面，努力充实若干主要国营和地方国营出版社的编辑出版力量，健全编辑机构和审稿制度，并增设若干新的国营出版社和公私合营出版社（例如：高等学校教科书出版社、科学出版社、财政经济出版社、辞书出版社、古籍

出版社等）"⑩。在《中央人民政府出版总署1954年出版事业计划》中，出版总署明确提出1954年要"加强对国营和地方国营出版社的领导，并增设若干国营出版社。……扩充辞书编辑机构，建立古籍编辑机构"⑪。这表明，组建古籍出版社的优先级提高，成为出版总署1954年的工作任务。

鉴于之前出版总署未将组建古籍出版社作为紧迫工作的情况，为了确保1954年组建古籍出版社的工作能够顺利完成，大概在1954年初，一份与组建古籍出版社有关的报告，被送到了时任中共中央宣传部部长兼政务院文化教育委员会副主任、党组书记的习仲勋面前⑫。习仲勋对这份报告进行了批示，并转给出版总署。1954年3月1日，陈克寒专门致函习仲勋并中宣部，汇报建立古籍出版社的组建计划。

在这封信的开头，陈克寒即称："我们同意仲勋同志对于成立古籍出版社的批示，为了保存与整理中国文化遗产，团结一部分学术研究工作者，建立这样一个出版社是很必要的。"⑬陈克寒在信中还说："现在看来，再不下手就更加落后于需要了，的确如仲勋同志批示上所说的那样，'工作可由少到多'，如果一味等待，将来是不会大起来的。"⑭陈克寒在这封信的最后，就古籍出版社的领导、工作方针与领导机构，以及房产问题提出了具体的计划，其中，提出由齐燕铭主持这个出版社，而且齐燕铭"最少要以一半的时间来主持这个出版社"；古籍出版社"将来发展以400人计，约需要办公室5 800平方米，宿舍15 200平方米。刚建立时，请批拨房屋4 200平方米（以80人需要计算）"⑮。在这封信中，陈克寒针对当时市场上字典数量多，但质量差，而辞典数量又少的实际，认为"汉文字典与辞典的需要，在读者需要的迫切的程度与涉及人数之广上，更甚于古籍"⑯，因此"建立一个汉

文字典、辞典的编辑机构放在古籍出版社之内，以解决各种汉文字典、辞典的供应问题也是很必要的"⑰。

出版总署提出这样的组建古籍出版社计划，兼顾了完成前文所述陈克寒1953年12月5日向毛泽东并中央汇报时所提出的建立辞书出版社的任务，以及出版总署1954年要"扩充辞书编辑机构，建立古籍编辑机构"的目标。应该说，在习仲勋批示的情况下，出版总署更加意识到组建古籍出版社的重要性和紧迫性，因此提出了一个很"大"的组建古籍出版社的计划：出版社人数最终要达到400人，既整理出版古籍，又出版汉语字典和辞典。

（二）出版总署组建计划存在的问题

但是，出版总署的报告存在考虑不周、不切实际的问题，主要表现在以下两个方面：

首先，计划中提出要让时任政务院副秘书长的齐燕铭拿出"至少一半的时间主持古籍出版社的工作"，是考虑得很不周到的。

齐燕铭，1907年11月3日出生于北京，1924年考入中国大学预科，两年后转入本科国学系，吴承仕为其老师，而吴承仕是与黄侃、钱玄同并称为"章门三大弟子"的经学大师。在吴承仕的影响下，齐燕铭学习用功，对"二十四史"研读精深，打下很深的史学基础。大学毕业后，齐燕铭在北京、保定的中学和大学教书。"一二·九"运动期间，他和吴承仕等人一起加入中国共产党，后在鲁西北和冀南进行抗日工作。1940年11月，齐燕铭到达延安，先后在中央马列学院、中央研究院、中央党校任教员、研究员、文教科长⑱。其间，他曾协助范文澜编写《中国通史简编》，与1958年后担任中华书局总经理兼总编辑的金灿然共事。新中国成立后不久，1949年10月19日，齐燕铭被任命为中央人民政府办公厅主任、中央人民政府政务院副秘书长，之后，他就一直全力协助周

总理筹建政务院及所属机构[19]，日常事务非常繁忙。因此，齐燕铭当时根本不可能拿出那么多的时间来主持古籍出版社的工作。

其次，信中提出古籍出版社在刚建立时即要达到80人的规模也是不切实际的。

陈克寒在致习仲勋的信中，将未能尽早组建古籍出版社的原因归结为"没有一个编辑出版的班底子可作依靠（商务、中华可以做这种工作的人有的死了，有的转业了）"[20]。从这一点来看，出版总署对当时全国古籍编辑力量不足的情况是清楚的。事实上，经过1937年"七七事变"后连年的战乱，旧中国的出版企业在新中国成立前即已陷入生存困境。新中国成立后，教科书出版又开始实行国家控制，使得商务印书馆和中华书局这类在民国时期以教科书出版为主要营利手段的私人出版机构更无生存空间，因此商务印书馆和中华书局在1950年即向出版总署提出全面公私合营的要求，但出版总署因客观条件不成熟和主观力量不足，没有接受[21]。不过，之后出版总署按照出版专业分工的原则，对商务印书馆和中华书局的出版范围等进行了调整。例如，1952年7月，出版总署即指定中华书局为中央一级出版机构，明确了中华书局的领导关系和专业分工，规定其出版方向为农业、俄文语文及苏联介绍三类[22]，以此帮助它维持生存。但是，这样的调整也使中华书局的编辑结构发生了变化，从事文史图书编辑的人员减少。从1953年9月开始，根据国家对资本主义工商业进行社会主义改造的要求，出版总署先后接受商务印书馆和中华书局全面公私合营的要求，到1954年5月1日，中华书局和商务印书馆完成全面公私合营，改组为财政经济出版社和高等教育出版社，中华书局与商务印书馆作为财政经济出版社和高等教育出版社的副牌，名号得以保留。在财经出版社内，第四编辑室为文史编辑室，专门做原中华书局文

史图书的编校工作。据统计，当时在财政经济出版社内做原中华书局文史图书编校工作的有16人，其中在北京有5人，在上海有6人，中华书局附属的图书馆有5人，负责人是姚绍华[23]。在高教出版社内专门做商务印书馆的编辑工作的有4人（在北京），负责人是戴孝侯；另在上海有个影印古书的机构，也是4人，负责人是丁英桂[24]。以此可知，当时原中华书局和商务印书馆在北京从事古籍整理出版的编辑人员仅有9人。这即是陈克寒信中所言"商务、中华可以做这种工作的人有的死了，有的转业了"的原因。除中华书局和商务印书馆外，当时在北京的出版机构中，仅有人民文学出版社的古典文学编辑室还在以文学古籍刊行社的名义进行文学古籍的标点和影印工作，但其编辑人员也仅有张友鸾等几个人。综上可知，1954年时在北京从事古籍编辑整理的人员仅有十几人。另据齐燕铭在1958年1月21日给中宣部报告中的统计数据，当时全国从事古籍编辑出版的人员，全部只有50余人[25]。考虑到1954年至1958年间全国古籍编辑出版人员补充途径很少，所以可推测1954年时全国从事古籍编辑出版人员的数量与1958年时相差不多，甚至有可能更少。在全国古籍编辑出版人员如此少的情况下，陈克寒的报告提出，古籍出版社要在组建初期即达到80人的规模[26]，是很不现实的。

陈克寒致习仲勋信中所提到的古籍出版社的主要领导人无法到任，加上新中国成立初期能够从事古籍编辑出版的人员严重不足，使出版总署提出的组建古籍出版社计划的可行性大打折扣。

三、古籍出版社的组建

（一）出版总署对中宣部决议的改变

中宣部于1954年3月12日举行部务会

议，讨论了陈克寒提出的古籍出版社组建计划，"会议决定：（1）在中华书局内设编辑所，但用古籍出版社名义出书，由小到大，从影印古籍工作做起，整理古籍工作放在第二步……"[27]。

中宣部对陈克寒提出的"庞大"的组建计划并不认可，而是决定将组建古籍出版社的工作与当时正在进行的对中华书局的公私合营工作统筹考虑。如前文所述，在中华书局公私合营后改组成的财政经济出版社内设有文史编辑室，保留一部分原中华书局的文史图书编辑力量，中宣部对组建古籍出版社的决议，就是在这一背景下做出的。在决议中，中宣部还根据当时在北京的中华书局从事古籍编辑出版的力量较小的情况，提出以此思路组建的古籍出版社要遵循先易后难的原则开展工作，先影印，后点校。这为组建古籍出版社确定了一个新的思路。

从中宣部对陈克寒请示的批复中提出"在中华书局内设编辑所，但用古籍出版社名义出书，由小到大，从影印古籍工作做起，整理古籍工作放在第二步"的表述来看，这种"组建"古籍出版社的办案，更像是一个非正式的过渡方案：古籍出版社仅是一个"名义"，其人员依托已准备公私合营、改组为财经出版社的中华书局的编辑力量；而且，这个组建方案也未考虑辞书编辑出版问题。这与1954年3月1日陈克寒致函习仲勋时所提出的组建人数众多，包含辞书编辑机构的独立建制的古籍出版社的初衷相去甚远。

后来的史实是，出版总署对中宣部关于组建古籍出版社的这一决定并未执行，而是另组人马，在1954年下半年组建了包括辞书编辑机构在内的单独建制的古籍出版社。由于史料阙如，现在无法确知出版总署对组建单独建制的古籍出版社是如何与中宣部进行沟通的，但现有史料表明，中宣部对此事

是清楚的。因为在1954年4月21日，即距中宣部关于组建古籍出版社的决议做出后一个多月，出版总署曾就"我署所属出版社和国际书店需要补充的及今年下半年新建各出版社所需要的干部"问题给中宣部打报告，其中提到财政经济出版社需补充社长1人、总编辑1人；古籍出版社需要社长、副社长2人，总编辑1人[28]。

出版总署的这个报告是关于古籍出版社成立问题的非常重要的一份史料。在报告中，出版总署将古籍出版社与财政经济出版社并提，说明古籍出版社是单独建制的出版总署直属出版社，而非财政经济出版社的内设机构，这表明出版总署并未执行中宣部关于组建古籍出版社的有关决定。更为重要的是，史料中明确指出，古籍出版社是"今年下半年（指1954年下半年——笔者注）准备新建立出版社"[29]，这是目前可见出版总署文件中对古籍出版社成立时间相对最明确的记载，为确定古籍出版社成立的时间提供了一个有力的证据。

（二）古籍出版社组建思路及组建步骤的调整

叶圣陶时任出版总署副署长，在齐燕铭无法担任古籍出版社社长的情况下，叶圣陶担负起这一工作。

叶圣陶在日记中对古籍出版社组建思路及组建步骤的情况有所记载。1954年8月4日上午，叶圣陶"与愈之、洛峰、彬然及其他数人谈话，商量筹备古籍出版社。……讨论结果，谓此出版社可与拟议中的语文出版社、辞书出版社为一个机构，即一个出版社分三个编辑室，待将来力量充实，再行划分。今先筹备古籍与语文之部分，辞书暂缓。拟定余与彬然、伯昕等数人为委员云"[30]。从叶圣陶这则日记来看，彼时出版总署组建古籍出版社的思路发生了变化，拟议中的古籍出版社不仅包含陈克寒致习仲勋信

中所说的辞书出版社，还包括一个语文出版社，而且，建立语文出版社优先于建立辞书出版社。1954 年 8 月 23 日下午三点，叶圣陶又"与伯昕、灿然、彬然、戈茅、逸群五人共谈古籍出版社事。决定先于下月集少数人成立编辑室，然后讨究工作之计划与方法"㉛。

经过这两次的讨论，出版总署形成了组建古籍、语文、辞书出版社的最终方案，并于 1954 年 9 月 17 日向中宣部并文委党组发送请示报告。请示报告称，"根据中央指示，为了发扬我国古代文化，保存民族遗产，传播语文知识，供给读者更多的学习资料和参考资料，除了责成各专业出版社整理出版古典著作及近代有价值著作外，还有筹建古籍、语文、辞书专业出版社的必要。因此，我们最近召开了两次座谈会，商讨了这个出版社的方针、任务、组织机构和筹建步骤"㉜。对于该社的组织机构，请示报告说："古籍、语文、辞书出版社设社长一人，副社长若干人；总编辑一人，副总编辑若干人，下设编辑部、经理部、出版部及办公室。编辑部分设三个编辑室，即古籍编辑室、语文编辑室、辞书编辑室及资料室"㉝。对于组建步骤，请示报告说："古籍、语文、辞书出版社原应分开为古籍与语文、辞书两个出版社，但因人力、物力条件限制，暂时采用一套机构两块招牌的方式，俟条件成熟时，再分设为两个专业出版社。这个出版社先成立筹备委员会，由叶圣陶（主任委员）、傅彬然、郭敬、徐伯昕、金灿然、恽逸群、王淑明、徐调孚等八人组成，先行开始工作。第一步先设古籍编辑室……第二步再建立辞书编辑室……至于语文编辑室和出版部工作……暂缓进行"㉞。

从这个请示报告来看，组建古籍出版社的思路及步骤与叶圣陶等人 8 月 4 日讨论的方案又有所不同，辞书出版社的组建又优先于语文出版社，重新回到了当初陈克寒致习仲勋信中所提的组建思路。古籍出版社组建思路及步骤的不断调整，说明在人力、物力缺乏条件下组建古籍出版社的复杂性。

（三）古籍出版社人员的调配与充实

按照这个请示报告，组建古籍编辑室是建立古籍出版社的重点，而其中最重要的工作是确定古籍编辑室的编辑人员。事实上，对编辑人选问题叶圣陶早有考虑。在 9 月 17 日出版总署向中央报告之前，叶圣陶在 1954 年 9 月 12 日的日记中即写道："雪村、调孚、晓先三位均由灿然、彬然调至古籍编辑室，晓先之问题遂得解决。"㉟这说明章锡琛（字雪村）、徐调孚和丁晓先已在出版总署正式向中央报告前成为古籍编辑室的编辑。而在出版总署 9 月 17 日致中宣部并文委党组的报告中则写明，"调王淑明、徐调孚、谢兴尧、丁晓先等立即参加工作"㊱。因此，章锡琛、徐调孚、丁晓先、王淑明、谢兴尧五人，成为古籍出版社在组建之初确定的几位编辑人选。叶圣陶在日记中未提及出版总署 9 月 17 日报告中的编辑人选王淑明与谢兴尧，大概和叶圣陶与他们不熟悉有关，而章锡琛、丁晓先和徐调孚均是叶圣陶在旧上海开明书店时的同事。至于在 9 月 17 日给中央的请示报告中出版总署为何没有提到调章锡琛"立即参加"古籍出版社的工作，原因未知，可能与彼时出版总署尚未对如何安排已满 65 周岁的章锡琛在古籍出版社的工作有关。

章锡琛（1889—1969），浙江人，开明书店创始人，调入古籍编辑室前任出版总署专员。徐调孚（1900—1982），浙江平湖乍浦镇人，民国时期在开明书店担任编辑，调入古籍编辑室前为中国青年出版社出版部主任。丁晓先（？—1976），江苏吴县人，民国时期在开明书店担任编辑，调入古籍编辑室前在人民教育出版社编辑历史教科书。王淑明（1902—1986），安徽无为人，文艺评论家，调入古籍编辑室前在人民文学出版社工作。谢兴尧（1906—2006），四川省射洪县人，1931 年毕业于北京大学历史系，师从邓之诚，是太平天国史专家，彼时正在人民日报社理论教育组担任编辑。据中华书局所藏《古籍出版社人员名单（1954—1957）》，章锡琛为社领导（副总编辑），王淑明、徐调孚在文学组，丁晓先在历史组，名单中并无谢兴尧之名[37]，表明谢兴尧当时并未按出版总署报告所说调入古籍编辑室工作。新中国成立初期古籍编辑人员本就十分缺乏，而拟定的古籍编辑人选又不能到任，这亦从一个侧面说明古籍出版社组建难度之大。

出版总署一直在想办法，充实古籍编辑室的编辑力量。在出版总署 9 月 17 日向中宣部并文委党组报告后不久，曾次亮由人民教育出版社调入古籍编辑室担任编辑[38]。曾次亮（1896—1967），河南太康人，天文历算专家，当时在人民教育出版社编辑历史教材。因政府机构进行改革，1954 年 11 月 30 日出版总署正式撤销，承担其职能的文化部出版事业管理局需要精简人员，1954 年底时任出版总署专员的张静庐（1898 年 4 月—1969 年 9 月）主动要求调入古籍出版社，他亦成为古籍出版社组建之初的编辑之一。而 1956 年 8 月，当时在上海革命历史纪念馆工作的著名版本学家陈乃乾被调入古籍出版社，也是不断充实古籍出版社编辑力量的措施之一，但这已是古籍出版社组建完成一年多之后的事了，陈乃乾不是古籍出版社组建之初的编辑。

综上所述，古籍编辑室在组建之初的编辑仅有章锡琛、徐调孚、丁晓先、王淑明、曾次亮、张静庐等六人。

在不断调配、充实古籍编辑室编辑人员的同时，古籍出版社的领导力量也在加强。

从 1954 年 5 月开始，新中国成立时所设的各大行政区陆续开始撤销，相应地，原各大行政区所属的新闻出版局亦随之撤销，有关人员需要重新安排工作，这为古籍出版社管理与行政人员的调配、充实提供了人力资源。根据"现有中央一级出版社基础都很薄弱，因客观需要，又必须陆续新建若干出版社，无论旧有和新建的均亟须增加领导骨干"的情况，1954 年 5 月 26 日《出版总署党组关于大区撤销后出版行政机关调整等的初步意见致中宣部、文委党组的请示报告》提出安排这些干部的一条方针是："加强中央一级即将建立的和已建而基础薄弱的出版社，同时适当加强出版总署某些行政部门。"[39] 在此背景下，1954 年 8 月，原中南行政委员会新闻出版局的郭敬和西北行政委员会新闻出版局的王乃夫调入北京。当时，负责组建古籍出版社的出版总署副署长叶圣陶不常到出版社办公，古籍出版社先由郭敬担任副社长，主持工作；后因郭敬在 1954 年 10 月调往时代出版社担任社长兼总编辑[40]，原西北行政委员会新闻出版局副局长王乃夫继之担任古籍出版社副社长，主持工作[41]。1954 年 9 月 22 日，原出版总署出版事业管理局副局长傅彬然亦调入正在建立中的古籍、语文、辞书出版社任副社长（后又兼副总编辑）[42]。这进一步充实了古籍出版社的领导力量。

与此同时，古籍出版社的办公室、人事科等其他部门也在组建。1954 年 9 月，因国际书店业务调整，时任国际书店广东分店经理的王春调入古籍出版社担任办公室副主任兼人事科长[43]。与此同时，出版总署又从各大区调来高克辛、郑杰民、赵维奎等人担任古籍出版社各部门的中层管理干部[44]。至于一般工作人员的充实，方法较多，相对容易，可通过从其他单位调入的方法加以补充。例如，杜力真是王乃夫的夫人，她随王乃夫一同调入古籍出版社，成为古籍出版社办公室的工作人员。此外，古籍出版社也从社会上招收一些年轻的党团员从事一般性的工作。

1954 年 12 月 1 日，人民教育出版社辞书编辑室（新华辞书社）并入古籍出版社[45]。

1954 年 12 月 4 日，古籍出版社的古籍编辑室、辞书编辑室正式成立，叶圣陶致辞[46]。至此，按照前述《出版总署党组关于筹建古籍、语文、辞书出版社问题的请示报告》"第一步先设古籍编辑室……第二步再建立辞书编辑室……至于语文编辑室和出版部工作……暂缓进行"思路，古籍出版社组建完成。

四、结语

出版总署在 1952 年 9 月提出组建古籍出版社的计划，但因条件不具备，延宕一年多未能启动。在有识之士直接上书习仲勋后，组建工作加速，但出版总署提出的组建计划因不切实际而被中宣部否定；后出版总署未执行中宣部关于组建古籍出版社的决定，而是开始组建独立建制的古籍出版社。由于新中国成立初期古籍编辑力量严重不足，加之出版总署在组建古籍出版社的过程中要兼顾辞书出版社与语文出版社的组建，所以组建古籍出版社的思路几经变更，直至 1954 年 12 月，包括辞书编辑室的古籍出版社才艰难组建完成。从提出组建计划到组建完成，历时两年多，梳理和回顾这段历史，不但可以帮助我们厘清关于古籍出版社成立的相关史实，也有助于我们对新中国古籍整理出版事业从无到有、开拓事业的艰辛有更加清晰的认识。

关于古籍出版社的成立时间，根据出版总署文件中古籍出版社是"今年下半年（指1954 年下半年——笔者注）准备新建立出版社"，以及《叶圣陶年谱》中对古籍出版社古籍编辑室、辞书编辑室正式成立时间的记载，当以 1954 年 12 月 4 日为是，并非《中华书局百年大事记（1912—2012）》中所载的 1954 年 6 月[47]。

古籍出版社在成立以后，根据职责，协助出版总署制订了包含 700 余种重印古籍与

学术著作的选目，并开始点校本《资治通鉴》的编辑出版工作，但由于在点校本《资治通鉴》出版前"只出版了五六部书"，出书不多，加之协助文化部统筹和规划全国古籍整理出版工作的职责未能很好地履行[48]，古籍出版社的工作受到 1956 年 6 月 13 日《光明日报》的批评[49]。最终，在成立仅两年多后，古籍出版社于 1957 年 3 月被撤销，并入彼时尚作为财政经济出版社副牌存在的中华书局。1958 年 2 月 9 日，由齐燕铭担任主任的国务院古籍整理出版规划小组正式成立，负责领导全国的古籍整理出版事业，而1958 年 4 月从财政经济出版社分出，正式独立经营的中华书局，则继古籍出版社之后成为新中国第二家专业从事古籍整理出版工作（包括今人研究古籍的著作）的国家级出版社，并作为国务院古籍整理出版规划小组的办事机构，负责规划小组的日常工作。从此，新中国古籍整理出版事业的发展步入正轨，开启新的篇章。

---

①组建之初的古籍出版社内设有一辞书编辑机构——新华辞书编辑室，这是在当时人力和物力条件不具备情况下，出版总署为加快组建辞书出版社所采取的临时举措，其在古籍出版社内属于从属地位。1956 年 7 月，在古籍出版社组建完成一年多之后，新华辞书编辑室从古籍出版社分出，并入中科院语言研究所。参考郭戈：《人教社的"三社"始末——纪念新华地图社、新华辞书社和人民教育社建社 70 周年》，《中国出版》2020 年第 7 期。本文意在以古籍出版社组建的曲折过程反映新中国古籍整理出版事业起步之艰难，故对古籍出版社内辞书编辑机构的组建过程不加讨论。

②《文化部党组关于我国古籍出版工作规划的请示报告》(1956 年 5 月 15 日)，中国出版科学研究所、中央档案馆编：《中华人民共和国出版史料》(8)，中国书籍出版社 2001 年版，第 97、99 页。

③宋云彬：《略谈整理古书》，《光明日报》1950年 4 月 2 日第 3 版。

④郑振铎：《关于〈永乐大典〉》，《人民日报》1951年8月13日第3版。

⑤陈福康：《郑振铎年谱（修订本）》（中册），上海外语教学出版社2017年版，第1512—1513页。

⑥郑振铎：《为做好古典文学的普及工作而努力》，《人民日报》1953年10月21日第3版。

⑦有学者云此一阶段古籍影印及整理出版的种类"仅有29种"。参见诸伟奇：《曲折与前行：新中国前三十年古籍整理历程》，《安徽史学》2017年第2期。

⑧《中央人民政府出版总署全国出版事业五年建设计划大纲（草案）》，中国出版科学研究所、中央档案馆编：《中华人民共和国出版史料》（4），中国书籍出版社1998年版，第431页。

⑨《出版总署1953年出版建设计划（修正稿）》，中国出版科学研究所、中央档案馆编：《中华人民共和国出版史料》（5），中国书籍出版社1999年版，第225页。

⑩《出版总署党组小组关于1953年出版工作情况和今后方针任务的报告》，中国出版科学研究所、中央档案馆编：《中华人民共和国出版史料》（5），中国书籍出版社1999年版，第653页。

⑪《中央人民政府出版总署1954年出版事业计划》，中国出版科学研究所、中央档案馆编：《中华人民共和国出版史料》（6），中国书籍出版社1999年版，第13—14页。

⑫陈克寒给习仲勋写信的时间为1954年3月1日，从此时间来看，这份写给习仲勋的有关组建古籍出版社的报告很可能完成于1954年2月或1月，不太可能在1953年12月，因为按中央正常的办事程序来说，习仲勋在两个多月之后才看到这个报告的可能性几乎没有。据已有资料推测，这份报告可能为郑振铎所写，但有待进一步考证。

⑬⑰《陈克寒关于建立古籍与汉文字典编辑机构致习仲勋并中宣部的信》（1954年3月1日），中国出版科学研究所、中央档案馆编：《中华人民共和国出版史料》（6），中国书籍出版社1999年版，第135页。

⑭⑯⑳㉗《陈克寒关于建立古籍与汉文字典编辑机构致习仲勋并中宣部的信》（1954年3月1日），中国出版科学研究所、中央档案馆编：《中华人民共和国出版史料》（6），中国书籍出版社1999年版，第135页。

⑮《陈克寒关于建立古籍与汉文字典编辑机构致习仲勋并中宣部的信》（1954年3月1日），中国出版科学研究所、中央档案馆编：《中华人民共和国出版史料》（6），中国书籍出版社1999年版，第137页。

⑱朱雨滋：《齐燕铭传略》，马永顺、朱雨滋、齐翔安编：《齐燕铭纪念文集》，中国文史出版社2006年版，第2—8页。

⑲齐翔延、齐翔安：《我的父亲齐燕铭》，文物出版社2008年版，第306页。

㉑《出版总署党组小组关于进一步改造商务印书馆和中华书局的请示报告》（1953年11月3日），中国出版科学研究所、中央档案馆编：《中华人民共和国出版史料》（5），中国书籍出版社1998年版，第591页。

㉒参见钱炳寰：《中华书局大事纪要（1912—1954）》，中华书局2002年版，第256页。

㉓《钱俊瑞关于商务印书馆和中华书局目前情况给陈云副总理的信》（1956年6月16日），中国出版科学研究所、中央档案馆编：《中华人民共和国出版史料》（8），中国书籍出版社2001年版，第129—130页。据中华书局图书馆老职工回忆，1954年中华书局公私合营，在北京成立财政经济出版社时，原上海中华书局图书馆改称为"财政经济出版社上海办事处图书馆"，但不废"中华书局图书馆"之名，这表明钱俊瑞致陈云信中所言的"该局附属的图书馆"是指当时在上海的财政经济出版社上海办事处图书馆，图书馆所属的五人亦在上海。参见陈仲献、钱子惠：《有关中华书局图书馆的情况》，中华书局编辑部编：《回忆中华书局》上编，中华书局1987年版，第175页。

㉔《钱俊瑞关于商务印书馆和中华书局目前情况给陈云副总理的信》（1956年6月16日），中国出版科学研究所、中央档案馆编：《中华人民共和国出版史料》（8），中国书籍出版社2001年版，第129—130页。

㉕《齐燕铭关于古籍整理和出版工作加强领导全面规划问题给中央宣传部的报告》（1958年1月21日），中国出版科学研究所、中央档案馆编：《中华人民共和国出版史料》（9），中国书籍出版社2004年版，第338页。

㉖当然，"80人的规模"中应含辞书出版社人员及其他各类行政管理人员；不过，古籍编辑人员当在80人中占主体，即使仅以30%论，也当有24

人，这个数字远多于当时在北京的古籍编辑整理人员的总和。

㉘㉙《出版总署关于直属出版单位和国际书店所需领导干部给中央宣传部的报告》（1954年4月21日），中国出版科学研究所、中央档案馆：《中华人民共和国出版史料》（6），中国书籍出版社1996年版，第228页。

㉚叶至善、叶至美、叶至诚编：《叶圣陶集》（第23卷），江苏教育出版社2004年版，第134页。

㉛叶至善、叶至美、叶至诚编：《叶圣陶集》（第23卷），江苏教育出版社2004年版，第140页。

㉜《出版总署党组关于筹建古籍、语文、辞书出版社问题的请示报告》（1954年9月17日），中国出版科学研究所、中央档案馆编：《中华人民共和国出版史料》（6），中国书籍出版社1999年版，第514页。

㉝《出版总署党组关于筹建古籍、语文、辞书出版社问题的请示报告》（1954年9月17日），中国出版科学研究所、中央档案馆编：《中华人民共和国出版史料》（6），中国书籍出版社1999年版，第515页。

㉞㊱《出版总署党组关于筹建古籍、语文、辞书出版社问题的请示报告》（1954年9月17日），中国出版科学研究所、中央档案馆编：《中华人民共和国出版史料》（6），中国书籍出版社1996年版，第516页。

㉟叶至善、叶至美、叶至诚编：《叶圣陶集》（第23卷），江苏教育出版社2004年版，第147页。"灿然"指金灿然，"彬然"指傅彬然，当时，此二人均为出版总署出版事业管理局副局长。叶圣陶在1954年9月4日的日记中写道："晨间安亭来访，谈社事。晓先在社中与同事之关系搞不好，历史室新来者渐多，史学知识较强，渠已无从领导。安亭与白韬商量，拟将晓先调出。"此即叶圣陶在日记中所言"晓先之问题"。参见叶至善、叶至美、叶至诚编：《叶圣陶集》（第23卷），江苏教育出版社2004年版，第144页。"安亭"指辛安亭；"白韬"，指戴伯韬，此二人时任人教社副社长。

㊲中华书局局史资料组编：《局史资料工作》1990年第4期。1950年冬，谢兴尧经金灿然介绍入人民日报社工作。1955年10月十三陵之一的定陵发掘后，谢兴尧曾多次陪邓拓探访定陵。1956年，谢兴尧由人民日报社理论教育组编辑调图书馆担任馆长。这亦可作为一个证据，证明谢兴尧在1954年9月时仍在人民日报社工作，未按出版总署报告所说调入古籍出版社。参见孟醒：《谢兴尧与邓拓的书生知交》，《人民政协报》2017年8月7日第11版。

㊳据叶圣陶1954年10月4日日记载，当日"十点后，金灿然请叶圣陶去古籍编辑室，与郭敬、曾次亮、王淑明、丁晓先、徐调孚先商定当年及第二年的选题"。由此可知，距9月22日仅十余天的10月4日，曾次亮已调入古籍编辑室担任编辑。参见叶至善、叶至美、叶至诚编：《叶圣陶集》（第23卷），江苏教育出版社2004年版，第156页。

㊴《出版总署党组关于大区撤销后出版行政机关调整等的初步意见致中宣部、文委党组的请示报告》（1954年5月26日），中国出版科学研究所、中央档案馆编：《中华人民共和国出版史料》（6），中国书籍出版社1999年版，第306页。

㊵陈锋、汪守本：《商务印书馆恢复建制的前前后后》，《商务印书馆一百年》，商务印书馆1998年版，第576页

㊶马昌顺、于淮仁主编：《西北大区出版史（1949—1954）》，陕西人民出版社1997年版，第268页。

㊷《周扬、陈克寒关于文化部出版事业管理局干部安排问题致中央宣传部并文委党组的请示报告》（1954年9月22日），中国出版科学研究所、中央档案馆编：《中华人民共和国出版史料》（6），中国书籍出版社1999年版，第523页。

㊸王春曾于1983年11月至1986年8月担任中华书局总经理。参中华书局编辑部编：《中华书局百年大事记（1912—2012)》，中华书局2012年版，第292页。

㊹王春：《古籍出版社与〈资治通鉴〉标点本》，《北京文史资料》第58辑，北京出版社1998年版，第125页。

㊺郭戈：《人教社的"三社"始末——纪念新华地图社、新华辞书社和人民教育社建社70周年》，《中国出版》2020年第7期。

㊻商金林编：《叶圣陶年谱》，江苏教育出版社1986年版，第383页。

㊼中华书局编辑部编：《中华书局百年大事记（1912—2012)》，中华书局2012年版，第170页。顾雷对古籍出版社的成立时间亦有所辨析，认为古籍出版社成立的时间最早不会在1954年9月之前。参见顾雷：《新中国古籍出版的肇始——以人民出版社等20世纪50年代的"国家出版机关"为例》，《中国出版史研究》2021年第1期。

北京图书订货会：见证图书发行体制改革

王久安

北京图书订货会已连续举办了三十四届，在订货会创办二十周年的时候，时任新闻出版署署长的宋木文同志在《中国图书商报》发表的文章中说："图书订货会是中国出版、发行体制改革的产物。""王久安等开创者们以党和政府出版主管部门的政策为依据，经过精心筹划，在 1987 年 5 月，首届社科图书交易会便应运而生了。"

北京图书订货会从无到有，从小到大，多年来年订货数量都在三十亿以上，已成为全球最大的华文图书市场。

作为 20 世纪 80 年代图书发行体制改革的亲历者，和第一届首都社科图书交易会的发起人之一，我见证了我国三十多年来图书发行体制改革的曲折变化以及北京图书订货会应运而生的历程。

1982 年以前，我国出版界已经实行了三十年的图书出版发行分工制，这种体制与建国初期出版发行一体化相比，显然是一大进步。实行出版与发行分开后，经过全国三大改造，私营书店没有了，图书发行业成了新华书店的"一统天下"。当时在购销形式上实行的是单一的征订包销，出版社自己不承担发行业务，出版社出版的每种新书，都由新华书店包销。出版社则向新华书店提供每种新书 200 字的内容介绍，以及估计定价和出版时间，由新华书店发行所去全国各新华书店征求订数。大约一个半月全国订数报上来以后，发行所就向出版社订货，出版社则按照新华书店报订的数字，进行造货，这是典型的"以销定产"的计划经济运作模式。这种模式对出版社来说，比较有利。首先，出版社不必为发行图书操心；其次，出版社不用建书库，始终保持"零库存"，既省人又省事，又不用承担经营风险；再次，能很快回笼资金。但这种计划经济的运行模式，是建立在出版社出书品种不多，生产规模较小的基础之上。新华书店虽然为此也承受了一些经营风险，但由于卖不完的书可以报废，向国家财政核实报销，因此由图书积压库存而造成的经营矛盾并不突出。这个出版社"旱涝保收"、新华书店积压的库存由国家财政"买单"的制度一直延续了三十年。

国家实行改革开放后，各行各业都在改革，一些不合理的制度应当废除。出版界"隔山买牛"式的征订包销制度，首先受到冲击。据新华书店的内部统计，一个基层新华书店的进货员，每年至少要看 300 万字的新书内容介绍，还要对每本书提出具体的订货数量，实在难以应付。在这种制度环境下，基层新华书店订货员采取了"少进勤添"的办法，即每次只进少量的书，根据书店的实际

⑱在 1954 年 12 月 4 日古籍出版社正式组建完成之前，1954 年 11 月 30 日，因国家机构改革，出版总署正式撤销，其职能转给新成立的文化部出版事业管理局。因此，古籍出版社在正式成立后成为文化部直属出版社，代替文化部行使对全国古籍整理出版工作的统筹和规划职能。

⑲《重视整理、重印古书的工作——〈光明日报〉社论》，中国出版科学研究所、中央档案馆编：《中华人民共和国出版史料》(8)，中国书籍出版社 2001 年版，第 126—128 页。✞

销售情况，及时添货。后来逐步发展到"少进不添"乃至"不进不添"。这样反映到新华书店发行所汇总表的订数也就越来越少。1982年间，我做过一个统计，中国青年出版社出版的新书，经过北京发行所编目征订，全国三千多家基层书店，订数覆盖率只占47%，也就是说：一半以上的基层书店，订数为零。时任文化部出版局顾问的王益同志得知后大为吃惊，他说："中国青年出版社的新书订数覆盖率一半都不到，其他专业出版社就更少了，这种现象不太正常。"可是后来事态发展得更加严重，有些出版社的新书征订单发往全国3000家新华书店后，竟然"全军覆没"，吃了"零蛋"。出版社为此感到"恐慌"。有的社长说，想不到发行问题成了出版社生死存亡的关键问题了。不少出版社开始对这种征订制度产生怀疑。有的社长"戏称"，这是新华书店的"小辫子专政"。意思说是基层书店的进货员都是女孩子，不熟悉业务，见到新书"熟视无睹"，作者辛辛苦苦写出来、编辑辛辛苦苦编出来的好书，都被她们"无情扼杀"了。从出版社方面来说，这个问题确实比较严重，影响到出版社的生存。许多新书因为订数太少，没法开机印刷，只好打成纸型压在印刷厂。这样不但影响了出版社资金周转，对作者也难以交代，更谈不上满足读者需求。造成了出版社的"出书难"。而新华书店也有难言的"苦衷"，对征订的图书，仅凭简略的内容介绍，就要做出是否订货及征订数量的"决策"，存在着不确定的经营风险。面对这种"隔山买牛"式的征订包销制度，如果订多了造成积压，又不让退货；而订少了很快脱销，又会受到读者指责，形成了新华书店"卖书难"。"出书难"和"卖书

首都第一届社科书市发起人合影（1985年8月）

前排左起：马高基（世界知识出版社）、王久安（中国青年出版社）、沈炳麟（对外翻译出版社）、施茂仙（人民出版社）、金大山（人民文学出版社）、刘怀新（群众出版社）

后排左起：钱卫（中国青年出版社）、王磊（社会科学出版社）、李程之（中国工人出版社）、张克平（人民文学出版社）、丁东（商务印书馆）

难"，导致了读者"买书难"。20世纪80年代初期，原有的图书发行体制与新时期出版发行工作不相适应的矛盾，突出表现为图书市场出现的"三难"现象。

出现"三难"问题以前，党和政府就开始注意协调出版社和书店之间的关系。当时新华书店对征订包销制度采取谨慎态度，提出"少进勤添"来应付。因为少进，许多新书一出版就卖光，读者呼声很高。针对出版界人士的呼声及社会的反响，文化部出版局在王益同志的主持下，做了许多调研工作。1982年6月，文化部在北京召开了全国图书发行体制改革座谈会，听取出版发行部门意见，研究如何解决"三难"问题。我曾自始至终参加了座谈会，在会上反映了出版社的困难和读者的呼声。会议首次提出，将在全国组建一个以国营新华书店为主体的、多种经济成分、多条流通渠道、多种购销形式、少流通环节的图书发行网。会议确定，今后将

大力支持出版社自办发行，改革购销形式。

根据座谈会形成的意见，文化部于1982年7月印发了《关于图书发行体制工作的通知》，明确提出："图书发行工作的现行体制，不能充分调动出版社和书店两个积极性，不利于出版事业的发展，已不能适应社会主义建设的要求，必须加以改革。图书发行体制根本改革的目标是：在全国组成一个以国营新华书店为主体的、多种经济成分、多条流通渠道、多种购销形式、减少流通环节的图书发行网，使货畅其流，书尽其用，更好地贯彻出版工作为社会主义服务，为人民服务的方针，最大限度地满足读者对图书的需要。"文化部的这个通知，拉开了全国图书发行体制改革的序幕。

文化部的通知，宣告了我国图书发行体制改革正式启动。从计划经济转变为市场经济。于是各出版社积极响应，纷纷成立发行机构，配备发行力量，包括人员、资金、库房、交通工具等。我所在的中国青年出版社较早开始了自办发行。由于受图书发行体制的局限，20世纪70年代末，中国青年出版社出版的不少图书出现了读者想买，书店无书可买的状况。如《第二次握手》的征订很不顺利，很多书店看到简单的内容介绍，由于心里吃不准，不敢"贸然"进货，但不少读者却四处寻书。我社只好少量控制，加印了两万册，作为门市部和邮购应急之用，结果读者登门求购者之多，出乎我们的意料。《李自成》第一、二卷开始印数较少，要书的读者却很多，由于我社没有书库，只能在出版社门口搭个书棚卖书，扮演《智取威虎山》杨子荣的著名演员童祥苓因在书店买不到书，不得不亲自跑到我社发行部求购，并抱怨说，这书为什么这么难买。我社出版的其他图书，如《文学描写辞典》《通俗哲学》《革命烈士书信》等也深受读者欢迎，我们从中感受到读者对图书日益剧增的需求，于

是不失时机地成立了读者服务部和邮购部，逐步扩大自办发行。当时因无力多设门市部，我便想到借鉴建国前开明书店的经验，在出版社力所不及的城市，与信誉较好的同行合作，建立特约经销关系，代销本版图书。于是便与本市王府井新华书店的门市负责人王曰成同志商量合作事宜，得到了他的大力支持。经过几轮商谈，双方于1981年2月正式建立特约经销关系。这期间，其他兄弟出版社也有许多创新的改革措施，如水利电力出版社把门市部办成了"读者之家"；纺织工业出版社选择好几个纺织工业发达的城市办起了特约经销处；特别要提到的是上海辞书出版社，他们经过调研和核算，首先独家成立起发行所，本版图书全部自办发行。一时间全国图书发行体制改革风起云涌，浙江省新华书店和湖南省新华书店都不约而同地和本省出版社合作，对全部出版物试行联合寄销，实行"三个不变一个转移"的方式，即征订方式、发货折扣和货款结算时间都不变，销不完的图书，损失由出版社承担。而我社和王府井新华书店创建的特约经销办法，以其品种全、到货快、折扣优惠的三大特点，深受书店欢迎，一时成为热点，全国不少出版社和书店都纷纷效仿。

1983年10月，文化部出版局在成都召开图书发行体制改革经验交流会。会上，代表们详细地介绍了各自的改革经验，可说是百花齐放、异彩纷呈。我也在会上介绍了中青社自办发行的经验。王益同志在总结报告中，充分肯定了一年多来图书发行体制改革所取得的成绩，鼓励出版社要加强自办发行，配备足够的发行人员，创造条件，解决资金与仓库等问题，把自办发行看作是一项战略措施，不是权宜之计。对上海辞书出版社全部自办发行进行了表扬；对各地社店建立的特约经销处给予肯定，认为这种形式受到出版社、书店和读者三方面的欢迎，要坚

持办好。对各地新华书店发行所或省店在建立特约经销店方面存在的顾虑，则进行了解释。他还鼓励推行寄销制度，认为浙江、湖南实行的社店联合寄销，好处很多，出版社可以掌握印数的主动权，书店可以解除"背包袱"的后顾之忧，敢于大胆进货，从而丰富书店的备货品种，扩大销售，满足读者需要，充分发挥书籍的效用。此外，对新华书店实行经营责任制和发展集体、个体书店等问题，王益同志也发表了看法，给予了支持和鼓励。

这次经验交流会后，全国图书发行改革掀起了一个新的高潮。除了出版社的自办发行和特约经销店有更大发展之外，出版社与发货店之间的合作，也得到进一步加强，各地民营书店在扶持中有了发展，这些都是可喜的现象。

改革是一个不断深化的持续过程，原有的问题解决了，又会出现新的问题需要创新思路，提出新的对策。图书发行体制的改革也是如此，其间遇到不少曲折和阻碍，在新问题的解决中，图书发行体制改革不断取得新的成果，促进了出版业的发展。首先在购销形式上，由于多种原因，图书寄销制度的实行困难重重，当初浙江、湖南两省所推行的社店联合寄销，后来因故停滞不前；其他地区社店之间也难以形成共识。

1985 年 6 月 26 日，在京二十多家出版社在中国广播电视出版社开会，邀请新华书店总店和北京发行所领导参加，试图通过协商，推进联合寄销。文化部出版局王益、陆本瑞和中国出版工作者协会王仿子等领导也参加了，但在寄销问题上社店双方难以达成共识。北京发行所在会上提出，当前他们最大的困难是将近 6000 万元码洋的图书，因铁路运输不畅不能入库，按照以往发货规律，大约还要好几个月才能疏通。出版社对此很有意见。因此，原来实行的初版试销、再版包销以及社店联合备货等改革措施将难以坚持，更不要说寄销了。此外，前些年搞得红红火火的特约经销方式，因不少地方社店争相建立，搞得太多太滥，致使许多特约经销店有名无实，失去了特色，只起到了一般经销的作用。出版社没有图书总发行权，自办发行量加大后，与发货店之间的矛盾便随之而来。一方面出版社发货渠道受到限制；另一方面，发货店的发货受到阻塞。眼看"三难"问题又将死灰复燃。国家出版局于 1985 年 11 月 22 日印发了"关于推行多种购销方式的初步方案"征求意见稿，提出了四种购销形式：1. 凡党政文件、领导人著作、教科书、年画挂历和内部发行图书，一律采取征订包销；2. 寄销分为分配寄销和征订寄销；3. 自销和选销；4. 特约经销。

1986 年 1 月 20 日，人民出版社庄浦明副社长和新华出版社许邦社长牵头，组织在京部分出版社社长开了一个座谈会，对出版局的方案进行讨论，提出了颇有远见的三条建设性建议：1. 除征订包销图书以外，一般图书总发行权应归出版社所有，出版社可以委托书店经销或搞特约经销，使出版社真正能决定印数，承担起出版发行的全部责任；2. 鉴于基层书店任重利薄，出版社应让利三个发行折扣给基层书店，以提高其销售积极性；3. 在全国范围内筹建 50—100 个一级批发站，以利扩大流通渠道。这三条建议由我执笔，提交国家出版局。

3 月 19 日，中国出版工作者协会邀请北京地区部分出版社社社长在中国青年出版社印刷厂开会，再次听取大家意见和建议，国家出版局顾问王益、专员陆本瑞、发行处处长高文龙、中国出版工作者协会副主席王仿子等应邀到会，秘书长王业康主持了会议，人民出版社、人民文学出版社、中国青年出版社、中国少儿出版社、大百科出版社、社会科学出版社、世界知识出版社、新华出版社、北京出版社、中国对外翻译出版公司、农业出版社、铁道出版社等 20 余家出版社社长到会，16 位社长在会上发了言，会议气氛十分热烈。充分反映了大家对即将召开的全国图书发行工作会议的高度重视和期待。不少社长再次强调了 1 月 20 日提出的三条建议。王业康秘书长表示一定把大家意见整理后送交出版局领导参考。

同年 4 月，国家出版局召开了全国图书发行工作会议。会议主要有四个方面内容：1. 端正思想，统一认识，正确对待当前出现的新问题；2. 坚定信心，巩固成果，积极推行多种购销形式；3. 书店进行自身改革建设，充分发挥主渠道作用；4. 加强对发行工作的领导和管理。这次会议非常适时，在关键时期做出了许多重要决定。社长们提出的三条建议中，有两条为出版局采纳，写进了文件，实施后起到了很好的作用。出版社掌握总发行权以后，可以选择多条发行渠道和多种购销形式，与各地新华书店、民营书店进行合作，解决了过去许多矛盾；对书店发货折扣降低，使基层书店得到

1986 年 6 月，人民出版社、人民文学出版社、中国社科出版社、中国青年出版社、中国少儿出版社、世界知识出版社六家出版社成立发行联合体，与南京、重庆、广州三市新华书店建立联合批销中心。图为（自左至右）笔者、人民文学出版社社长江秉祥、中国少儿社社长杨永源、中国青年社社长一起出差去和新华书店协商建立联合批销中心。

经济上的实惠，销售积极性大为提高。所有这些都对出版社自办发行有利。但这次改革最重要的还是出版社有了总发行权，正是这一条改变，进一步促进了出版社之间的联合。

全国图书发行工作会议后不久，1986 年 6 月，人民出版社、人民文学出版社、世界知识出版社、中国青年出版社、中国少儿出版社和社会科学出版社六家的发行部自发成立了发行联合体（简称"六联"）。"六联"的成立，是出版社发行部门横向联合的一个创举，为共同开拓图书发行渠道创造了条件。正是这种联合，加强了六家出版社发行部门与北京、上海、南京、重庆、广州、长沙、临沂等许多大中城市新华书店的合作，有的还建立了联合批销中心。

1987 年初，在京十多家出版社的发行部主任，为了进一步开拓图书市场，在已经成功举办了两届首都社科书市的基础上，决定利用已经得到的总发行权，着手创办图书看样订货会，这个想法立刻得到中国出版工作者协会王业康秘书长的大力支持。经过精心策划和积极筹备，第一届首都新闻出版界社科图书交易会与第三届首都社科书市同时在劳动人民文化宫开幕，成为举办至今的北京图书订货会的开端。这一届书市设在文化宫前院东西松树林，交易会设在文化宫东配殿，面积不到 300 平米，正好安排 44 家参展出版社。书市和交易会开幕当天，请了著名编辑家、科普作家叶至善和北京大学学生会主席陆昊前来剪彩，体现了出版社秉持的"读者至上"、敬重作者的理念。书市期间，中宣部副部长李彦、北京市委副书记徐惟诚、共青团书记处书记冯军、国家出版委员会主任王子野、司法部副部长鲁坚和《光明日报》总编辑姚锡华等领导都来参观指导。

这一届图书交易会办了 8 天，订

读者代表、北京大学学生会主席陆昊(左二)和中国青年出版社资深编辑叶至善(右二)为首届订货会剪彩（1987年）

货676万元；书市办了12天，销售114万元。图书交易会接待来自全国各地的290位书店代表，为他们安排食宿。为了节省开支，代表们都被安排在出版社和部队招待所，而且安排了车辆接送，接待工作十分周到，书店代表都比较满意。图书交易会期间还邀请60家书店举行了一次座谈会，征求他们对举办图书交易会的意见和建议，为进一步办好图书交易会起到了促进作用。

上述首都社科书市和首都社科图书交易会，从一开始就是由北京十多家出版社的发行部主任自发联合起来主办的。其中包括对外翻译、人民、中青、中少、人民文学、世界知识、新华、法律、工人、北大、财经、中国广播电视、群众、商务、北京、中国社科等出版社，并由这些出版社的发行部主任参加，成立书市办公室，挂靠在中国出版工作者协会之下开展工作。第一届首都社科书市是1985年举办的，地点在劳动人民文化宫，办了两届以后，到办第三届时，大家看到在书市中有不少书店的进货员也来采购，于是萌发了办看样订货会的想法。1987年，在举办第三届首都社科书市时，同时举办了首都社科图书交易会。随着图书交易会规模的扩大，1991年底，书市办公室希望得到中国出

版工作者协会的具体指导，在版协秘书长王业康同志的协调下，以上述部分出版社的社长为主，成立了版协的二级组织——经营管理研究委员会，由新华出版社社长许邦任主任、中央党校出版社副社长刘忠礼、商务印书馆总经理林尔蔚和中国少儿出版社社长杨永源等任副主任，聘请王仿子同志为顾问。书市办公室在版协经营管理研究委员会领导下开展工作。

1997年筹办第十届首都社科图书交易会时，中国书刊发行业协会也决定筹办全国性的订货会，在同一地区举办两次同一性质的订货会，将使参展单位和订货单位无所适从，而且会造成人力物力的浪费。经过中国出版工作者协会和中国书刊发行业协会领导协调，并得到新闻出版总署批准，决定从1997年开始，首都社科图书交易会改由版协和发协联合举办。经管会作为版协的下级机构，原办会人员全部进入新的组委会。宋木文同志写的《亲历出版三十年》，其中有一篇《协调共进谋发展的北京图书订货会》，把协调经过情况讲得很清楚。

从1997年开始，"首都社科图书交易会"的名称改为"北京图书订货会"。由于两个协会合办，新闻出版总署参与协调，领导力量显著增强，订货会规格得到提高，各项措施也越来越规范，其功能逐步由单一的看样订货增加到"展示形象，交流信息，版权交易，看样订货""为图书馆配书"等多元化功能，由自发性的书市成长为全国三大书市盛会之一，并被誉为出版界图书市场风向标，越来越受到各方面欢迎。

迄今已连续办了三十多年的北京图书订货会，是在改革大潮中应运而生，更是在深入改革中发展壮大。尽管这三十多年走的是充满变数的不平坦之路，然而却是探索中的前进之路，创新中的开拓之路，改革中的成功之路。❖

"一折书有毒"：广益书局的一段风波

荣 杰

1935年对于书界元老的广益书局而言，整体上算是个好年景，因为经营得法，抓住了"一折书"市场的风头，生意十分红火。谁料，就在年关将至，准备封箱分红的当口，却发生了一场始料未及的风波。

书里藏毒

1935年11月28日，重庆《商务日报》第七版的角落刊登了一则不长的消息。文字虽少，但是标题却足以震惊读者的耳目："一折书有剧毒 各界纷纷焚毁"。这里不妨将这段文字悉数照录如下：

自本年上期以来，全国各处均有署名某某等图书社，用新闻纸翻印之各种书籍出售，其中以小说等为最多，售价廉至一折，故一般人均乐于购读，销路极广，国内有识之士，以此项书籍廉价，至较工本费低至数倍，且仍能继续销售，其中不无疑窦，遂即检送北平协和医院考验，经多次缜密化验结果，由医生报告，确定书内含有名为"□"（字迹不清，无法辨认）之一种肺痨病菌，此物为新近发明，能使人于阅读上项书籍时，无形吸入肺部，且医药界目前尚未发现若何新药足资医治此种病菌，检送人士，以此种书其所以廉价至较成本低出数倍者，且以小说居多，阅者颇为普及，所以散置毒菌，便于普及深入，现本市各界得悉此项消息后，连日均纷纷焚毁，承售之书店，亦无人过问，颇有门可罗雀之慨云。[1]

文中提到的"一折书"就是20世纪30年代曾经风行一时的"一折八扣书"。这些书最大的特点就是异乎寻常的便宜。比如标价一元，但实际售价却是在打一折的基础上再折八扣，结果只有区区八分钱。这些书的内容都是古书，或是古典文学作品，如四大名著，或是经史古籍，比如《纲鉴易知录》《文选》等，都以铅字排印，新闻纸印刷，制成平装本。"一折八扣书"自诞生后，迅速"走红"，即便是文化相对落后的内地、乡村，也行销颇广。据《申报》的报道，"一折书的势力，一直钻到乡村来了，虽然乡下早已尽有人看报，而活版铅字排印的书，并不缺少，曾有少数人看到过，但铅字排印的书的成为真正乡下人所接触的书，这还是第一次。"[2]从《商务日报》的报道可知，这种书在川地也颇为流行，"一般人均乐于购读，销路极广"。

但是，按照报道所说，这便宜的背后其实隐藏着可怕的阴谋。一折书中被加入了肺痨病菌，经过北平协和医院的权威化验，确定为"新近发明"的毒菌，且"医药界目前尚未发现若何新药足资医治"。书之所以格外便宜就是为了毒菌的传播。当时，肺结核几乎属于绝症，一旦感染医药枉效只能等死，这样的惊天阴谋足以令人闻之色变、不寒而栗。有报道说，这个消息最初是10月间在重庆市面悄然流传开来的[3]，不胫而走之下，越传越离奇，比如"结核病菌七年不死"[4]，"每日对书作六十次呼吸，不到一周，即可全部传入肺部"[5]。今天看来，这样的传闻无疑是无稽之谈，稍有科学常识就能识破其中破绽。可是，限于当时民众的普遍愚昧，这样的谣传很快引起了百姓的恐慌。

恐惧之下，人们的直接反应就是赶快将毒书连同毒菌付之一炬。有报道称，川中各学校，均将一折书加以火焚⑥，据说"有川师巴中求精女中等十余校学生举行焚书，自动将书焚毁，约七八千本"⑦。还有兴师问罪的，带着一折书到书局前"当门焚毁"，并要求该书局将所出的一折书销毁⑧；各书店里有一折书摆出在外面的，都有人来干涉，不准销售⑨；合川还发生了将书贩绑在街上示众的事⑩。迫于众怒，重庆的各家书店也慌忙处理店中的一折书，"把所批来的一折书，全数赶了出来，堆在马路上，加上了火油，点了一个火，像法院里烧毒品一般的烧起来"⑪。消息的传播自不限于四川一地，据说传到南昌广州后，也引起了恐慌，两地一折书也因此停止销售⑫。

总之，这场因谣言而起的恐慌和由此对一折书的冲击，一时间来势汹汹。不过，这场风波的矛头所指究竟是哪家书局。《商务日报》的报道中，含糊其词的"署名某某等图书社"又是哪家呢？

紧急应对

1935 年 12 月 5 日，一则名为《大达图书供应社紧要启事》的广告刊登在了《商务日报》第 3 版，启事称：

敝社发行标点各书，向抱薄利主义提倡文化为宗旨。数载以来，向蒙各界人士惠顾，不胜感荷。不意近见报载谓该书含有病菌等语，不胜骇异，显系利益冲突所致。特飞电上海总社将原书呈送中央卫生署化验，并将进货纸料来源各证据寄渝以资证明。去后得总社陷日复电称，除将书呈送中卫署化验外，所有进货各证据即日由航寄渝特与证明，以释群疑外，特此声明，俾各界得明真

象庶免以讹传讹，则中国文化幸甚。⑬

这则紧急启事在《商务日报》连续刊登了将近十天。

这样看来，之前的所谓"署名某某等图书社"者，正是大达图书供应社。这些天发生的一连串风波的矛头所指也是这家书局。不过大达背后另有其主。按照朱联保先生在《近现代上海出版业印象记》中的回忆，大达图书供应社的招牌是在 1934 年挂出来的。其实，它并不是一家新开张的书店，甚至连一个独立的品牌都不算，这个牌子只不过是广益书局的"副牌"⑭。至于广益书局，在当时的出版界算得上老字号了。它的前身是 1900 年建立的广益书室，1904 年更名为广益书局，由魏炳荣主持。清末民初，随着石印技术的逐渐普及，上海出现了不少专营石印书籍的出版机构，比如扫叶山房、千顷堂书局、锦章图书局、有正书局等，而广益书局也是其中较有代表性的一家。这些书局出版的大多数是石印本古籍，特别是古典文学作品。即如广益就印制了大量文史古籍和通俗小说。这些书广泛行销于小城镇和农村地区，即便是上海滩，也能在很多星罗棋布的小书摊上见到这样的书。广益书局进入重庆是在 1930 年，两年后渝店被上海总部收为直属分局，当时重庆市面广益的书并不多，加上当地对图书销售征税不高，生意很是兴旺，"利润也厚"⑮。因此，这场风波表面是针对大达图书供应社，实际却是冲着广益书局而来。

这份紧要启事透露了这样两个关键信息。其一，指出书中有毒的谣言是因"利益冲突"而起，暗指有人以打击广益书局为目的，故意编造谣言、制造恐慌。其二，透露了为辟谣而采取的主要动作，即将出版物送中央卫生署化验，同时请广益书局总部出示纸张进口来源凭证，以示纸张来路正规。由此可知，广益书局已经在着手应对风波了。

实际上，从 11 月 28 日重庆《商务日报》消息刊登当天，广益书局就已经有所动作了。

首先，针对该报报道中提及的，将样本送北平协和医院进行化验，并确定书中藏有毒菌一事，广益书局重庆分局于 11 月 28 日致函北平协和医院询问；12 月 5 日，广益书局总部又正式致函协和医院询问有关情况[16]。次日，协和医院分别致函广益书局总部和重庆分局，给出了明确答复。由于两函内容大同小异，这里只摘录致广益书局总部的回函，函称："接读十二月五日贵书局函，以接重庆分局函称，重庆《商务日报》载局售之大达社出版书籍经敝院化验含有毒菌等因，闻之不胜诧异。敝院并无此项化验之事。"[17]

其次，针对"结核病菌七年不死""每日对书作六十次呼吸，不到一周即可全部传入肺部"等有关肺痨毒菌的离奇传言，邀请专业人士出面辟谣。比如邀请了北平卫生研究事务所所长容起荣撰文。在题为《对于四川学生焚书之感想》一文中，作者普及了有关肺结核疾病的相关知识，详细介绍了适宜结核病菌生存的条件，指出"未闻有生活七年而不死"的结核病菌。文末更指出，"在我国结核病所以传染极盛的原因乃由于一般人不讲卫生，及一切不良卫生习惯所致，如随地吐痰打喷嚏时不用手绢掩盖口鼻，以致飞沫传染，或以口喂哺婴儿食物，以及不爱清洁种种习惯，这才是肺结核菌传染的主要路径。吾人不注意于此，不考来源，焚书有何益哉。"[18]

针对纸张的来路，广益书局表示所用纸张"均系向欧美各国订购而来，为荷兰英国奥国德国产品，以其价值低于其他世界各国之所产也"[19]。强调这几个国家的价格低于其他诸国，就是为了回应对其书售价"异常"低廉的质疑，表明所用纸张都是欧美进口的正规产品。为了增强说服力，广益书局更是分别致函"荷商好时洋行""瑙商茂孚洋行""英商泰和洋行"三家主要供货商，查询所售纸张"有无毒质"[20]。12 月 11 日，瑙（即挪威）商茂孚洋行开出英文证明书，主要内容为："通过实验证明，结核杆菌对干燥极为敏感，即离开潮湿环境后很快就会死亡，不再具有致病性。因此，阅读上述公司的书籍几乎不可能导致结核感染。"[21]并附国立上海医学院教授佈美同日致茂孚洋行的复函，函称"结核菌一离潮湿立即死亡，不复有毒存在，是以若谓从阅读书籍因而传染结核病乃事理所决无"[22]。12 月 12 日，英商泰和洋行发出证明书，告知将其纸"交上海医界当局化验，其所得结果并无有毒质"[23]。12 月 13 日，荷商好时洋行致信广益书局，告知将其送检的样书送交英国皇家化学会会员贺雷化验所公开化验，"并用显微镜视察结果，完全无菌"[24]，所附具体检测证明称，送检样品"并无肺痨病菌、痢疾菌、伤寒菌，以及其他病菌发现"[25]。为了进一步增强权威性，广益书局又协调上海市纸业同业公会致函重庆市商会，表示"派员赴与该社往来之各会员纸号，检取各种纸样汇集，当众化验结果，经化验师证明并无任何毒质更无上述危险性质之肺痨病菌"[26]。

在这些应急措施全部完成后，广益书局以大达图书供应社名义专门印制名为《上海市书业同业公会会员大达图书供应社证明书籍无毒宣言》的小册子，在市面广为散发。小册子中除了将上述材料逐一罗列外，还公布了几份向三家洋行订购纸张的单据，共计 17 份材料。小册子结尾说道："本社认为毒质而在纸，则现今书局所用之纸，除本国产一小部外，大都来自欧美。本社所从购入纸货之行号，各书局大都向之购用。欧美之纸，既非本社所独用，果其有毒，则各书局所出之书均为有毒，固不问廉价与不廉价也。果尔，不将令国人废书不读乎？若设备书局之书，其纸无毒，则本社各书之纸亦必无毒，今乃谓本社所出书独有毒质，岂非奇谈！若能一加探索，定当失笑。"[27]

为了扩大影响，广益书局又在重庆各报刊登《大达图书供应社辟谣声明》，声明称："本社志在为我国读书界服务，力图减轻读书人负担起见，书籍定价，特别低廉。不料以此受人嫉妒，蓄意中伤，造作谣言，谓'本社书籍经北平协和医院化验含有肺痨菌'，听者不察，竟有焚书之举。本社固蒙其不利，即读书界亦受重大损失。殊深浩叹！兹据北平协和医院正式来函，根本否认化验情事，而北平卫生研究事务所所长容起荣先生发表论文，从学理上说明，肺痨菌不能在干燥纸上长期潜伏。是书籍含毒一层，已不辩自明。本社所用纸料，向来购自欧美各国，如英瑞及荷兰所产，自谣言发生后，即向售纸行家查询，各行均切实声明，所售之纸料并无毒质，并出立书面证明，且沪上出版界用以印书之纸料，均向此等行家购入，如谓有毒，则各局之书，及报馆之日报，均亦有毒。如若无毒，则一概无毒。我国读书界，皆国内优秀智识份子，定能以明晰之头脑，下正确之判断也。"[28]

在这场危机处置过程中，无论是广益书局重庆分局还是总部，反应不可谓不迅速。据称重庆分局经理许海如专门飞到上海向总局汇报情况，商讨对策[29]。广益书局更是调动关系，多方联络，甚至争取到了驻沪美副领事的支持[30]。各方面确凿证据足以令"书中有毒"的谣言不攻自破。不过，树欲静而风不止，由这场风波似乎又牵扯出了些许旧事秘闻，对广益的影响并未就此消除。

余波未平

回顾整个风波的经过，有两处值得玩味。第一，按照之前的谣传，一折书中人为

掺入毒菌，以极低廉价格吸引读者购买，使毒菌不断扩大传播。这样的做法已经不是一桩以牟利为目的的买卖，而是一桩以荼毒性命、制造恐慌为目的的阴谋。这种事哪里是一个广益书局有胆量有能力做出来的？其后必有黑手。第二，广益书局在辟谣过程中，反复陈说其所用之纸，均来自欧美。如此强调来自欧美，似乎又在回避什么。对此，有评论也提出了质疑，"广益书局所发之辟谣小册子，列有英商、荷商、瑙商各纸行之订单及证明书，是否可信？抑系广益后来另一种出品所用纸？有无移花接木情事，传说纷纭，莫衷一是，真相如何？殊值得研究者也"[31]。而所谓的"传说纷纭"，则是"盛传大达各书所用之纸张系'某国货'"[32]。此处的"某国货"其实就是指日本进口的日货，具体而言就是日本所产的印刷纸。

民国时期，印刷用纸基本仰赖进口。日本就是主要进口国之一，其进口量曾一度居于榜首。随着日本军国主义对中国领土的步步蚕食，国民反日情绪持续高涨。特别是"九一八"事变爆发后，民众强烈抵制日货，各地商会等行业组织也纷纷要求不准售卖日货。上海纸业公会、书业公会都曾告诫纸商书商不准贩卖使用日纸。在这样的大背景下，一旦和日货有所瓜葛被曝光，是十分危险的。广益极力回避的也正是这一点，而谣传背后的意思也是纸内藏毒是日本人的阴谋，民众的恐慌与愤怒也是普遍存在的仇日恐日情绪的反应。因此，这场风波或许也可以说是当时时代背景与民众心态的一种折射。

因为这场风波，还牵扯出了一件关于一折书的"秘闻"。据说，"一·二八之后，有大宗某国纸料，无法脱售，纸商以不便久积，急谋出路，但其时抵货运动方烈，不敢公然出售。既而思得一策，即将白纸变换书本之形式出卖，藉以避免抵货者之目光，当时目的只在收回纸价，不必在书本上更求获

利，且存货过多，利在速售，可将书价抑至最低限度，俾便于畅销，于是纸商与书贾，双方通力合作，而有一折书之发行。"③这里所谓的"某国"显然也是指日本。这则"秘闻"是否可信权且不论，不过能够在坊间流传也不一定是空穴来风，看过之后不免叫人想起与之相关的两件旧事。

当时印售一折八扣书的主要有三家，新文化书社、大达图书供应社和中央书店，这其中，新文化书社和大达图书供应社先后被曝盗用日纸。据《申报》的报道，1933年11月间，上海纸业同业公会所属检查队收到"密报"，新文化书社盗用日纸印书。检查队随即前往举报中所提及的两家印刷所突击检查，果然在其中一家印刷所内查获日货报纸，据称是新文化书社送来的；又从新文化书社购来1933年10月印制的《聊斋志异》一部，对其纸张加以鉴定，认定确系日纸。纸业公会遂致函书业公会要求处理，书业公会鉴于该社并非其会员，又致函上海市商会。市商会在调查后给出的处理意见为，"除将来函披露报纸，期供各界严正批评外，并应由贵会通知所属会员，与该社杜绝业务上之往来，以示与众共弃之意。"㉞广益书局被曝光，发生在1934年4月间。从报道的内容看，也是上海纸业同业公会所属检查队收到"密报"，广益书局"私进大批仇货纸张，印制《小红袍》等书籍，出售图利"，遂前往举报印刷所突击检查，又购买1934年3月再版的《小红袍》核查，确认检举属实。纸业公会遂致函书业公会通报情况，并要求查办。㉟据说，广益书局神通广大，设法疏通，居然无事。㊱从《申报》对前者的大加报道，到对广益的低调沉默，恐怕此说大体不错。

两家以一折而获利颇丰的书局，都曾曝出私用日纸印书，由此而演绎出一折书为日商脱销之计，似乎也不无缘由。

总之，广益书局虽然极力辟谣，但是销售还是大受影响，"虽用种种方法辟谣，销数依然不振也"㊲曾供职于广益重庆分局的谌仲谦先生也回忆道，"这事正出在'九一八'事变后日本侵略军占了东三省又向热河进攻，1932年'1.28'又大举进攻上海，全国人民反日怒潮高涨，广益这时被蒙上替日本为虎作伥的罪名，处境是很可怕的。事情虽已平息，但大达书的销路从此一蹶不振"。㊳

事出有因

无论从广益书局自己的解释，还是一些报道的分析，大体都将这场风波的诱因归结于"同业嫉妒，造此谣言"㊴。从相关报道中的一些细节，也可以看到人为操纵的蛛丝马迹。比如，何以川中学校不约而同地集中焚书，何以有人跑到广益重庆分局门口焚书，此间是否有暗中串联者，或可疑问。再有，有人专门跑去各书店检查有无一折书，发现的则加干涉，不准售卖㊵；当一些书店把一折书"像法院里烧毒品一般"当众焚毁时，还有人"好像得到了酬劳般的，大喊焚烧毒书的口号"㊶，一般读者想必不会有如此"自觉"四处巡查，高喊口号。至于"好像得到了酬劳般的"描述，其隐含的意思也不言自明。

既然是同业忌妒所致，广益书局又因为什么招致了如此大的报复呢？

这就要从"一折书"的生意说起了。

据当年中央书店主人平襟亚先生在其《上海滩的"一折八扣书"》一文的回忆，"上海在抗日战争以前，约一九三○年至一九三七年这一段时期内，书业中掀起了一个浪潮。有几家规模不大的书店，以极廉价的书籍大量供应给读者，人称一折八扣书，又称标点书。这批书大都是翻印的我国传统小说，如《水浒》《三国演义》《红楼梦》之类，亦有古典文学的单行本，名目多至三四百种。由于同业间的竞争，借口于薄利多销，逐渐跌价，从二折、一折跌至一折八扣。这一空前未有的大廉价，形成了出版界风起云涌的潮流"[42]。

一折书最为盛行的时期，主要在1934年到1935年间，而这正是所谓的"古书年"，也就是各家书局争相印售古籍的时期。之所以出现这样的情况，主要与当时的社会经济状况直接相关。20世纪30年代，受到1929年以来世界经济危机的影响，普通民众的购买力显著下降，出版市场出现了较为明显的萧条迹象。普通书局出版新书的成本和风险变得更高了，而收益则微薄的可怜，甚至还要蚀本。《申报》有评论以"奄奄一息"形容当时的出版界，作者进一步分析说："造成今日出版界这种局面的原因，除了政治环境以外，最重要的是经济关系。经济衰落不但造成购买力的减低，而且也可促进思想的苦闷，无心于读书。为了这样，于是各书局的参考书都成了废纸。就是在上海，号称文化最发达的地方，不但各校学生大多不读参考书，教授大多不看参考书，就是一般文人、著作家，其所写的书的数量也有超过其同时间所读所看的。在内地，不要说是在农村，就是在都市中，就笔者近日所到的长江流域几个商埠，中产以上的人民都在闹恐慌，花一元买一本书是很少见的事，所以，如在九江、芜湖等处，就是商务中华等几个大书局的分馆，其日常至要的营业也只见数角数分的卖买，市上所见的无非是一折八扣七扣的东西。"[43]

在新书业蓬勃发展的时候，书商们忙于各种新文学作品、社会科学作品的出版，大体无暇顾及古书。古书市场主要为石印书局所占有。印行古书，特别是旧小说，毫无版权问题，没有政治风险，稍认识些字的百姓都愿意阅读，不愁没有市场，做得好自可不愁利润。而在百业萧条的环境下，有精明的书商将眼光投向了故纸堆中，开始与石印书业争夺市场，他们手中的武器就是"一折书"。按照平襟亚先生的回忆，率先试水的就是新文化书社，结果没有太长的时间"铅印本夺取了石印本的销路，石印本自然淘汰了"[44]。

广益书局原本就是做石印书起家的，现在火烧到了自家门口，广益的掌门人魏炳荣意识到继续死守石印书市场几乎就是死路一条，于是当机立断，也要效仿新文化书社的套路，在这片新市场上跑马圈地。于是，他打出了大达图书供应社的牌子，专门印制销售铅印本古籍。大达在正式亮相之后，借助广益的势力，便开始了奋起直追。据平襟亚先生回忆："广益却以大达供应社名义日夜排印。好在自设铅印局，不消委托别家的，而且新文化早已出版了二三百种，广益不用请人标点，只消照它排印，以误传讹下去在所不论，于是不到一年，竟赶上了新文化。他们两家书店，就此旗鼓相当地竞争起来了。从照定价三折跌到两折，甚至一折半，大致批发多于门售，新文化销不过广益，但也没有败阵下来，彼此相持了一个时期。""他们如机械式地完全不加以改进，但是由于价廉，贩卖者有厚利可获，以二折批去，五折六折卖给读者，利润在二倍以上，惊为奇迹。因此营业发展，无远弗届。各省各埠，同业汇款来批书的日益增加，每天盈千上万，日夜装箱打包，总是如办喜庆，忙个不停，且因来不及印造，繁销货常常断档，这是书业界空前未有的盛况，也是不正常的繁荣，这事发生于一九三五年。"[45]当时也有报道替广益书局算了账，估计广益书局1934年、1935年两年间在一折书上获利可达数十万[46]，足见收益之丰厚。在其他同业勉力维持的时候，广益却生意兴隆财源广进，招致同业嫉妒也是在所难免。

至于何以风波发生在重庆，从谌仲谦先生的回忆也可以略见端倪[47]：当时，广益书局在川地的营业十分红火，到 1934 年，更是在重庆县庙街兴建了"三楼一底"的新屋，可见其财力雄厚。而同时，当地传统的木刻书业却"被冲击得难以生存"。加上由广益书局总部指派的重庆分局经理许海如自 1934 年到任后，"对原有人员采用一朝天子一朝臣的手段，将中层以上职工全部换去，改用自己的关系人"，对当地书业界同人也根本不放在眼里，这样的人自然容易结仇，事发于重庆，与他的为人行事恐怕也不无关系。

这场风波，前后不过月余，估计不用多久便为书业界所淡忘。风行一时的"一折书"也在 1936 年显出了强弩之末的颓势，不久便淡出了读者的视野。不管当时对"一折书"的评价有多么的负面，不管"一折书"的存在如何"畸形"，但是不可否认，它的兴衰无不是当时出版业生态的结果。这场风波提供了一个很好的观察视角，使我们在更加深入了解"一折书"这一出版现象的同时，对当时出版业生态的复杂也有了更进一步的认识。

────────────

① 《一折书有剧毒 各界纷纷焚毁》，《商务日报》1935 年 11 月 28 日，第 7 版。

② 稜磨：《一折书到乡村》，《申报》1935 年 7 月 29 日，第 14 版。

③⑨⑪⑫㉙㊵㊶鱼跃：《书籍界忽来大笑话 一折书有毒！》，《社会日报》1935 年 12 月 15 日，第 4 版。

④⑦⑱容起荣：《北平卫生研究事务所所长容起荣先生对于四川学生焚书之感想》，《上海市书业同业公会会员大达图书供应社证明书籍无毒宣言》，第 5 页。

⑤ 《骇人听闻之一折书含有毒菌》，《吉安商报》1935 年 12 月 9 日，第 2 版。

⑥⑧ "新闻网"栏目，《社会日报》1935 年 12 月 19 日，第 1 版。

⑩⑮㊳㊼谌仲谦：《对广益书局的回忆》，《重庆出版志》编纂委员会编：《重庆出版志》，重庆出版社，1988 年 12 月第 1 版，第 44 页。

⑬ 《大达图书供应社紧要启事》，《商务日报》1935 年 12 月 5 日，第 3 版。

⑭ 朱联保编撰：《近现代上海出版业印象记》，学林出版社，1993 年 2 月第 1 版，第 57 页。

⑯ 《北平协和医院致广益书局函》《北平协和医院致重庆广益书局函》，《上海市书业同业公会会员大达图书供应社证明书籍无毒宣言》，第 3 页、第 4 页。

⑰ 《北平协和医院致广益书局函》《上海市书业同业公会会员大达图书供应社证明书籍无毒宣言》，第 3 页。

⑲ 《上海市书业同业公会会员大达图书供应社证明书籍无毒宣言》，第 7 页。

⑳ 《上海市书业同业公会会员大达图书供应社证明书籍无毒宣言》，第 14 页。

㉑ 《上海市书业同业公会会员大达图书供应社证明书籍无毒宣言》，第 22 页。

㉒ 《上海市书业同业公会会员大达图书供应社证明书籍无毒宣言》，第 23 页。

㉓ 《上海市书业同业公会会员大达图书供应社证明书籍无毒宣言》，第 21 页。

㉔ 《上海市书业同业公会会员大达图书供应社证明书籍无毒宣言》，第 19 页。

㉕ 《上海市书业同业公会会员大达图书供应社证明书籍无毒宣言》，第 16 页。

㉖ 《上海市书业同业公会会员大达图书供应社证明书籍无毒宣言》，插页无页码，第 24 与 25 页之间。

㉗ 《上海市书业同业公会会员大达图书供应社证明书籍无毒宣言》，第 25 页。

㉘㊲醉蝶：《一折书为纸料在川辟谣》，《铁报》1936 年 1 月 31 日，第 2 版。

㉛㉜㊻醉蝶：《大达一折书在川受打击》，《铁报》，1936 年 1 月 30 日，第 2 版。

㉝无常：《关于一折书用纸之秘密》，《铁报》，1936 年 2 月 1 日，第 2 版。

㉞《市商会公布新文化社购用劣纸 纸业公会正式检举》，《申报》1933 年 11 月 17 日，第 10 版。

㉟《大达图书社私进仇纸印书》，《民报》1934

孙 壮 与 商 务 印 书 馆 北 京 分 馆

王 建 辉

孙壮(1879—1943)，字伯恒，北京大兴人，一生最主要的职任是商务印书馆北京分馆经理，将近30年（1906—1943年间）。由他出任商务北京分馆的经理，可谓最合适之人，他既是本土人士，又是进士出身，文化素养很高，又有商业眼光。在那个年代，这位进士出身之人能够与张元济一样，弃仕途于不顾，而立于商业，着实是那个时代得风气之先者。

孙壮（1879—1943）

一、商务高层最重视的一个分馆

商务印书馆的北京分馆于1905年建立，馆在琉璃厂。孙壮差不多自北京分馆成立即任经理（1906年起），此后一直在这个职任上干了28年。北京分馆由孙壮任经理，可谓得其人矣。

（一）最重要的分馆

商务印书馆的分馆体系是一个创造。在当时没有全国统一的发行中盘的情况下发挥着巨大的作用，其各地分支馆有数十处之多，对于分馆的管理自有一套业务管理的制度，如日清月结，如《分馆业务改进委员会规则》《分馆常备本版图书规则》以及督查等。

北京分馆的名称发生过变化。民国统一之后国民党定都南京，北京改称北平，北京分馆也随之更名为北平分馆（为行文方便，本文统称北京分馆）。据1934年资料，北京分馆的组织体系是：经理、副经理、协理、会计主任，下设会计组（账务课、出纳课）、营业组（本版柜、文仪柜、西书柜、收银柜、批发课、货栈课）、事务组（总务课、推广课）。[①]人数虽不多，不过十数人，但麻雀虽小，五脏俱全。在商务各地分馆中，北京分馆有其特别之处，无疑是最重要的分馆。旧时人说："各分馆之事务，以北京为最繁，而各分馆之业绩，则以北京分馆为最优。"[②] 其重要性我们还可以从如下事实中察

年4月24日，第4版。

㊱《广益书局之抗日矛盾》，《时代日报》1934年5月17日，第1版。

㊴《一折书有毒传闻失实》，《华北新闻》（济南）1935年12月15日，第7版。

㊷㊹㊺平襟亚：《上海滩的"一折八扣书"》，《出版史料》（第一辑），学林出版社，1982年12月版，第136页。

㊸李衡之：《出版界往何处去》，《申报》1935年8月24日，第19版。❖

见，张元济致各分馆的信以孙壮为多，《张元济书札》收有致孙壮信36通。夏瑞芳遇刺身亡，由孙壮代表各分馆致祭文。孙壮在商务印书馆有重要的地位，1916年8月，沈德鸿（后以茅盾名世）持孙壮的信函到商务求职，接待人员见他持有孙壮信函，态度立变。

商务高层是高度重视北京分馆的。1918年6月，张元济任经理时专程到北京，与孙壮商议北京分馆购地发展与营业问题。1919年4月，孙壮等各分馆经理来沪参加股东会期间，张元济专门请孙壮谈京馆建设。孙壮也曾以分馆经理身份被选为商务董事（1920年5月—1921年5月）。张元济退为监理几个月后到北京，多次与孙壮谈北京分馆各事，高梦旦到北京后又一起谈这个问题。北京分馆是张元济和商务最看重的一个分馆。

（二）与京华印书局的关联

北京分馆之所以重要，还因为有一个京华印书局同在，这是其他分馆没有的（香港除外）。北京分馆与京华印书局，两者创立时间也几乎同时，都是1905年。地理位置也相距很近，京华印书局在虎坊桥（楼房今犹在）；北京分馆在琉璃厂。

京华印书局前身是康有为、梁启超等创办的强学会书局，算是官营印刷机构，成立于1884年。1905年商务印书馆将其收购，机器和印刷设备全部作价，连出版而未出售的木版印刷书籍和木版以及书局对外承印的印刷业务，也全部由商务承接下来。接盘后的名称，既不能沿用"官书局"，也不好用"商务"，于是起了京华印书局这个名号。京华印书局主要承担商务印书馆在北方地区的印刷业务。职工最多时达400人，算是北京地区规模较大的现代企业。京华印书局的管理体制大致由商务总馆和北京分馆双重管理。1919年3月，蔡元培考虑由京华印书局

承印李慈铭《越缦堂日记》，张元济给孙壮信，嘱"请预筹之"。③1935年12月，孙壮致信张元济，谈结束京华印书局事，其利害关系请张元济主持定夺。这是孙壮的一个考虑，实际上并未实行。

二、北京分馆的职能

北京分馆的职能，从实际的情形看大致有二，一是营业所，二是驻京办。北京是中国的文化中心，也是商务营业的重镇，前已有云全国各地以北京分馆业绩最著。这与孙壮的用心经营分不开，无须多言。作为驻京办，北京分馆又有四种功能，我们主要依据《张元济年谱》提供的线索和事例来梳理，这些也反映了孙壮作为北京分馆经理的多重角色。

（一）政治联络

之所以"各分馆之事务，以北京为最繁"，最繁就在于它承担着其他分馆没有承担也无法承担的政治重任。北洋政府时期，北京分馆实际还承担着商务在京城的联络处与办事处的职责，商务印书馆与学部（教育部）、外务部等政府机关的联系，多由北平分馆承担。

1910年2月10日张元济致信孙壮，嘱将《世界新舆图》《地名辞典》等商务出版物呈送学部。这年2月张元济拟做欧美之游，也请孙壮在北京外务部与学部周旋，提供帮助。

1916年8月，沈德鸿持孙壮的信函在商务求职，孙壮缘何推荐，乃因沈的亲戚是有名的卢鉴泉，时任财政部公债司司长。

1917年11月，北京政府国务院国际研究会拟托商务或张元济出面办《国际杂志》，张元济函复孙壮让其婉拒。

1919年3月，商务为拍活动影片即今日

之电影，张元济与馆方还请孙壮在京活动，寻求官方支持。4月张元济为自制活动影片免税事，又致信孙壮，请向北京政府递交呈文。

1919年8月，张元济复孙壮信，告知教育部既有印《道藏》意，无论如何商务总要承办。

而北京政府有关部门也将孙壮作为商务印书馆代理人，《教育公报》（1920年第7卷第9期）的消息《批上海商务印书馆代理人孙壮化学名词草案已发交科学名词审查会讨论》，便表明这一点。

与官方的联络之难，可从影印《四库全书》一事得知。影印《四库全书》一事曾经反反复复，起起落落，沟通困难，长达数年。商务对影印之事满腔热情，但时任教育总长的章士钊在孙壮探询时，还责怪"馆中无意为之"。④《四库全书》影印事，商务启动数次，数次无果，李拔可作为商务代表也几次去京商谈，具体事务都得北京分馆也就是孙壮来做，如张元济致信孙壮，"运书事祈鼎力举办，惟盼从速"之类。为此等事张元济多次致信孙壮，要孙壮指定精细之人专车护运。⑤但这种"商家冒险为政府做面子"的事，费尽周折最后仍是无果。可见旧时要在政府机构办事之难。

（二）文化承办

在北洋政府和南京国民政府两个时期，商务北京分馆都承担着提供文化信息和联络北京著作界及文化界的职责。北京作为文化古都和文化中心，北京分馆的这个责任是很大很重的，既要将北京的信息回传给商务，也要将商务的意图告知北京。

1910年2月，张元济请孙壮在京向罗振玉借印宋版《史记》、宋人手书《玉牒》等，"拟印，作为影印古书嚆矢"。⑥

这句话很重要，表明后来成为商务出版重要板块的古籍出版，这时已在考虑之中。

1911年2月5日，张元济致函孙壮，云上年欧游时于巴黎影印元代某汗致法兰西某王书两通，请在京中觅识蒙文者译读。4月又寄访古所得各物序目俄文两纸，请代觅译者。5月又致信孙壮询问匋斋藏书有无他种宋本。

1912年8月，傅增湘致函张元济，告以购得宋本《史记》76册，交由孙壮带回沪上。

1916年9月，孙壮寄北大胡大千介绍西文小说《侏儒国》《磁石靴》两文，交由恽铁樵发《小说月报》。

1917年2月，张元济委托孙壮到夏曾佑处，告以不要辞京师图书馆职。

1918年7月，张元济到北京与蔡元培任校长的北京大学教师举行座谈，开展合作。会后张元济回到北京分馆，将蔡元培"所交送修订各教科书交（京馆经理）孙伯恒，请其照送"。⑦12月张元济致函孙壮，嘱访能编通俗书又熟于注音字母之人。

1920年2月，孙壮向商务提前报告，以蔡元培等创办北京孔德学校，拟与商务编写白话教材，张元济嘱高梦旦核办。下月孙壮又给张元济信并附蔡元培函，说孔德学校教科书将交由商务出版，张元济等议定"出价购买"。

1920年前后严复致孙壮信中，有"昨得馆方来缄，要敝处版权印花一千枚。兹已印好，烦于便中代寄前去，不胜心感"⑧。

1923年5月，张元济给傅增湘信，说托孙壮带去涵芬楼书目。此时孙壮到沪参加股东会。

1926年10月孙壮致信张元济，告知袁同礼藏有万斯同《明史稿》，可借印。

1934年5月，孙壮向张元济报告，有徐森玉面告，中华书局请沈尹默向故宫商借《清实录》，正在接洽之中。其时商务也有承印《清实录》之议。这算是重要的文化和商业信息。9月，孙壮再为此事致信张元济，说徐森玉来云"本馆拟印《清实录》，须从速，先印光绪朝者。因伪国已筹二十七万元，委水野办此事。我如不能速印，只好作罢，以免有碍销路"⑨。

1941年2月，张元济致电孙壮，托代探望王季烈病。

在述说完以上一些事例后，有一件可作为个案特别解剖，就是在新文化运动中商务与胡适打交道，多通过孙壮来进行。1919年4月5日，张元济致孙壮的信中，嘱其安排人主动接触胡适：闻人言，胡适之诸君将离去大学，免惹成新旧之争，不知果有其事否？胡君能融贯新旧，至可钦佩。昨与梦翁商，如胡确有暂时韬晦之意，拟邀入本公司办事。闻筱庄先生与胡适翁极熟，可否请其代达此意。倘惠然肯来，敝处极为欢迎⑩。

三天后更提出约聘的标准。4月8日，《张元济日记》"用人"栏有这样的记载："托伯恒转托陈筱庄，约胡适之，月薪三百元。"⑪这在商务是与高梦旦同一级别的薪水。此事虽未成，但却是后来请胡适到商务考察的预演。

到1920年春夏间几个月，高梦旦要到北京来请胡适去做商务的"眼睛"，也就是主持商务的编译所，先是由孙壮几次到胡适处做先期的铺垫，之后又是孙壮做此事的督办。胡适日记中，这几个月多有孙壮的记载，如5月26日，"孙伯恒来"，6月3日"孙伯恒来"，6月8日"商务印书馆孙伯恒、王仙华来谈"（王仙华此时是商务的经理，相当于副总），6月14日"到公园，商务印书馆孙伯恒先生请吃饭"。胡适在这里乃是将孙壮作为商务的代表。这一番运作促成了胡适在暑假南下，到商务印书馆编译所考察。这是商务史上影响商务发展的大事件。孙壮与有功焉，过去的历史对此注意

无多。

（三）公私选书

特别列出这一点，是因为这一类事太多。如1918年6月，张元济作为经理专程到北京商议北京分馆购地发展与营业问题外，还专门与孙壮到琉璃厂为涵芬楼购书。7月又到京停留月余，又多次与孙壮到琉璃厂和前门外大齐家天华锦缎庄等处访书。在前者为涵芬楼购得《墨海金壶》残本，在后者又选得明嘉靖本《临川集》、天顺本《居士集》、抄本《金陀粹编续编》及《鹤山集》。这年9月孙壮致张元济，报宏远堂《欧阳文忠集》已送到，索价1200元。张元济即与高梦旦商，认为此书有价值，故拟购下。

1919年1月，张元济致信孙壮托其购会文堂残本曲谱，拟编入《四库丛刊》。此书未到，张元济去信催购，并又新托购求文德堂钞本《说郛》。不光是为商务人购求书籍，张元济还请孙壮在京为藏书家刘承幹觅求所缺《金石苑》首册。

1923年1月张元济致傅增湘的信，提到孙壮来信告知"大内有许多残书售出"，张元济嘱傅"如有善本望设法截留，能以若干分与敝处"⑫。

1934年6月，有邵姓人士持张元济与陈叔通函，找孙壮支款购取曹氏曲本，后孙壮亲自到曹处取回曲本71种，价不菲，计2000元。

1936年12月，汪诒年告知张元济，说有人出售袁世凯亲笔函电，建议请孙壮访寻购去此函电之人，将所有函电择要摄影，将来可印成专集。这一条信息表明，连外人都知道孙壮承担着为商务选书购书之责。

1937年5月张元济在给人信中说托孙壮转呈书籍，有《读书杂录》《谷水集》《石窗诗稿》三种。

孙壮不仅仅是简单的传送，有时还直接做学术的工作，如1936年5月傅增湘在致张元济的信中就说《静居集》交孙壮代校，日内可寄呈。

孙壮所承担的这些职能，不仅为商务中人所知，社会人士也多所借助。如鲁迅邀请郑振铎一起合编《北平笺谱》时，特别提到可请孙壮提供帮助："不知先生有意于此否？因在地域上，实为最便。且孙伯恒先生当能相助也。"[13]

（四）迎来送往

这是接待处的职责。1911年8—9月，张元济北京之行后又到太原访书，便由孙壮迎来送往。比如从太原返京，例有书函告知："二十日乘正太快车返京。"[14]此类事多，不赘述。

以上是大致归类条述，许多事情是没法细分的，尤其是在阻止《永乐大典》东流及影印《四库全书》等较大的事情上，不管成与不成，孙壮和北京分馆承担了不少事务。这些事务是综合性的，既与官方周旋转圜，也要与学界打交道。

三、与张元济的浓厚情谊

孙壮和张元济于公于私都联系密切，算是同气之人。近三十年的交往，加深了他们的友情。

（一）张元济与孙壮的私交

由于张、孙两人有相似的科举经历，有共同的学术爱好，又有共同的事业，故而由同事而成私谊。孙壮也是有浓厚旧学的人，与张元济的交往除了事务性的工作之外，在学术上也多有交流，这既促进了他们的私交，也成为他们交往的文化纽带。他们的学术交流主要在古籍方面，共访古书是他们最

大的快乐。张元济每到北京都要由孙壮陪同访书购书，甚至淘些土偶、陶俑等小古玩件。京沪之间，两地驰书，也是一大快事。张元济书札、日记中屡有向孙壮借书还书的记载。还有托孙壮购《学海类编》《墨海金壶》《学津讨原》等书的记载。

（二）重大问题上的相互通报

1920年4月，张元济因与高凤池发生矛盾，辞去经理一职。张元济除给各分馆经理公函告知原委外，又特给孙壮一信："弟与公共事十有余年，弟此举知公必不谓然。然此实为不得已两害取轻之办法。弟言既出，决不收回（董事弟仍当勉任）。千万勿以挽留之说见贶。唯望公毋以弟去为念，合力进行，一如常时，则感激不尽矣。"[15]几天后又多次在给孙壮信中谈辞职事。说："今幸同人鉴其苦衷，俾得位监理一职，本属暂局，以后公司事务负责者自在继任之人。苟朽余生，微公爱我，谆谆见教，亦不能不稍自爱惜也。股东会期不远，苟可抽身，务望拨冗南下，有无数话欲一谈也。"[16]5月上旬的股东会，孙壮果然南来，会上孙壮被选为11人董事之一，孙壮此次被选为董事与张元济的推荐不无关系。会后孙壮返京，张元济还专门到车站送行。

1926年5月，张元济决定辞去监理职退休，又成了文化界的一件大事。全国文化界几乎都挽留他，孙壮是挽留最力的人物之一，他多次致电致函张元济，"千万收回成命""公司大局非公莫属，对外一切尤非我公主持不可"[17]。他甚至拟联合股东严修、梁启超等劝说张元济不要辞职。北方股东甚至表示要开北方股东特别会议挽留。张元济也多次复书谈辞职缘由，"惟弟默察情形，实有如……所云'我去犹贤于不去'者。他日晤面之时，再当详陈。"在这个时候，张元济仍不忘问起"京师政局不知变化至何地

步？教育前途之障碍，不知能稍减否？"⑱张元济特别反复叮嘱孙壮，要劝阻北方股东召开特别股东会。张元济此次辞去监理事，最后以董事会推选其为董事会主席而告结束。张元济不任行政事务，而以董事和董事会主席身份为商务尽责。商务有比较健全的公司治理体系，本来是总经理全面负责公司日常，由于张元济1920年辞去经理（实为唯一的副总经理）风波，而特设高于总经理的监理职位，由原总经理高凤池与经理张元济两人担任。

张元济此次的要求辞去监理退休，一是因他已到六十花甲之年，二也是其在商务多年积累的矛盾所致。两位监理私谊尚存，但理念不合，是重要原因。最后挽留无果，张元济退任后，孙壮对张一如既往，该办的事照办无误。这段时间也多有孙壮为张元济找书购书和张元济诸事相托的记载。如1926年5月21日，孙壮致信张元济，说旧抄本《金石录》四册托人带沪，代购《营造法式》另行呈邮。

1932年1月，商务印书馆遭遇"一·二八"之祸，不几天张元济特写信给孙壮告知商务总馆情况，全体遣散，"各分馆暂时维持，力求搏节"。稍后，又写长信告知上海馆中情形。

1933年孙壮在致张元济的信中，一面报告事务，一面也就商务形势发表看法："公司营业不振，非改变方针不可，再专印教科书，〇要失败。近来银根奇紧，进用新人太多，当局未免太高兴，应请注意，以免复兴不久之局，一旦失败，未免可惜。"⑲

（三）学术上的帮手

孙壮作为张元济与北京（平）文化学术界乃至政界友人的联络人与中转人，在京每每要为张元济解决许多亦公亦私的事情。如1921年3月致孙壮书，托查京中诸书店所出丛书的情况，此系美国施永高函托，并附寄施所需丛书目录一册。就是在北京的纯私事，张元济有许多也都交给孙壮去办。1911年9月有一信，说叶恭绰搜集同人入股买何邹威所藏敦煌石室唐人写经，张本人已预一股（派资210元）应于交付，请孙壮代为交付。1930年8月，孙壮按傅增湘嘱将《诸臣奏议》邮寄张元济。张元济1926年退休后主要从事百衲本二十四史编校，孙壮是张元济联系北京学术界藏书界的桥梁，许多事都要孙壮在北平帮忙。1931年10月，张元济致信孙壮嘱借《唐书》《元史》。孙壮迅速回复并附《元史》样张。1932年1月，傅增湘购得《宋史》残本，托孙壮交寄。1933年6月，傅增湘又告知所藏《魏书》《南齐书》已交孙壮拍照。7月孙壮多次向张元济回复照书之事。这样的事还有许多，有的还要重照，如1934年11月傅增湘就告诉张元济《魏书》已检出交孙壮重照。1935年2月傅增湘又告知张元济，将《蔡忠惠集》《唐子西集》交孙壮转寄。1936年12月傅增湘又致信张元济，说托孙壮转交所藏《册府元龟》一卷。1938年4月，傅增湘又给张元济信，告知已托孙壮寄奉明本《春秋繁露》。1940年7月致丁英桂书，嘱速将《武溪集》寄北平孙壮处，并将缺页前后接标之处各一行，抄一清单同时附去。

（四）生活交流

对各人生活健康的交流和关心，很能体现交往者的私谊。1926年10月张元济被绑票，脱险后张元济请孙壮给北京友人抄送"盗窟十诗"。1935年5月张元济给孙壮信，谈及自己几个老友的西北之游："西安之游，乐不启苦，所增人兴趣者只有古迹，但一萧条残破景象，令人为之不怡。沉叔《秦游日记》道及城南韦曲、杜曲如何秀美，未免言过其实。华岳确是雄秀可观，值得一游。但沿途庙观无一可观者。西安碑林，确是辕迹，其他不过凭吊之资耳。"⑳

张元济1920年9月至10月居停北京，其间因肠胃不适生病住院，孙壮多次到院看望。1943年3月，张元济致信孙壮之弟孙乾三，谈公司之外，另嘱转告其兄孙壮，"劝其多多休养"。㉑

1943年7月孙壮病逝时，张元济写有悼亡诗《挽孙伯恒》，其一云："如何已见神山面，又被罡风忽引回。最痛知交零落尽，相将携手赴泉台。"诗里将孙壮定为知交，从他们数十年交往看，孙壮当得起这个称呼。孙壮逝后，家境不裕，张元济很挂心，在给其弟的信中有一段话很有情感："令兄伯恒先生逝世后，家况萧条，本公司股份售去，为之心恻。因与同人商议，拨一专款计二千万元，前日托新华银行汇至尊处。……递到之后，敬祈代为转交。"㉒

孙壮是一位有品位的人，个人品德无有闲议。1931年8月长江有水患，北平图书馆于9月19日举办赈灾展览会，翌日天津《大公报》特予报道："商务印书馆北平分馆经理孙伯恒复以其所陈列之《周易义海撮要》《研几图》《周易说翼》等十数种悉数出售，即以售价全部委托该馆代汇灾区，作为赈款云。"由此事可见孙壮人品和性格。

孙壮一面用心经营，一面好古向学，其学问主要在古籍与艺术以及收藏等方面，著作也多，但汇编出版的不太多，除近期叶新等整理的《版籍丛录》刊行（西苑出版社2023年版）外，他还有《雪园日记》《商逸日记》等，为《张元济年谱》多所引用，但如今不知藏于何处。

———————————

①汪耀华：《商务印书馆史料选编》，上海书店出版社，2017年，第165页。

②毛锐子：《孙伯恒传》，叶新等整理：《版籍丛录》，西苑出版社，2022年，第160页。

③张树年主编：《张元济年谱》，商务印书馆，1991年，第166页。

④张树年主编：《张元济年谱》，商务印书馆，1991年，第255页。

⑤张树年主编：《张元济年谱》，商务印书馆，1991年，第256—257页。

⑥张树年主编：《张元济年谱》，商务印书馆，1991年，第84页。

⑦张元济：《张元济日记》，商务印书馆，1981年，第418—419页。

⑧马勇、徐超编：《严复书信集》，福建教育出版社，2022年，第389页。

⑨张树年主编：《张元济年谱》，商务印书馆，1991年，第400页。

⑩此为残信，见柳和城：《挑战和机遇：新文化运动中的商务印书馆》，商务印书馆2019年，第100页引。

⑪张元济：《张元济全集》第7卷，商务印书馆，2008年，第50页。

⑫张元济、傅增湘：《张元济傅增湘论书尺牍》，商务印书馆，1983年，第104页。

⑬鲁迅：《致郑振铎》，《鲁迅全集》第12卷，人民文学出版社，2005年，第367页。

⑭张树年主编：《张元济年谱》，商务印书馆，1991年，第99页。

⑮张元济：《张元济书札》中册，商务印书馆，1997年，第449页。

⑯张树年主编：《张元济年谱》，商务印书馆，1991年，第190—191页。

⑰张树年主编：《张元济年谱》，商务印书馆，1991年，第267—268页。

⑱张树年主编：《张元济年谱》，商务印书馆，1991年，第269页。

⑲张树年主编：《张元济年谱》，商务印书馆，1991年，第381页。

⑳张树年主编：《张元济年谱》，商务印书馆，1991年，第408页。

㉑张树年主编：《张元济年谱》，商务印书馆，1991年，第498页。

㉒张树年主编：《张元济年谱》，商务印书馆，1991年，第529页。❖

范泉致周振甫信七封

范军 整理注释

【整理说明】 范泉（1916—2000），现代作家、学者、著名编辑出版家。上海金山人，原名徐炜。1937 年起从事文学编辑工作，曾主编报纸副刊、杂志、丛刊、丛书达数十种，其中尤以 20 世纪 40 年代的《文艺春秋》和 80 年代的《中国近代文学大系》影响最巨。主要作品有散文集《绿的北国》《创世纪》《文海硝烟》《遥念台湾》，小说集《浪花》，文学论著《创作论》，译著《鲁迅传》等。

1987 年 9 月，经范泉提议，上海书店出版社决定上马由范泉主持的《中国近代文学大系》（下文简称《大系》）编纂工作。这套大型文学资料系列丛书最初确定为 10 分集，约 1 500 万字，后调整增加至 12 分集。《大系》总编纂委员会成员及分集主编由最初设定的 17 人，增至 25 人。至 1996 年 8 月，《大系》由上海书店出版社全部出齐，包括《文学理论集》2 卷、《小说集》7 卷、《散文集》4 卷、《诗词集》2 卷、《戏剧集》2 卷、《笔记文学集》2 卷、《俗文学集》2 卷、《民间文学集》1 卷、《书信日记集》2 卷、《少数民族文学集》1 卷、《翻译文学集》3 卷、《史料索引集》2 卷，共 12 个专题，30 分卷，357 幅历史图照，实际字数达 2 000 余万。

在《大系》编纂过程中，范泉与担任编委、分集主编、参编者等众多专家学者加强沟通、通信联络。作为总编委的周振甫是范泉经常联络的专家之一，两人就《大系》编纂有不少书信来往。周振甫致范泉信，大都或全信或摘要收入上海书店出版社专门为编纂《大系》所编内部油印资料《编辑工作信息》（从 1987 年 12 月 20 日至 1992 年 4 月 12 日，总计印行了 74 期），其中有 19 期刊登有周振甫的书信和相关文章。这套完整的《编辑工作信息》后由范泉主编，结集为《〈中国近代文学大系〉争鸣录》由上海书店出版社于 2012 年 7 月正式出版。但是，范泉致编委、分集主编的信件没有在《信息》中得到全面反映。他致周振甫信也没有收入《范泉晚年书简》（钦鸿编，大象出版社 2008 年 10 月版）中。我们这里整理的范泉致周振甫信 7 封，是由周振甫女儿周佩兰、孙子周海涛提供。信件由范军录入、校核，周海涛审定。书信中个别错字，直接在括弧内标出正确用字；信中涉及的电话号码、详细住址等隐去。书信中需要加注释者不多，少数地方需要解释的在书信后面加以简要说明。

——

周老：

您好！

我在四十年代曾在上海主编过《文艺春秋》月刊五年，五十年代被错划为右派，贬职青海，1979 年 3 月改正后，恢复教授职称，接往青海师大任教。最近中共上海市委宣传部和组织部将我调回上海，任上海书店编审，主持编纂《中国近代文学大系》。

《大系》共 10 卷，拟分装 40 部出版，每部约 50 万字，合计全书两千万字左右。

10 集的书名是:《文学理论集》《小说集》《散文集》《诗词集》《戏曲戏剧集》《俗文学集》《笔记文学集》《书信日记集》《翻译文学集》《史料索引集》。不设总主编、副总主编,拟设总编委十余人。各集分设主编、副主编、成员(每一工作人员都列名)。总编委已在沪苏两地聘请了九位,他们是:王元化、伍蠡甫、陈子展、柯灵、徐中玉、贾植芳、章培恒、施蛰存、钱仲联。拟在北京再聘请五位,您也是其中之一。谅可同意。

我准备在本月十六日启程前往北京,向您汇报并请教。希望您在接信后赐复,示知府上地址,以便造府拜访。

专此敬颂

著安

范泉
1987 年 10 月 2 日

二

周老:

您好!

十月二十日惠教敬悉。谢谢您的热情支持。

我已将您列入总编委。十集主编已聘定的有:

① 《文学理论集》徐中玉,由华东师大中文系组织力量编选。

② 《小说集》章培恒,由复旦大学古籍研究所编选。

③ 《散文集》任访秋,由河南大学中文系

两位副教授初选。

④ 《诗词集》钱仲联,由苏州大学负责。

⑤ 《戏剧集》吴似之,由上海戏剧学院金登才、柏彬副教授编选。

⑥ 《俗文学集》姜彬,由上海俗文学学会三位同志具体负责。

⑧ 《书信日记集》郑逸梅,由日记专家陈左高副研究员协助。

⑨ 《翻译文学集》施蛰存,由我与上图的同志协助。

⑩ 《史料索引集》魏绍昌,由上图特藏部两位主任协助。

第七集《笔记文学集》,拟请您挂帅,任主编,由上海师范大学古籍研究所的张海珊(副研)和该校中文系的王杏根(副教授)负责初选,您只要审查选目,并写一篇序文即可。您如有编选意见,请随时赐示后转告他们。

我们打算在十一月份召开一次主编会议,未知您有时间出席否?估计会期两天,由书店接待。乞示。

专此敬颂

范泉致周振甫信函手迹(1987 年 10 月 27 日)

著安

范泉

1987年10月27日

我才从河南大学回来，读到了您的信，迟复为歉。

又及

【说明】周振甫担任了《中国近代文学大系》的总编委，因故未承接《笔记文学集》主编之职。该分集由柯灵、张海珊主编，上海书店出版社1995年12月出版。

三

周振老：

正准备寄发第九号时，收到了您介绍胡绳先生的信。此事我当在日内持信前往联系。先试探一下是否有可能。

有一事告诉您。据《史料索引集》主编魏绍昌说：他曾在春节前与我店出版部刘华庭同志一起去看沈锡麟同志，请他向李一氓先生代恳为《晚清小说大全》写一篇序。几天后沈说李老不肯写。魏是《大全》的主编，又请阿英的女儿代为向李恳求，李说可以，须把有关资料寄给他。沈并未向李老说起过这回事。我怀疑您托他的事，正象（像）他不愿回我的信那样，没有向李老说起过。

季镇淮先生建议增加一集《少数民族文学集》，这意见很好，但全套变成奇数，十一集，觉得又有难处。未知尊意如何？祝好！

范泉

3月19日

【说明】这封信未标注年份。信中提及的《编辑工作信息》第9号于1988年3月13日印行，可以确证此信写作时间为1988年3月19日。《信息》第10号（1988年4月1日编印），选登了周振甫3月25日的复信，他主张"可把少数民族文学资料编入各集内"。

四

周先生：

您好！

胡绳先生已在两年前迁居木樨地。我们终于在第二天找到了他的住处，不在。第三天我写了一封信，由我的助手送去，仍不在，但他的夫人在，说他成天忙于开会，估计无闲执笔，如有可能，当电话约谈。第四天等他的电话，没有。傍晚我们去机场，返沪已七时半。此事我与周而复兄商量，他认为由近代文学研究专家执笔为宜。再与季老研究，他同意与陈则光教授合作撰写。联系经过汇报如上。

对钱仲联先生的《诗词集》编选指导思想，可否提些意见？

在京时承热情接待，不胜感谢。最后一天因等待电话，未向先生辞行，乞亮（谅）。

专此敬请

著安

范泉

5月7日

【说明】这封信未标注年份。信中提及的钱仲联谈《诗词集》编纂，刊于《编辑工作信息》第12号，1988年5月6日印行。可知这封信写于1988年5月7日。信中"季老"当指季镇淮先生。《信息》第13号（1988年5月25日刊印）登载了周振甫写于5月11日的复信，其中提出"对革命家的近代诗作可否也选一些"的问题。

五

周先生：

元旦手示拜悉。

因为我觉得您说的都是真话，其中很多

已为实践所证明是正确的，所以想发表。经先生指点，使我恍然大悟，自当遵嘱办理。谢谢您的教导。

《大系》的编辑目前遇到的最大困难，是交来的文稿质量不高，标点出错的不少（如《散文集》），抄写字体潦草（如《俗文学集》），书店受到经济损失（请人重校）。比如《散文集》二百万字，任访秋教授年老体弱，不能通读，由他的研究生点校。我们发现错误后，派了三人来上海重校，仍有错误，不得不另请四位专家复审，须付两千元。最近交来的《书信日记集》，点校也有问题。矛盾不断发生，今年是关键的一年。

《中国近代文学争鸣》出版后，由于新华书店将征订单遗失了，另行发出征订，因此至今才在新华书店出版的征订报上刊登广告。您如有时间，非常希望对《争鸣》提些意见。到现在为止，还谈不上读者反响。看来对近代文学研究的人不多，一般研究的人也大都对近代文学心中无数。原希望《争鸣》能销售2 000册以上的，可以一辑一辑长期出下去，成为期刊。看来我的这种设想肯定会落空。

为了宣传近代文学大系的出版，我在《新民晚报》写了一篇文章；将施老的《翻译文学集·导言》改题为《翻译文学对近代文学的影响》(施老自拟)，在近期的《文学报》发表；将《大系·总序》改题为《中国近代文学的诞生和走向》，寄给端木蕻良兄介绍给《文艺报》发表。

您如有好的主意，希望随时赐示。

专此敬颂

著安

范泉

1990年1月6日

【说明】信中提及的《中国近代文学争鸣》是学术集刊，第一辑于1989年10月由上海书店出版社编辑出版，印数2 500册。

但这本集刊仅仅出版了第一辑。信中所说"施老"为施蛰存先生。

六

周老：

接信知道您不慎跌伤，不知伤势如何？近已痊愈否？念念。

所需尊著30册，已请郑晓方同志办理。大约等十天后所印书籍运来书店时，即可购买寄奉。

专此函复，并祝

早日康复。

范泉

1993年11月12日

七

周老：

您好！

四月二十二日手示敬悉。附寄尊著刊（勘）误表，已交助手郑晓方同志照改。勿念。

我因在去年11月4日与吴峤同志结婚，结束了我三十多年来孤身一人的生活，迁往虹桥开发区老伴的寓所，离书店较远，因此从今年元旦起，不再去书店办公，一切由郑晓方同志代理。（遇有重大事情，晓方同志随时与我联系。）今后赐函，乞寄：

"200335上海茅台路×弄×号×××室，（电话24×××××）。"

您已完全康复否？念念。

《中国近代文学大系》最近又出版了几部，由书店寄奉，谅已收到。

匆复。敬颂

笔健！

范泉

1994年4月27日 ✤

师友手札珍赏（二）————●

岳洪治

曹靖华

1981 年春节前的一个早晨，《广州文艺》编辑部的钟子硕、李联海同志来到我的办公室。此前，他们已经在广东从化顺利地完成了对曹靖华先生的采访，并写了一篇《曹靖华访问记》。然而，当他们提出想要发表该文时，曹老出于谦虚，并没表示赞同。那天，为这篇文章的事情，我和两位作者一起到朝外街道某小区拜望了曹老。这次拜望之后，经作者多次与曹老沟通，终于得到了他的首肯，同意将文章交由《新文学史料》发表。下面这封信，是曹老为解答我看稿时提出的问题写来的。

来函收到。复如下：一、"失阳关"三字无误。其实查普通地图即知，在豫西南。二、碑文两种名称均可用，因前后不同，名称略异，但基本意义则一，可选用。三、先父生卒年为 1869—1958，相减即得享年 89 岁。他终身在家乡从事教育事业；解放后被河南省第一届人民代表大会邀请为代表，因年高、山路遥远，交通不便，未出席。

草复

祝同志们好！

又：柯怪君是沪、渔阳里时代所用的名字，不错。当时同吃、同住、同学习，非耳闻也。

曹靖华复

（1985）十二（月）五日

来信所用的信纸，是从一本小 32 开的旧书上裁下的一张扉页，信的内容就写在扉页的背面。在信的最上面一行，没有（或是忘了）写抬头。幸而来信所用的自制信封至今犹在，上面清楚地写着我的姓名，可以证明这信是写给我的，而在信封下端寄信人位置，也只是简单地写了"朝外丹寄"几个字（曹亚丹，是曹老的常用名之一），《曹靖华访问记》篇幅颇长，《新文学史料》从 1986 年第一期开始，连载四期，刊出了全文。

[曹靖华（1897—1987），原名曹联亚，河南省卢氏县人，中国现代文学翻译家、散文家、教育家，北京大学教授。1919 年在开封省立第二中学求学时，投身于五四运动。1920 年在上海外国语学社学俄文，加入社会主义青年团，并被派往莫斯科东方大学学习，1924 年加入文学研究会，1927 年 4 月，重赴苏联，1933 年回国，在大学任教并从事文学翻译工作。1959 年至 1964 年，任《世界文学》主编。1987 年获苏联列宁格勒大学荣誉博士学位。同年 8 月，获苏联最高苏维埃主席团授予各国人民友谊勋章。]

许幸之

1981 年至 1982 年间，我责编了一部七卷本的《中国现代散文选》。其中，收入第四卷的一篇题为《鹿的父亲》的散文，引起了我很大的兴趣。文章对日本奈良山野风光和鹿群的描绘，把我带入了一个如诗如画，洁净无尘的天地；对看管鹿群的老人那凄苦悲凉的生活的叙述，让人同情，给我留下了很深的印象。因而，就很想对文章中写到的一切，有进一步的了解。于是，在查到作者的地址后，我就写了封信给作者许幸之先生，希望能多了解一点这篇作品的写作经过，以及作者还写过哪些同样令人过目难忘的佳作。下面这封信，就是作者给我的回复：

岳洪治同志：

2月18日来信敬悉。你们出版社将编辑《中国现代散文选》一书，其中有一篇题为《鹿的父亲》的散文，是记述日本养鹿老人的生活状况的文章，确实是我写的。那是1940年由文化生活出版社出版的题名为《归来》的散文集中的第一篇。写作日期虽然没有记载，但还要比它的姊妹篇《奈良之夜》的（写作）时间要早些。如果《奈良之夜》是（写于）一九三六年，这篇《鹿的父亲》大概（是）在一九三四—一九三五年之间的作品。散文集（《归来》）里还包括《渔村》《归来》《圣诞树下》诸篇，请到旧书店或图书馆查阅便知。必要时可来我处提供资料。

匆草　并致

敬礼！

许幸之

(19)82年2月25日

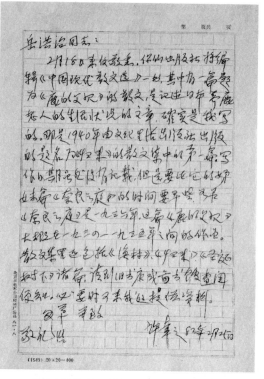

许幸之致笔者函手迹（1982年2月25日）

在收到信后的一个晚上，我按照事先问到的地址，来到位于协和医院西门外的中央美院四号楼——许幸之先生的住所拜访他。许先生热情地接待了我，同我讲述了一些当年在东京学画，和与郭沫若、成仿吾、郁达夫等人交往的旧事。到今天我还依稀记得他精神健旺，温文儒雅的模样。1985年，我选编《中国现代散文选萃》（人民文学出版社1986年10月出版，署名：丘山选编）的时候，又把《鹿的父亲》选入了这个集子。

[许幸之（1904—1991），著名画家、美术评论家、作家、中国电影导演。原籍安徽歙县，生于江苏扬州。1916年随吕凤子学画。1922年毕业于上海美术专门学校，1923年在上海艺术研究所进修。1924年赴日勤工俭学，毕业于东京美术学校，师从著名画家藤岛武二。1929年秋回国，任上海中华艺大西洋画科主任。为"左联"发起人之一，组织"时代美术社"，被选为"中国左翼美术家联盟"主席。1935年，在上海导演过轰动一时的《风云儿女》。1940年赴苏北参加鲁艺华中分院建校和教学，设计新四军臂章。历任中山大学、社会教育学院、上海剧专等校教授，苏州市文联主席等职。1954年起任中央美术学院美术理论教研室主任、油画系和美术史系教授，中国美术家协会理事。作品有《巨手》《海港之晨》《红灯柿》《伟人在沉思中》等。出版有《许幸之画集》。论文有《时代美术社宣言》《新兴美术运动的任务》《法兰西近代画史》《罗丹的雕刻》等。]

陈　涌

延安时期的老革命和文艺理论家陈涌同志写信给我，是因为我责编的《1949—2009文论选》中，收入了他的一篇题为《论鲁迅小说的现实主义——〈呐喊〉与〈彷徨〉研究之一》的文章。下面这封信，是他看过文章校样后给我的回信：

岳洪治同志：

您好！校样我看过了，我只改正了几字，没有什么改动。

我考虑了一下觉得这篇文章还是以不作删节为宜。六、七两节着重点在鲁迅对知识分子表现的部分，和文章的整体思想有直接联系，是说明鲁迅表现那个时代的有机的部分，删去了是削弱文章的说服力的，是一个遗憾。而且这篇文章也算是较为人知的，过去几经转载，五十年代还被苏联的汉学者译成俄文。在我感情上，还是以保持原貌更好一些。

十分希望你能够考虑我这个意见！

我也能想象到，你们现在的工作十分紧张，我也实在不想更多地增加你们的麻烦！

这封信没有落款，从发信邮戳上显示的："2009.08.10"推断，应是写于2009年8月9日，或10日当天。《1949—2009文论选》，系《中国文库》系列图书的一种。由青年文艺理论家贺绍俊编选，收入钱锺书等40位作家的文论40篇，由人民文学出版社2009年9月出版。书印出后，我照章给各位入选作者寄去样书。陈涌收到样书后回信说：

洪治同志：

您好！收到你负责编成的文选，才知道我的一篇论文，也在其内，这是我先前想不到的。看来，因为篇幅关系，所有较长的文章都作了删节，我的那篇也被删去四分之一还多，但既然这不只是个人的遭遇，而且在编辑者方面，也大半是不得已的事，自己也就只好安然了。

但你上次把这篇文章的校样寄给我，我提了意见，使它大致保持原貌，使我的那本文选所载的不失原意，这是我感到幸运，因此也对你一十感谢的。

陈涌
2010年3月28日

信末"因此也对你一十感谢的"之语，原文如此。

[陈涌（1919—2015），本名杨思仲，广东南海人。1938年9月到延安抗大并加入中国共产党。1939年到延安鲁艺学习，后留校任教。后调任解放日报社记者、编辑、副刊副主编，延安八路军后方留守处秘书。1947年秋，到华北局宣传部、中央宣传部工作。1949年后，先后任中央马列学院助教、《人民文学》编辑、中国科学院文学研究所研究员兼现代文学组组长。1980年后，任中央书记处研究室文化组组长、顾问，研究室顾问。是中国作家协会第三届、第四届理事，第五届顾问，第六届、七届名誉委员，中国文联第四届全委会委员。著有论文集《鲁迅论》《陈涌文学论集》等。]

吕　剑

应朋友之约，我于1995年为中国华侨出版社主编了一套"名家抒情诗精品大系"丛书。因在《新文学史料》创刊之初，吕剑先生来看望牛汉主编时，我们就已相识（当年，他坐在我与牛汉并列的办公桌中间的小沙发上谈话的情景，至今记忆犹新），所以，这次我编名家诗选，也致信约请他惠稿支持。下面是吕剑收到约稿函后给我的回信：

洪治同志：

多年不见，你好！

拙作蒙选收，感谢之至。

弟八十年代之作，有值得注意的篇什，惜《吕剑诗集》未及收入。近由莫文征、王清平同志审定的《吕剑诗存》有所收录，吾兄未必能够见到，未免遗憾。

即祝

编安！

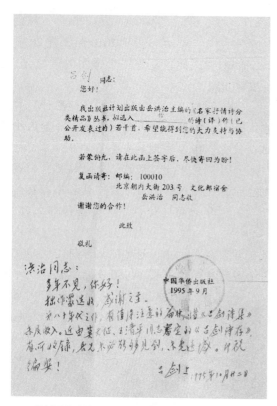

吕剑写在约稿函上的短笺（1995年10月22日）

吕剑 上

1995 年 10 月廿二日

信中所说莫文征、王清平，均系诗人、人文社编辑。《吕剑诗存》，是人民文学出版社 1996 年 9 月出版的诗集，后入选犁青主编的"诗世界丛书"。"名家抒情诗精品大系"丛书，于 1996 年 9 月由中国华侨出版社出版。半年后，忽然又接到吕剑来信：

洪治同志：

七十年代我们见过几次面，自八十年代我迁来西郊后，即没有再见了，很怀念。

去年接到一信，说有一本诗选，收入了拙作一首，复信要求寄到你那里。推断这本诗选，大概是你主编的，是吗？该书出版没有？念念。

《新文学史料》去年第四期上，登了我的一篇"谈话"，后来发现记忆有误，乃给牛汉兄写了一信，题作《请正我误》，想已转到编辑部了，不知吾兄看到否？希望此信能够及早刊出。至感。

又，广州邓国伟同志来信说，"谈话"是我的著作，他们只是做了一点纪录，要求稿费全部汇我，千万不要寄他。其语极诚。但我想，不能忘了他们的辛苦，如有规定，我的一份请寄我，他的一份则请寄五一〇二七五，广州新港西路一三五号，中山大学中文系，邓国伟收。至托！

余不赘。即颂

春安！并祈代候黄汶、小鼎同志。

吕剑

一九九七年元月十四日

信中所说，"说有一本诗选，收入了拙作一首"，正是我主编的"丛书"中的《如禅：哲人的冥想》收入的吕剑作品《回答》（见该书 208—209 页）。这套丛书的另一本《如画：林下的轻歌》，还收入了吕剑四首诗：《加德满都》《所见》《香格里拉之晨》《花朵的纪念》（见该书 163—166 页）。《新文学史料》1996 年第四期上刊登的一篇吕剑的"谈话"，题为：《我与〈中国诗坛〉及在港活动琐忆》，署名为"吕剑谈话 侯颂声 邓国伟 记录整理"。信尾"并祈代候"的黄汶同志，系《新文学史料》杂志编辑；小鼎，即张小鼎，人文社现代文学编辑室编辑。一年后，又收到吕剑来信：

洪治兄：

久未见面，时常想念。

《史料》今年第二期已收到，因该期有《艾青小辑》，谅已寄高瑛兄矣。谢谢。

又，《名家抒情诗精品大系》一书，不知出版否，我曾根据吾兄提示，多月前给刘岚言写信，迄未得其答复，甚念。能否烦兄代为打问一下？不胜期待之至，（如书已出，则书既未寄，稿费也未发，不明何故？）

再谢谢。专此，即颂

文安！

吕剑

一九九八年六月六日

我是想看看书，稿费无所谓。

"名家抒情诗精品大系"丛书，共计五种，包括：《如画——林下的轻歌》《如歌——瞬间的永恒》《如醉——窗前的独语》《如痴——恋人的心声》《如禅——哲人的冥想》。1996 年 9 月由中国华侨出版社出版。入选作者样书、稿费等均由该社负责寄发。有作者来信询问相关事项，我也只能代为询问责编，并向作者作出解释。

［吕剑（1919—2015），山东莱芜人，原名王延觉、王聘之。1935 年毕业于山东博山颜山初级中学，1944 年加入中国民主同盟。历任文协昆明分会常务理事、文协港粤分会理事。1946 年至 1947 年任香港《华商报》副刊主编，《中国诗坛》编委，北方大学艺术学院教师，华北大学文艺研究室研究员，随军记者，1949 年任《人民文学》编辑部主任、诗歌组长，《诗刊》《中国文学》编委等。1938 年开始发表作品，1949 年加入中国作家协会。主要著作有新诗集《进入阵地》等 20 余部，散文杂文集《一剑集》《双剑集》，诗论集《诗与诗人》等。］

穆　欣

创刊于 1978 年的《新文学史料》办到 90 年代，已然成为被读者广泛认可的一份名刊了。穆欣先生来稿：《忆新垦文艺社》，是随同 1994 年 3 月 31 日写给牛汉主编的信，一起寄到编辑部的。主编收到后，把稿件和作者信一起交由我处理。我审阅穆欣稿后，主编批示可以留用，我便写信把结果告诉了作者。很快就收到了穆欣的回信：

洪治同志：

1994 年 3 月 3 日，曾将拙稿《忆新垦文艺社》函寄牛汉同志。同年 5 月 22 日，收到你的来信，告知拙稿你们准备刊用，并嘱将原稿中复印时短缺的一行文字（诗一行）补寄。当日即行奉复尊函并将缺字补寄。

转眼已经过了两年多，未见拙稿刊出。当年参与新垦社活动的同志，关心此事，多次询问。因此写信，便中请能查复，拙稿何时有望刊出？

即颂

编安

穆欣

1996 年 11 月 10 日

复信请寄：

100044

北京市车公庄中里×楼×门×号

穆欣　收

《史料》是季刊，刊期长而来稿多，且多是名家文稿，因此，稿件积压现象就比较严重。然而，穆欣先生在这封信中说：他的稿件"1994 年 3 月 3 日"寄来，显然是记错了日期，应是"1994 年 3 月 31 日"。有他当时与稿件一起寄给牛汉主编的信为证：

牛汉同志：

随信寄去《忆新垦文艺社》文稿一篇，请看可否在《新文学史料》上发表。

这篇文章的初稿，数年前曾经寄给楼适夷同志。因为写时没有找到该社出版的《海星》月刊，内容显得单薄。当时发现北京大学图书馆藏有一份《海星》，便暂向适夷同志索回原稿。几经周折，方才借得该刊，又经与尚健在的新垦社成员反复征求意见，重新写了此文。适夷同志年事已高，不忍再烦扰他。现将此稿径寄编辑部，请查收审核。

即颂

编安

穆欣

1994 年 3 月 31 日

通讯地址：北京市车公庄中里×楼×门×号

邮政编码；100044

和 1996 年 11 月 10 日给我的信一起寄来的，还有一封他写给《史料》发行组的信：

新文学史料发行组：

我是《新文学史料》老订户。今年邮局不再收订贵刊。经向人民文学出版社询问，答复说，明年贵刊自行发行。不知明年贵刊定价是否有变动？订费寄至你刊何部门？请告。

如有订单，请寄一份，以便汇款订阅。

穆欣

1996 年 11 月 10 日

复信地址为：

100044

北京市车公庄中里✕楼✕门✕号

穆欣 收

《新文学史料》创刊后，发行工作一直是交给邮局承办的。至 1996 年，编辑部新增了两位编辑，为提高效益，就决定自 1997 年开始，由编辑部自办发行。记得当时，许多像穆欣先生这样的老订户，都纷纷打电话或写信来询问此事。

收到穆欣先生 1996 年 11 月 10 日来信后，我于 11 月 13 日写了回信，告诉他《忆新垦文艺社》将在明年第二期刊出。他回信说：

洪治同志：

11 月 13 日大札收到。拙稿刊出迟早关系不大，请莫在意。只因关心此事的同志多次问询，所以写信问问。

接信后又将拙稿底稿看过，不需再做修改。只是第一页稿子抄写时将"胜地"误作"盛地"；第 28 页原用"脆弱"觉不如"虚弱"相宜。附样，请改。

拙稿明年在贵刊第二期发表后，除你们赠送样书外，另请代购三册，以便分赠有关同志。

即祝

编祺

穆欣

（1996）11 月 19 日

穆欣先生信中嘱咐我，明年第二期出刊后，除赠送的样刊外，另购买三册，并随信附来两页略有改动的原稿复印件。至 1997 年 4 月，第二期《史料》出刊前夕，穆欣又写信来：

洪治同志：

前承函告：拙文《忆新垦文艺社》贵刊拟于今年第二期发表。如已编入二期，请在该期出版后，除你们循例寄赠作者的样书以外，再帮助代购两册，以备供给关心此事的朋友。书费请从稿费扣除。谢谢。

顺祝

编祺

穆欣

1997 年 4 月 9 日

来信仍是嘱咐我，第二期《史料》出版后，除赠送的样书外，另代购两册，书款由稿费中扣除等事项。与前信仅隔两日，又收到穆欣先生来信，和经过校改的原刊复印件一份。

洪治同志：

信收到。大约因挂号的关系，今日始到。

在查对末页缺字时，我找原刊物复印件逐一核对，发现其他几处差错，请一并改正。这都因我太马虎，是寄稿去时的疏忽。

日前刚致一函，烦请此期贵刊出版后，除你们循例寄赠作者的样书外，帮助代购两册寄来，书款可请从稿费中扣除。该信想能收到。

我家中电话是 6835✕✕✕✕。

顺祝

编祺

穆欣

1997 年 4 月 12 日

原来是，作者在查对原稿末页缺字时，"找原刊物复印件逐一核对，发现其他几处差错"教我一并改正。然而，紧接着我又收到了他于同日写来的第二封信，和一页再次修改过的原稿改样。

洪治同志：

回复4月8日的来信刚交邮挂号发出，又想起两件事。

一是此文写作中热心支持帮助，或提意见，或提供资料的几位原新垦文艺社社员（有的已经仙逝），应在文尾表示谢意。因此，请加上：

（本文在写作中，曾得到原新垦文艺社的社友赵文甫、吕英、王苏林、乔景楼、黎明鉴同志的支持和帮助，特表谢意。）

另一事说来好笑，刚在信中说因太马虎，发稿前未将目录核对、改正错字。在寄去的改样中，所改的错字"凝秋"的"凝"字写时半边笔误，用涂改液涂掉。因为送信的人走得急，可能未将半边补上就封口了。因此再补一份，免得又费时。

我家电话6835×××。收到后请告知。

顺祝

编祺

穆欣

（1997年）4月12日

信的内容，还是关于《忆新垦文艺社》一稿需要改动的一些问题。从这同一天寄来的两封信可以看出，穆欣先生对将在《史料》刊出的这篇《忆新垦文艺社》文稿的审慎态度，和对当年曾一起战斗过的老战友的深厚感情。作者撰文记述"新垦文艺社"，不仅是回忆当年那个血与火的年代，更是对曾经一起工作和战斗过的战友情谊的一种珍重与怀念。

[穆欣（1920—2010），原名杜蓬莱，河南省扶沟县人。1936年考入省立百泉师范学校。1937年加入中国共产党。1938年6月创办《战斗三日报》，兼任第二战区民族革命通讯社吕梁分社社长、二战区特约通讯员。1939年底应聘为国际新闻社特派员。1940年任《抗战日报》通讯采访部主任，兼国际新闻社晋西北通讯站主任。1946年任《人民时代》半月刊杂志主编及新华社特派员。1947年8月兼任新华社豫陕鄂野战分社社长。1949年2月后，主持新华社第二野战军第4兵团分社及国防战士报社、国防出版社工作。曾任新华社云南分社社长，中国人民志愿军第3兵团政治部宣传部副部长兼新华分社社长，哈尔滨军事工程学院政治部宣传部部长，中共中央高级党校新闻教研室主任，《光明日报》社党组书记、总编辑，中华全国新闻工作者协会常务理事，外文出版局副局长兼《人民画报》社社长、总编辑。编辑了《陈赓兵团在豫西》，撰写了《晋绥解放区鸟瞰》《晋绥解放区民兵抗日斗争散记》，著有《南线巡回》等。]

朱子奇

2001年1月和2002年1月，人民文学出版社分两批出版了一套"漫忆女作家丛书"，共计12种。前6种为：《别了，莎菲》（丁玲），《海滨故人庐隐》，《窗子内外忆徽因》（林徽因），《萧萧落红》（萧红），《关露啊关露》《绿天雪林》（苏雪林）。后6种是：《一片冰心》（冰心），《金锁沉香张爱玲》，《飞回的孔雀——袁昌英》，《魂归陶然亭》（石评梅），《女兵谢冰莹》，《又见梅娘》。在我责编的几种中，有一本《别了，莎菲》，书中收录了朱子奇一篇《永不消逝的春天——悼丁玲》（158—166页）。作者在寄回我邮去的"授权书"的同时，复信给我说：

岳洪治同志：

来函悉。感谢选收拙作《永不消逝的春天——悼丁玲》。现寄上填就的表格一份，请核阅。希望能看到该文的清样，以便做个别文字的修改。

随信寄去拙著诗文集《心灵的回声》一册，请你和现编室各位同志惠正，书中有贵社曾为拙著《春鸟集》《春草集》及《战歌与情歌——朱子奇译诗集》等出版物的作品，并在中外报刊转载，特向各位致谢！致敬！也是作者我的光荣！

撰安！顺利！

朱子奇

2000 年 8 月 10 日

请告电话号码

我的为 6495××××

信中所说他随信寄赠的一册《心灵的回声》，我已不记得了，对书的内容，也没留下一点印象。

[朱子奇（1920—2008），湖南汝城人，民族解放先锋队队员。中国作协常务书记，诗人，散文家，评论家。1936 年加入南京左联、剧联下的磨风艺社，考入江苏省立农业专校，1937 年参与组织学生抗日救亡队。1938 年入抗大学习。同年加入中国共产党。著有诗集《春鸟集》《春草集》《友谊集》，散文集《十二月的莫斯科》，译有〔捷〕涅兹瓦尔长诗《和平歌》等。]

唐 湜

唐湜先生是著名的"九叶"派诗人。1995 年，我为中国华侨出版社主编一套"名家抒情诗精品大系"丛书的时候，给他寄去约稿函，希望得到他的支持。唐湜在我给他的约稿函上写了这封信，并加盖了他的名章。

洪治同志：

同意。但希望能给我看一看校样，免得有错别字。一字之差，有时会要人的命！

敬礼！

唐湜

（1995）10 月 18 日

信中只提出一个要求，就是希望书稿付印前，能"看一看校样，免得有错别字。"在约稿函上写信给我，表示同意入选后的第二天，作者又用一页"温州市文化局"的便笺写来了第二封信。

洪治同志：

我完全同意，只希望看一看校样，我知道是哪几篇入选。我自己希望《九叶派诗选》中《诗》《手》《给方其》《我的欢乐》《遗忘》《背剑者》《敲叩》《致歌者》中有一二首能入选，特别是最后的两首！

匆此

敬礼！

弟 唐湜

（1995 年）10 月 19 日

这封信除重申"只希望看一看校样"的要求外，作者还自荐了八首诗。在信的最后，又特别提出，希望能够选入《敲叩》和《致歌者》这两首。我也写过诗，很能理解作者写来这封信时的心情，是愿意尽量满足他的愿望的。这套书是我和几位爱诗的朋友一起编选的。（包括：《如歌：瞬间的永恒》《如画：林下的轻歌》《如醉：窗前的独语》《如痴：恋人的心声》《如禅：哲人的冥想》等五种，中国华侨出版社 1996 年 9 月出版）我虽忝列主编，却也不好过多干涉各卷编者的工作。后来得知，由于题材的限制，唐湜的诗只在《如画：林下的轻歌》卷中，收入一首《桥头，珠贝的街》。颇为遗憾。

[唐湜（1920—2005），原名唐扬和，浙江温州人。"九叶"派诗人，诗评家。1943 年考入浙江大学外文系，开始发表作品。历任上海星群出版社、《诗创造》杂志编辑，温州师范、温州二中、上海中学教师，《戏剧报》编辑，温州市艺术研究所研究员。中国作协浙江分会理事，温州市政协委员。著有诗集《骚动的城》《飞扬的歌》《霞楼梦笛》《春江花月夜》《蓝色的十四行》，长诗《遐

思：诗与美》《英雄的草原》，历史叙事诗《海陵王》，评论集《意度集》《新意度集》《翠羽集》，论文集《民族戏曲散论》等。]

杨静远

由人民文学出版社于 2001 年 1 月和 2002 年 1 月，分两批出版的"漫忆女作家丛书"，共计 12 种。其中《别了，莎菲》《飞回的孔雀——袁昌英》《又见梅娘》等三种，是我责编的。杨静远是袁昌英的女儿。下面这封信，是她签署《飞回的孔雀——袁昌英》的出版合同后写来的：

洪治同志：

寄上《飞回的孔雀——袁昌英》出版合同（及编辑部存底）二份，请查收。

最近又收到作者俞润泉、杨宜福、彭明朗、寻霖、刘运祺授权书五张，只有康咏秋没有查到地址，无从联系。但他的文章原载《求索》杂志 1989 年第 6 期，不知你们可否通过这个线索与他联系上。彭明朗的签署不清楚，因他病重住院，不便写字，恐怕也不久人世，想起来很难过。

另附文章复印费和照片翻拍费二纸，后者不能报销就算了。

我患重感冒转气管炎，不便外出，多谢你为我找到书籍订货会票二张，也无法享用了，很遗憾。

祝

春节好。

杨静远

2001 年 1 月 11 日

杨静远早年曾在朝内 166 号的人民出版社工作过。在《袁昌英》书稿编辑期间，她和丈夫一起来我办公室那天，我还带他们到我社古典部，看望了昔日她在人民社工作时的老同事冯伟民老师。信中提到的俞润泉、杨宜福、彭明朗、寻霖等四人的文章，均收入了《飞回的孔雀——袁昌英》一书。几个月后，杨静远先生又寄来一篇怀念袁昌英的文章，并复信解答了我看稿中提出的问题。

岳洪治同志：

你好！遵嘱寄上又一篇怀念袁昌英的文章，这是我昨天才收到的，内容较新，情真意切，望能设法补进文集。如果插在中间有困难，可否补在后面？如可用，请再酌情删节。

作者张默芸我不认识，也不清楚是台湾的还是大陆的女作家，但如采用，我会通过台北校友会打听到她的地址，寄上授权书的。

已收用的康咏秋《简论袁昌英》一篇，作者的地址尚未查到，该文刊于《求索》1989 第 6 期，可否通过该刊物查询？（我不知该刊在哪里）未收用的谌震、孟宪强二篇，是否已由你们去信说明？

再谈，祝

春安

杨静远

2001 年 4 月 9 日

《飞回的孔雀——袁昌英》，2002 年 1 月由人民文学出版社出版。来信中提到的张默芸、康咏秋等人的文章，因故没有收入该书。

[杨静远（1923—2015），笔名苑青，女翻译家。籍贯江苏省苏州市，湖南长沙人。毕业于武汉大学、密歇根大学。历任武汉大学外文系讲师，人民出版社编辑，中国社科院外文所编辑，编审，中国译者协会第二届理事。译著《马克思传》《哈丽特·塔布曼》《夏洛蒂·勃朗特书信》，著有《炼人学校——五七干校生活一千日》《写给恋人·1945—1948》，散文《让庐旧事——记女作家袁昌英、苏雪林、凌叔华》等。其所著《勃朗特姐妹研究》作为"外国文学研究资料丛书"之一，曾两次获奖。]

记刘光裕先生的出版史料研究历程

陈 静

刘光裕先生（1936—2024）是20世纪80年代以来国内知名的、具有广泛影响的编辑学专家和出版史名家。他关于编辑概念的论述曾引发学界广泛关注与长期讨论；他为中国古代出版史的研究做出了开创性贡献。

刘光裕先生是我在山东大学攻读硕士学位时的导师，也是指引我走上出版史研究道路的领路人。1996年，老师退休，此后，他将全部精力投入到了中国古代出版史研究中。2024年4月2日，刘光裕老师在济南因病去世。

刘老师退休前后至去世的近三十年间，几乎无一日不在思考出版史问题。他的中国古代出版史研究成果也集中于这三十年间。1996年，刘老师60岁，他在济南筹备并推动了"中国古代出版通史编纂工作座谈会"的召开，这是讨论编纂中国出版通史的第一次全国性会议。2016年，刘老师80岁，这一年他出版了专著《先秦两汉出版史论》（齐鲁书社）。2021年，老师85岁，出版了《蔡伦造纸与纸的早期应用》（齐鲁书社）。2022年86岁时，老师还兴致勃勃地接受了中国新闻社的采访，畅谈"蔡伦造纸术如何影响世界文化传播"。2023年，刘老师87岁，他为自己的《刘光裕编辑学文集》选定了篇目，本想自己校订，但因身体原因，将此事交托于我，2024年4月，我将编定好的书稿交给了出版社，定于2024年下半年出版，遗憾的是，老师已看不到这部文集了。2023年底，老师病情加重，即使在病重期间，他还在考虑出版史问题，2023年11月24日，刘老师给山东大学文学院院长杜泽逊教授发了一封电子邮件，称要发送一篇文章给《山东大学中文论丛》，其时老师的身体已极度虚弱，邮件内容不完整，杜院长立刻回信询问，直到11月28日，刘老师才有回信，但没有文字内容，仅附上了一篇文章《隋志晋拓考》，杜院长立即回复，再无回应。自此之后的三个月里，老师已卧床不起，直至2024年4月2日与世长辞。他发给杜泽逊教授的这两封内容不全的邮件，成为老师留下的最后信札。

刘光裕老师去世后，《出版史料》副主编卓玥女士约我写纪念文章。2022年底，我曾应《出版史料》之邀，对刘老师做过一次访谈，题为《我的蔡伦研究》[1]，没想到这竟成为老师的最后一次访谈。《出版史料》是老师生前倾注了感情的一个刊物，《出版史料》的创办者——原上海出版局局长宋原放先生与刘老师相交甚久。刘老师对史料的重视，与20世纪80年代宋原放先生创办《出版史料》的初衷不谋而合[2]。在刘老师的出版史研究中，出版史料的纂辑占了很大比重，建立出版史料学更是老师一直倡导的研究方向。因此，我想，借此机会梳理一下刘老师纂辑和研究古代出版史料的历程，这应该也是老师愿意看到的。

一

20世纪八九十年代，中国古代出版史研究还是冷门，古代出版史料的系统整理更是无从谈起。具备自觉意识，且以自身之力推动这项工作的，当首推宋原放先生创办《出版史料》，再就是刘光裕老师因倡议撰写《中国古代出版通史》而身体力行的史料整理与研究实践。

1996年11月，"中国古代出版通史编纂工作座谈会"在济南召开,这是启动编纂中国出版通史的第一次全国性会议。此次会议由刘光裕老师一力推动和促成③,会议由山东出版总社资助,中国出版科学研究所、中国编辑学会、山东省出版总社三方联合召开。会议的正式出席者大都为业界、学界的前辈和名家。1996年,刘老师刚刚退休,按老师的说法,自己是一介布衣,然而,他以一人之力,做成了联合全国力量撰写中国出版通史之事。在1996年的会议上,刘光裕老师做了《关于编纂中国出版通史情况汇报提纲》的报告,在报告中,他明确提出要做中国古代出版通史就要"先搞资料,然后再撰写":"我们的最终成果是多卷本的《中国古代出版通史》。若将原始资料加以整理,又可以成为我们的另一成果,即《中国古代出版史资料》。为了实现这一目标,我们的做法应该是:先搞资料,然后再撰写。"④

"先搞资料,然后再撰写"是刘老师为中国古代出版史研究定下的研究路径,当时的学界情况是:"出版史自己从未系统搜集整理过资料,所以至今尚不存在比较完整的出版史资料。由于资料奇缺,或资料不全,出版史中许多问题搞不清楚。"⑤1996年济南会议之后,刘光裕老师就全身心地投入到了古代出版史料的辑录和整理工作中,实际上,这一资料搜集工作老师早在1993年就已着手进行了。从老师的研究历程看,大致以2003年为界,此前的资料纂集以汉唐为主;2003年后,老师的关注点转向先秦,对此前搜辑过的先秦资料再加补充并展开深入研究。在史料纂集整理过程中,老师发表了部分成果,可视为他在出版史料研究过程中的一些重要节点。

1997年,刘老师以"读史笔记"的形式在《编辑学刊》(第3—5期)连载他的史料研读心得。在文章中,他设立了系列标题,辑录和解读史料,重要者如:"东汉末年是否还用'简'抄书""历史上最早用纸写信的例证""纸在东汉"等。

1998年,刘老师在《编辑之友》(第2—6期)连载《纸简并用考》,辑录史料,讨论纸的推广与普及过程。

1998年,刘老师撰《古代撰述国史称"著作"考》(《编辑学刊》1998年第4期),该文针对编辑学界的一种流行观点,即认为中国古代撰述国史如《史记》等为编辑,或称编、纂、编纂,就是不能称之为著作⑥,刘老师搜集了大量古代撰述国史称"著作"的史料,反驳了错误观点。此文为"编辑"概念论争而作,但同样也是一篇重要的出版史料论作。

1999年,刘老师对《读史笔记》和《纸简并用考》进行了全面修订,以此为基础撰写完成了三篇文章:一是《发明家蔡伦生平年谱疏证》(《出版科学》1999年第3期);二是《论蔡伦发明"蔡侯纸"》(《出版发行研究》2000年第1—2期连载);三是《发明家蔡伦生平事迹考》(《齐鲁学刊》2000年第4期)。刘老师撰写了第一部系统完整、考证详细的蔡伦年谱。在蔡伦生平考订方面,这三篇文章目前依然是最为详尽的论作。

2000年,刘老师发表《印刷术以前的复制技术——搨书与拓石的产生与发展》(《出版发行研究》2000年第8—10期连载)⑦,讨论雕版印刷的起源问题。老师认为,印刷发明的技术源头有镂空印花、印章、拓石等,其中以拓石最为重要。关于拓石的早期资料,大都语焉不详,他撰此文的目的就在整理相关史料,追寻拓石与雕版印刷之间的关系。其中有关汉魏石经拓本、峄山刻石、初唐拓本等史料的阐释尤为重要,刘老师据之推断:"拓石已趋普及与成熟的初唐,或隋唐之间,印刷术的技术条件已经具备,从此开始,发明印刷术就是随时都有可能的。"⑧

2004 年，宋原放主编的《中国出版史料》一书出版。该书共八卷，古代部分两卷，这是第一部专辑中国古代出版史料的著作，其中收录了刘老师撰写的两篇长文：《简帛时期书籍流通资料》和《抄本时期书籍流通资料》。这两篇文章的写作始自 1999 年，完成于 2001 年。1999 年春天，在南京召开的"编辑史、出版史学术研讨"会上，宋原放先生认真阅读了刘老师携带的部分出版史资料（打印稿），不久即邀请老师为他主编的《中国出版史料》一书撰写简帛和抄本时期的书籍流通资料。⑨其后一年多时间里，刘老师的主要精力就在写作这两篇史料文章。在这一过程中，他想通了汉唐时期书籍流通的重要问题。记得是 2001 年春天的一个上午，我和老师约好一起逛市场买菜，一见面，老师就兴奋地跟我说，他终于想清楚汉唐书商的问题了，于是就站在菜市场门口开讲。当时老师手里拎着一个买菜用的尼龙袋，讲到高兴处，举起袋子频频比画，我

站在旁边，听得津津有味，师徒俩旁若无人。老师后来在文章中称，此事想通后的感受"真是痛快极了"："编这'资料'用了一年时间，促使我想通两个问题：一是汉唐书商以经营旧书为主；二是读者传写是汉唐年间书籍流通的主要方式。想通这两个问题，长期困惑不解的书商问题不存在了，数年苦恼一扫而光，心里痛快极了。"⑩《中国出版史料》（古代部分）收录的均为已发表过的文章，只有刘光裕老师的这两篇文章属于未刊而收入。据我所见，迄今为止，先秦至汉唐的书籍流通史料，依然只有刘光裕老师的这两篇文章最为系统。在老师纂辑出版史料的过程中，《简帛时期书籍流通资料》和《抄本时期书籍流通资料》最为重要，它们不仅仅是史料的纂辑，更是刘老师有关先秦至汉唐出版史观点形成的雏形。两篇文章近五万字，老师设立了 16 个小标题，类分史料，偶以按语方式进行解读。他的出版学立场，在用心设立的标题中表现得十分清晰。（见表1）

表1 《简帛时期书籍流通资料》和《抄本时期书籍流通资料》所立标题

《简帛时期书籍流通资料》	《抄本时期书籍流通资料》
春秋以前书在官府，官府外无书	纸的商品化是书籍流通的基础
战国诸子论民间之书	佣书的职业化是书籍流通扩大的重要因素
医书等勿传师徒之外	不以商品交换为目的的书籍抄是流通的主渠道
"一师有竹帛，而百弟子口传之"	单篇传写是新作流通的主要方式
经学流通中文本与口传并存	结集问世，蔚成风气
单篇流传	书籍市场
汉以前诸子流传无定本	
秦始皇焚书	
汉除挟书律后的书籍流通	
书肆与槐市	

自先秦至汉唐的史料，就是按这 16 个标题归类。很多标题本身就是十分新鲜的出版史观点。这些标题充分体现出刘光裕老师

从出版学观点找资料的研究立场与思路。它们的形成，又与老师在史料研究道路上的一位挚友——林穗芳先生（1929—2009），有

着密不可分的关系。

二

在日常谈论中，凡谈及出版史料，刘老师总要跟我提到两个人，一是重视出版史料建设的宋原放先生；一是在整理史料方面助他甚多的林穗芳先生。林先生是老师故友，任职于人民出版社，是当代著名编辑学家和出版学家。刘老师与林先生因编辑学研究而结识，更因学术品性相近而惺惺相惜，刘老师称："在编辑学方面，我与他有许多共同见解，这是众所周知的。他因我而陷入学术争论的旋涡，我常常依他的建议而撰写文章，我们间有一段愉快的合作。"⑪林先生外语极佳，对西方出版史极为熟悉，又长期在出版业界工作，真正称得上刘老师的学界挚友。

2001年至2003年间，刘老师和林穗芳先生就出版史问题以通信和电子邮件方式进行过反复讨论。两人往返电子邮件数十封。我记得有一次到刘老师家中，见他正打算给林先生寄纸质信件，我问老师，可以直接用电子邮件发过去的，为什么还要寄纸质的呢？刘老师说，他已经给林先生发过电子邮件了，但觉得文章太长，电脑上不方便看，还是打印一份寄出去，而且特意调大了字号，让林先生看起来方便些。有一些信件内容，刘老师给我看过，虽是私人信件，但读起来完全就是学术论文。林先生对每个问题都列明证据，提出观点，刘老师的回应同样如此。两人的通信仅在开头做点寒暄，立刻就切入正题，进行讨论，好几封信都在数千字或一万字以上。林先生知无不言，刘老师诚恳回应。刘老师不止一次告诉我，在出版史研究中，林穗芳先生给他的帮助最大，如他在2003年给林先生的一封邮件中所言："你的批评纠正了我不少错误，历来对我帮助最大，最具重要意义。我珍视你每一次批

评，信件都打印出来，集中夹在一起，经常阅读，从中吸取营养。"⑫林穗芳先生与刘老师的讨论，让刘老师的出版史料搜集整理工作进入了快车道，刘老师自谓因之"信心倍增，少走了许多弯路"⑬。2009年，林穗芳先生去世，刘老师失去了一位挚友。2011年，刘老师在《出版史料》发表《关于出版史料学》一文，文中专立一节"为出版史与故友林穗芳商量最多"，郑重表示对林先生的感谢与怀念。林穗芳先生去世四周年之际，刘老师再撰纪念文章——《"文章千古事，得失寸心知"——纪念林穗芳逝世四周年》，在这篇文章中，刘老师全面回顾了他与林先生的交往过程，抒写了两人的深厚情谊："（林穗芳先生）最后一次对我文章提意见长达七八千字，电脑记下时间是2007年6月14日。林穗芳晚年深受眼疾之苦，阅读不便，最后除了为我看稿，不再审读其他文稿，我得知后悔恨莫及。世上唯情义无价，斯人已逝，此情此意无以为报，不禁黯然伤神，潸然泪下。"⑭

在刘老师与林穗芳先生的交往中，让我印象最为深刻的，是两位先生对学术的热诚。刘老师从不讳言自己的"出版"和"书籍"概念来自林穗芳⑮。在出版史的讨论中，他们有些观点并不一致，常有交锋，但所有问题两人都坦诚相告，认真回应，被说服时，就明确告知对方自己被说服了，对对方指出的问题，均十分珍惜，深表感谢。他们不为名利、不讲面子、赤诚以待，这种对待学术的真诚，我永远铭记在心。在刘老师单枪匹马搞出版史的道路上，有林穗芳先生这样一位知交，实是幸运。

刘老师与林穗芳先生在反复讨论过程中，达成了诸多共识，重要者如：出版概念要与世界接轨；将出版概念用于出版史，需与中国国情相结合，不可生搬硬套；以书籍公众传播作为出版与非出版的分界线；以书

籍开始面向公众传播作为出版诞生的标志；出版诞生是出版史的历史起点；出版诞生以前的历史是出版的史前时期；出版史研究第一步从汉唐入手。[16]林先生在中国第一个提出"抄本出版"概念，极大地启发了刘老师，刘老师在此基础上，重新思考了中国古代出版史的分期问题，进而对汉唐时期抄本出版有了清晰而深刻的认识，更为明晰地阐述了中国抄本出版不同于国外抄本出版的特征。

2003年后，刘老师的研究重心转向先秦。先秦的资料，他在纂辑《简帛时期书籍流通资料》时已做过一部分，但随着老师对中国古代出版史认识的加深，他重新再做搜辑，又做了数十万字的文章："为帮助自己记忆，我将搜集到的资料作初步归纳，并整理成文，如'最早书籍与史官文化''先秦官书与著作层积现象''孔子与儒家经籍''诸子与诸子之书''先秦书籍流通'等，约数十万言。"[17]先秦资料的整理工作大致延续到2007年。

1996年到2007年，是刘老师纂辑出版史料最为集中的时期，真正是"十年辛苦不寻常"。经过这样长时期的准备，2007年，刘老师完成了自己对中国古代出版史理论框架与研究路径的系统思考，这些思考集中体现在他2008年发表的文章中。

2008年，刘光裕老师发表了三篇文章：《中国出版史的对象、范围与分期》《中国出版史的研究对象和范围——关于编撰中国古代出版通史的基本看法》《论中国出版史分期》[18]，明确阐述了中国古代出版史的研究对象、范围、方法与历史分期。这三篇文章是老师的重要理论创获，为中国古代出版史的研究指明了方向。凡认真读过这三篇文章的学界同仁，大都能体认到此理论框架之重要性。

2011年，刘老师75岁，这一年，他发表《关于出版史料学》（《出版史料》2011年第1—2期连载，该文原标题为《关于建立出版史料学》），全面回顾了自己整理出版史料的历程，提出要建立出版史料学。在该文中，他对出版史料的范围做出了明确规定："出版学看来，出版史料有两大部分，一是出版业，另一是出版社会关系，两者以出版业为主。"[19]"为了便于搜集资料，将出版业与出版社会关系两者具体化，可分七个部分：一、书籍生产（新作问世、旧书刊行，以及策划、编纂、校雠、复制等）；二、书籍流通（方式与渠道、速度与广度等）；三、出版物（门类与品种、数量与质量等）；四、出版机构；五、出版人物；六、有关社会影响出版的史料；七、有关出版影响社会的史料。"[20]这些表述基于刘老师的长期思考，概括自他的出版史料整理工作，是他出版史料学观点的集中呈现。老师撰此文还有一个十分重要的目的，即为学界的研究方向纠偏。当时已有不少古代出版史研究成果，但面貌比较模糊，最主要的问题是以书籍为中心，而不以出版为中心，刘老师对这种偏离出版学的现象十分担忧，故特意撰此长文，在文章中，他为出版史料划定范围，列举诸多例证反复论说何为出版学观点，就是希望能将这些走偏了的出版史研究拉回到正路上来。

三

关于刘老师的出版史料研究历程，大致如上文所述，其间各种艰辛，老师自己做过概述："有时读了十来天书，找不到一条有用材料；有时像大海捞针那样找到了有用资料，还要做训诂、考证、辨伪的工作。……我第一步是从汉唐入手，具体步骤是，先读史书，再读笔记，再读集部。史书是从《史记》《汉书》《后汉书》《三国志》一直到新旧《唐书》，按次序一部一部读。说是读，其实是一页一页翻，碰上重要的才停下来细读。

自汉至唐的笔记不算多，翻一遍不太难。集部只能挑一些读，如《法言》《论衡》《抱朴子》《金楼子》《颜氏家训》等。唐代名人集原先读过不少，只需临时补充。……一面读书，一面将书中有用的与可能有用的资料，一一录入电脑，并打印出来。电脑打印的原始资料，泥沙俱下，大都不能直接使用。搜集资料的工作，必须包括整理资料。整理资料的步骤，大体是先按文献学要求，对资料一一加以考订，予以甄别；在此基础上，再从出版学观点，诠释资料具有什么意义。"[21] 我跟从老师研习，对这段描述感同身受。史料搜集工作，是所有认真从事历史研究的学者的基本功，所谓"板凳宁坐十年冷"，功夫要做得细，更要耐得住寂寞，刘老师一直就是这样做的。

在我看来，除了"板凳宁坐十年冷"这样的功夫与态度外，刘光裕老师对出版史料学的最大贡献是他对史料的出版学阐释。刘光裕老师曾强调，他要继承宋原放先生的遗志，继续搜集整理出版史料，继续致力于中国出版史研究。[22] 我认为，真正从出版学观点阐释史料，是刘老师继承宋原放先生遗志并向前迈出的一大步。

出版史料是有关出版的历史资料，它是出版史学科的研究对象，体现的是出版史的学科特色。从20世纪90年代末全面进入出版史研究开始，刘老师对此一直有着十分清醒的认识，他在1996年就明确指出："任何一门历史科学，都是建立在自己独特资料的基础之上的。对出版史这门专史来说，它与众不同的学科内容，是建立在有关出版的历史资料基础之上的。出版史缺乏自己的史料，等于失去自己学科的对象，失去自己学科特色。仅仅借鉴邻近学科的成果，不可能完成建设出版史这门新学科的任务。在借鉴邻近学科的优秀成果时，为了避免成为别的学科的附庸，出版史必须坚持自己学科的对

象与范围，必须先把属于自己的历史资料搜集起来，加以整理。"[23]

出版史资料往往也是文献学、书志史等学科领域的资料，如果没有出版学立场，就不可能从文献学、书志学等相近学科走出来。出版史要坚持自己的学科对象与范围，就要按照出版学的观点来搜集和解读史料。另外，中国出版史独具中国特色，与西方不同。西方出版史以发行作为出版诞生的标志，但这一标准放到中国古代出版史来看，就行不通。刘老师之所以下如此大的功夫研究先秦到汉唐的出版问题，很大原因就是要弄清楚中国古代出版自身的发展道路。在中国古代出版史中，先秦和汉唐部分研究最少，也最为困难。刘老师以一己之力，基本完成了先秦和汉唐部分出版史料的纂集和研究工作。他的很多观点，在当前的学界还未得到充分重视，但相信随着时间的推移，刘光裕老师的出版史料和出版史研究会得到广泛认同。

四

从1996年到2024年刘老师去世，28年过去了，在这近30年的时光中，刘光裕老师将所有精力都倾注到了中国古代出版史研究中。他确立了中国古代出版史研究的基本理论框架；提出了古代出版史分期；解决了蔡伦造纸与纸的普及问题；在最为困难的先秦至汉唐部分，下了极大力气，提出了诸多新观点，做出了开创性贡献。而所有这一切，都离不开他数十年对出版史料的大力搜集，更基于他一直从出版学立场对史料的整理与阐释。他搜集史料，始终是为了解决出版史问题，1996年"中国古代出版通史编纂工作座谈会"上，刘老师就提出了出版史要搞清楚的系列问题："造纸术怎样发明的？印刷术发明于何时？抄本何时普及又如何流

通？印刷术经过怎样过程才应用到书籍出版上？历代究竟有多少出版物？各地出版中心究竟有多少出版物？出版机构、出版家的出版思想及其历史演变如何？出版技术如何进步及其对出版业的影响？历代官府的出版方针对出版业影响如何？古代出版过程中编辑是怎样工作的？历代出版物的流通渠道与流通方式如何？"[20]今天来看，刘老师1996年提出的这些问题，目前到底解决了多少？我们的资料搜集与阐释工作是否足以支撑中国古代出版史研究？在中国古代出版史的研究道路上，刘老师已迈出了极为坚实的一步，学界诸多同好也做出且正在做出诸多成绩，但距离刘老师心目中真正的古代出版史，目前的成果还差得比较远。他很早就跟我讲过，自己年事已高，估计只能做到唐代，后面的要靠年轻人做下去。行文至此，似乎又看到老师当年的神采飞扬，听到他的殷殷嘱托。老师的遗憾是他没有精力将汉唐抄本出版做完，宋以后的雕版出版，还只能勾画出大概，老师一直期待有更多人参与到出版史研究中来，将这些工作进行下去。随着近年来国家对出版学科的重视，相信老师的愿望终能达成。作为他的学生，我也会将老师的期望化为动力，继续他未竟的研究，为古代出版史料的整理、古代出版史的研究贡献自己的微薄之力。

谨以此文，纪念我的老师刘光裕先生。

①刘光裕讲述，陈静采访：《我的蔡伦研究——刘光裕先生访谈》，《出版史料》新总第62期，北京：开明出版社，2022年，第4—8页。

②"20世纪80年代，宋原放在上海创办《出版史料》，我请教他的刊物为何称'史料'，不称'研究'？他说：'史料搞不清楚，怎么搞出版史？中国出版史如何，一切要等搞清资料以后再说，要凭资料说话。'我相信宋原放的话是对的。出版史是一门新兴学科，必须从史料入手才行，否则欲速

则不达。"刘光裕：《关于出版史料学》，《出版史料》2011年第1期，第76页。

③1996年济南会议的筹备与召开，刘老师还有一位重要的合作者——时任中国书籍出版社副社长的章宏伟先生。有关会议前后情况，章宏伟先生有专文谈及，详见章宏伟：《记〈中国出版通史〉的前期策划》，宋应离、刘小敏编：《亲历新中国出版六十年》，开封：河南大学出版社，2009年，第354—367页。

④⑤刘光裕：《关于出版史料学》，《出版史料》2011年第1期，第77页。

⑥刘光裕：《古代撰述国史称"著作"考》，《编辑学刊》1998年第4期，第20页。

⑦因思考拓石问题，刘老师还撰写了三篇书法史文章，可视为出版史料研究的副产品，这三篇文章是：《书博士考》（《书法》2000年第6期）；《唐及唐以前的书法复制》（《书法研究》2001年第3期）；《古代搨书考》（《中国书法》2002年第7期）。

⑧刘光裕：《印刷术以前的复制技术（三）——搨书与拓石的产生与发展》，《出版发行研究》2000年第10期，第77页。

⑨"主编八卷本《中国出版史料》并顺利出版，可谓宋原放的最后杰作。1999年春天，我们一同在南京参加出版史会议，他将我打印的一大堆原始资料搬到自己房间翻阅。不久，便要求我编《简书时期书籍流通资料》与《抄本时期书籍流通资料》。"刘光裕：《关于出版史料学》，《出版史料》2011年第1期，第79页。

⑩刘光裕：《关于出版史料学（续）》，《出版史料》2011年第2期，第73页。

⑪⑫刘光裕：《关于出版史料学》，《出版史料》2011年第1期，第79页。

⑫见刘光裕2023年5月7日致林穗芳先生的电子邮件。

⑬刘光裕：《关于出版史料学》，《出版史料》2011年第1期，第81页。

⑭刘光裕：《"文章千古事，得失寸心知"——纪念林穗芳逝世四周年》，《济南大学学报》（社会科学版）2013年第6期，第22页。

⑮"我在1988年曾作一个出版界定，见到林穗芳的界定后，自愧不如，公开赞同他的界定。在出版概念方面，我们早有共识，所以后来讨论的主

怀 念 林 海 音

叶瑜荪

欣喜的海峡来音

1989 年 11 月 10 日收到丰一吟阿姨来信，拆开一看，竟是林海音女士给我的信："瑜荪先生：

月前收到由孙淡宁女士的女儿马逊教授自台南成功大学寄来您赠我的竹刻臂搁一节，并有竹拓五张，别提多么喜爱。欣赏很久，跟马逊通电话，她告诉我一些有关您刻竹之事，因此欣赏之外又加上钦佩不已。我正好在写一篇小稿，就也写上您送我刻竹一段，但凭马逊告知我的一点点，而且有关'天竺山'，也不知写得对不对，想到写得如不确实，怎办？汗愧不已！希望您收到此信后复我一信，再详细地介绍您自己，好吗？地址是：

台北市重庆南路三段三十号纯文学出版社

我因不知尊址，便由丰一吟女士转致此信。另附奉刊出拙稿的中央副刊一份。谢谢您啦，盼多联络。

敬礼

双安！

林海音上
一九八九年十月二十五日"

附来的是一张 1989 年 10 月 23 日《中央日报·副刊》报纸，上面刊载有林海音所写《艺文三事小记》一文。其中最后一记即是《刻竹三层——叶瑜荪》，讲述收到竹刻臂搁的事，竹刻的拓片作为配图也大幅面印在文中，十分跳眼。

突如其来收到台湾著名作家林海音的来信，让我惊喜莫名。也使我回想起四年前的 1985 年 5 月末，陈宝和一吟两位阿姨陪同旅

要是如何结合中国古代国情，灵活应用。顺便说明，我使用的书籍概念也源于林穗芳，我以为他的书籍界定是刘国钧界定的完善与发展。"刘光裕：《关于出版史料学》，《出版史料》2011 年第 1 期，第 80 页。

⑯详见刘光裕：《关于出版史料学》，《出版史料》2011 年第 1 期，第 80—81 页。

⑰刘光裕：《先秦两汉出版史论》，济南：齐鲁书社，2016 年，第 567 页。

⑱《中国出版史的对象、范围与分期》，《陕西师范大学学报》（哲学社会科学版）2008 年第 3 期；《中国出版史的研究对象和范围——关于编撰中国古代出版通史的基本看法》，《出版科学》2008 年

第 3 期；《论中国出版史分期》，《济南大学学报》（社会科学版）2008 年第 3—4 期连载。

⑲⑳刘光裕：《关于出版史料学》，《出版史料》2011 年第 1 期，第 82 页。

㉑刘光裕：《关于出版史料学（续）》，《出版史料》2011 年第 2 期，第 71 页。

㉓刘光裕：《关于出版史料学》，《出版史料》2011 年第 1 期，第 77 页。这段话来自刘光裕老师1996 年为在济南召开的第一次出版通史会议所撰《关于编纂中国出版通史情况汇报提纲》。

㉔见刘光裕在济南会议上提交的《关于编纂中国出版通史情况汇报提纲》。刘光裕：《关于出版史料学》，《出版史料》2011 年第 1 期，第 77 页。❧

美作家孙淡宁女士来即将重建开放的缘缘堂访问。因两位丰阿姨的引荐，我也成了孙女士要见的石门晚辈。两天的陪同相叙，很快成了熟友。叙谈中我对《城南旧事》的文风和情调十分赞赏和钦佩，孙女士顿时眼睛一亮，说作者是她好友，你愿送一件竹刻给她，我可帮你带去。我当然乐意将习作送给文艺名家以求指教。于是选了一件，加刻上款后交给了孙女士。这种平常的赠竹之事，过后就淡忘了，从未想会有下文。更未想到四年后会有如此惊喜！

五天后，我给海音女士回信，并对她说：

"孙淡宁女士喜欢我称她为'建建阿姨'，故我也称您为阿姨吧！"（1989年11月16日）

由此开启了我和林海音女士的通信联系。于海音阿姨而言，我俩的相识是缘于一件小小的竹刻。

1990年过完春节不久的2月17日，收到海音阿姨来信说：

"这半年多来，忙着编印外子的《何凡文集》二十六巨册，就什么都顾不得了——'六亲不认'，不接电话，不回信，不接受访问，每天工作十小时，难为我这七十二岁的老妪！一笑！书终于在外子八十岁生日（十二月二十三日）出齐，那生日也还热闹，子孙们都从海外回来（我们只二老在台），现寄奉照片二张，一张全家福一张二老的留念吧！"（1990年2月7日）

海音阿姨的丈夫夏承楹（笔名何凡）生于1910年，他俩于1939年5月13日在北京协和医院礼堂举办新式婚礼。故1989年既是何凡先生八十大寿之年，也是他俩金婚之年。从寄来的照片上可以看出这场八十大寿加金婚纪念非常热闹。二十六巨册洋洋600万字的《何凡文集》整整一长排放在大厅的背景长桌上，特别醒目，也证明了这是一对多产的伉俪作家。很遗憾我是事后才知，未能表达祝贺。好在八十寿庆之后每年都有生

日之庆，我就选刻了丰子恺书集唐人句联"长松百尺多劲节，仙鹤千年无躁容"臂搁，并用朱砂拓成拓片，以贺何凡伯伯的八十一寿诞。为海音阿姨刻的是丰子恺书李叔同的《送别》，因这首歌是电影《城南旧事》的主题音乐。

1990年5月4日，收到海音阿姨信说：

"我大约于五月十七日随出版界朋友一同到大陆，北京、西安、上海，全程只有十二天，很紧张，在上海只有两天，由上海返台。而我上海有些亲友，倒希望有机会见到丰一吟，不知她家有否电话？请速告诉我。"（1990年4月25日）

5月24日，一吟阿姨发来电报：

林25日到沪，26日在妹家请你晚餐，请回电。

我于26日一早乘车去沪，先去一吟阿姨家聚会，即告已改成午餐见面。我随一吟阿姨乘出租车去海音三妹林燕珠家，很快见到了海音女士。因已通信半年，如熟友相叙，毫无生疏之感。午餐由燕珠和其女儿准备，除我们三人外，并无其他客人，边吃边聊，很是轻松愉快。告别前燕珠为我们拍了合影。

6月13日收到海音来信，并附来一起合影照及6月5日的香港《明报》。他们经香港返台，接受《明报》记者采访，故刊出了《林海音结伴故国重游》专题报道。配发的

林海音夫妇金婚合影（1989年）

笔者与林海音（中）、丰一吟合影（1990年5月26日）

五幅彩照中，有一幅即我们三人在上海见面的照片。

《城南旧事》的魅力

我知道林海音的名字，缘于电影《城南旧事》。这部电影留给我极深的印象，因为它的风格和情调完全不同于以前三十年所看过的影片。没有高潮，也没有很强的故事性，节奏很慢，故事很平淡，却像一首富含哲理的散文诗，引起我对人生的回忆，生发出无尽的哀愁、感慨和眷恋。所以我在第一次回复海音阿姨的信中说：

"自从看了电影《城南旧事》后，您的名字就留给我很深的印象。也许内地已很久没有见到此种情调的作品，故看后感受特别强烈。那种淡淡的人生哀愁，和对故都、故物的怀念之情，很合我的'口味'。"（1989年11月16日）

小说《城南旧事》是1960年7月完成的，传到大陆大概是改革开放以后。经中国科学院文学研究小组推荐，将《城南旧事》拍成电影之事被提上了议事日程。最终改编拍摄任务交给了上海电影制片厂，由吴贻弓执导，并组成精锐的拍摄班子。1981年开机拍摄，1982年底就拿出了第一部样片。1983

年，《城南旧事》被送去参加第二届马尼拉国际电影节，即获最佳影片金鹰奖，一举成名。同年在厦门举办的第三届中国电影金鸡奖上又斩获最佳导演、最佳女配角、最佳音乐等奖项。1984年，在第十四届贝尔格莱德国际儿童电影节上荣获最佳影片思想奖。1985年获香港十大华语片奖。1987年4月，上海举行新时期十年电影奖评选（1977—1987），《城南旧事》被评为十部最佳故事片之一。

《城南旧事》1983年起在国内上映，我是1984年在桐乡观看的。原著作者林海音初次看到这部电影也是1984年，在美国旧金山儿子夏祖焯家里。她看了很喜欢，认为拍出了"淡淡的哀愁，沉沉的相思"。

《城南旧事》小说我是1991年10月才见到的。1990年5月虽在上海见到了海音阿姨，但她没有送我们《城南旧事》小说的原著。因为他们是先去了北京和西安，上海已是最后一站，估计从台湾带来的书都已在北京送完。

1991年10月20日收到她三妹来信："小叶：

前两天给你寄去两本书：《城南旧事》《家住书坊边》。这书是最近才由香港寄来，马上给寄两本。去年我大姐在上海时没有多余的书，所以心里总惦记着，有了书一定要寄给你。收到请便函复。

最近忙些什么？天气实在太好了，可惜我分不开身，否则一定去看你和缘缘堂。

祝

快乐！

林燕珠

（19）91年10月17日"

信上说的两本书与信同时收到。《城南

旧事》初版是 1960 年 7 月光启出版社出版。1969 年 9 月改由纯文学出版社出版。我收到的是 1984 年 1 月第 2 版第 2 次印刷。从版权页上可知道,《城南旧事》仅 1969 年 9 月到 1984 年 1 月已印 11 次。

《家住书坊边》初版是 1987 年 12 月由纯文学出版社出版,我收到的是 1989 年 2 月第 3 次印刷。该书可称是《城南旧事》姊妹篇,是作者以散文形式写成的一部早年北京生活回忆录。海音阿姨 5 岁随父母迁居北京,到 31 岁离开回台湾,她在北京生活了 26 年,成了一位真正的老北京。书中她对自己在北京居住过的地方、童年、少年、青年时代的所见所闻,都作了回忆记述,故又称"我的京味儿回忆录"。因是自传体纪实文学,史料价值很高,值得大家仔细品读。

1992 年 4 月,我已调入文联工作,正巧参与了在北京的举办"茅盾故乡——桐乡县书画摄影展"活动。我抽暇循着海音阿姨的回忆记述,在城南一带寻访了很多她当年的行迹。如虎坊桥、西交民巷、南柳巷、南长街等,还有琉璃厂、海王村和她就读的厂甸附小,即现在的北京第一实验小学,拍了不少照片。回桐乡后照片冲印出来,在 5 月 24 日回复海音阿姨信时,挑选了七帧附寄给她。

电影《城南旧事》选择了《送别》一歌的曲调为主题音乐,大幅提升了整部电影的格调,这是成功之笔。我读小说《城南旧事》时,在《爸爸的花儿落了》一章中,也读到了这首歌词:

"长亭外,古道边,芳草碧连天。……问君此去几时来,来时莫徘徊!天之涯,地之角,知交半零落,人生难得是欢聚,惟有别离多……"

这歌词有两句与流行的并不相同,在当时我并不十分在意。但 2015 年 10 月,在"第五届弘一大师研究国际学术会议"上,当讨论到《送别》歌各种不同的版本时,我很后悔之前太疏忽了,当时没有及时请教海音阿姨,这首《送别》歌词的出处,到底是当时校园歌曲集所传,还是她所改作?可惜今天只能成为一个谜题而留为遗憾了。

适时寄来《中国竹》

海音阿姨希望我详细介绍自己的刻竹情况,我在复信中除谈刻竹之外,还提到了撰写竹刻小文事:

"今年春,应几个友人要求,我曾写过几则介绍竹刻的短文,总名之曰:《竹刻漫谈》。不料最近被《浙江工艺美术》杂志刊载出来,现寄奉一册。《竹刻漫谈》(之二)原来没有写出,现因杂志社索要,已匆匆赶出来寄交续载。'之三'正在撰写中。阿姨如对竹刻有兴趣,杂志出来后当再寄奉。"(1989 年 11 月 16 日)

不料未到一月,12 月 13 日我先收到了海音阿姨寄来的《中国竹》一书。这是她主编的"中国"系列中的第二本。1971 年她编了本《中国豆腐》,因主题是中国最有标志性的事物,印行后极受欢迎,并有不少读

《家住书坊边》书影　　《城南旧事》书影(1984 年 2 版 2 次)

者询问下一本是"中国"什么？经研究决定编《中国竹》。她说：

"因为竹子在中国的文化、艺术、实用和饮食上，都占很重要的地位。中国人是世界上最会利用竹子的民族，无论精神上、物质上，到处看到竹子，古时如此，现在一样。"（《中国竹·前记》1975年元旦）

于是从1972年起着手《中国竹》的编辑工作；除了搜集资料外，并拟定题目，约人撰稿。1975年1月，《中国竹》终于出版问世。签名寄给我的已是1985年2月第6次印刷。

收到此书我异常兴奋，《中国竹》不仅装帧、印刷十分精美，其内容更对我撰写竹刻文章很有帮助。因所收文章都是约请专家完成的，如《竹类纵横谈》是请供职台大森林馆的路统信先生所写。《竹的种种》是由孙成煜先生从英国作家、美国摄影家和日本竹专家合编的《竹》一书译出的。《雕竹》一文则是台北故宫博物院楚戈先生研究故宫所藏雕竹的力作。几幅竹刻插图都是台北故宫博物院的藏品，平时极难见到。

当时我正应浙江古籍出版社约，在撰写《竹刻》一稿，这本《中国竹》给我提供了很多信息和资料。初稿一完成就马上写信告诉海音阿姨；

"今寄上最近所写《竹刻》一稿，因找不到大信封，只能分装两函寄上。

《竹刻漫谈》一稿，自己很不满意，原来并未想到要刊出，故写得很粗糙，也未仔细推敲。后被《工艺》杂志刊出，并索要续稿，才匆匆写了"之二""之三"。杭州想编一本《生活情趣集成》，共分七大类，五十四个目。要我写《竹刻》一章，二万字。我就想写一篇比较完整的竹刻介绍文章，故写出了这《竹刻》一稿，分二十三小节，共三万五千字。当然不少地方限于字数，简略了一些。写时收到了你寄赠的《中国竹》一书，正好做参考，有好多资料已用进了，请

林海音赠笔者《中国竹》书影

指正！附上照片两枚，都是早几年所刻，虽刻得较差，但竹色已转黄，故效果尚可。一件是陷地深刻法，一件是留青法。"（1990年3月2日）

我读了《中国竹》，才明白海音阿姨如此爱竹，如此喜欢竹刻的缘故。原来她对竹子和竹刻艺术早有研究，故具有欣赏竹刻的很高涵养。她喜欢我的竹刻，就关注我竹艺的成长和发展，希望能为我的进步提供帮助，这使我非常感激。

北京朋友经纬写了篇《叶瑜荪与竹刻艺术》，发表在1994年第1期《现代中国》杂志上。我收到杂志后，也转寄了一册给海音阿姨。3月3日收到她的复信：
"瑜荪：

有些日子没联络了，今天(刚才)收到你寄来的《现代中国》九四年一月号。拜读了写你的那篇文章，想到你送我的许多竹拓，我都有保存着。本来是想什么时候跟你联络，你送我的臂搁，我本来夏季写稿时都用的。但九三年夏季我的大女婿庄因来台，他是书法家，丰子恺派的画家，和一吟都有通信。他临走返美，看见臂搁很喜欢，我就送他了，对他有用啊！我跟他说：'你拿去，没关

系，我可以再向叶瑜荪要一个。'现在趁写此信，不忙，你看何时有空，或有便人，就再给我一个，我就这么不客气向你要了。

《现代中国》是一份很可看的杂志，印刷编排也都很有气派了，内容也很丰富，我拿来后便都几乎每篇阅读了。你可否请丰一吟写一篇介绍你的，你再附一二张有关的清晰的照片寄我，我看看刊在哪里，好吗？

我最近鼻塞闹了半个多月，现在看医生快好了，不多写了，再见。祝

顺利！

林海音

一九九四年二月二十四日"

于是我选刻了子恺漫画《天涯静处无争战》的留青臂搁，于5月中寄到她上海的三妹处，请其托便人送往台北。

原是弘丰守望人

在我的交游圈中，大家有个共识：凡真正喜爱丰子恺的人，都坦诚、热情，容易交往。认识海音阿姨后，再次验证了这一感觉的准确性。

孙淡宁女士向我介绍时只说："林海音也喜爱丰子恺先生的作品，曾赔本出版过丰先生的书。"就凭这一句话，我就觉得她是一位值得我钦佩和求教的前辈。

通信交往后，我发现她原是一位弘丰精神传承者，善良、热情、务实，乐意提携后辈。我告诉她，我偏爱文史，平时也学习写点掌故随笔之类小文。她来信时就叮嘱：

"你有文章也寄我拜读吧！"（1990年2

丰子恺《翠拂行人首》
臂搁拓片（叶瑜荪刻）

月7日）

于是我在复信时，附去了《正直人住正直屋》《弃履记》等五篇习作。她收到后即来信："瑜荪：

你寄来的拓片及文章原稿都收到了，写得真好，望你也朝这方面努力。你写的诸篇散文，可读性都很高，我想有机会都给你推荐到此地报刊刊载，你说好吗？署名一律用叶瑜荪原名好吗？又有关《正直人住正直屋》，是写丰子恺盖缘缘堂的轶事，也很有价值。我们出版过丰子恺两种书，即《护生画集》及《丰子恺儿童连环漫画集》，后者是我选编的，前者是当年孙淡宁介绍给我的。我现在很想另编一本小别册，凡订购前两本书的，都附赠这别册，这别册不单售，完全附赠。内容多为有关丰子恺和弘一大师的，缘缘堂是文学上的有名之地，你写的这篇和我在你们《桐乡文艺》一九八五年九月纪念丰子恺逝世十周年专刊上，也有丰自己写的《还我缘缘堂》和丰陈宝写的《缘缘堂重建有感》，皆可收入。又中国文学谈丰子恺，少不了弘一法师的，而《护生画集》就是他师徒二人的作品。我有一篇《〈护生画集〉出版缘起》，曾谈到，可收入，而你的拓片中有丰和广洽到福建凭吊弘一法师之墓的，我可选入。而且我妹妹（现在上海）曾到福建参观，曾写过一稿，也有图片，我亦可收入。总之，丰子恺最早是和弘一法师，后来又有广洽，现在又加上你，你们四人是中国文学史上的一连串，我弄成一小册（不卖钱），也算是对丰等你们四人的一点敬意吧！现在需要几张照片：

一、一九三七年丰在缘缘堂楼上书房内作画；

二、三、重建后的缘缘堂故居。

以上都在这本纪念册内，你有此书吗？可弄到此照片吗？盼早日给我找到寄下。

又如你的大作在报刊刊出，稿费我会收到后叫我上海的妹妹转给你们，她常给我管这些事的。

等你的回信。祝

顺利！

林海音

1990年3月16日"

读这封信时，海音阿姨为弘一法师、丰子恺办事那种急切和热情让我感动。可惜当时的办事效力和邮件速度都太差，等她要的照片寄到台北时，这本小别册已经印出来了，即《弘一大师与丰子恺》。因等不及，小册中没有照片，只用了我的两枚竹拓《今日我来师已去》和《送别歌》作封面、封底。在她写的"书前小记"中专门提到：

"后来陆续看到有关丰子恺的故事，就都剪下来。直到最近丰子恺同乡后辈竹雕家叶瑜荪自大陆给我寄来了他写的一篇《正直人住正直屋》，更引发了应当速将此别册编辑出来的心意。"（《弘一大师与丰子恺·书前小记》1990年3月29日）

台湾版的《护生画集》，是经孙淡宁介绍，联系上新加坡广洽法师后，把版子借到台北，由纯文学出版社于1981年8月印刷出版。为了体现弘一大师和丰先生编绘《护生画集》的宗旨，定了最低价。

我写的《正直人住正直屋》不仅收入了小别册，还经海音阿姨推荐，刊载在1990年4月17日《台湾新生报》副刊上。其余几篇也陆续被刊载。我知道，并不是我文笔好，主要是林海音的推荐。之后，我写丰先生的文章，她都介绍在台湾刊载，如《读丰子恺的"乡情散文"》刊1993年9月15日《台湾新生报》；《世事沧桑识丰翁》刊1995年9月13日《联合报》。

可惜1995年以后，二老年事渐高，精力已不足以支撑纯文学出版社的社务。来信说：

"我们出版正在办结束，我忙极。"（1995年9月18日）

两年后，二老已为病魔所困扰，但仍寄来贺卡信：

"瑜荪：

我们分别与风湿、糖尿长期抗战中。

祝你新年快乐，子恺漫画馆进行顺利！

何凡 林海音

一九九七年十二月廿日"

这以后，虽每年寄来贺卡，但只有签名，已无附言。

2001年11月28日，陆明兄从嘉兴电视台来电说："林海音病重住院了！"

12月3日，我刚寄出慰问信，就听到了海音阿姨已于12月1日逝世的报道。

海音前辈走了，留给我的是无尽的哀愁。二十多年来，我始终无法举笔写下一点怀念的文字。现在我检理出所有她寄来的手札、贺卡、书籍和照片，重新阅读和回忆，当作对她的纪念吧！

2024年4月定稿于容园❖

林海音寄笔者的贺卡（1997年12月20日）

多年来，我珍藏着著名学者、诗人、作家、书法家吴丈蜀（1919年2月24日—2006年5月15日）赠我的书法一幅，是他用行书抄写的登黄山时的诗作：

云谷停车处，登山兴正浓。
嵯岈群嶂阻，盘曲一溪通。
窥涧蛙成岭，吟松笔化峰。
仙人遥指路，导我上苍穹。

后题款："书近作黄山云谷寺登山诗以请一奇同志两正 庚申冬 吴丈蜀"。

吴丈蜀1981年1月12日以书法作品赠我，缘起于我协助他出版了大作《词学概说》（中华书局1983年6月第1版）。这里的书缘故事，还要从头追述。

吴丈蜀年长我21岁，是学界前辈。丈蜀先生字恂子，别署荀芷，生于四川泸州。他"幼年孤贫，少即自主，早岁卖文鬻字于蓉、渝、泸、港等地；解放之际，正在香港，有爱国港商愿以重金聘留，他放弃优厚的待遇，毅然返回大陆，兢兢业业于出版工作。"[①]他在湖北人民出版社做编辑，不料1957年被划为右派，下放劳动，养猪放牛，在出版社纸库里做勤杂工，"竟被弃置达二十三年"[②]，至1978年才恢复工作。

1946年抗战胜利后，我在上海上小学，27岁的吴丈蜀已在上海以书法卖字闻名。书法家马公愚（1890—1969）等曾在报上用专版评介吴丈蜀的书法作品，认为"艺术格调很高"。丈蜀先生成名甚早，又是编辑前辈，因远在湖北，与我并无交往。我们相识是源自1980年他的一部投稿。

投　稿

1980年初，我到中国青年出版社任编辑近三年。中国戏剧出版社一位老编辑找到我，说他当年在湖北工作时的文友吴丈蜀写了一部书稿《词学概说》，近九万字，是讲中国古词基本知识的，适合青年出版社出版，希望我能安排出版。

我当时只知道吴丈蜀先生是湖北人民出版社老编辑，热心古典诗词研究，对他的学问经历并无深入了解。按照"论稿不论人"的原则，我认真通读了书稿。认为这是一本讲中国古典文学中词的基本知识的书稿。内容系统、扎实、简明，适合青年读者学习，可以出版。吴先生在前言中说："词是一种和音乐有密切联系的文学形式，最初称为曲子词。""词起于唐代，盛于宋代。""词是由长短句组成，形式比较活泼；而且

吴丈蜀所赠笔者书法手迹（1981年）

一首词中可以换韵，比格律诗灵活，声律也比较和谐，更具有音乐性。"[3]这本书稿讲了词的起源，词的流派，词的分类体裁，词的异名，有关词的专用语，词牌、词谱、词调，诗韵和词韵，诗律和词律，词在声律上的特殊要求，句式，词与诗的区别。"前言"也说明这只是"一部知识性作品"。"有关词的一些基本知识"，"几乎都谈到了"。[4]但我在社会科学编辑室，不好安排出版文学知识读物，遂立即转送中青社文学知识编辑室，请考虑采用。该室主任李裕康审读后告知，因已有同类约稿（周振甫先生的书稿），此稿只好不用了。

我内心不服李主任的裁断，还想着为这本内容扎实、质量上乘的书稿找出路。我想

到了我的二姐夫何礼（1912—1986），他时任吉林大学副校长，有时来北京开会。他知识广博，有深厚的中国古典文学修养，人脉又广，见面时，我说起这部书稿，他让我去商务印书馆找黄秋耘（1918—2001）先生。黄先生是作家，也是老编辑，当时在北京商务印书馆编《辞源》。他见到书稿后，答应推荐给中华书局出版。

由此，我与吴丈蜀、黄秋耘两位前辈，有了交往。我保存了吴丈蜀1980年至1984年致我的六封信，据此可追忆一些交往故事。

1980年2月13日吴先生致我一信：

一奇同志：

新年好！收到您一月廿七日信，知道《旅行家》编辑部的同志，在您的推荐下，拟看我此次去葛洲坝习作的诗词。我深深感谢您对我的关心！

我此次去宜昌参观大江截流，并去当阳玉泉寺及长坂坡游览，都写了一些诗，并油印出来，现随信寄上两份：其中一份是赠给您指教的；另一份请您转送《旅行家》编辑部，请编辑同志们研究，如不合用或其中个别首可用，都请给我写信通知，以便对诗稿另作处理。

秋耘同志已有信给我，拙书已收到了。

即祝

编安

吴丈蜀启
二月十三日

此信是谈他诗稿在《旅行家》发表事，也谈到他又寄了《词学概说》书稿一份，请黄秋耘指正。

1980年，吴丈蜀迎来了他生命中的重要转折。1978年12月18日至22日，中国共产党十一届三中全会召开，决定把全党工作重点转移到社会主义现代化建设上来。"春风吹遍人间，人民再一次得到解放。一时大

江之上，千帆竞发，漏屋危舟的生活，已成为昨宵的梦魇。"吴丈蜀"老当益壮，精神焕发"，"以诗人、书法家、古典文学研究工作者的身份，遍历各地参加学术和诗词创作会议；他的诗词和书法，果然流传于世间。"⑤

1980年2月13日，他寄来的《鄂西行诗词稿》收有新作25首，开头是《自汉飞宜昌参观葛洲坝工程》一首：

拂晓登车破雾行，葛洲建坝久关情，冲霄振翼一身轻。江汉平芜匆促尽，前舰隐见远山横，片时送我到西陵。

末首是《葛洲坝长江截流合龙志庆》：

巍峨大坝屹沧州，汹涌长江庆截流。雪洒西陵添瑞气，喜传葛坝起欢讴。青滩忍性停兴浪，崆岭无言不覆舟。他日夜明珠照彻，巨轮鱼贯过黄牛。

收到此信及诗作，我也很高兴。得知吴丈蜀新著出版有望。他应已知晓，书稿已经黄秋耘交中华书局审读了。吴丈蜀61岁迎来了生命中的第二春。

采 用

差不多过了一年，我收到中华书局老编辑程毅中（1930—2024）用毛笔小楷致我的一信，告知《词学概说》已审读通过，可以安排出版了。见到此信，我非常高兴，亦惊叹程先生工作之认真，书法之精到。（可惜此信原件我找不到了）我当即把此好消息函告吴丈蜀，并请他有事可与程毅中直接联系。

1981年1月12日，吴先生得知书稿已列入中华书局出版计划，很高兴。他来信，并附寄书法作品相赠。信文如下：

一奇同志：

我于十二月十七日曾寄一信给您，别寄拙书一幅奉赠，想已收到。

当时我并寄一信和拙书一张给秋耘同志，寄商务印书馆。事后我即去宜昌观葛洲坝长江截流，回汉后发现我寄给黄秋耘的拙字一件已退回，信封上的批条有商务印书馆收发室批注的"已不在我单位退回"。但我给秋耘同志的信未见退回。

由于我不知道秋耘同志的住处，现将我赠给他的拙书一件另邮寄给您。请您便中交给他，并请代我向他表示谢意。

即致

敬礼！

吴丈蜀启
八一年元月十二日

黄秋耘自1971年起任广东省出版管理局副局长。他是1935年在清华大学中文系就读时参加一二·九抗日救亡活动的，1936年10月经何礼介绍加入中国共产党。1976年，国家出版局借调他来京主持修订《辞源》，1980年底已回广州。我即把吴先生书作一件，转寄至广州东山梅花村黄秋耘家中。黄秋耘收到后，1981年2月，签名寄赠了他1980年9月在人民文学出版社出的新书《锈损了灵魂的悲剧》。这是他的杂文、随笔集。前辈佳作，思想深刻，内容论及文艺创作、文艺批评、艺术技巧、艺术风格。在书的后记中黄秋耘说，有读者来信讽喻他："您已经是个年逾六旬的老年人了，我觉得，您有些想法未免过分天真，像个孩子似的。"黄秋耘认为这"倒也值得自慰。龚定庵有两句诗'黄金华发两飘萧，六九童心尚未消。'……人生能够达到这样的境界，并不容易，我以为。"前辈的著作我珍藏、学习，学习他的为人、为文。

1981年1月22日，吴先生又寄来他的诗作，有信一封。诗作是"去年五月去沈阳参加全国书法展览活动时写的一些诗词"。

此组"北行诗词稿"中有《贺全国第一届书法篆刻展览举行》一首：

辽沈春光里，盛会集名城。百代空前创举，艺史记分明。书篆流长源远，十载横遭践踏，回首忽填膺。多谢东风力，重放百花荣。继传统，肩重任，启新程。珍品普征千件，出自老中青。喜看真行篆隶，更有秦镌汉刻，异彩叹纷呈。一堂齐振奋，剞笔与长征。

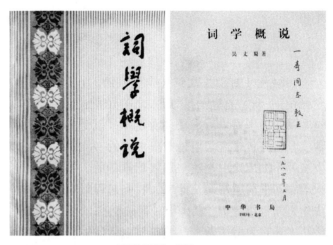

《词学概说》书影

见 面

1981 年 4 月 11 日，吴丈蜀有信一封，告知"中国书法家协会筹委会定五月初在京召开全国第一届书法家代表大会，分配给湖北三个代表名额。湖北省文联推荐我为代表。我准备月底到京。到京后定来看您"。

我们见面是在 5 月。吴先生来到东四十二条 21 号中国青年出版社办公楼，我在社会科学编辑室。他来我办公室，初次见面，晤谈甚欢。因他忙会上事，匆匆见过，但印象深刻。他谈到我寄给他的一些中青社文史新书，评价甚好。

1981 年 7 月 1 日，收到他北行后回湖北的来信。信中说："这次来京晤面，足慰我怀。可惜我时间有限，未能多来看你畅叙，至今尚引为憾。""我调往湖北省社会科学院文学研究所事，已获成功，调令顷已下达……今后精力，自可用到自己愿意干的工作上了……"吴先生此时已 62 岁，仍干劲十足，开始新的文学研究工作。

信中还说："迟赵俄同志想来早已回京，请便中问：拙稿的处理意见。"信末还让我代问"嘉沛、洪洲二同志好！"

迟赵俄为中少社老编辑，吴丈蜀又有书稿投给了中少社，故问"处理意见"。

嘉沛，即宋嘉沛，为中青社科室老编审。洪洲，即李洪洲，作家，电影剧本作者（1982 年有电影《一盘未下完的棋》问世）。洪洲是我挚友，吴先生来社里时，碰巧与嘉沛、洪洲、赵俄见了面。

出 书

吴丈蜀的大作《词学概说》1983 年 6 月由中华书局出版，首印 45 000 册。

1984 年 1 月 31 日，吴先生给我一信：

一奇同志：

别来两年多了，近来可好？

我于一九八一年十月从湖北人民出版社调工作到湖北省社会科学院文学研究所。一切情况都比调工作前好，只是工作忙了，而且社会活动增多，所以整天都在忙乱中。久未函候，也由于此。

我写的那部拙稿《词学概说》，得到您的大力帮助转请秋耘同志向中华书局推荐，始获得出版。内心衔感，楮不能宣。现此书已经出版，中华书局已寄赠书二十册。刚一寄到，即被所里同事抓光。我先已向此间书店订购若干册。一俟取回，即寄请教正。

今年内我有机会到北京来，届时定来看您。

此祝

年禧

吴丈蜀手启

一九八四年一月卅一日

1984年3月，我收到吴先生签赠的《词学概说》一册，总算了我"成人之美"的心愿。这本书，中华书局后来又多次重印，很受古典文学爱好者欢迎。但是中华书局的一些朋友，并不知道此书是我与黄秋耘推荐的。一次与中华书局朋友谈及此事，我问起程毅中先生近况。那是在2010年，程先生已八十岁了，还在为书局做事。我曾打电话问候程毅中先生，谈及出版《词学概说》往事。

赠 书

吴丈蜀调湖北省社科院文学所后，专心从事研究工作，新作迭出。

1986年11月，他寄赠我新著《诗词曲格

吴丈蜀致笔者信函手迹

（1984年1月31日）

律讲话》，16万字，河南人民出版社出版。

1987年6月，他寄赠我新著《绘图中国历史三字经》，湖北人民出版社出版。

1988年4月，他寄赠我新著《回春诗词抄》，95 000字，中国文联出版公司出版。此书系从他新作千首中，选出三百五十多首，反映了他在改革开放的年代中的豪情与雄心。

"兴浓踏遍盘陀路，身届余年有壮心"（《风雨游君山》之一）吴丈蜀为当代著名学者、诗人、书法家，为人耿直、热诚。后来他任湖北省文史研究馆馆长，中国诗词学会副会长，中国书法家协会一、二届理事，湖北省书法家协会副主席，老当益壮，名副其实。渐渐他忙，我亦忙，相互联系就少了。但我心中始终对他有挂念。他年长我21岁，是师辈之贤，他视我为好友，我甚愚钝。在20世纪80年代，我一直忙于出版史学普及读物，研究工作多限于史学。那时还未习书法，亦不作诗词，未能更多请教于吴先生，亦为憾事。我退休之后，才开始涉足书法类图书编辑工作，业余也学习书法，方知书法界同好对吴先生之高度评价。也格外珍视他赠我的书法佳作。吴丈蜀的老友刘树勋为《回春诗词抄》作长序，知人论诗，颇为深入。序中说："春回大地，才使老树著花；而其所以有花，因为树之本性是向阳的。"⑥说得多好啊！回顾"回春岁月"的故事，回想那年月文人的纯真情谊，让我内心充满温情。

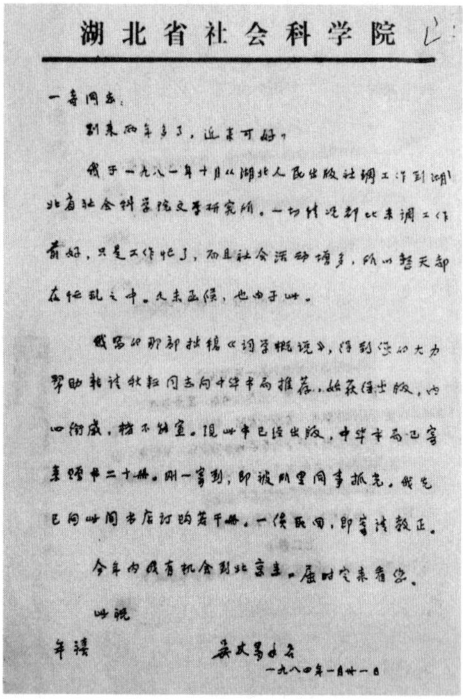

谨以此文纪念"回春岁月"，纪念吴丈蜀、黄秋耘、何礼、程毅中这些高风亮节的长者、智者。

<hr>

①②⑤⑥引自吴丈蜀《回春诗词抄》刘树勋序，中国文联出版公司1988年4月版，第4，5页。

③④引自吴丈蜀著《词学概说》前言，中华书局1983年6月版，第1，2页。✤

1925 年，天下似乎并不太平，3 月 12 日，孙中山去世，国民党内部派系纷争，右派势力抬头，给国共合作带来严重危机。5 月 16 日，上海反帝爱国运动风起云涌之时，国民党中央在广州召开第三次中央执行委员会全体会议。在会上，通过国民党第二次全国代表大会的组织法，选举法，并且拟定在 8 月 15 日召开国民党第二次全国代表大会。紧接着全国各地党部自下而上开始选举第二次全国代表大会代表。比如，浙江省海宁县在 7 月 16 日召开全体党员大会，其中宋云彬得七票，屠卓今三票，余予衡一票。选举结果按照要求，上报省党部。[①]

但是，各地选举时间参差不齐，加上帝国主义在上海屠杀群众，血染南京路，从而爆发声势浩大的反帝爱国的五卅运动，6 月 23 日发生"沙基惨案"，全国各地的国民党党部纷纷要求国民党第二次全国代表大会延期召开。

其间，由于国民党右派的疯狂攻击，排挤共产党员身份的同志，所以共产党与国民党右派势力的斗争更加激烈。11 月，国民党右派在北京西山召开会议，反对孙中山的三大政策，气焰十分嚣张。12 月，西山会议派强占"上海执行部"，国民党右派势力开始在上海疯狂排共反共，在上海《民国日报》等报纸上不断刊登广告，公开宣布开除已经加入国民党的共产党员，同时与国民党左派争夺国民党领导权。中共早期党员恽代英和沈雁冰等分别被国民党右派的西山会议派开除出国民党。

中国共产党为了反击国民党右派的进攻，针锋相对地与国民党右派进行斗争，12 月，党中央指示中共党员恽代英、沈雁冰在上海成立国共合作的国民党上海特别市党部执行委员会，同时，中央特派筹备员恽代英、张廷灏、刘重民等到上海和沈雁冰等一起组织筹备。

1925 年 12 月 31 日，恽代英、沈雁冰等召开上海特别市党员大会，选举出席国民党第二次全国代表大会代表。恽代英、沈雁冰等被选为出席国民党第二次全国代表大会上海代表。

1926 年元旦，在上海大学召开国民党上海特别市党部执行委员会成立大会。会议由各区党部代表 81 人参加。新成立的国民党上海特别市党部执委由恽代英为主任和组织部部长，沈雁冰为宣传部部长，张廷灏为青年部长。刘重民是江苏省出席国民党第二次全国代表大会的代表，所以在上海特别市党部执委成立以后，就与顾子扬、张应春（女）、侯绍裘、朱季恂等五名江苏代表赴广州参加国民党第二次全国代表大会。1 月 10 日上午，刘重民以三千余字的篇幅，在国民党二大的大会上报告上海政治状况以及党务。

茅盾在回忆录中说：

一九二五年三月十二日，孙中山先生在北京逝世。国民党右派在孙先生逝世后于十一月二十三日在北京西山碧云寺开会，反对孙先生的"三大政策"，并夺取了上海环龙路四十四号，作为他们在上海的总部，公开宣布开除已经加入国民党的共产党员。第一批被开除的共产党员有恽代英等人，第二批中有我及其他多人。党中央为了反击国民党右派的猖狂进攻，指令恽代英与我筹备组织两党合作的国民党上海特别市党部执行委员会。（以后简称上海特别市党部，地址在贝勒路永裕里八十一号）一九二五年十二月，上海特别市党部成立，恽代英为主任委员兼组织部部长，我为宣传部部长，张廷灏为青年部部长，张也是共产党员。他自称是张静江的堂房侄儿，但后来张叛变了。

同年十二月尾，上海市党员大会选出代表五人，到广州出席国民党第二次全国代表大会。五个代表是恽代英、沈雁冰、张廷灏、吴开先，另一人是国民党左派，记不起他的姓名来了。

吴开先是上海法政大学的学生，也是共产党员，后来也叛变了。我们在当选为代表后，考虑到我们都不懂广东话，觉得为难。恽代英说，"大会代表来自各省，都能说蓝青官话，广东省的代表居少数，我猜想这少数广东代表一定也是走南闯北的人，能听懂蓝青官话，语言不通这件事，不必考虑。"可是我、张、吴却觉得大会代表之间不免有往来，看见广东或北方代表时，一定要找笔来通报姓名，未免麻烦（张、吴都没有到过北方），所以我和张、吴都印了名片。后来在大会期间果然用上了两三次。②

这里，茅盾提到的特别市党部地址，应该是83号，而不是81号。至于说有五个代表，但是只列出恽代英、沈雁冰、张廷灏、吴开先四个人的名字，那么，到底当时上海

选举出哪五个代表？为什么少一个代表的名字？笔者几十年来一直在寻找茅盾漏掉的这一个人到底是谁。最近，在查阅资料时，无意中在《申报》一篇报道里，看到当年茅盾成立国民党上海特别市党部大会的消息，非常详细，其中有当年选举出席国民党第二次全国代表大会的代表的消息，报道如下：

国民党上海特别市党部成立大会

本埠国民党各区党部联席会，自接中央执行委员会委任从速组织正式市党部文电后，即会同中央特派筹备员恽代英、张廷灏、刘重民等，着力办理，至前月三十日，各区部之市代表之复选手续，已办理就绪，该会特于元旦日，假上海大学开特别市（党）部成立大会，到会代表第一区党部十五人，第二区党部十一人，第三区党部十四人，第四区党部九人，第五区党部二人，第六区党部七人，第七区党部六人，第八区党部九人，第九区党部九人。合各区党部联席会代表，共八十一人。兹录其开会秩序如下：1. 读总理遗嘱。2. 主席恽代英报告筹备经过情形。3. 选举执行委员，当选者为张廷灏、恽代英、沈雁冰、张君谋、杨贤江、杨之华、林钧、王汉良、陈杏林。候补陈比难、沈百先、徐梅坤、顾谷宜、洪鼎。监察委员韩觉民、张永和、梅电龙。候补邓通伟、潘作民、任雷军。4. 议决事项，（甲）扩大"中国国民"篇幅，且不仅载本党消息，而为代表国民之新闻纸，同时移交正式市党部办理；（乙）本市拥护西山会议之各党部令其声明，否则按照纪律，分别处罚；（丙）要求第二次全国代表大会，开除西山会议之首领林森、邹鲁、谢持。并分别惩戒其他参与之党员；（丁）组织三民主义研究会；（戊）由大会名义警告上海孙文主义学会；（己）要求全国代表大会请照总理政策解决党内纠纷；（庚）电勉国民军领袖；（辛）发表市党部宣言，摄影散会。

又讯，国民党上海特别市出席全国第二次代表大会代表，已于前月三十日开票，当选者为沈雁冰、吴开先、恽代英、张廷灏、洪鼎、蒋宗文。候补刘绍先。后以蒋宗文因事不克赴粤，以刘绍先递补，该代表等拟于今年头班轮赴粤与会。③

从这则报道看，当时，茅盾他们在 12 月 30 日已经产生出席国民党第二次全国代表大会的上海代表，正式代表六人，候补代表一人，不是茅盾回忆中的五个代表。而且因为正式代表蒋宗文有事，不能去广州开会，由候补代表刘绍先递补，因此，沈雁冰、吴开先、恽代英、张廷灏、洪鼎、刘绍先六位，作为参加在广州召开的全国第二次代表大会的上海代表。这个细节，因为年代久远，茅盾在回忆录里有误。

其实，国民党上海第一区第三分部早在 7 月 5 日在闸北天通庵路三民公学召开第四十次党员大会，就选举沈雁冰为国民党第二次全国代表大会代表。12 月 30 日的"开票"，应该是国民党上海特别市党部层面的决定。

上海特别市党部执行委员会是 1926 年元旦那一天借上海大学召开成立大会的。当时国民党第二次全国代表大会已经在 1926 年元旦开幕了。但是沈雁冰他们参加国民党第二次全国代表大会的上海出发时间是 1926 年 1 月 7 日。因为会议时间很长，所以到广州时，会议还在进行中。

茅盾回忆中提到的国民党二大代表吴开先（1899—1990），上海金山县枫泾镇人，毕业于上海法政大学，1922 年参加国民党，1924 年 11 月与高尔松、黄麟书等筹办《练塘评论》，并于 1925 年元旦创刊。吴开先 1925 年 5 月参加共产党。1926 年参加国民党"二大"以后，与陈云、高尔松、高尔柏等 24 人在上海成立青浦旅沪学友会，宣传革命真理，开展革命活动，并参加上海工人三次武装起义。大革命时期，吴开先担任国

民党上海市执行委员，参与领导罢工罢市，反对孙传芳军阀统治的斗争。1927 年大革命失败后，吴开先投靠蒋介石，曾先后担任国民党青浦县党部监察委员，国民党上海市党部执委常委，执行委员会常务主席，上海社会局局长，劳工党党部委员等职务。1933 年任国民党政府立法院立法委员，1935 年 11 月，在国民党第五届全会上担任中央执行委员会候补委员，1936 年补选为国民党中央执委。他在上海为争取团结各界人士，肃清日伪汉奸，揭露汪精卫投降卖国的真相，做了大量工作。抗战胜利后，吴开先再次担任上海市社会局局长。1949 年，国民党政府垮台，吴开先也随之到了台湾，但他很快退出政界，任台湾中华书局董事，从事出版事业。晚年被国民党聘为"总统府国策顾问"。1990 年 1 月 30 日，吴开先在台北宏恩医院去世，享年 92 岁。吴开先的长女吴绍文、女婿唐德刚都是美国著名的中国近现代史学家。次女吴焕文、子吴瀆文都在美国学业有成。这是题外话。

茅盾在这里提到的另一个代表张廷灏（1901—1980），苏州震泽县吴溇乡人，因张家在南浔有产业，所以张廷灏在民国时期常常自称"浙江吴兴"人。1918 年春，张廷灏高小毕业，到上海麦伦书院读书，后又转入徐家汇复旦公学中学部读书。1920 年 8 月，张廷灏考入复旦大学，在复旦大学读书期间，受到邵力子、叶楚伧、胡汉民等人和五四运动的影响，开始活跃在上海学界，参加了各种进步团体，如反帝大同盟，反基督教大同盟等组织，成为上海滩上积极进步的活跃分子。1922 年夏天，张太雷、沈泽民介绍张廷灏参加青年团。1924 年 1 月之前，张廷灏已经参加共产党和国民党。茅盾记得，"张也是共产党员"。1924 年 2 月，张廷灏进入国共合作时期的国民党中央上海执行部工作，当时张廷灏与同事、领导毛泽东关系

密切，7月毛泽东辞去组织部秘书职务，推荐张廷灏继任。后来上海执行部被国民党西山会议派所把持，张廷灏和宣传部秘书恽代英、宣传部干事刘钟鸣（重民）和妇女部干事陈比难等一起，和西山会议派进行坚决斗争。1925年12月30日，张廷灏和恽代英、沈雁冰等被推选出席国民党第二次全国代表大会。张廷灏有点办理杂事的能力，所以，恽代英他们把订船票等事，都交给他去办。张廷灏定了虞洽卿办的三北轮船公司的醒狮号的官舱票。茅盾记得：

> 他（张廷灏）买好官舱票后，就到船上看看，当他发见官舱地位在船尾，而且从甲板上往下看，是一个黑洞，他不曾下洞去查看，就认为所谓官舱者一定是又闷又黑，不能住的。当时就有船上的一个西崽对张说，他们住的房间可以情让，那是在大餐间旁边，又通风，光线又好。张廷灏看了西崽住的房间是三层铺位，可住六人，我们共有五人，空出一个铺位，正好放行李。美中不足是每层铺位之间距离狭窄，正如鲁迅的诗句"未敢翻身已碰头"。但是张廷灏立即付了五元定洋，说明开航后再付一百元。他觉得如果退掉五个人的官舱票，用一百〇五元买这西崽房间，还节省了一二十元。他十分得意，匆匆下船到轮船局去退票，却找不到轮船局里他所熟识的那个人，于是又到船上。一个水手模样的人对他说，西崽头目刚才说过，西崽房间不能让，还是买我们的水手房间罢，也是先付定洋五元。于是张廷灏又去看水手房间，这是在船的中部，靠近船长室。水手房里有五个铺位，还有一个小方桌。美中不足是有些油腻的味儿。张廷灏顾不到这些了，十分满意，却不肯先付定洋，那时正在船上的我同吴开先也觉得这比西崽房间好些。当时张同吴就去找原来经手卖房间的西崽讨还那五元定洋。可是，那个西崽不肯还，吴开先拿出学过法律的本领和他争

论，还是无用。这时恽代英也到船上来了，叫他们不要浪费时间，要张廷灏赶快去退票，因为离开航时间只有六七个小时了。张廷灏退票不成，再回船上，到水手房，不见一人，急忙找到一个水手问原因，那个水手说，船长命令，水手房不能卖。这个水手带领张廷灏到那个黑洞口说，你的同伴全在下边。张廷灏只好从黑洞口的小扶梯下去，却听得四个同伴哈哈大笑，恽代英幽默地说："西崽做不成，水手也做不成，还是做了官。"原来这官舱是一人一间，每间都有窗洞，并非暗无天日。④

大革命失败后，张廷灏被已经投靠蒋介石的旧同事吴开先告发。但是，由于张廷灏与张静江、陈果夫等国民党要人关系密切，并且受到他们的长期关照，才免受国民党追究。所以大革命失败后，他仍在国民党上海特别市党部宣传部任主任秘书，后又到上海特别市农工商局，国民政府导淮委员会、国民党中央民众运动指导委员会等机关工作。抗战胜利后，张廷灏进入老同事郭永熙的《飞报》工作，1947年10月，张廷灏进入郭永熙负责的上海铝器工业同业公会任秘书，1954年下半年，张廷灏曾到北京，受到毛泽东亲切接见。公私合营后，铝器工业同业公会并入上海市轻工业局同业公会联合办事处，张廷灏任总务组长。1956年7月张廷灏由邵力子介绍加入上海市民革，成为民主党派成员。1958年10月，张廷灏被精简下放到嘉定县外冈农场畜牧场卖品部工作。1961年9月退休。1964年张廷灏被民革推荐为"文史资料委员会"委员。1980年8月6日，张廷灏在上海病逝。⑤

所以，当年去广州时船上踌躇满志的六个年轻上海代表，后来的人生各不相同，恽代英成为革命烈士，沈雁冰（茅盾）成为文学家和新中国的文化部部长，吴开先去了台湾，张廷灏终老沪上。他们的人生故事，风

追忆四次全国出版内刊信息会议

雷群明

1980 年是中国出版转折的重要一年。刚刚从"四人帮"的文化禁锢中苏醒过来的思想解放运动在各个方面都呈现出勃勃生气，出版界也不例外。1979 年 12 月在湖南长沙召开的全国出版工作座谈会把地方出版社出书方针确定为"立足本省，面向全国"，被公认为新时期出版界一次具有里程碑意义的大事。而湖南出版局作为会议的"东道主"，得风气之先，于 1980 年 2 月中旬，局长胡真、副局长黎维新等一行六人就组团来上海"学习取经"，开始了"面向全国"的实践。当时我作为上海出版局里的工作人员曾陪他们去上海人民出版社座谈。10 月初，湖南出版局办公室负责人朱悦来沪组稿，又让我陪同去赵景深先生家，帮他约了赵先生两本书稿。

因为是熟人，不免闲谈，无意中谈到了相互交流的问题。那时，上海出版局复刊了《上海出版工作》，由图书处的老同志曹铁民主持，我在出版局的"理论研究室"工作，常被她拉去客串一些编辑工作，算一个没有署名的"编委"。当我得知老朱手下也有一个《湖南出版工作》内刊时，就试着建议找几家出版内刊开一个会，以便建立经常的联系。他一听，马上拍手称好，并且表示第一次就在长沙开。

在向局领导汇报得到同意后，我们分头联系，除了我们两家，又请了北京国家出版事业管理局的《出版工作》，中国人民大学书报资料社的《资料工作通讯》和《黑龙江出版工作》参加。就这样，全国第一次出版内刊信息会于 1980 年 12 月 5 日至 12 日在长沙正式召开了。

与会"正式代表"有朱悦，《湖南出版工作》编辑王靖、张先友，《黑龙江出版工作》的主编吴向晨，编辑段书恒、杨雪平，北京国家出版事业管理局《出版工作》负责人文自勗，人大书报资料社《资料工作通讯》负责人杨教，上海的曹铁民和我。本来上海只要曹铁民出席就可以了，但是她说，她的普通话不太好，坚决要我一起去，结果局领导也同意了。

这次会议规模虽小，参会人员不多，但是也堪称热烈、隆重

云际会，时而叱咤风云，时而变化莫测，时而惊心动魄，时而风平浪静，让人唏嘘。

另外，让人遗憾的是，有关洪鼎和刘绍先的情况，我们还没有具体线索可以介绍。

---

① 据《民国日报》1925 年 7 月 18 日报道。

② 茅盾：《我走过的道路》（上），人民文学出版社 1997 年 12 月版，第 326 至 327 页。

③《申报》1926 年 1 月 4 日。

④ 茅盾：《我走过的道路》（上），人民文学出版社 1997 年 12 月版，第 328 至 329 页。

⑤ 有关张廷灏的材料，主要来自江苏省吴江区梅堰庄培尧先生的文章。在此表示感谢。❖

全国第一次出版内刊信息会后部分与会者合影(1980年12月,长沙)

和认真。开幕那天,湖南出版局领导非常重视,副局长张奇和局办公室负责人梁中夫、湖南人民出版社的邱昶、湖南科技出版社的周汉娥、出版局工作人员曾印江、陈太健、王秋坡也参加了。还特地请了易地为会议摄影。

会议开始,张奇作了主题发言,谈到了当时的出版形势和存在的一些问题,诸如出版贯彻"二为"方针不如文化、教育;地方的农村读物针对性和品种远远不能满足需要;考虑出"三种书(洋人书、古人书、教科书)"盈利多,为"四化"服务的好书不够;体制改革不成熟,存在问题多;出版周期长;人员老化,从中央到地县,都是五六十岁,"上下一般粗";等等。他还"定调"说,这是个"民间会议",希望开得自由活泼些,"畅所欲言,高谈阔论"。使刚从"四人帮"高压下解放出来但余悸未消的代表们打消了顾虑。

会议取得了很不错的成绩,首先是交流了四地有关出版改革启动的情况,涉及出书方针政策、体制改革、编辑职称评定、福利待遇等多方面,使大家开了眼界。通过交流才知道,在编辑待遇方面,当时上海是水平最低的,外地的奖金、福利项目都比上海多。如黑龙江分房,编辑优先,有两个孩子的可分到两室一厅;有月奖10元,季度奖20元。另外,还发了钢笔、公文包、《辞海》等实物,而上海基本上只有"赤膊"工资。

其次,会议交流了各家办刊的经验,从指导思想、编辑人员、稿件处理、稿费发放等方面,互相切磋借鉴,共同提高。此外,会议还讨论了黑龙江同志提出的编纂一套"出版业务丛书"的意见及成立出版系统内刊编辑联谊会问题,虽然这些想法最后并没有兑现,但是确实为以后编辑出版研究大发展打开了思路。

会议结束后,还组织代表们去了一次韶山,坐的是火车。当时的韶山,"朝圣"队伍不再如"文革"高潮时的盛况空前,也不如我1965年去时那样多了。长沙到韶山的火车,仍旧特价(半价),但车上人很少,几乎每人都可躺下睡觉。"毛泽东故居"的讲解员说:"像你们这样千里迢迢来的队伍,很少了。你们不来,我们冷冷清清。向你们致以崇高的敬意。"与我1965年参观时相比,故居的陈列有了一些变化:正门堂屋里原来陈列的神主牌位没有了;房间也明显修

笔者在毛泽东故居前留影(1980年)

过了。门前屋后更是变化很大，原来的乡村小道变成了公路，门前池塘的对面，专门开辟了照相的地盘和设施；出门通向晒坪上的路，与一条穿山小隧道相连，里面没有灯，借助洞口的亮光，可见路径。从隧道出去，山那边是很大的"职工宿舍"，再过去就是韶山陈列馆、商店、饭店等。陈列馆里，建国以后的各馆均封闭了，挂了一个"内部整修，暂不开放"的牌子，实际上是有些展览的内容要调整。据朱悦说，解放前的部分也做了更改，有些实物拿掉了，有些说明历史背景的实物增加了。

那次会后，我与一些参会者维持了很长时间的友谊，如朱悦、杨教，一直保持书信往来。

长沙会议后，黑龙江的同志表现积极，于1981年7月底在哈尔滨又召开了第二次出版内刊信息会议。局里开始只同意让局资料室朱思敬一人去，后来，因为黑龙江的要求，才又同意让曹铁民去。因我没能参会，不知会议详细情况。

1985年4月8日至12日，全国第三次部分省市出版内刊信息会由浙江做东，在杭州召开。参加单位已经扩大到14个省市，阵容颇为壮观。参会人员名单如下：

山东省出版总社业务处《山东书讯》李翠珊，《情况反映》张鲁；陕西人民出版社调研科《陕西出版通讯》吴成端，编审室鱼治文；武汉大学图书发行专业罗紫初；北京出版社总编室《信息与资料》《北京书讯》杜乃芳、王建，北京外文出版社《对外出版工作》蔡晓莱，中国出版发行科学研究所《出版与发行》余甘澍，文化部出版局《出版工作》邹建华，光明日报社《博览群书》周文斌、马宝珠，新华书店总店编辑处《图书发行》及增刊梁天俊；湖北省出版总社《湖北出版情况》魏启元，湖北省新华书店钱凡，湖北社科院情报所杨教；辽宁省出版

笔者和朱悦（左）留影（1980年）

总社编审调研室《编辑动态》谌艾、胡荣威；吉林人民出版社《情况反映》刘慧杰、《出版信息》李中茹；黑龙江出版总社《编辑与出版》吴向晨，黑龙江省科技出版社吴南山；上海市出版局《上海出版工作》曹铁民、《编辑参考》朱思敬，学林出版社编辑雷群明；天津市出版研究室《天津出版工作》金荣光、李湛梅，天津市出版局柳心，天津市出版局出版处《动态·资料》姜书典，南开大学中文系编辑专业潘建国；山西省出版总社调研审读室孙玉祥、《出版信息》张大同；四川人民出版社《编辑·信息》《编辑参考》张正修、总编室文宣；湖南省出版局情报室《出版信息》朱悦、版协《湖南出版工作》张先友、版协王靖；浙江人民出版社《出版业务》谢丽蓉，浙江出版总社出版研究室骆丹、姜乐英，《出版研究》蒋德闲、段军，《出版参考》杨念迅，浙江出版总社版协夏雨；江苏出版总社《出版信息》陈济众。

这次会议本来也没有我，因为当年6月，上海出版局局长宋原放成立了上海市编辑学会，让我当副秘书长并拟主编《杂家》，我当时向宋提起这次会议，希望能参加，可多结识一些出版界朋友，便于刊物的发展。

他同意了。结果，曹铁民写信给浙江省出版局，为我和郝铭鉴争取了"特邀代表"的资格，补发了通知。最后，郝铭鉴因为家里临时有事没有去。

这次聚会，给我感触最深的是：一、出版社自我宣传工作日益受到重视。长期以来，出版社出了大量的书刊，但都是宣传别人的，宣传自己的可说是凤毛麟角。这种"谦虚精神"对繁荣出版事业，推动出版业走向社会，并不是一件好事。会上不少同志认为，目前在文化事业的各个部门中，出版的地位可说是最低的，虽然有其他种种原因，但与出版社自己不注意宣传有很大关系。1985 年，山西的《编创之友》正式更名为《编辑之友》出版，全国各地关于出版的内部刊物也越来越多。除了文化部出版局的《出版工作》外，《湖南出版工作》、《上海出版工作》、《出版研究》(浙江)、《编辑与出版》(黑龙江)、《陕西出版工作》、《天津出版工作》等内刊纷纷创刊或复刊，积累了较丰富的经验并办出了各自的特色。这些内刊，对于沟通情况、交流经验、积累资料、培养人才等都发挥了很好的作用，不仅受到本系统同志的欢迎，也引起了其他部门同志的关注。在此基础上进一步努力，不少内刊就可以转为公开刊物，对扩大出版的知名度和影响力，将起到重要而深远的作用。

二、信息工作的重要性被越来越多的人所认识。那次会上，有许多从事信息资料收集加工的同志参加，介绍并交流了自己的工作经验。黑龙江的吴向晨作了

有关出版管理信息系统的专题报告，让大家深受启发和鼓舞。大家认识到，出版工作要求迅速正确的决策和有力的控制，才能保证它又快又好地发展。要达到这一目的，就必须有灵敏、系统而正确的信息工作。凡是重视信息的收集、传递与加工整理的地方，出版工作就大有起色。湖南的出版工作那几年有了突飞猛进的发展，重要原因之一就是十分重视信息工作。湖南专门成立了一个十二人的"情报资料室"，出版了《出版信息》《通风报信》《湖南书情剪辑》等内部资料，不惜工本地努力搜集、贮存各种有关信息并

全国第三次出版内刊信息会部分代表名单（1985 年）

笔者在全国部分省市出版工作信息座谈会小组会上
的发言（1986年）

及时提供给有关领导或部门，为他们的正确决策做出了应有的贡献。当时他们已率先购入电脑，并培训专门人才，要建立电脑贮存系统。另外，他们还着手有计划地进行大规模的调查研究和应用缩微技术等。大家认为，这种魄力和锲而不舍的精神特别值得学习。

三、改革的浪潮不可阻挡。会议期间，专门交流了各地出版社改革的经验，会后，我还与许多出版社的同志进行了个别交谈，深感在改革之年，各地的同志勇于创新，提出并实行了许多很好的改革措施。如出版社的小型化、专业化，编辑工作的承包责任制或定额办法，鼓励本社人员撰写书评的奖励办法，为缩短出版周期而采取的严格的"齐清定"制度与合同制度等，不仅出版社搞活了，而且职工的经济收入也有了较大的增加，各方面都比较满意。

此外，我个人最大的收获是认识了几乎全部与会代表，并与其中一些同志交了朋友，为我日后办《杂家》和主持出版社工作创造了有利的条件。

临回沪的那天，我利用三小时的等车时间，与几个朋友游了西湖，在保俶塔下拍了一张照片。

1986年9月中旬在天津召开"全国部分省市出版工作信息座谈会"，参会者发展到了19个省市63人，代表的出版单位达57个。国家出版局局长边春光在会议中期参加并作总结发言。

这次会议与前三次民间的"出版内刊信息会"已经不同，不仅多了许多"外刊"（公开发行的刊物），而且是在出版的最高"官方"直接领导下进行的，中宣部出版局副局长伍杰和国家出版局局长边春光都亲临会场，听取发言，并在开闭幕式上发表"指示"。不过，会议的中心内容还是围绕着"信息"展开。所以，伍杰在开幕时说："这说明大家都关心信息，出版信息座谈会这种形式很有生命力。"

1980年以来，各地的出版部门都注意加强信息资料的收集与分析、利用，建立了不少专门的机构，除湖南的情报资料室之外，黑龙江成立了30人组成的出版印刷发行研究所，浙江、河南、天津等地也相继成立了研究机构，积极从事信息的收集、反馈与研究工作。与此同时，全国各地有关出版的内外刊物也纷纷问世，据不完全统计，当时，出版业务内刊有19种，信息内刊63种，有关新书出版的信息资料56种，图书发行业务内刊10种，出版史料刊物2种，有关图书、出版、编辑的公开刊物6种，总计达156种，与六年前的三种刊物比，是一次巨大的飞跃。特别是有关图书出版的公开刊物，除《读书》《书林》《博览群书》《编辑之友》《出版与发行》《杂家》《编辑学刊》《出版史料》之外，1987年还拟增加《出版工作》（国家出版局）、《出版学报》（黑龙江出版印刷发行研究所），浙江的《出版研究》、湖南的《湖南出版工作》也准备转为公开出版。这些，说明出版界已经从不重视自身建设的迷蒙状态中觉醒过来。这不能不说是一个很好的现象。

信息在出版工作中的重要作用越来越被人们所重视，像湖南的少儿出版社从一条信息中得到启发，出版了《小学生法律常识》一书，印数高达一千多万册，社会效益和经济效益都十分可观。正因为如此，会议花了四个半天用来"发布信息"，各地纷纷提供各种有用的信息资料，使大家眼界和思路都因之开阔。如湖南介绍的与外商谈判中的新动向，云南介绍的日本出版刊物前详尽的调查情况，山西介绍出版丛书的庞大计划，四川报道的该省举办的残次品书刊展览，天津谈对在外面获奖的图书同时在局内重奖的做法，江苏分享他们注意抓创牌子的大部头书的做法等，都使人感到改革之风正在激起思想和行动的波澜，并将继续给出版界带来勃勃生机。比较起来，上海则显得过于稳重，较少作为。

伍杰在开幕式讲话中指出，当时出版界在信息工作中存在的问题是摄取信息多，研究、应用少，摄取和应用分离，因此信息工作的质量还不够高。他希望从多方面重视信息的选择应用，同时做到公平交换信息，共同使用信息，以便更好地为出版工作服务。

伍杰讲话中还着重谈了出版形势问题。他说：一方面是读者大量要书，但另一方面又是库存增加，订货萎缩。形势是好的，但有困难、有矛盾需要解决，现在已经到了谷底，形势正向好的方面发展。出路在于搞改革。首先要振奋精神，要有信心，要有面对现实克服困难的勇气，要有开拓精神，想办法求得更大的发展，其次是编、印、发都要改革。

国家出版局局长边春光23日到会，25日作总结发言。他首先肯定这个会议，说信息工作很重要，是为决策提供依据的。国家出版局是支持的，要继续开下去。接着，他谈了两个问题：一是加强出版管理，提高图书质量，改善图书发行。二是关于出版发行体制改革认识问题。

我当时是以学林社副总编和《杂家》主编身份参会，曾经与伍杰晚上长谈近三小时，得到了他的许多宝贵的指导意见。另外，请李克明帮我联系开了一个编辑座谈会，征求对办好《杂家》的意见和建议，还与朱思敬开了个《编辑参考》座谈会。

这次会议有一个最重要的意外收获就是捣鼓出了一个民间性质的图书奖"金钥匙奖"。9月23日上午，分小组讨论时，我与北京《博览群书》的副主编郭铸、山西《编辑之友》的主编张安塞、上海《书林》的编辑曹杨等分在一起。在讨论中，谈到如何扩大出版社和出版、读书类报刊的影响问题时，我提出，电影界除了官方评的"金鸡奖"外，还有一个由群众投票决定的"百花奖"，我们是否也可以搞一个民间的图书评奖活动，由我们几家编辑出版和读书类报刊把图书评奖权"抢"过来。当时，他们都觉得这是个好点子，一致赞同，认为可以试一试，并且要我起草具体办法，以便回去后向自己单位领导汇报。当天晚上，我即拟成了一个办法初稿。大致内容是：此奖系民间性质；由全国编辑、出版、读书类报刊主办；每年举办一届，评选上一年的新书，由各出版社自愿参加，推选书目；获奖图书完全以读者选票的多少决定；分正式奖与纪念奖两

左起：曹铁民、陈源蒸、李树人、笔者、边春光、曹杨、钱勤来、朱思敬（1986年，天津水上公园）

种；给获奖书的出版社颁发奖状，奖金则只发给作（译）者和责任编辑，并且建议出版社再给一次奖励。其中，奖励责任编辑是我们首次提出的。此奖的名称，当时张安塞提出叫"金钥匙奖"，取"书籍

笔者（中）与方厚枢（右）在第五次出版内刊信息会上留影

出版内刊信息会，已经显示出"强弩之末"的迹象，只有北京、上海、天津、浙江、四川和重庆的几个出版单位参加，人比较少，会也只开了一天半，主要传达了伍杰的一个讲话，由方厚枢谈了新闻出版署的一些做

是打开知识宝库的钥匙"之意，大家认为不错，其他人还说了一些别的名字，因此没有最后确定，同意回去考虑后再商量决定。到1986年底，因为印发刊登选票的需要，最后大家都同意就用"金钥匙奖"这个名称。会后，我们又联系了《编辑学刊》《文汇读书周报》等报刊为发起单位。1987年，由《博览群书》牵头，第一届全国图书"金钥匙奖"评奖活动正式开启。可惜，由于《杂家》于1987年停刊，没能参加1998年的颁奖会。关于此奖的详细情况，请参看我在《出版史料》2015年第1期上发表的《有关全国图书"金钥匙奖"的若干史实》一文。

值得一提的是，为了开好这次会，几个出版内刊信息会议的发起单位还于1986年7月初在长沙开了一次"预备会议"，参加者有我和湖南的朱悦、王靖、张先友，黑龙江的吴向晨，新增了河南的乔台山和四川的傅庚仲等。主办单位天津特别重视，除金荣光外，还派了副局长李树人。大家就会议的目标、程序、邀请范围和人数、时间、地点、经费、会外活动等作了细致的安排。中宣部伍杰和湖南出版局领导胡真、黎维新看望了与会代表。

1987年12月22日在成都召开的第五次

法和想法，金荣光、我和王晓峰等各自介绍了天津、上海和浙江的情况，四川是局社领导介绍了他们的经验和面临的问题。结束的那天，还讨论了在上海召开第六次会议的意见，由于最后没能兑现，实际上，这次会议就成了内刊信息会议的"终结者"。

会议期间，东道主非常热情，组织我们参观了青羊宫、都江堰、离堆、青城山、杜甫草堂、望江亭公园（薛涛井）等名胜古迹，返程时经重庆，由重庆出版社招待了参观红岩村八路军办事处、渣滓洞、白公馆，游览了嘉陵江索道。同行的有方厚枢、金荣光、王晓峰、古丽和四川的张正修、文宣等。只有感叹，现在开会，再也没有这样的待遇了。

其间，"宜昌历险记"值得一记。我与王晓峰、古丽、金荣光四人从重庆乘船东下，取道岳阳、长沙回家。因船在宜昌要停三小时，我和王、古决定下船去市区看看，由于听错开船时间，回码头晚了，待我们赶到时，船已解缆，正驶离码头，我们尚可一步跨上船，倘若再迟半秒，历史就得重写了。到长沙后，还受到湖南出版局领导李冰封、黎维新和朱悦等的热情款待，请我们吃甲鱼火锅，至今难忘。✤

打造中外出版交流重要平台

——记中国图书进出口(集团)总公司的任职历程

陈为江

陈为江，1934 年 2 月出生于上海，中共党员，教授级高级工程师。1952 年考入清华大学机械系，1954 年被选派到苏联哈尔科夫矿业学院机械系留学，1959 年毕业回国后在洛阳矿山机器厂设计科工作。1963 年调至一机部，长期从事援外设备的组织管理工作。1977 年调至国家科委，曾任国家科委委员、中国国家遥感中心主任、国家科委新技术局总工程师。1984 年到 2000 年任中国图书进出口总公司总经理兼党委书记、董事长兼总裁、名誉董事长。2000 年到 2006 年任中国出版工作者协会常务副主席。——编者注

1977 年国家科委恢复成立，我首批调入到国家科委工作，负责组建国家遥感中心，参加全国科学大会，参加制订国家科技长远发展规划，积极参加亚洲各国之间科技合作，每年参加联合国和平利用外层空间委员会，使我国空间遥感技术得到迅速发展。在这工作顺利的美好时光，1984 年 8 月国家科委领导找我谈话，要我去中国图书进出口总公司任总经理兼党委书记。

当国家科委领导向我告知任命后，我立即表示希望改变这项决定。理由是在科委创建国家遥感中心，经过 7 年的发展，业务蒸蒸日上，国际合作热火朝天，而图书进出口贸易，我一窍不通，因此很难完成此项重托。最后，科委领导答复是中图公司是一个大公司，对我国科技事业非常重要，要我服从分配，别无选择。

公司旧貌

中图公司是一个老公司，归国家科委领导，有 2400 多名员工，位于朝内大街九爷府大院。九爷府又名孚王府，是清朝时的古建筑，"文革"期间院里住了两百多户居民，是一个破旧不堪的大杂院。

我到中国图书进出口总公司履新的第一天，是由国家科委新任主任宋健和副主任杨浚陪同上任与全体职工见面的。会议室破旧不堪，由于椅子少，台下职工有的坐着小板凳，有的坐在地板上，还有的干脆站着。会场里人声嘈杂、秩序混乱，主席台上讲话的人连自己的声音都难以听清。我从长期从事国际科技合作的现代化工作环境，转到破旧大院工作，落差巨大，不禁感到任务繁重。

总经理和职能部门的办公室都是在后院平房，每间面积约 10 平方米，方砖地板，党政领导两人一间。会议室灯光昏暗，凳子是铁制长板凳。交通班车是运货的闷罐车，白天拉货，早晚接送员工，车厢内一团漆黑，乘车时就坐在底板上。有些员工住在院内的"夹皮沟"，厨房都是露天搭建在门外，用的是公共厕所和公共澡堂。一家一间的破旧平房，常年不见阳光，阴冷潮湿，夏天返潮屋内一股霉味，人住久了很容易得湿疹。中图公司是从事进出口的业务，但没有像样的外宾接待室，卫生间也极为简陋，都是采用水泥池子。

中图公司是"文化大革命"期间的重灾

区，派性斗争十分剧烈。班子成员中相当一部分已经超龄，讨论问题时经常分成两派，很难取得统一意见，改革开放尚未迈开步伐，许多历史问题亟待解决。

1984年8月国家科委派驻工作组进行为期两周的调查研究，结论是对中图公司党政领导班子进行改组。国家科委决定任命新技术局总工程师陈为江任总经理兼党委书记，魏永和处长任副总经理兼党委副书记，老班子仅有一位副总经理留任外，其余职务都是任命公司年轻同事担任。

规划公司发展蓝图

任职后的首要大事是制订发展规划。

我学的机械设计，十分注意各种事物之间的相互关系，考虑问题习惯比较系统。在短期调查研究的基础上，就提出将中图公司建成集团总公司的蓝图。

我在公司新领导班子中学历是最高的，在三所大学学习共7年，国际交往方面有一定经验。所以我提出总公司组建国内外分公司，新建"世界图书出版公司"和中外合资出版社，组建集团公司的设想，以及创办国际音像和图书博览会大型交流活动和内部管

中图公司九爷府"夹皮沟"宿舍外貌

理体制进行改革的举措，得到了班子全体成员的赞同，决定齐头并进抓紧落实。

建立国外分支机构

图书进口是当时中图公司的主体业务，建立国外分公司对完善业务链是一项非常重要的基础工作。1985年初，公司决定立即着手组建英国、德国和日本分公司。经国家科委和财政部批准，中图公司申请到100万美元的外汇额度，派出英文水平较高的袁水仙、德文水平较高的宋晓红两位科长分别前往英国和德国筹建分公司。在英国培格曼出版公司（Pergamon）和德国施普林格出版公司（Springer）的大力支持下，在英国伦敦选购了一幢独立二层办公楼和一幢住宅，在德国法兰克福购买了一幢500平方米的商住两用独栋别墅。1986年，两地前后完成注册，中图公司派遣工作人员并雇用了当地员工后，中图英国分公司、中图德国分公司相继落成开业，许多海外同业朋友前来祝贺。此后，懂日语的段永萍科长被派往日本，在日本同业海外新闻普及株式会社（OCS）、东贩株式会社的大力支持下，由OCS提供办公用房，驻日代表处于1988年正式开业。

我主持了开业典礼。中国驻日大使馆对此十分重视，时任驻日公使唐家璇先生和使馆多位官员出席，一百多位日本出版界朋友前来祝贺。

中图美国分公司1981年就已成立，现又追加100万美元投资，把2000多平方米的办公大楼整体买了下来，提升业务力量。苏联解体后，中图公司在莫斯科建立了分支机构。一个个驻外分公司，成为加强中图公司和外商联系的纽带。

1991年，我主持了美国分公司成立10周年庆典，邀请到美国出版

界近二百位朋友前来祝贺。著名的 John Wiley 出版公司总裁 Bradford Wiley 先生专程从外地赶到纽约前来致辞。联合国副秘书长冀朝铸先生、中国驻美国大使朱启祯先生、中国常驻联合国代表团大使金永健先生、中国驻纽约领事馆总领事张伟超大使专程前来祝贺。四位大使级官员同时出席，这在民间活动中很少见到。

1991 年中图美国分公司成立十周年庆典酒会，驻美大使朱启祯（左三）等出席

中图公司从国外进口书刊等产品，过去都走海运运输，时效性极差，从美国进口的报纸书刊经常要过两三个月才能看到。更麻烦的是当时进口书刊，是由外国出版社和书商分别通过邮政发货，邮寄的书刊容易丢失，损坏严重，到货完整率很低。完全无法适应国内用户对海外资料的需求。海外分公司成立后重塑了中图的进口业务环节。订货可以通过分公司在当地下订单，更容易争取到优惠价格。分公司可把书刊集中后统一发回国内，解决了丢货问题。与此同时，中图公司争取到民航总局的大力支持，空运费予以特别优惠，比当时通过邮局海运邮费还大幅度降低。从各国采用航空运输后，大幅加快了到发货的速度，中国香港、日本的书刊当天就可到达，欧美国家的在一周内也可运到。海外分支机构网络的建成，极大地提高了订单率和到货率，降低了成本，这项举措使公司在竞争中取得了明显的优势。

组建国内分支机构

在建设海外分支机构网络的同时，中图公司也加快了国内的布局。当时上海的科研单位和高等院校数量多，进口书刊需求量大，上海的合资企业发展也迅速，外国来华人员众多，进口业务潜力巨大。创建国内分公司，首选上海地区。

1985 年，中图上海公司率先开业。上海分公司业务飞速发展，到 1998 年陈为江离任时，上海分公司的年销售额超过 3 亿，利润 4 000 万元。

中图广州公司的前身是中图总公司进口美国书刊的一个发行部，负责收到美国发来的海运集装箱后，进行分户包装转发给全国用户。1985 年改为空运后货物直达北京，广州公司的转运功能消失。广州分公司改为从事港台书刊的进口业务，很快又成立了深圳经营部和珠海经营部。

1988 年，中图西安分公司成立。相较于东部地区，西安分公司原版外国书刊进口业务的发展比较缓慢，主要开展多种经营，从事外国书刊的地区发行、书刊出版和印刷业务。到 1998 年，西安分公司年利润也达到 2000 多万元。

1993 年，中图深圳分公司由广州分公司的深圳经营部改组成立，直属中图总公司领导。1995 年，中图大连分公司成立，为东北地区提供发行服务。

至此，中图公司完成了国内主要地区的

布局。同时，公司在国内 44 个大中城市建立起脱离邮局的发行网络，与海外组建的能覆盖 109 个国家和地区的书刊进口体系对接，形成完整的出版物进口与发行系统，在全国拥有一万多家终端用户，年进口书报刊十万余种，为全国各省市外文书店和科研、教育机构以及广大读者提供优质服务。

开展出版业务

尽管中图公司的书刊进口业务已经牢牢占据了国内市场的主要份额，但随着 20 世纪 80 年代中期外币对人民币大幅升值，同时国外书刊价格也逐年快速上涨，造成进口书刊在国内的销售价猛涨，书刊进出口业务的发展潜力降低。根据公司长远发展规划，确定以出版作为新的业务发展重点。1986 年，经国家科委和国家出版局批准，中图公司成立了世界图书出版公司，主要业务是购买海外版权，重印和翻译科技、经济、管理类图书和各种工具书。公司为增强编辑力量和稿源，在北京，上海、广州、西安设立编辑室。1991 年，经新闻出版署批准，世界图

1988 年与英国培格曼公司签订成立万国学术出版社协议
笔者（左二）与培格曼总公司总裁 Maxwell（左三）、驻英大使冀朝铸（右一）合影

书出版公司成立北京、上海、西安、广州四个分公司开展出版业务，这是当时中国唯一一家有跨地域经营的出版社。公司十分重视新兴的出版业务，在人、财、物各方面全力支持，在全国各地引进出版人才，使领导班子年富力强，朝气蓬勃。世图公司的管理模式也因地制宜，独具一格，各地分公司的行政管理由中图所在的分公司领导，业务工作由世图总公司统一管理。这个灵活的模式给世图注入了活力。由于背靠中图公司，世图公司可以充分利用中图公司与国外出版社良好的合作关系，所需外汇还可从中图公司外汇额度中列支，购买国外版权比较方便，使出版业务发展得十分迅速。

世图公司在中图公司老朋友格鲁斯曼（Grossmann）先生帮助下，获得德国施普林格出版公司（Springer）经典教材《数学研究生丛书》的授权；英国朗文（Longman）出版公司的《新概念英语》是引进国内的第一套外语教材图书，年销售额近亿元；在著名科学家钱学森院士的大力支持和帮助下，世图公司购买了英国麦克米伦公司（Macmillan）出版的《自然》（Nature）杂志的版权，这是国际公认的权威学术刊物；经中图公司牵线搭桥，苏联允许世图公司重印该国 230 种期刊以及各类图书，并免征 3 年版税。1996 年，世图公司成立 10 周年时，已成为购买外国版权在国内出版品种最多的出版社，共签订了 2500 多种书刊版权贸易协议，在国际出版界有一定知名度，成为中图公司的重要支柱之一。

在世图公司茁壮成长的同时，1988 年，经国家科委和新闻出版署批准，我与严文江副总经理在访问英国期间，与英国培格曼出版公司（Pergamon）总裁马克斯韦尔（Maxwell）

先生签订协议，双方合资在北京建立万国学术出版社，时任中国驻英大使冀朝铸出席了签字仪式。万国学术出版社由陈为江担任董事长，严文江任总经理，专门出版中国专家、学者撰写的学术著作，以英文版为主，由英国合资方负责向全世界销售。这在当时是新中国成立后唯一批准成立的中外合资出版社。

创办北京国际音像博览会

音像制品进口业务是中图公司发展的一个重要机遇。1985年经广电部提议并报国务院批准，授权中图公司开始独家批量进口海外音像制品，在国内公开销售。最初先进口古典音像制品，如卡拉扬指挥的交响乐、维也纳新年音乐会，一经推出就受到热烈欢迎，销售量增长很快。随后将优秀的流行音乐制品引入中国大陆，邓丽君、汪明荃、齐秦、张学友、谭咏麟、徐小凤、苏芮、龙飘飘等等一大批港台、新加坡歌手的作品进入市场，《万水千山总是情》《狼》《大约在冬季》等脍炙人口的流行音乐作品广为传唱，人民大众非常喜爱，在全国掀起了海外音乐和歌曲的热潮，极大地丰富了广大人民文化生活，对提高中国音乐的创作和欣赏水平起到了不可估量的作用。产品形式也从磁带逐渐发展到CD、LD、VCD、DVD，高峰时每年原版进口音像制品的销售额近亿元。

为了促进文化交流，推动音乐音像制品贸易和版权贸易，经上级批准，中图公司从1985年起开始举办两年一届的外国音乐音像制品展销会，这个展销会后来逐步扩展内容，发展为北京国际音像博览会。

第一届展销会就引来了国际著名的宝丽金、华纳、百代、BMG以及众多的香港出版公司参展，获得开门红。此项展览从小到大，展出品种逐届增多，展品形式从音乐制

品到电子出版物、多媒体和游戏光盘，使广大民众的文化生活内容丰富多彩。到1997年第七届展会时，经中图公司建议，北京国际音像博览会改由新闻出版署、广电部、文化部、北京市人民政府和国家科委联合主办，由中图公司承办，使展会的层次得到进一步提高。为数众多的领导如李岚清、李铁映、费孝通、徐惟诚、徐冠华、龚心瀚、于友先、孟晓驷、林文漪等都主持和出席过音像博览会的多项活动。国内著名指挥家李德伦、陈佐湟、严良堃、郑小瑛、卞祖善，著名作曲家吴祖强，著名歌唱家王昆、李双江，以及海外著名的流行音乐歌手苏芮、龙飘飘、童安格等，都是展会上中外音乐文化交流和合作的积极推动者和直接参与者。

创办北京国际图书博览会

中图公司为了方便用户选购国外图书，每年组织十几次小型外国专业图书展销会。使工作人员非常疲惫，全国各地图书馆采编人员也应接不暇。1985年初我提出在北京举办图书博览会的倡议，得到国家科委和外交部同意，两部委又于1985年4月19日向国务院提交了"关于举办1986年北京国际图书博览会的请示"。经国务院批准后，中图公司立即着手BIBF的各项筹备工作。

当时办理大型国际活动问题很多。交通还不发达，国外来宾住宿接待能力有限，国际机票和国内火车票很难订到，展览场地屈指可数，外宾来华签证需要部级机关向外交部申请签发。为了落实各方面工作，1985年12月，国家科委又向国务院提出了BIBF组委会成员的请示，拟请李鹏副总理任名誉主任，国家科委一位领导任主任，文化部、北京市人民政府、国家出版局和中图公司各出一位主要领导任副主任，并请外交部、财政部、海关总署、北京市民航局、北京市铁路

局等一位负责人参加组委会的工作。此方案获得万里副总理批准同意。

组委会成员也确定下来，首届 BIBF 组委会由李鹏副总理任名誉主任，国家科委副主任吴明瑜为主任，文化部副部长刘德有、北京市副市长陈昊苏、国家出版局副局长刘杲和陈为江为副主任。全国人大科教文卫委员会、国家科委、国家教委、文化部、中国科协和中国贸促会为赞助单位。

为了筹备 BIBF，结合筹建中图国外分公司，我在一年内马不停蹄地对英国、美国、德国、荷兰、日本进行了访问，广泛宣传，积极动员国外出版社前来参展，取得了很好的效果。

1986 年 9 月，首届北京国际图书博览会在北京展览馆顺利开幕。三十多个国家的著名出版公司和出版集团前来参展，来华外宾规格很高。党中央和国务院对 BIBF 十分重视，李鹏副总理，全国人大常委会副委员长周谷城、严济慈，国务委员宋健，全国政协副主席王光英和各有关部门领导出席了开幕式。李鹏副总理等主要领导还在人民大会堂接见了各国主要来宾，并亲自主持了一千多人参加的盛大宴会。全国各地图书馆、高等院校的采编人员和广大知识精英前来参观和采购，图书进口业务有了明显增长。国际出版界在北京史无前例的一次盛会，取得了圆满成功，各大新闻媒体对首届 BIBF 都做了大量报道，中国集邮总公司发行了"北京国际图书博览会纪念邮资封"。BIBF 被评为1986 年中国出版界十大事件之首。

1986 年，中国的出版业还比较薄弱，全国只有 424 家出版社，每年仅有 4 万种新书，当时国内出版社与国外的交流很少，中国尚未颁布《著作权法》，中外版权贸易更是凤毛麟角。这种情况下，首届 BIBF 只能以国际著名出版公司为主要参展商，设有266 个展台，而国内出版社只有 66 个展台。众多国内出版社主要是派人前来参观学习，国内外图书同台展出，差距一目了然，当时国内图书用纸和装帧质量都还较差，很多书都是小开本，有的书放在展台站都站不稳。

经过前几届展会的交流，国内出版社的参展摊位逐届增多，图书质量和装帧水平也有了很大提高，中外出版界的交流在不断加强。为了进一步做大 BIBF，经过公司反复考虑，提出了改变 BIBF 组织领导结构，提高 BIBF 办展规格的方案。1996年，经请示国家科委同意和有关部门批准，BIBF 从由中图公司主办，改由国务院新闻办、新闻出版署、国家科委、文化部和北京市人民政府等多个部门联合主办，中图公司承办。博览会组委会主任改由新闻出版署署长担任。这一升格与变动，使 BIBF 从企业行为提升到中国政府组织的开展中外出版交流

1986 年笔者主持首届北京图书博览会开幕式

和合作的重要平台，从此 BIBF 搭起了一座沟通东西方文化的金桥。

在新闻出版署等部门强有力的领导下，动员中央各部委各单位所属的出版社积极参与，各省市新闻出版局统一组织当地出版单位整体展出。BIBF 的国内参展规模由首届的 66 个展台增长到 1996 年第六届 296 个、2000 年第八届 618 个展台，超过了国外出版公司的参展规模，展览总面积达 2.6 万平方米。与此同时，国内参展单位十分重视自版图书的印装水平和内容质量，展台的装修也越来越精致，BIBF 成为展示中国出版成就的著名品牌，也是加强中外国际出版交流的重要场所。

从 1990 年中国颁布了《著作权法》开始，出版物的版权保护在国内开始受到重视，中外版权贸易取得了迅速发展。自 1998 年第七届 BIBF 开始，版权贸易十分活跃，交易数量从首届的 98 项增长到 2000 年的 8 000 项，版权贸易一跃成为中外出版界在博览会的主要业务，使 BIBF 从以进口图书为主演变为进出口图书和版权贸易并重。经过中图公司多年的努力，BIBF 在对外文化交流方面起到了桥梁和纽带的作用，直接促进了中国出版规模和水平的提升，对中国科技、经济、文化的发展也起到了十分重要的作用。

组织海外书展

为了加强国际交流，扩大中国出版物在国际上的影响，新闻出版署组织全国出版社参加在各国举办的重要国际书展。由于中图公司成功举办了北京国际图书博览会，在海外又有众多分公司，与国外出版界联系广泛，新闻出版署把一些重要的国际书展参展活动委托中图公司组织承办。1993 年，经文

1994 年笔者(中)与新闻出版署外事司司长杨德炎(左)、国家科委对外合作司司长王绍祺在日内瓦国际书展中国馆合影

化部和新闻出版署批准，由陈为江担任团长、上海市新闻出版局局长徐福生任副团长，两人率中国代表团一百一十多人，在荷兰鹿特丹举办了中国文化节。代表团的组织和文化节的各项展览业务工作均由中图上海分公司负责。代表团成员中有二十多位局级干部，这是当时中国在国外举办的规模最大的书展。1994 年，中国以主宾国身份参加日内瓦国际书展，新闻出版署副署长谢宏任名誉团长，陈为江任团长，新闻出版署外事司司长杨德炎任副团长，率领八十多人的代表团参展。中国馆面积有 400 平方米，设在展区中央，展馆设计既具有中国特色，又美观大方，是整个国际书展的亮点。这是中国图书首次在国际书展上大规模亮相，日内瓦市市长亲自设宴招待中国代表团，各国出版商和瑞士各界人士踊跃前来参观和购买中国图书等文化产品。中图公司组织的两项海外重大活动相继成功，获得了新闻出版署和国内出版社的认可。从 1995 年起，新闻出版署每年把伦敦国际书展、日内瓦书展、美国 BEA 国际书展、匈牙利国际书展、开罗国际书展、法国戛纳电子展、美国 E3 电子展等众多展览的参展组织工作交由中图公司承办。德

国法兰克福国际书展是最大的国际书展，中国代表团人员数以百计，新闻出版署也多次委托陈为江担任中国代表团团长，带团参展。中图公司带团出访，广交各国朋友，加强了与各国出版界的联系。

中外出版界在合作中结成深厚友谊

由于中图公司定期举办北京国际图书博览会、组织海外书展以及图书进出口贸易的迅速发展，使中图公司与海外出版界交流日益增多，从而结成了深厚友情。

中图公司是进出口公司，加强国际合作对于公司的发展特别重要。我在上世纪50年代曾在苏联留学5年，毕业回国后也长期从事涉外业务，与其他国家和国际组织进行过广泛交流与合作，在国际合作方面已经积累了一些经验。

主持中图公司工作后，我十分重视与美国、欧洲、日本等地各著名出版公司的合作。美国的约翰兄弟公司（Brother John）、麦格罗·希尔公司（McGraw-Hill），英国的培格曼公司（Pergamon）、麦克米伦公司（Macmillan），荷兰的爱思唯尔公司（Elsevier）、克鲁维尔公司（Kluwer），德国的施普林格公司（Springer）等诸多大出版公司都是中图公司进口的重要伙伴。我与这些公司的历任总裁经常见面，

1990年德国施普林格公司总裁 Dr.Gotze 父子出席博览会

可以用英语直接交流，洽谈合作，长期以来建立了深厚的友谊，我们组织的各种活动他们都愿意参加，在贸易上也一直给予中图公司最优惠的待遇。

德国施普林格出版公司总裁葛茨博士（Dr. Gotze）是大出版家，从20世纪50年代起就担任公司总裁，经过他半个世纪的奋斗，施普林格公司成为国际一流的科技出版集团公司。我上任后不久他到中图公司访问，一见如故，谈得十分高兴，主动提出给中图公司进口图书38%的折扣，在全世界独一无二。我与他几乎每年都见面，他来京时经常委托我与他相识的国内政要以及著名科学家相聚。每次我去德国他都亲自开车陪我访问，高规格宴请，他的夫人和儿子也很愿意与我交往。葛茨博士80岁寿辰时在法兰克福举办了宴会，邀请了世界各国著名的一百多位院士、科学家出席，他们都是学科权威和著名作者，我是宴会上唯一来自亚洲的嘉宾。

美国的约翰威立出版公司（John Wiley）是一个著名的家族公司，第五代总裁 Bradford Wiley 在国际上有着很高的知名度，受到各国出版界的尊敬。他对中国十分友好，早在20世纪70年代末就率领美国出版代表团访问过中国。我与 Wiley 先生相识在1985年，两人非常谈得来。每当我赴美国访问，他就热情邀我到纽约宏伟的总部大楼座谈，专门介绍在总部主持工作的子女与我相识，以便双方的友好关系一代代传下去。他的夫人也很喜欢中国，两人经常相伴前来中国，直至他们年龄高达八十多岁时还常常来访。

日本东贩、日贩株式会社是日本最大的两个发行商，每年销售额都近百亿美元，尽管他们与中国的贸易量很小，仅占其万分之几，但是为了加强中日出版界的友谊和合作，这两大公司积极组织日本出版

1987年笔者代表中图公司与日本东贩上泷博正社长签订协议

界领导到中国参加历届的北京国际图书博览会。特别是东贩前后两任社长远藤健一先生和上泷博正先生，他们会同东方书店老社长福岛正和先生，多年来一直组织日本出版界近三十位出版巨头集体前来参展，提高了BIBF的层次。我每次赴日访问，都得到了日本东贩和日贩两大公司的热情接待，参观他们现代化的设施，学习他们先进的管理经验。

在日本公司中，日本海外新闻普及株式会社（日本OCS）与中图公司的贸易额最大，三十多年来一直委托中图公司独家经办在华业务，年最高贸易额达到四五千万元。

英国培格曼公司总裁罗伯特·马克斯韦尔（Maxwell）先生是国际上著名的出版家，出版过许多国家首脑的传记、文选，他和邓小平同志会过面，《邓小平文选》英文版也由他们出版。我每次访问英国，他都在家里设宴款待，夫人和子女对我也十分熟悉。Maxwell先生的家位于牛津，富丽堂皇，是一座老的宫殿，大草坪上停放着私人直升机，夫人原籍法国，气质不凡。1994年他65岁生日时，在牛津家里的草坪上搭建了一个临时的五星级豪华宴会厅举行生日晚宴，能容纳1000人聚会，由皇家乐队现场演出，我是他邀请的唯一中国嘉宾。双方为了加强合作，我们两家公司合资在北京成立了万国学术出版社，在中国出版英文版学术图书，通过他们

向国外发行。

上述与西方出版大国出版界领导人深情厚谊的实例，让我感慨万千。国内出版界人士都知道，施普林格、约翰威立公司、东贩、日贩都是国际出版中的发行巨头，年贸易额达数十亿美元，与中国的贸易额都是千分甚至万分之几，实在微不足道。但是他们对中国改革开放十分欣赏，以十分喜悦的心情看着中图公司的飞速发展，珍视我与他们在长期合作中结成的深情厚谊，双方都把每次的会见作为人生道路上重要旅程。威立董事长、葛茨博士、远藤社长、福岛社长都是长者，他们离世前不久都到中图公司与我相聚。这几位领导去世后其公司都及时告诉我，我也一定当即写悼文赶上在追悼会张贴。众多海外挚友的亲切形象经常涌现我的脑海里，一直铭记在心。

开展两岸出版交流

1988年，第二届BIBF上出现了台湾出版人士的身影。当时台湾居民访问大陆还未解禁，台湾出版界人士是冒着风险，绕道东京才来到北京参加博览会。我热情接待台湾同胞，组织他们参观，商谈出版合作，从而与台湾出版界结下了友谊。1990年，台湾出版界参加第三届BIBF，受到了大陆同业和广大读者的热烈欢迎。国家科委主任宋健以及出版主管部门领导纷纷来到台湾展台与台湾出版界领导见面。1993年初，我应台湾华一书局邱志贤总经理邀请访问了台湾。这是大陆出版界人士首次访台。参加了远流出版公司举办的柏杨先生编写的《资治通鉴》(白话文版)首发式，与莅会的蒋纬国先生见了面。《联合报》董事长王惕吾老先生设宴招待，介绍我与他和子女及所属八大报社的领导相识。在参观中国时报、光复书局、新学友、华一书局等众多的出版单位和书店时，台湾出版业所

取得的成就，给我留下了极其深刻的印象。

随后的 5 月，以中宣部出版局局长许力以为首的大陆出版代表团访问了台湾，双方签订了两岸各为对方举办书展的协议。1993 年在北京举办的台湾书展，是由中国图书进出口总公司出资无偿承办。书展由中国书刊发行业协会和台湾图书出版事业协会联合主办，中图公司投入了一百多万元资金和大量人力，于 11 月在中国国际贸易中心举办了台湾书展。国台办主任唐树备、新闻出版署署长宋木文、副署长刘杲、中宣部出版局局长许力以、国家科委合作司司长王绍祺等领导与台湾图书出版事业协会理事长黄肇衡、武奎煜、陈恩泉等人士出席了开幕式。书展共设了 100 个展台，展出了 2 万余种台湾图书。书展结束后由台方将展出图书全部赠送给北京大学图书馆，书展取得了很大的成功。

1994 年，由中国书刊业发行协会主办、中图公司承办的首届台湾大陆书展在台北中央图书馆举行。大陆参展代表团由新闻出版署刘杲副署长任顾问，陈为江任团长，共 99 人。代表团先到香港，再乘机赴台北。到了桃园机场入境手续非常简便，受到了台湾出版界的热烈欢迎。这次书展展出了 21 个省市 181 家出版社的 1.7 万余种图书，展览在台湾取得轰动效应。台湾图书出版事业协会专门举办了两岸出版之夜联欢会，两岸出版界同业同台合唱，气氛十分热烈，立即拉近了隔阂四十多年的感情距离。台湾海基会、中华文化复兴运动总会、新闻局等单位领导都热情接见了代表团。短短几天里，两岸出版界频繁沟通、约见会谈、商讨合作，取得了丰硕的成果。这两个书展首次实现了两岸出版界的双向交流，为今后两岸大规模出版交流拉开了序幕。

我在中图公司任职期间 4 次访台，多次受到海基会副董事长焦仁和先生、副秘书长李庆平先生等人士接见。历届台湾出版事业协会理事长黄肇衡、武奎煜、杨荣川、宋定西、陈恩泉都积极组织两岸交流，特别是陈恩泉先生，二十多年来全心致力于两岸交流，是推动两岸出版合作的一位功臣。两岸出版界的合作日益增多，台湾每年参加 BIBF 等展会和交流活动的人员数以千计，大陆人士赴台手续复杂，每年也有二三百人之多。合作方式也多种多样。在两岸出版界努力下，大陆对台版权输出占当时输出总量的七到八成，不少是大部头的丛套书，如《中国美术全集》（六十卷）、《中国大百科全书》（五十卷）、《中国古建筑大全》（十卷）等。图书和版权贸易成为两岸出版交流合作的重要组成部分。

与香港的出版交流

中图公司在香港最重要的合作伙伴是香港联合出版公司及其所属的新民主出版社有限公司。联合出版公司历届董事长和总裁李祖泽、赵斌、陈万雄等十分重视与中图公司的合作。中图公司二十多年来委派了五位干部借调到其所属的新民主出版社任总经理，并在业务上给予大力支持。新民主出版社是公司进口海外音像制品的主要经办单位，并长期主动承担中图公司在香港的代表处和接待站的职能，义务帮助接待中图公司赴港的同事和客户，特别是马汉生、吴静怡两位担任总经理主持工作期间达到了顶峰，每年接待中图总公司的全国各地客户数以百计。

香港的广彙贸易公司安浩总经理、大华贸易公司梁文耀总经理、黄氏公司黄若梦总经理、香港朗文公司沈维贤总经理等均与中图公司有着长期的良好贸易合作关系，领导间相互往来，关系十分友好。

公司内部的管理制度的重大改革

中图公司在很短时间建设国内外分公司

和出版公司，大力发展图书进出口贸易，广泛开展国内外各方面合作与交流，这是与公司内部体制改革和引入现代化企业管理完全分不开的。

1985年初，公司向财政部说明进口书刊对提高我国科技水平的重要性，建议取消书刊进口所需的外汇分配制度，将外汇统一批给中图公司，其额度根据需要敞开供应，这项重大改革得到了财政部批准，使公司进口贸易量迅速提高。

公司的另一项重大改革是1985年就向国家科委申请改事业为企业，极大地扩大企业的自主权。改为企业后，中图公司干部任免制度发生很大变化，国家科委只任命中图总公司的领导班子，其余各级干部均由公司自己任命。同时，国家科委只审批公司的工资总额，内部分配由中图公司自主决定，这一改革，给公司释放出无穷活力，极大地提高全体干部和员工的积极性。公司成立职代会和工会，每年召开职代会，公司领导报告年度工作总结，审批财务收支情况，福利由职代会自主决定。

由于公司原有员工文化水平很低，高中和初中学历各占三分之一，公司除在上海开办培训班外，号召职工通过各种渠道脱产或半脱产学习，工资照发。此外还商请国外出版公司进行实习和培训。公司自主建立工资制度，奖金向有贡献人员倾斜。为了使公司的各项工作有章可循，建立起各种财务审批制度和程序，从严把关，堵塞漏洞，从而确保了中图公司长期直到现在没有出现经济问题。

由于公司每年进口书刊的品种10多万种，涉及100多个国家，用户数以千计，过去用人工建卡管理效率低下。为了提高效率，公司引入计算机管理，向国家科委申请到100万美元外汇，购置了IBM-4381计算机和70多台微机，派出人员出国培训，实现了进口书刊业务编目、收订、发行的计算机管理，把工作人员从原来繁重的手工劳动中解放出来，加快了单据流转，提高了准确性，增强了服务能力。这项应用当时是IBM-4381计算机在中国业务应用中最好的范例。

实现企业集团化。随着中图公司的业务不断扩张，大力开拓中国书刊的出口业务等举措，中图公司旗下已有三十多个独立核算，经营良好的经济实体。1996年经国家科委批准，中图公司变更为中国图书进出口（集团）总公司，在当时国内出版界是独一无二。成立中图集团后，实行董事会管理机制，陈为江任董事长兼总裁，赵锦英任副董事长兼党委书记，严文江任副董事长兼总经理。国家科委副主任惠永正还专门出席了中图集团公司第一次董事会。

改变中图公司形象

创造巨额企业财富。中图公司在发展中创造出巨额的企业财富。到1998年，中图公司的各项经济指标与1984年我上任时相比，都有了

1996年中国图书进出口总公司董事会第一次会议与会者合影

极为显著的提升：年销售额从 1.4 亿元增长到 10 亿元，年利润从 1700 万元增长到近 2 亿元。到 1998 年时，中图公司各种形式的现金结余近 8 亿元，当年利息收入 3 200 万元。

从任中图公司总经理开始，我就在努力改善办公条件、改变公司形象，决定建设中图公司的现代化办公大楼。1984 年年底，国家科委把所属幼儿园的场地划给中图公司作为建设用地，但比较麻烦的要求是，要在保证幼儿园入托不中断的前提下，建起办公大楼、职工宿舍和新幼儿园。公司决定先在空地建一个临时幼儿园，保证入托不间断；然后盖一栋 14 层高、有 100 多套房的职工宿舍楼和 4000 平方米的新幼儿园；最后腾出的地方建设办公大楼。在当时，搞工程建设最困难的是拿到国家基本建设的计划指标。20 世纪 80 年代，国家基建计划压缩，而重点建设工程又不断涌现，中图公司的办公楼工程始终排不上队，一拖再拖。最终经过国务院副总理姚依林批准，中图公司的建设工程才一项一项建了起来，历时 7 年之久。中图公司办公大楼工程由北京市五建公司承建，地上 10 层、地下 2 层，建筑面积 2 万多平方米。整个大楼的工程建设仅花费 1 760 万元。

1992 年 9 月，在第四届 BIBF 博览会期间，中图公司隆重地举行了新大楼开业典礼。国家科委主任宋健出席了典礼并讲话祝贺，中图公司邀请参加博览会的外宾、国内同业和政府机关的领导参加典礼。招待会上世界各国四百多位出版界朋友，国内出版界、图书馆界负责人共一千多人前来祝贺，共同举杯庆贺当时全国出版业最大的办公楼落成开业。与此同时，中图国内外各分公司办公楼的建设和购置也在加紧落实。几年间，国内上海、西安、广州、深圳、大连分公司的新大楼拔地而起，国外美国、英国、德国分公司购买的办公楼相继投入使用。中图公司的形象彻底改变，全体员工的着装和精神面貌也焕然一新，大家脸上洋溢着自豪感。

我刚到中图时，大部分中图职工是无房户，居住条件极差，月平均收入 50 元，生活品质较低。为此，公司动员职工寻找可购买的房源，并对购房有功人员给予优先分房的奖励。1997 年，中图在北京团结湖花 5000 万元一次性购买了 106 套商品房，当职工喜气洋洋地搬入新居时，公司领导都要去看看，以示祝贺。在我任职的 14 年间，中图公司共建设、购买和置换住房 1000 多套，极大地改善了职工居住条件。同时，职工的工资也大幅提高。1984 年，全公司人均年收入 600 多元，到 1998 年时，全员平均年收入增加到 4 万多元，增长了 60 多倍，是当时出版业工资水平最高的企业。此外，还用结余资金为职工购买了补充养老保险。

结束语

我在中图公司任职 16 年，在国家科委正确领导和新闻出版总署的大力支持下，通过党政领导班子大力协同，齐心合力，密切配合以及全体干部和广大员工的共同努力，使中图公司的面貌有了根本的变化，已是在国际上有一定知名度的集团公司。公司创办北京国际图书博览会在历任班子领导下，今年是第 30 届，现已成为国际上第二大的图书博览会，我为此感到高兴。

1998 年 7 月 31 日，科技部朱丽兰部长，邓楠、李学勇副部长一起在中图公司召开干部大会，宣布任命陈为江担任名誉董事长、甘师俊任董事长，宣读了《科学技术部关于对中图公司陈为江同志进行表彰的决定》，并颁发了荣誉证书，我对此深感欣慰。

在此，我要衷心感谢国家科委、新闻出版署等政府部门的大力支持。公司所以能取得成绩，这是党政领导班子的各位同事长期的共同努力和全体员工不懈付出的结晶。

汉译世界学术名著：陈翰伯的责任担当与内部发行韬略

——《关于外国哲学、社会科学书籍出版发行问题》笺释

李 频

1960年7月，人民出版社、人民文学出版社、人民美术出版社、中国电影出版社、作家出版社、中国戏剧出版社等七家中央一级出版社"开展以检查出版物政治错误为中心的整顿出版社的工作。在这期间，这七家出版社除了中央文件和上级指定的迫切需要的图书以外，其余书稿，一律停止出版，集中力量，进行整顿工作。整顿的方法是放手发动群众，大鸣大放，大争大辩，揭发书籍中的政治错误和批判领导上的官僚主义作风，同时对出版社的干部和机构，进行了调整和精减"[1]。1958年10月至1960年11月，商务印书馆和中华书局随文化部所属机构下放，归属北京市出版局领导，暂不属于中央一级出版社。陈翰伯两年前从中共中央宣传部理论处副处长、《学习》杂志常务副主编调任商务印书馆总编辑，他的政治敏感必然会引导他自觉行动，那么，陈翰伯领导的商务印书馆对这次出版社整顿工作有何反应？

最近发现的陈翰伯致北京市出版局党组并市委文化部的信，凝固了这方面的记忆。这信为商务印书馆公文纸手写抄件，4页，非陈翰伯手写，信末写了"由陈翰伯签名"，从笔迹判断陈翰伯补写了抬头"市出版局党组并市委文化部"。该信题为《关于外国哲学、社会科学书籍出版发行问题》，是研究《汉译世界学术名著丛书》出版的重要史料，对研究该丛书在20世纪60年代的摸索，对研究出版家陈翰伯敏感、担当的个人品质和积极有为的工作策略有重要参考价值。全文如下：

市出版局党组并市委文化部：

在商务印书馆出版的外国哲学社会科学书籍中，除一部分是古典著作外，还有一部分是政治上极度反动的现代著作，其中有些是反苏反共的，有些是宣扬帝国主义国家在中国的侵略"事业"的，有些更是直接攻讦诋毁马克思列宁主义的。这些反动书籍过去都采取了公开发行的办法。书前虽附有序言，但是或因批判无力，或因内容不妥，完全不能起消除毒素的作用。我们允许这类书籍自由泛滥，是一件严重的政治性错误。发生错误的责任完全应由我个人负责。

"三反"整风运动开始前，我曾审读两本书的校样，一本是［英］罗素所著《常识与核武器战争》，一本是［英］拉斯基所著《共产主义》(均未出版)。审读后，我们就决定这两本书要采取内部发行办法。同时，

2009年我十分荣幸获得"新中国60年百名优秀出版人物奖"，2024年9月《老一辈出版人口述实录》一书出版，其中载有我在中图公司工作的一篇文章，这是我和全体中图公司同事共同获得的殊荣。

今年我已经是90岁高龄。回想起这辈子的工作历程，我认为在中图公司的16年的任职，是我人生道路的精华。在公司长期的

我已感觉到过去已出版的同类书籍采取了公开发行办法是错误的，因此又决定以后出版这类书籍必须分别不同情况采取内部发行办法。九月上旬，"三反"整风运动开始时，我们曾着重检查了已出版的这类书籍，并选出问题特别突出的八本书作为典型材料（详见9月15日送上《商务印书馆外国哲学、社会科学书籍中的问题》）。至此，我才认识到已出版的这类书籍采取了公开发行办法，确实造成了不小的政治上的损失。

出版这类书籍的过程是这样的。1955年人民出版社、三联书店、商务印书馆等十家出版社曾联合制定《哲学、社会科学重要著作选译目录》，其中收有书目一千三百余种，分别由十家出版社担任组译工作。我馆选定了解放前出版的几本书作为第一批，其中包括［英］韦伯夫妇的《英国工会运动史》，［德］桑巴特的《现代资本主义（第一卷）》，［英］拉斯基的《国家的理论与实际》等书。1958年3月，我到上海参加出版工作会议时，听到上海市委宣传部的同志对我说："右派分子王造时无事可干。我们叫他在家里修订他翻译的那几本拉斯基的著作。待出版后，我们还要组织对拉斯基的批判。"关于［美］凯南的《美国对外政策的现实》和［美］李普曼的《冷战》两书，是我馆自己选定的。其余各书基本上是按照"选译目录"进行组织的。

我虽然没有参加过1956年制定和分配选题的工作，上海市委宣传部虽然希望我馆出版拉斯基一书，但是我都没有在以后的具体工作中就发行办法提出意见。

我在处理这类书籍的过程中，没有慎重地考虑发行办法。这是严重的政治上的失职。在桑巴特一书中，竟刊有译者托派分子李季在1936年所写的序，这更是丧失立场的行为。出版这类书籍本来只是用作内部参考的反面教材而不是"百花齐放、百家争鸣"政策范围以内的事情。我把这类书籍放入公开市场，任其散布流毒，这样就歪曲了党的"百花齐放、百家争鸣"的政策。事实上，我所执行的是资产阶级"自由化"政策，竟然给予美帝国主义分子凯南、李普曼之流，日、美、英帝国主义侵略分子，改良主义分子，机会主义分子以及托派李季等人以"言论自由"的权利。这都是由于我的右倾麻痹所招致的错误。

在写作批判性序言的工作上，我们所采取的是"古典从宽 现代从严"和"学术从宽 政治从严"的办法。两年以来，我们确实是在现代的政治性书籍上花过一番功夫，力求在序言上表明我们的立场和态度。现在看来，大部分序言不足以抵消其反动影响。过去，我们甚至满足我们自己所写的序言，认为不管什么书，只要有了序言就可以公开发行。这是十分错误的。

在发行工作上，我们仅仅注意到控制印数，完全没有想到这种书籍根本不应公开发行。对这类书籍虽也采取了内部发行办法），但只是一般地规定凭证供应，没有定出更为细致的内部发行办法。这是极不妥当的。

以上只是我的初步检查。为了吸取教训，我已在我馆全体同志的大会上检讨这一

工作中，能结识数以百计的国际和中国港澳台出版界的领导，广大内地出版界的挚友和中图公司的同事，情同手足，结成的深情厚谊，我对此十分珍视。这段经历作为人生道路上重要里程碑，铭记在我心。我衷心希望中国出版界同仁，加强国际交流和合作，让中国了解世界，让世界了解中国，促进我国出版业不断兴旺发达。❖

错误，并将在听取上级指示后，再作进一步的检查。

送上我馆这类书籍发行工作检查报告和处理办法，请审查。另外，我们还拟出了一个今后这类书籍的发行办法，请一并审查。

由陈翰伯签字

(19)60 年 10 月 8 日

陈翰伯就职商务印书馆的当年，恰逢"大跃进"；也就是在"大跃进"的热潮中，商务印书馆迎来了外国哲学、社会科学著作出版的高峰时点。这就是出版历史的"吊诡"之处。1959 年 12 月 4 日，文化部出版局版本图书馆提供了一份《建国十年来各出版社出版外国哲学社会科学著作情况》供领导部门参考。其中说："中华人民共和国成立后，到 1959 年 11 月底为止，总共出版了这类著作 165 种，共印 124.07 万册（不完全统计）。"②

"按出版社来分，由商务印书馆出版的 87 种，三联书店 43 种（原由三联出版，后改由商务出版的，计入商务部分），上海人民出版社 8 种，世界知识出版社 6 种，法律出版社 5 种，人民文学出版社、中华书局各 4 种，人民教育出版社、新文艺出版社各 2 种，人民出版社、科学出版社、作家出版社、文化教育出版社各 1 种。""按出版年份来分，计：1949 年出版 1 种，1953 年 2 种，1954 年 5 种，1955 年 5 种，1956 年 10 种，1957 年 33 种，1958 年 53 种，1959 年（截至 11 月底为止）56 种。"③

在"大跃进"的社会洪流中推进有长远历史价值的工作，在政治整顿中冷静反思出版专业行为，这正是陈翰伯作为中国一流出版家的过人之处。陈翰伯信中提及德国经济学家桑巴特的《现代资本主义（第一卷）》和李季的序言。该书 1958 年 10 月由商务印书馆出版，44.4 万字，20 多个印张，印数 2 500 册。其《出版说明》共两页，首段交

代出版原由说："这部《现代资本主义》共有三卷，第一、二两卷译本曾于 1937 年由本馆出版，现经原译者重加修改由本馆再版。"最后一段说："我们现在将《现代资本主义》一书重新发排出版，是为了帮助我国的研究工作者认清资产阶级学者的反动本质，批判和肃清外国资产阶级学术思想在我国的影响，以达到捍卫马克思列宁主义的目的。至于本书所提供的有关欧洲经济史的一些资料，对我国的经济史研究工作者还是有一定的参考价值的。"这是在当时语境下有效的"消毒"措施。该书《译者序言》还依旧使用 1936 年旧版，留下了不能与时俱进的话柄，陈翰伯主动检讨，深刻定性为"丧失立场的行为"，"这是严重的政治上的失职"，进而化险为夷。

陈翰伯信末说："我们还拟出了一个今后这类书籍的发行办法，请一并审查。"这一"发行办法"后来修改完善为《商务印书馆外国哲学、社会科学书籍发行办法（试行）》，经文化部出版局 1961 年 6 月 10 日批准，从当年 7 月 1 日起实施。其核心内容由"书籍分类""发行办法及与新华书店的分工""供应原则与具体安排"三部分组成。书籍分类即"视书籍性质以及著者的情况"分公开发行和内部发行。"发行办法"集中指向计划性和针对性："全部书籍，为了更有计划的供应，以我馆直接与有关机关团体建立联系，直接供应为主，并开展对专业个人读者的服务。""有关机关团体和重点个人读者的供应，由我馆负责，新华书店只做门市零售服务。"④"商务印书馆出版之外国哲学、社会科学书籍自办发行"，"以直接与有关机关团体及专业个人读者建立联系的邮购供应为主"，"一部分书籍交新华书店部分销货店的重点门市部零售供应"。这"重点门市部"指"北京、上海、天津、武汉、沈阳、西安、成都、广州、南京、杭州等十个

左右城市的两三个重点门市部"，如果再扩大则为"重庆、青岛、旅大、秦皇岛、厦门等三十三个左右城市的一二个重点门市部"。⑤商务印书馆圈定的这一发行城市版图，有新中国出版文化的丰富内涵，意义远远超过了商务版外国哲学社会科学书籍销售地点。

1957年文化部《关于一般书籍的印数应该由出版社决定和改进社店经销关系的通知》中规定，"出版社一般可以在同城开设门市部或自设邮购科销售自己的出版物，以补新华书店之不足"。试行一年多后，"出版社以适当方式自办一部分发行工作，已经起到一定的作用，收到一定的效果"⑥。文化部于1959年发出《关于出版社自销一部分出版物的意见》。这为商务印书馆对外国哲学、社会科学书籍自办发行提供了政策依据。陈翰伯抓住整顿中央出版社政治读物的机会，主动检讨所在单位的相关工作，并利用已有的中央政策，结合本单位出版书籍的实际情况，解决商务印书馆出版外国哲学、社会科学书籍的棘手问题，显示了陈翰伯面对繁难问题的出版韬略。

商务印书馆在20世纪60年代对所出版的外国哲学、社会科学书籍实施自办发行，对"汉译世界学术名著"的长远发展产生了积极的推动作用。一方面，这类外国哲学社会科学著作的出版是"为了批判地吸收外国文化遗产，并为学术界提供资产阶级学术思想批判材料"⑦，它以内部发行这样政府许可的发行方式，确立了这一类书籍出版的政治保险系数，使这一个出版界学术界共同谋划的重大出版工程得以多少消解极左思潮对这类书籍出版的干扰，持续推进相关编辑出版工作。假如不是及时实施内部发行制度，外国哲学社会科学书籍这类书的出版选题在1960年以后六年间的命运如何，难说。另一方面，在总体肯定采取自办发行制度的同

时，也该具体书籍具体分析。如果不是将政治保险系数作为首选要素，仅从知识传播效果和效率而言，内部发行诚然是出版管制趋严背景下的消极选择，这也应该成为基本的历史理性判断。商务印书馆自陈，外国哲学、社会科学书籍"出版的目的，基本上是供学术界研究、批判之用，因此，各书的发行面不宜太宽，其中有一部分需要内部发行"。实施内部发行，就是"为了便于贯彻出版意图，防止发行面过宽，以较少的出版数量能较好地满足需要"⑧。在难以两全的制约中，商务印书馆先求总体上保全品种和项目，选择了弃公开发行之"多"而取内部发行之"少"的次优方案。

商务印书馆1958年出版了笛卡尔著《哲学原理》，到1960年6月已累计四次印刷，总印数达1.82万册。这样的发行规模显然只能由新华书店北京发行所总发行才能达到，商务印书馆自办发行不可能实现。版本图书馆认为该书"显然是被误解为马克思主义的著作，所以印了那么多。《哲学原理》初版印了1500册，出版后数月新华书店即提出订印四五万册，有关方面控制了一下，只印了9500册。现在看来，累计印数仍嫌多了一些"⑨。

---

①《文化部党组关于人民出版社等七个出版社整顿工作的报告》，见袁亮主编：《中华人民共和国出版史料》第10卷，中国书籍出版社2005年版，第397页。

②袁亮主编：《中华人民共和国出版史料》第10卷，中国书籍出版社2005年版，第202页。

③袁亮主编：《中华人民共和国出版史料》第10卷，中国书籍出版社2005年版，第202—203页。

④⑧《商务印书馆外国哲学、社会科学书籍发行办法（试行）》第11卷，袁亮主编：《中华人民共和国出版史料》第11卷，中国书籍出版社2007年版，第196页。

沈知方与陆费逵

王鹏飞

现代上海书业中出现过一批知名的出版家，如张元济、王云五、陆费逵、沈知方、章锡琛等，都曾主导或创办过影响深远的大型书局。其中张元济与陆费逵在近年的出版史叙述中，经常被视为民国出版代表人物相提并论。但在当时的出版场景中，二人并称的机会并不多，毕竟 1867 年出生的张元济要比 1886 年出生的陆费逵整整大了 19 岁，是长一辈的人物了。对陆费逵来说，当时打交道最多的是 1888 年出生的王云五与 1882 年出生的沈知方，尤其是世界书局的创办人沈知方。相对于中途入职商务印书馆担任总经理的王云五来说，沈知方与陆费逵都创办过一个大型书局，而且沈知方与陆费逵早年都在商务印书馆任职，后来联手创办中华书局之后，分别担任了局长和副局长。也就是说，相较于王云五更多中兴功臣的特质来说，陆费逵与沈知方都更有一层创业之主的身份。同时二人之间的合作与竞争，也涉及到了现代出版史几个大的关节点。因此本文拟对二人相关的出版事件，做一大致梳理。

一、共创中华书局

沈知方大陆费逵四岁，出身于绍兴一个二百年的书业世家。1898 年，商务印书馆成立了专门的发行机构沧海山房。这时候的沈知方也离开了少小在那里做过学徒的绍兴老家，来到上海在广益书局等传统的旧书业中任职，很快就因擅长发行而在行内声名鹊起。1900 年，沈知方被夏瑞芳以"老书坊里杰出人才"的名义引入，主要从事商务印书馆的发行工作。陆费逵籍贯浙江桐乡，他进入商务印书馆是在 1908 年的秋天，先是在编译所担任国文编辑，后来又升任出版部主任。进馆之前的几年，陆费逵曾在武昌创办过新学界书店，并担任过《楚报》主笔。1905 年底，陆费逵因《楚报》遭到张之洞查封而到达上海，先是在文明书局任职，后来进入商务印书馆。

⑤《商务印书馆、新华书店北京发行所关于商务印书馆出版的外国哲学、社会科学书籍自办发行的联合通知》，袁亮主编：《中华人民共和国出版史料》第 11 卷，中国书籍出版社 2007 年版，第 194—195 页。

⑥袁亮主编：《中华人民共和国出版史料》第 10 卷，中国书籍出版社 2005 年版，第 56 页。

⑦《建国十年来各出版社出版外国哲学社会科学著作情况》，袁亮主编：《中华人民共和国出版史料》第 10 卷，中国书籍出版社 2005 年版，第 202 页。

⑨《建国十年来各出版社出版外国哲学社会科学著作情况》，袁亮主编：《中华人民共和国出版史料》第 10 卷，中国书籍出版社 2005 年版，第 203—204 页。❖

在商务印书馆期间，沈知方与陆费逵的具体交往，已经不大可考。但所知者，便是作为二十多岁的青年人，二人都深得商务高层的器重，委以中层干部的重任。但也因为属于新的一代，从而对张元济等上一代商务印书馆主管们的一些做法并不认同。比如1910年张元济提出"花红改章分派方案"时，沈知方就个人署名专门上书董事会提出异议。而此前几年，沈知方也在商务印书馆的工作之外，先后主持过乐群书局和国学扶轮社等出版机构，干得风生水起。为此夏瑞芳还和他打过官司，败诉之后的沈知方颇有消极怠工之态。但就是如此，夏瑞芳也不放其离开，说"我不是不知道他有点懒散，但他的才气宏阔，我们非留用他不可，假使一旦让他离去，将来必定是个商务劲敌"[①]。相较沈知方，陆费逵在商务印书馆工作期间的"反骨"也不遑多让。陆费逵进馆之后不久，就表现出卓异的出版才能，为了笼络他，引其进馆的商务印书馆元老高梦旦还做主将自己的侄女高君德嫁给陆费逵，以坚其心。但这些举措对于别有出版思想的青年人来说，似乎效果不佳。结果就是1911年各地暴动风潮云涌之时，陆费逵联络沈知方等几位年轻人，出其不意地在1912年1月1日，联合创办了中华书局。

创办中华书局，是沈知方与陆费逵紧密合作的一个高峰。创局的起因，与一套充满革命思想的新式教科书紧密相关。辛亥前后清廷是否气数已尽，大众多有争论，争论也存在于上海的出版界中。在商务印书馆内部，核心决策层对于要不要准备一套新式教科书，以应对革命成功之后的局面犹豫不决，主持商务编译所的张元济等人，则大都持一种反对意见。长期任职商务编译所的蒋维乔回忆说，"是时革命声势，日增月盛，商务同人有远见者，均劝菊生，应预备一套适用于革命后之教科书。菊生向来精明强

干，一切措施，罔不中肯。然圣人千虑，必有一失，彼本有保皇党臭味，提及革命，总是摇首。遂肯定地下断语，以为革命必不能成功，教科书不必改"[②]。这种情况下，陆费逵和沈知方等年轻人，则认为时机已到，遂产生了另开新店的异心。创办了开明书店的商务印书馆老员工章锡琛，这样记述陆费逵等人当时的举动："他趁商务周转不灵、业务暂时萎缩的时期，暗中跟国文部编辑戴克敦和发行所沈知方等计划，筹集资金贰万伍仟元，另行创办出版机构，约聘商务解职和留所的编辑人员，秘密编辑中小学教科书。"[③]

长于编辑的陆费逵和长于发行的沈知方联合创办中华书局，是当时书业之中近乎共知的事实。除了章锡琛等人记述之外，还见于平襟亚、喻血轮、郑逸梅等多人笔墨之间。1941年3月，曾与陆费逵同时供职商务印书馆编译所的蒋维乔，回忆当年任职商务印书馆发行所的老同事沈知方时说："虽同一机关以职务攸分，乃不克朝夕相见。因此先生之学问志趣，亦不得其详。但知先生之精明强干，既立功于商务，后即创办中华书局，又办世界书局。至今此两大公司，屹然与商务鼎足而三。屡经战乱，营业未蒙停顿。先生之功，有足多焉。"[④]这段话写作的时候，是在沈知方去世一年半之后，陆费逵去世的四个月之前。

1914年8月25日，中华书局大为扩充，重新申请了公司注册。当时北洋政府的《政府公报》公示了经农商部总长张謇审批的"注册之公司商号"，其中有中华书局1914年7月21日提交的注册登记表。在这份注册号数"公字第五十六号"的登记表中，"创办人或出资人"一栏明确写着创办中华书局的五人名单，即住在上海百老汇路的陆费逵、陈寅，住上海老靶子路的戴克敦，住上海观盛里的沈知方，住上海麦根路的沈继

方⑤。在"民六危机"进行之时，一位商务印书馆股东公开发表于报纸的一封信函，更可作为沈知方与陆费逵联合创办共组中华书局佐证材料。这封提醒商务印书馆切勿重蹈中华书局覆辙的信件一开头，作者就写道："敬启者 吾国书业规模宏大者，向仅本馆。光复以来，本馆劣夥陆伯鸿、沈芝芳等，组织中华书局，营业虽不及本馆，然就近两年之外观言之，固俨然与本馆抗衡也。不料数月以来，败坏至不可收拾，吾股东方庆本馆办理之善，不致蹈彼覆辙，乃中华书局股东开会时，彼办事人声明处处效法本馆，以致失败云云……商务印书馆股东一份子上。"⑥

在这封信中，"组织中华书局"的陆费逵和沈知方被这位股东称为"本馆劣夥"，可见其愤恨之心。但也从另一个侧面，旁证着沈知方与陆费逵这两位商务青年骨干的光辉合作。

二、亲密合作与分道扬镳

中华书局正式成立时，沈知方因与商务印书馆合约尚未到期。一年之后的 1913 年 2 月，也即当年农历新年的开始，他正式公开加入中华书局，直接担任副局长。1913 年 4 月 20 日，中华书局在虹口东百老汇路本局总公司楼上召开第三届股东会议，陆费逵向股东会议报告："今年以来，局面愈大，需才愈多。沈芝芳君（知方）于营业颇有经验，既出商务书馆，由本局延充副局长，到局业已两月余，极称得力。"

"极称得力"，是陆费逵局长当时对沈知方副局长充满喜悦之情的评价。沈知方进入中华书局之后，主要负责发行业务。沈知方施展了他在旧书业中历练的手段，同时借助在商务印书馆发行所十年中结识的各地工商大佬和乡绅资源，或合资，或参股，以灵活多样的方式，让中华书局迅速在全国各地设立了诸多分局和发行代办机构。沈知方一番操作之下，中华书局发行成绩斐然。1913 年 11 月第四次股东会议报告显示，第三届（1913 年 1—6 月）贸易总数计三十五万余元，较之去年上半年约四倍，较之去年下半年约二倍半。一年多时间，中华书局的各地分局已设北京、奉天、保定、开封、广州等十七处。

此后，沈知方又以副局长身份主持了中华书局兼并的文明书局，1915 年还策划了包天笑主编的《小说大观》，在通俗文学市场上为中华书局抢得一席之地。同时，陆费逵和沈知方还跨界经营，以沈知方为主联合黄楚九，从事中华龙虎人丹的生意。或许是当时两人都处于新手保护期，策划的事情几乎没有不成功的，加之当时商务印书馆还陷入了日资风潮，一时之间，中华书局俨然成了新兴的国货之光。

1915 年 11 月，《国货月报》的记者采访中华书局，与陆费逵和沈知方进行了交流，并由陆费逵带领参观。记者记述了对中华书局两位局长的印象："陆君之为人，精明干练，敦厚朴实，身材中等，而头颅特大。论者谓其脑力充足，良有以也。通教育，能文章，其所发表关于教育实业之文字，风行一时，无待赘述。沈君天才卓越，识见宏通，精于营业。陆君告余曰：余与芝芳共事日久，而芝芳规划远大，实远胜余。"

从 1913 年初的"极称得力"到 1915 年底的"规划远大，实远胜余"，在陆费逵的眼里沈知方形象持续上升，自然二人之间的合作默契也清晰可想。然而这样的美好合作并未持续很长时间。或许是创业的发展太顺了，陆费逵和沈知方这两位雄心一个赛过一个的书局领头人，持续为中华书局的发展踩着油门。结果到了 1917 年，随着第一次世界大战的后续效应开始影响到国内，加上当时政局又是"张勋复辟"，又是北洋内斗，经济局面急转直下，只顾高速发展的中华书局也一下子陷入了资金链断裂的深渊之中，这就是中华书局局史上的"民六危机"。

书局蒸蒸日上时，大家一切安好，等到了"民六危机"爆发，沈知方和陆费逵开始相看两厌了。尤其是位高权重的副局长沈知方，在陆费逵的眼里，完全成了"用人不当"的反面典型。陆费逵当时在复股东查账代表的信中，检讨中华书局的制度不完善，首先就以沈知方为例："董事兼副局长沈知方的欠款三万元，湘局经理王衡甫的欠款二万余元，均系先挪用后改为押款的，并非债务抵进押品，自叹才短力薄，用人不当，局面过大，御驾乏术，对于股东深用愧悔。"⑦

中华书局陷入深渊，陆费局长冷眼相待，当年创业的合伙人沈颐也不无恶言，沈知方无奈之下，只好辞职。提交给董事会的辞职信中说，"因他方关系兼办别业，以致事务纷繁，日不暇给。目前所办华昌火柴公司正在扩张，中华制药公司亟待进行。兼筹并顾则力有不支，舍彼就此又势所不能"⑧，表面上是分身乏术，明眼人一看便知晓这只是托辞而已。

1917年1月28日开始，《申报》连续三天刊登着沈知方的"启事"："鄙人因经营事业过多，日不暇给，已将中华书局副局长、文明书局协理两席辞卸。各界如有惠顾接洽之事，每日午后请至海宁路北山西路五百七十七号敝寓新宅，午后请至宅北虹江路华昌火柴公司或三马路中华制药公司，来函请迳寄敝寓为幸。"

沈知方辞职之后，中华书局董事会决议副局长不再补人，所办各事即由诸理事分任，沈知方就成为中华书局历史上唯一的副局长。陆费逵和沈知方这两位曾经一度联手共创新局的青年出版才俊，在1917年的春天彻底走向了决裂。

三、三次竞争

离开中华书局之后的沈知方，很快开办了自己操持的几个小书店：中华第一书局、广文书局和世界书局。这些书店小得可怜，只是在弄堂里租一个小门脸，开办之初的境况简直是惨不忍睹。但当时三十五岁出头的沈知方并未气馁，靠着摸爬滚打，在四年之后的1921年，居然把所谓的弄堂书店改组为后来鼎鼎有名的世界书局股份有限公司。没有了沈知方做副局长的陆费逵，危难之中也显示出卓绝的英雄本色。他放弃了当外交官等其他选项，坚持在中华书局勉力维持，硬生生将濒临绝境的中华书局带出危局，恢复到当时出版业的亚军位置。

时间很快来到了20世纪20年代。当年两位联手合作的年轻人，在各自主政一个书局之后，开始了毫不客气地直接竞争。二人交手的第一仗，围绕堪称当时商务印书馆和中华书局"命门"的小学教科书市场而展开。

1924年底，北洋政府的教育部审定了世界书局第一批的四种教科书。这个时候，全国的教科书市场几乎完全被商务印书馆和中华书局两家所垄断。教科书出版的门槛甚高，资金要求也大，出版业中很少有其他书局尝试。1906年主持乐群书局时就仿制教科书的沈知方，加之创办中华书局时的经历，深知要想在出版业中有所作为，教科书市场必须进入。因此世界书局改组之后，沈知方就一直在准备着教科书的出版。1924年初夏，得知沈知方正在编制小学教科书而且即将完工，商务印书馆和中华书局很是震惊。他们对沈知方这位老员工知根知底，太了解他的发行能力了。面对这种局面，两家书店沟通之后，就派陆费逵作为两家书局的代表，出面与沈知方协商，"劝告世界停止出版教科书，由两家出资十万元收买世界教科书稿本"⑨。面对着当年称赞自己的陆费局长，沈知方一开始有些犹豫，但听到陆费逵提出要以世界书局永远不出教科书作为条件，沈知方一口回绝，谈判破裂。

陆费逵岂是容易相与的人物，既然和谈不成，那就兵戎相见。1924年7月16日，中华书局召开了一次董事会。由陆费逵领衔签署的第一个议案，就是商议抵制世界书局的教科书："议案一 为抵制某同行教科书，商务、中华联合另组一书局，股本额定廿万元，商务三分之二，中华三分之一，陆续支用。议决通过。"⑩同样的议题，也出现在1925年3月10日商务印书馆第303次的董事会记录中："一、本公司与中华书局双方订立协约已有数年，近为补助教育、维持双方教科书起见，经协议决定另设一国民书局，资本总额定为上海通用银圆三十万元，本公司占三分之二，中华书局占三分之一。该书局经理由本馆选任，正账由中华书局选任，共议定协约十二条，另纸录，请登阅。"这时会发现，时间过了半年之后，两家书局合办国民书局的资本额半年之后从二十万变成了三十万。

国民书局成立之后，立即发行了低价的教科书，加上商务印书馆与中华书局，沈知方陷入了到了三方围攻之中。具体过程不再赘述，结果就是这场围绕小学教科书展开的竞争历时五年之后，到了1930年的7月，国民书局关门大吉。沈知方于此一役取得完胜，彻底稳住了世界书局在民国教科书市场的地位。

国民书局关门了，但沈知方与陆费逵之间的短兵相接并未结束。1930年8月14日，在国民书局停业仅仅二十天之后，中华书局于《申报》《新闻报》《民国日报》《时事新报》等头版，同时刊登"中华书局悬赏二千元"的声明，悬赏"有能证明下列二项之一者，各给酬金一千元"："（一）世界书局《初中本国史》，"历史之回顾"一节，与本局《新中学初级本国历史》全书结论一章，十同其九。有能证明本局此章文字，系从何局出版的教科书抄袭而来，以致与世界本不谋而合者，酬金一千元（两书文字分别附于后方）。（二）世界书局《初中本国史》，附图"三国鼎力图"及"太平军图"，与本局《新中学初级本国历史》附图"三国鼎力图"及"清中叶及太平军图"，形式内容完全相同，有能证明本局此两图，系从何局出版的教科书或历史沿革图翻印而来，以致与世界本不谋而合者，酬金一千元"。

"悬赏声明"于1930年8月14、16、18日，在沪上几大报纸连续刊发了三次。一个月之后，中华书局公布悬赏结果："自登报之后，经过截止期间，承诸君纷纷惠函赐教，督勉有加，但无人证明敝局有从他书抄袭翻印情事"，"至世界书局方面，已由敝局函请其于两个月内，自行解决，庶于维持著作权之中，仍示推重同业之意，抑亦可共同努力，以期毋负教科书之远大使命也"⑪。

大费周章的广告悬赏，结果只是函请自行解决，没有提出任何诉求。那为何一开始不直接去函沟通呢？因为陆费逵醉翁之意不在酒。

在世界书局编辑所任职二十余年的朱翊新亲历此事，他回忆说，当时有不少书店编辑这类教科书，都依照部定《初级中学历史课程标准》编写，内容是大同小异，但四册的世界书局《初中本国史》在某册的一节结论中，有部分字句与中华书局《初中本国史》雷同，"这个问题是由于编写人工作不够严肃而起，本可通过适当方式解决，但是中华书局不惜支付巨额广告费，立即在上海各大报纸上刊登封面全幅广告，将两书部分文字雷同的各一页，制版对照"。其目的就是"中华此举，意欲斗倒'世界本'，使对方大受损失；抬高'中华本'，使自己多获利润"⑫。

过后来看，这次与中华书局关于中学历史课本的竞争，沈知方遭受的损失不大。因为被质疑的《初级中学本国史》，是黄人济等依照当时刚颁发的暂行课程标准编辑出来的第一部同类教本，在对中华书局提及的一幅图片略作修改以后依然照常印行，销量还不错。但沈知方刚结束小学教科书的渠道之争，立即又陷入到中学教科书的竞争之中，还被陆费逵如此煞有介事的公告，其想从名誉上抹黑沈知方的想法并非空穴来风。沈知方对此也颇有感触，"我们的中学教科书，毫不违背著作权法。假使果有违背著作权，他们何不走正常途径，而要用破坏的手段呢？"无奈之情溢于言表。

沈知方与陆费逵围绕小学和中学教科书展开的渠道战和舆论战两场竞争，两人均用尽手段。但竞争之余，作为当时的书业巨擘，二人又经常在各种行业协会中共同兼任职务，如上海市儿童幸福委员会文化组、上海市书业同业公会、上海特别市商民协会书业业会、上海商业研究会等，沈知方与陆费逵都经常同任委员或共同出席，报道中还经常见到委员开会之时说大家一团和气的描述。但对于沈知方和陆费逵来说，表面上的和谐只能局限于表面上，中学历史教科书的争吵结束不久，沈知方与陆费逵又在书业公会的场域开始了第三次交锋。

1931年夏天，南京国民政府推行工厂法，上海市的出版界工人闹罢工。工人们组织成立了上海市出版业公会，在中华书局、世界书局等也都设立了分会。一时之间，工人的组织与陆费逵、沈知方、王云五等人担任委员的上海市书业同业公会并立，成为劳资双方的阵营。工人们有了组织之后，在与书局资方谈判时权利意识暴增。为此，陆费逵担任主席的上海市书业同业公会出了个决议，不允许各书局与市出版业公会单独谈判，要求资方同进同退。但这次的罢工风潮有"工厂法"背景，一定程度上又得到了上海市社会局的支持，具有很强的罢工合法性，工人也罢工意志坚强。罢工时间一长，不少书局感到受不了，提出是否可根据各自书局特点独自谈判。压力之下，书业公会主席陆费逵在《申报》公开声明："书业同业公会议决不许与市出版业公会单独谈判一节，系世界书局代表沈委员知方提出，经执行委员会议决。外界不明真相，因鄙人任同业公会主席，以为鄙人主张，实属误会，特此声明。"[13]

把内部决策信息公之于众，明显不符组织程序，陆费逵专门拎出"沈委员知方"，不无甩锅或整人的嫌疑。第二天，沈知方立即在同一版面，刊登了"沈知方对陆费伯鸿先生声明之声明"：

陆费伯鸿先生声明书业同业公会议决"不许与市出版业公会单独谈判"一节，系由鄙人提出，经执行委员会议决等语，兹特声明如下：

一、此次市出版业公会，系以整个团体，分别向中华及敝局等提出要求改善待遇条件。本年八月十日同业公会开会时，故鄙人有"出版业公会系整个进行，我书业是否亦以整个应付，请付讨论"之提议。"不许单独谈判"，为同业公会执行委员会之决议。此应声明者一。

二、此次敝局之单独进行，系奉社会局之训令，及同业公会之准许。此应声明者二。[14]

第二条声明，点出了沈知方与陆费逵这次争斗的原因。工人们的出版业公会成立之后，率先在中华书局和世界书局成立了分会。中华和世界两局也以领头羊的地位，代表资方与工人方面互不相让。一个多月之后，上海市社会局为了缓解工人压力，决定单独突破，就软硬兼施让世界书局与该局工会组织单独谈判。沈知方把谈判提议送至书业公会，因符合大多数书局利益，很快多数通过。但沈知方此举让此前表态强硬的书业公会主席陆费逵颇感难堪，不但有被沈知方摆了一道的恼怒，还有在书业工会被架空的嫌疑。于是一怒之下发了声明，将二人之间的不合直接公之于众。

从上述三次竞争可以看出，分道扬镳之后的沈知方与陆费逵，当年共创新局的兄弟之情已经消磨殆尽。1931 年在二人竞争之时，陆费逵回顾了创办二十周年的中华书局历程。依然抨击沈知方是"民六危机"的主因之一："副局长某君个人破产，公私均受其累"[15]，就差直接实名了。陆费逵不顾吴镜渊提出的危机原因，二十年之后依然坚持己见将当年"极称得力"的副局长视为罪人，陆费逵这时对待沈知方的心态是可堪玩味的。

四、结　语

1939 年 4 月，衰病多时的沈知方预感不久于世，他为耗费心力策划的《语译广解四书读本》写了一篇序言。序言的开头，他回顾了自己的出版人生，"余幼读四书，仅能上口，圣贤微言大义，无从窥见其一二。辍学经商，在上海与夏萃芳先生办商务印书馆，又与陆费伯鸿先生创办中华书局，未几又创办世界书局，四十年中，无不与书业为缘"[16]，五个月之后，沈知方因胃癌去世，享年五十八岁。他在序言中提及一起创办中华书局的陆费伯鸿先生，这时正在香港。全面抗日战争爆发之后，位于上海的中华书局总厂和编辑所停工遣散，陆费逵将总局迁到了昆明。1937 年 11 月，陆费逵到达香港，设立了中华书局办事处。1941 年 7 月，陆费逵因突发心脏病在九龙家中病逝，年仅五十六岁。相较于商务印书馆高寿九十岁的张元济和九十一岁的王云五，沈知方与陆费逵都可说是英年早逝，令人叹惋。而他们两人从共

创新局到分道扬镳的互动与竞争，也成了现代出版史上值得追忆的一段故事。

①应文婵：《文化事业中一段掌故》，《书斋志异》，中国友谊出版公司 1984 年版，第 115 页。

②蒋维乔：《创办初期之商务印书馆与中华书局》，宋原放主编：《中国出版史料（近代部分）》（第三卷），湖北教育出版社 2004 年版，第 195 页。

③章锡琛：《漫谈商务印书馆》，中国人民政府协商会议全国委员会文史资料研究委员会编：《文史资料选辑》第 43 辑，中华书局 1963 年版，第 71 页。

④蒋维乔：《语译广解四书读本序》，启明书局 1941 年版。

⑤政事堂印铸局：《政府公报》1914 年 8 月 25 日，第 828 号。

⑥《来函》，《大公报》（天津版），1918 年 1 月 1 日。

⑦吴中：《我所知道的维华银团》，宋原放主编：《中国出版史料（近代部分）》（第三卷），湖北教育出版 2004 年版，第 189 页。

⑧钱炳寰：《中华书局大事纪要》，中华书局 2002 年版，第 30 页。

⑨刘季康：《世界书局的发行工作回忆》，《文史资料存稿选编 23》，中国文史出版社 2003 年版，第 338 页。

⑩《中华书局董事会档案（六）》，《中国出版史研究》2018 年第 4 期。

⑪《为悬赏征求证明事件敬谢赐教诸君》，《申报》1930 年 9 月 14 日。

⑫朱翊新：《我在上海世界书局的编辑工作》，《文史资料存稿选编 23》，中国文史出版社 2003 年版，第 307 页。

⑬《陆费伯鸿声明》，《申报》1931 年 9 月 18 日。

⑭《沈知方对陆费伯鸿先生声明之声明》，《申报》1931 年 9 月 19 日。

⑮陆费逵：《中华书局二十年之回顾》，《中华书局图书月》，1931 年 1 期。

⑯沈知方：《语译广解四书读本刊行序》，启明书局 1941 年版。✢

全国出版内刊信息会留影（二）

全国第三次出版内刊信息会与会者合影（1985年4月，杭州）

前排右起：王建、朱悦、柳心、吴成瑞、吴向晨、钱凡、金荣光、朱思敬、梁天俊、谌艾

第二排：文宣、李中茹、杜乃芳、李湛梅、李翠珊、刘慧杰、蔡晓莱、张先友、王靖、谢丽蓉、
　　　　曹铁民、陈霞、骆丹

第三排：张大同、鱼治文、杨教、罗紫初、张正修、胡荣威、蒋德闲、孙玉祥、魏启元、余甘澍

第四排：段军、邹建华、杨念迅、姜书典、不详、雷群明、吴南山、张鲁、陈济众、不详

保俶塔下（1985年）

右起：孙玉祥、罗紫初、邹建华、余甘澍、雷群明

全国出版内刊信息会留影（三）

全国部分省市出版工作信息座谈会与会者合影（1986年9月，天津）

边春光在全国部分省市出版工作信息座谈会小组会上发言（1986年）

全国部分省市出版工作信息座谈会小组会一角（1986年）

（雷群明　提供）

朱自清（1898—1948）最早以诗人面目走上"五四"文坛，后来以散文家名世，后期则以新文学评论家、古典文学学者为主要身份，而其另一个最重要的成就，就是作为一代文学教育大家，影响泽被20世纪20年代以后的几代中国学人。在上述身份之外，朱自清还有一个通常被人忽略、很少被提及的身份，那就是编辑。实际上，朱自清从走上新文坛时期开始，就不曾间断地兼事编辑工作，其领域涉及期刊、图书、报纸、文献集等多种形态，内容范畴则涉及文学创作、学术、教科书等多个领域，留下了一些重要的遗产。其编辑经历和经验，也有不少足资借鉴之处。考察朱自清的编辑工作，可以分为"五四"文学时期、战前清华时期、西南联大时期和战后北归时期四个阶段。本文拟结合有关文献，略述朱自清的编辑生涯，以展现他在编辑方面的贡献，并初步总结他的编辑特色与经验。因全面探讨势必篇幅冗长，拟分上下两篇，本篇先讨论1937年前朱自清的编辑活动。

一、新文学运动时期的编辑活动

据朱自清就读扬州江苏省立第八中学时期的级任李方谟回忆，朱自清"那时喜看说部书，便自命为文学家"[①]。朱自清自己回忆，中学时代就喜爱写作，曾模仿林译小说写过聊斋式的小说，被《小说月报》退稿；同时"还集合了些朋友在扬州办了一个《小说日报》，都是文言，有光纸油印，只出了三天就停了。自己在上面写过一篇《龙钟人语》，大概是个侠客的故事，父亲讲给我听的"[②]。这是朱自清最早的编辑活动，是后来编辑生涯的一种预演，从中也可见出，他的编辑经历与写作生涯是同步开始的。而真正发生影响的编辑活动，则是在"五四"新文化运动的浪潮中开始的。

（一）在北大参与《新潮》编辑

1916年，朱自清考入北京大学文预科，1917年秋转入文本科中国哲学门。他就读大学期间，正是五四运动酝酿和爆发的前后，新思潮汹涌澎湃，身处五四运动的策源地，朱自清积极投入新文化运动，在开始从事新文学写作的同时，参加多项社团活动。1918年秋季在《新青年》领袖人物胡适、陈独秀、鲁迅等支持下，北京大学学生罗家伦、傅斯年等发起成立了"新潮社"，宣传思想革命、文学革命，成为新文学初期著名社团。朱自清也是新潮社社员之一。与朱自清同学的孙伏园同为社员，他回忆说："我们比较相熟还是在新潮社共同讨论《新潮》稿件和一般思想学术问题的时候。"[③]说明朱自清是参与了《新潮》的编辑工作的。

（二）编辑绍兴旅杭同乡会会刊《越声》

1920年5月从北京大学毕业后，朱自清于同年八月赴浙江省立第一师范学校任教。也正是在此期间，朱自清参与编辑了绍兴旅杭同乡会

徐

月

会刊《越声》。《朱自清全集》第四卷收有《〈越声〉发刊词》一篇，作于1921年11月28日。发刊词指出《越声》的宗旨为"联络乡谊，交换知识"，文章对这两点做了深入阐释。朱自清之所以能够编辑这个同乡会刊物，显然与他祖籍绍兴这一事实有关。众所周知，朱自清生于江苏东海县，四岁时随父母定居扬州，后来还写了《我是扬州人》一文，但他对自己绍兴祖籍也是深为认同的。正是在《我是扬州人》中，他特别谈到这一点："有些国语教科书里选得有我的文章，注解里或说我是浙江绍兴人，或说我是江苏江都人就是扬州人。有人疑心江苏江都人是错了，特地老远的写信托人来问我。我说两个籍贯都不算错，但是若打官话，我得算浙江绍兴人。浙江绍兴是我的祖籍或原籍，我从进小学就填的这个籍贯；直到现在，在学校里服务快三十年了，还是报的这个籍贯。"

在朱自清1925年返回北京担任清华教职以前，一直在江浙任教。此期正是五四运动的高潮和收获期，朱自清兼任了一系列文学编辑工作。

（三）《诗》：新文学第一本新诗刊物

1920年秋，从北大毕业后的朱自清先赴浙江省立第一师范任教，同年9月经好友刘延陵介绍，赴上海吴淞中国公学中学部任教国文，并由刘延陵引荐结识叶圣陶。1920年10月由于学生被煽动闹风潮，朱自清等教员随后离开吴淞返回上海。正是在上海期间，他们创办了中国现代文学史上第一个专门刊发新诗与新诗评论的刊物——《诗》。刘延陵后来回忆他们创办《诗》刊的经过：

有一天下午，我们从海边回学校时，云淡风轻，不冷不热，显得比往日尤其秋高气爽。因此，我们一路上谈兴很浓；现在我已不记得怎么一来，我们便从学校里的国文课谈到新诗，谈到当时缺少专载它们的定期刊，并且主张由我们来试办一个了。

那时我们都才二十几岁，回到学校后，马上写了一封信寄给上海中华书局的经理，征求该书局为我们计划中的刊物担任印刷与发行。几天后接到回信。邀我们于某一时刻，访问该书局编辑部的左［左舜生］先生，谈商一切。我们如约而往，谈了一小时就达成协议。④

叶圣陶、朱自清、刘延陵三人于1921年10月在上海筹办《诗》，1922年1月15日《诗》月刊第1期正式创刊，由中华书局印刷发行。《诗》最初以"中国新诗社"名义出版，从1922年7月第4期开始则改为"文学研究会定期刊物之一"。朱自清回忆《诗》创刊过往时说道：

《诗》月刊怕早被人忘了。这是刘延陵、俞平伯、圣陶和我几个人办的；承左舜生先生的帮助，中华书局给我们印行。那时大约也销到一千外。……几个人里最热心的是延陵，他费的心思和工夫最多。这刊物原用"中国新诗社"名义，时在民国十一年，后来改为"文学研究会刊物之一"，因为我们四个人都是文学研究会会员。

作为新文化运动以来第一本新诗专刊，《诗》主要发表原创新诗，附带译介外国诗歌、探讨诗歌理论。作为新文化运动后的第一本新诗刊物，《诗》创刊号共登载57首原创诗歌，俞平伯一人占16首，朱自清4首，此外刘复、汪静之、郭绍虞、叶圣陶、刘延陵等均有原创诗作刊登。外国诗歌方面主要刊载了周作人、王统照、沈雁冰翻译的日本、爱尔兰、乌克兰诗歌等。从作者们后来的成就看，创刊号阵容可谓豪华。前两期原创诗歌在前，诗歌理论和中译外国诗歌在后，从第3期起分设"小评坛"专栏，收录诗歌理论、评论；"诗歌"专栏，以及"通讯"专栏，收录探讨诗歌观点的书信。第4期开始将诗歌按照风格分组。原定半年一卷，每卷五期，每期60余页。从一卷四期开始，正式作为"文学研究会"定期出版物之一。前三四期同人作品居多，后几期作者群明显扩大。朱自清的作品主要发在前四期上，其中有新诗力作《转眼》《自从》《睁眼》《除夜》《宴罢》及诗论《短诗与长诗》等。在1923年4月出版的第2卷第2期"编辑余谈"中，向读者表达了底稿不能退回的致歉，同时提醒作者"以后惠稿时，万望录副自存"，并提供了新的收稿地址。到此为止，刊物并无停刊迹象，但这一期之后却再无新刊出现，证明停刊是意外事件。实际共刊发两卷七期，无疾而终。

朱自清、刘延陵早在1921年11月中国公学风潮结束后，即回到浙江省立一师，因而在《诗》存续的大部分时间里，收稿人为叶圣陶、刘延陵，而以叶圣陶为主。从每期《编辑余谈》大都出自叶圣陶之手这一事实来看，[5]叶圣陶是承担编务最多的人。朱自清在此期致俞平伯的信中，多处透露了他参与编务的信息，例如1921年10月29日信中感谢"承兄给《诗》两首诗，我们自然感谢"，又报告"《诗》决由中华书局承办，已定"；1922年3月26日信中叙述《诗》的诗论文章组稿之难等，都反映出朱自清在编辑事务上劳神费力之状。同时贡献了多篇力作，巩固了其在新诗坛上的地位，王瑶在《中国新文学史稿》中提及《诗》的作者群，就说朱自清是这些人中成就最大的诗人"。[6]这为后来编辑"我们"，乃至更晚编辑《中国新文学大系》新诗卷，奠定了重要的基础。

（四）创立"我们社"并编辑"我们"丛刊

1924年2月下旬，朱自清因人事原因离开温州的省立十中，转应宁波浙江省立四中校长兼上虞县白马湖私立春晖中学校长经亨颐之聘，任教于这两校。此时刘延陵、许杰、夏承焘等也任教于四中，刘薰宇、刘叔琴、匡互生、朱光潜则任教于春晖中学，夏丏尊、丰子恺等则与朱自清一样同时任教于

两校，新朋老友朝夕相处，形成学问与创作的小圈子。4月，朱自清与同事丰子恺、刘延陵，以及上海、杭州、北京的好友叶圣陶、刘大白、白采、俞平伯、顾颉刚，加上先前的学生潘漠华、张维祺等人成立同人社团"我们社"，朱自清与俞平伯负责主编社刊《我们》。从后来出的两期《我们的七月》（1924年7月）、《我们的六月》（1925年6月）看，定为年刊。编者名字署"O.M.编"，"O.M."实为"我们"的字母缩写。

《我们的七月》共刊文35篇（统计法不同可能有不同结果，因不少一篇几题的，此处都算一篇），其中诗剧一篇，小品散文三篇，新诗六篇，译诗两篇，论文六篇，通信三篇，小说一篇，旧体诗词十二篇，补白趣话一篇；另有美术插页两幅。为示"同人共同负责"，[7]各篇均不署名。后应读者要求，在次年的《我们的六月》后补附了《我们的七月》中除美术和旧体诗词之外的二十一篇主要作品的目录及作者姓名。当年8月15日朱自清的日记提到一条读者意见：

徐奎说《我们的七月》不大好，似乎随便；又说没有小说风格。我说并不随便，但或因小品太多，故你觉如此。因思"小品文之价值"应该说明。我们诚哉不伟大，但自附于优美的花草，也无妨的。

徐奎所说的"随便"似乎是针对《我们的七月》收录作品种类繁杂而发，至于"小品太多"，是因为虽然只有三篇，但每篇下有多题，例如朱自清本人《温州的踪迹》就包括三题，俞平伯《湖楼小撷》包括五题。这显示了朱自清对于小品一体的重视。

1925年《我们的六月》出版，共收作品三十二篇，朱自清本人多篇作品入收，其中包括长篇散文名作《"海阔天空"与"古今中外"》和为俞平伯写的《〈忆〉跋》、为孙福熙写的书评《〈山野掇拾〉》，尤其引人注目的是，他为五卅惨案而作的新诗《血

歌》作为头题发表在卷首，诗中表达的对于帝国主义屠杀暴行的激烈愤慨，显然代表着"我们社"同人的共同态度。

《七月》《六月》封面均由丰子恺设计。《七月》以他的漫画风格的《夏》做底，画的下方是深蓝色调的草地、河流，上方大部分是朗阔的天空衬托下一株妖娆的绿树和一道彩虹形成的交叉曲线，下方浓重的蓝色底子上反白印出丰子恺题写的书名，整体设色单一但构图不单调。书出版于1924年7月，稍后不久的8月4日，朱自清在日记中说："下午亚东寄《我们的七月》三册来，甚美，阅之不忍释手。"个中包含着对封面的赞赏。《六月》的封面整体风格样式与《七月》相似，背景图为《绿荫》，设计为绿白两色，内文并发表丰子恺的《三等车窗内》《黄昏》（即著名的《人散后，一钩新月天如水》，另题为"黄昏"）两幅漫画作为插页。可见朱自清对丰子恺的欣赏与信任。

因俞平伯在1924年底即赴北京定居，《我们的六月》主要由朱自清主编。⑧1925年4月5日他赴上海与亚东图书馆交涉《我们的六月》出版事。在致俞平伯的多封信中，都谈到稿件及版税、出版等事宜。

也许由于1925年朱自清在俞平伯推荐下赴北京任教清华、工作重心从此转移的原因，"我们社"的社刊在没有宣布停刊的情况下悄然结束，仅出的这两期刊发了很多重要作品，在现代文学史上有别具一格的意义，新时期上海书店出版"中国现代文学史参考资料"丛书，也影印了两书。可惜在笔者所见几种权威的现代文学思潮流派辞典中，都没有收"我们社"及其社刊。⑨对于"我们社"，还值得更加深入细致地加以研究。

二、战前清华时期的编辑实践

1925年，清华学校增设大学部和研究院，延揽教员，朱自清在俞平伯推荐下，于当年8月离开浙江，只身前往北京就任清华教职。从此开始了服务清华的生涯，直至1948年去世。朱自清在研究、写作、教学之余，担任了若干职务。1928年8月清华学校改为国立清华大学，杨振声被任命为文学院院长兼中国文学系主任，朱自清就开始参与中文系的草创工作。1930年杨振声受命筹备青岛大学，朱自清开始代理中文系主任（1931—1932年访英期间刘文典暂代），1933年9月正式担任中文系主任；1934年兼代理图书馆主任；1935年9月起兼任《清华学报》编辑委员会主任。其间还担任学生文学社团指导教师、清华中国文学会学术主任等职。在这些职位上，朱自清展开了一系列编辑、编纂活动。其中最主要的是《清华学报》《语言与文学》《中国新文学大系·新诗二集》等几项。

（一）《清华学报》

《清华学报》创刊于1915年，是中国现代最早的大学学报之一，也是第一家以"学报"为名的大学学术期刊。中间曾停刊，1924年复刊。资料显示，至迟到1934年1月，朱自清即已加入《清华学报》编辑部，在当月出版的第9卷第1期上的编辑部人员名单中，第一位即"朱佩弦"。从1935年1月（第10卷第1期）开始，名单中始用"朱自清"，列主任吴景超之后。朱自清在1935年9月2日的日记中说："见梅校长。同意担任学报编辑。"姜建著《朱自清年谱》本日云"晤梅贻琦校长，同意担任《清华学报》编辑委员会主任［即"主编"］职。"考虑到朱自清的"编辑"职位早已履行，同时也考虑到日记中译的诸多不准确，应该认为年谱的说法为准。在1936年1月出版的第11卷第1期上，朱自清取代吴景超，在编辑部人员名单列名主任。

朱自清日记中多涉《学报》事务从中可

以看出他作为主编的殚精竭虑之诚。1935 年10 月 13 日记：

> 按顾一樵意见，决心在学校辟"杂录"专栏。又，拟征求外国同僚之投稿。于此，觉平时稿件皆不够水准。

同样由于日记翻译错讹原因，该条日记内容中的"学校"应为"学报"，查此期前后《清华学报》栏目，"杂录"实为"附录"。"附录"栏的英文译名先后有"Postscript Notes"和"Miscellaneous"两种，日记中的"杂录"疑为对这两种译名的误译。策划开辟"附录"栏，并拟向外籍教授征稿，都是出于提升杂志质量的考量。朱自清次日（14日）即将此想法与闻一多商谈："访一多和平伯。一多不同意在日志中作简短提示，他认为文学应较社会科学学术性更强。依一多之见。书评必须具有某些优点。"

该条日记中的"日志"应为"学报"，而所谓"简短提示"可能也是"postscript notes"的误译。查《清华学报》，1936 年（第 11 卷）第 1 期即已增设"附录"栏，收录闻一多《〈高唐神女传说之分析〉补记》与朱自清《〈李贺年谱〉补记》。此前，闻一多《高唐神女传说之分析》和朱自清《李贺年谱》已经同时登在 1935 年 10 月的第 10 卷第 4 期上，那么，1936 年 10 月 14 日的会晤中，朱自清可能与闻一多商谈各自续写"补记"，在新辟"附录"专栏刊登。虽然闻一多发表了不同看法，但最终毕竟配合供稿，此后各期"附录"成为常设栏目，发表札记体学术论文，反映了朱自清唯学术内涵是重、不拘形式、细大不捐的主张，也显示了他办刊的首创精神、风格和行动力。

日记中也记载了不少朱自清邀稿之事，有时也会遭到拒绝。如 1935 年 10 月 25 日记："访陈寅恪、俞平伯、王维诚，请求投稿。陈、俞许之，而王则以无暇写文章而谢绝之。"稍后，陈寅恪《桃花源记旁证》、俞平伯《古诗明月皎夜光辨》先后见刊于学报 1936 年第 1 期和第 3 期，可见陈、俞二人对朱自清邀约的支持。当然也有退稿的情况。日记 1936 年 10 月 22 日记载了朱自清与陈寅恪的一次不愉快的交往：

> 昨日陈寅恪电话，询问彼寄投学报翻译哈佛大学某杂志发表《韩愈与中国小说》一文之原稿。是否准备采用。因不易决断，故答以不采用。然恐已造成问题矣。

理解这篇日记，需要梳理一下有关背景情况。此处陈寅恪文章题目应为《韩愈与唐代小说》，该文先用中文写作，后经 J. R. Ware 英译，发表于 1936 年 4 月《哈佛亚细亚学报》（Harvard Journal of Asiatic Studies）第 1 卷第 1 期。日记所言陈寅恪致电事，探讨的当为该文中文原稿在《清华学报》发表，但朱自清犹豫之下拒绝了。这导致陈寅恪这篇文章的原稿一直未能在国内刊出。直到 1947 年，程千帆将文章从英文稿回译为中文，发表于《国文月刊》第 57 期，《韩愈与唐代小说》的中文本才得以面世。2002 年出版的《陈寅恪集》（生活·读书·新知三联书店版）"讲义及杂稿"收有该文，用的仍是程千帆译文，说明陈寅恪中文原稿已无存。程千帆在其 1980 年出版的《唐代进士行卷与文学》（上海古籍出版社）第一部分"问题的提出"中指出："关于唐代进士科举和文学的关系，前人虽曾经发表过一些零星的见解，而从事较为深入的研究，则始于当代的学者们。陈寅恪、冯沅君等人，对于这个问题，都有所论列。"在脚注中，程千帆再次提到陈寅恪的这篇文章，可见文章对程千帆的影响之大以及他的重视程度。

1936 年法国数学家 Jacques Hadamard 的清华讲学之行，为朱自清实现日记中提到"拟征求外国同僚之投稿"的计划提供了条件。1936 年 7 月出版的学报第 11 卷第 3 期刊登了 Jacques Hadamard 的论文 Quelques

Reflections sur la Nature et le Role des Math-ematiques（《关于数学的性质与作用的一些思考》）。据《北平晨报》报道，哈达玛教授是由清华大学与中法文化基金委员会合聘前来清华讲学，于 1936 年 4 月 7 日抵达北平，6 月 28 日晚离开北平，结束了自己的讲学之行。哈达玛教授在讲学期间系统介绍了偏微分方程理论，对中国数学界影响深远。哈达玛在《清华学报》上发表的论文题目与其 4 月 26 日在清华大学成立 25 周年纪念大会上的演讲题目（Some Reflection on the Role of Mathematics）相仿，疑系在讲稿基础上修改而成。哈达玛教授论文的发表打破了《清华学报》从 1934 年 7 月至 1936 年 4 月，长达两年没有收录外文论文的情况。稍后，学报第 12 卷第 1 期（1937 年第 1 期）刊登清华历史系俄籍教授噶邦福（J.J.Gapanovich）的《古代与现代问题》（Ancient and Modern Problems），也是对这一编辑思路的延续。

1938 年起，《清华学报》因战事南迁而停刊，1941 年 10 月续刊，仅出版一期，此时邵循正为主任，朱自清不在编辑之列。抗战结束后北归，1947 年 10 月复刊，名单显示邵循正为主任，朱自清重新加入编辑部。但在朱自清去世之前，未再出新期。

（二）清华中国文学会会刊《语言与文学》的编辑

1928 年前后，清华大学依托各个专业系科，成立由师生组成的学术研究团体，例如中国文学会、哲学会、史学会、政治学会、经济学会、社会学会、物理学会、算学会、化学会、生物学会、地学会、心理学会、土木工程学会、机械工程学会、电机工程学会等。各学会组织学术活动、出版学术资料，反映出清华这一时期在科学研究上的兴盛态势。朱自清是中国文学会的参与者与组织人之一，也长期担任专门委员，这直接促成了好几种学术刊物的编辑出版。

清华大学中国文学会（有时简称"国文学会"）成立于 1928 年 12 月 7 日晚间，朱自清与朱希祖、杨振声、刘文典等教授参加了成立大会，并在会上做了题为《杂体诗》的讲演，演讲富有趣味，给学生们留下深刻印象。[⑩]清华中国文学会成立后，朱自清担任负责学术的委员。国文学会定期活动，其中的会议、学术讨论、换届改选等工作，朱自清往往在日记中有所记载，显示了朱自清与国文学会中的密切关系以及他为国文学会殚精竭虑的情形。1931 年 4 月创刊了《中国文学会月刊》，自第 2 卷第 1 期更名为《文学月刊》，1933 年终刊。朱自清任该刊顾问及编委会委员。1932 年朱自清从英伦回国继续担任中文系主任，在 10 月 14 日出席中国文学会迎新大会，作为新任系主任首先被邀讲话，谈了在伦敦所经历的读诗会。1932 年鲁迅为探望母亲而短期逗留北平期间，先后在城里各大学做过四场演讲，11 月 24 日晨，朱自清也亲持清华中国文学会请柬进城请鲁迅到清华讲演，被谢绝，很是尴尬。[⑪]11 月 27 日下午，再访鲁迅请讲演，再次被拒。1933 年 2 月 24 日晚，主持国文学会会议，提出定期举行学术讨论会和编纂《诗话人系》两计划。从 1933 年到 1936 年，国文学会每年改选，朱自清均连任学术委员，闻一多则任出版委员，其他职员均由学生担任。1935 年 11 月，他出面邀请罗常培来校演讲。1936 年 10 月 24 日，在国文学会举行的鲁迅追悼会上做演讲。1937 年 5 月 7 日，在国文学会会议上听闻一多报告最近安阳之行的观感。1937 年 6 月，国文学会主办的学术集刊《语言与文学》创刊，朱自清等担任编委。

以国文学会为名义的几项编辑出版工作，朱自清的介入程度不一。《中国文学会月刊》的实际编辑先后有俞平伯、浦江清、郑振铎、林庚、安文倬等，朱自清虽为编委，但未参与具体编务，仅在 1 卷第 4 期上发表了《论中国诗的出路》一文。《诗话人系》一书，最初是浦江清的动议，1933年2月朱自清主持国文学会会议时作为国文学会的学术研究计划之一提出，当年秋季正式开始进行，由朱自清带领研究院中国文学部的三位研究生霍世休、崔殿魁、何格恩编纂，内容是将前人诗话著作条目按照涉及的作者，分人剪贴汇总，先从何文焕、丁福保的《历代诗话》及其续编着手，历时半年，两书剪贴完毕。1937年9月朱自清独自离平南下，稿本存在家中；1938年6月夫人陈竹隐携子女到云南蒙自与朱自清汇合，带来两箱书籍，稿本竟在其中。朱自清特意为写题记（《〈诗话人系〉稿本》）述其始末。这部稿本迄未出版，朱自清在题记中也指出了其不够完善之处，但作为一个学术课题，"诗话人系"的设想是将浩如烟海的诗话词话进行特别的整理，无异于以诗人为单位的"集评"，这对于诗人研究的意义不言而喻。应该说，这是一个富有创意、至今仍有启发意义的选题。

《语言与文学》是清华国文学会主办的学术集刊，1937年6月由中华书局出版，计划为季刊，但由于"抗战"爆发，没能续出。国文学会的出版委员本为闻一多，也有多处史料提及闻一多为该刊主编，朱自清仅是编委之一，但从朱自清的日记书信等文献来看，朱自清全程负责了该刊的编辑与出版联络，是事实上的主编。

该刊并非一开始就定为"语言与文学"，从朱自清1935年的日记中可得知，在筹备阶段曾以"语文"为名。日记1935年6月11日记录："与赵商谈《语文》一事。"1935年10月30日："开始筹备《语文》季刊，系一小型刊物。（每期三万字）。"可见筹备工作从1935年就开始了。1937年的两则日记中也记载了他与同仁商谈刊物，但刊名已改。1937年1月13日："闻一多来访。我们谈及编辑《哲学与文学》。"1937年5月13

日："《哲学与文学》编辑委员会在一多家开会。"此处的"《哲学与文学》"并不准确，这里有个情况需要说明：朱自清自1934年7月后用英、日文写作日记，目前我们所见的《朱自清全集》第九、十两卷日记中的大部分是回译为中文的，由于各种原因，翻译错讹较多。⑫《哲学与文学》实为《语言与文学》的误译。1937年出版的《语言与文学》书前有英文目录，其中书名英译为"Philology and Literature"。朱自清后来道："《语言与文学》这名字我们当年译成英文'语史学和文学'。"⑬"语史学"即philology。显然日记的中译者是误将其看作了philosophy。

朱自清将刊物交给与自己交好的中华书局编辑所长舒新城，在中华书局档案中保存下的一批朱自清致舒新城信件，反映了出版联络过程。例如1936年11月5日信中说："惠允印行语文半年刊，极为感谢，惟尊意印三十二开本，顷已目验，印五号字（约一百二十五至一百五十面），仍太薄，印四号字，又太难看，此间同人意仍拟印二十五开本，略仿光华中国语文研究办法，正文用四号字，引文用五号，夹注用六号，标点印在行中（但每行卅一字，每面十二行），如是五六万字，亦可得一百七十面至二百面。不知尊意如何，仍乞裁酌示复为感！附奉合同稿乙纸，并请审核，如有不便之处，即乞一并示及……"朱自清在信中对于刊物的字体字号标点都有计较，可见用心之深。又如1936年11月26日提到"语文契约已寄到，即照尊意办理。兹盖印寄奉，即乞将敝会应执乙纸寄回。此次之事，诸承帮忙，感激不尽……"记录了合同签订过程。显然到此时为止，刊物名仍为"语文"。1937年1月15日信中说：

语文因上海将出版语文月刊，决改为"语言与文学"，以免混淆。稿件顷收齐，迟半月，至歉！因创刊关系，字数稍多（共占八万五千字地位），不知局方可通融否？弟等意见，此种刊物，每期定价不必一律，创刊号不妨稍高，或正文及引文一律改用五号字亦可。但如不得已，将弟稿及《登州方言考》《释省偌》删去亦可（删去之稿盼立即挂号寄回为感！）。烦渎之处，实深惭悚，诸祈鉴谅，为希。关于印刷必须注意事项另纸开奉。……

这里透露了刊物改名的原因。查 1937 年前后出版的期刊中，有上海新知书店 1936 年 1 月 1 日创刊出版的《语文》月刊一种，这应该是要回避的对象。考虑到篇幅容量问题，朱自清将自己的论文列为首选删掉篇目，反映了他不图一己名利的作风。1937 年 3 月 23 日信中说："语言与文学校稿至今未到，不知已排就否？至念。又贵局惠赠之五十本中，拟提出十本，改为各篇抽印本，各加以简单封面，俾分给作者，不知局中可办否？此事手续稍繁，乞兄详酌见复，至感至感！"可见朱自清对于作者利益的体谅之情。⑭

最终于 1937 年 6 月出版的《语言与文学》，只列"国立清华大学中国文学会"编辑，不列编辑个人名字。共收语言学、文学论文 14 篇，此前朱自清提出包括自己的《诗言志辨》在内的可以删除的三篇也全部保留。作者以清华中文系学人为主，包括杨树达、王力、浦江清、陈寅恪、闻一多、许维遹等著名学者的力作以及英国汉学家斯坦因的论文中译，也收有高松兆、毕铎、孙作云、彭丽天、余冠英、李嘉言等刚毕业不久的年轻学人的论文，其中除余冠英毕业于 1931 年、当时已任教五年外，彭丽天 1935 年毕业，李嘉言 1936 年毕业，高松兆、毕铎 1937 年毕业，而李嘉言的《昌谷诗校释》是他选修朱自清"李贺"课程的作业，可见朱自清对于后进的奖掖之风。这本集刊在学术界取得不小的影响，朱自清后来说："这一期似乎流行得还广，我后来在西南几个大

都市里都曾见过这个小册子。"

由于稍后"卢沟桥事变"爆发，随着清华大学南迁，原拟定期出版的《语言与文学》，只出一期就再无续期。直到战后清华时期，朱自清再起炉灶，在《新生报》上开辟"语言与文学"周刊，算是断弦再续，本文将在下篇加以详述。

（三）《中国新文学大系·诗集》的编辑

由赵家璧主编、良友图书公司出版的《中国新文学大系》（1917—1927），是 20 世纪 30 年代的出版界的著名案例，是新文学进入到第二个十年后，对前一个十年的总结性文献集成，也是中国现代文学史上的著名选本，在现代文学学科史上有着重要的影响。全书分 10 卷：胡适编《建设理论集》，郑振铎编《文学论争集》，茅盾编《小说一集》，鲁迅编《小说二集》，郑伯奇编《小说三集》，周作人编《散文一集》，郁达夫编《散文二集》，朱自清编《诗集》，洪深编《戏剧集》，阿英编《史料索引》。在整个编辑阵容中，朱自清年岁偏小。赵家璧在《话说〈中国新文学大系〉》中谈到《诗集》主编人选的确立过程，原定请郭沫若主编，但由于 1927 年郭沫若发表《请看今日之蒋介石》等对蒋介石不利的文章而遭到国民党图书杂志审查会阻挠，后另聘朱自清担纲。朱自清表示："这回《新文学大系》的诗选，会轮到我，实在出乎意外。"⑮这实在是谦逊之言，因为朱自清作为第一批新诗人的代表已经在新诗史上占据了重要地位，写下了不少有影响的诗评，在 1929 年率先将新文学史引入大学课堂，并在《新文学纲要》中对新诗做了细致研究，以这样的身份编选新诗集，自然具有毋庸置疑的资质。

1935 年 6 月赵家璧在北京与朱自清初次见面，6 月 30 日朱自清便开始为编选《诗集》作准备工作。在此之后，《日记》中多次记载《诗集》编辑工作：

1935年7月17日提到："编大一国文选和新诗集。"7月18日："晨忙于诗选集事。"7月22日则特意进城向周作人请教：

> 下午进城，见周岂明，借新诗集甚多。询以散文一集之选编方法，并承答，谓搜集全部材料并选编，共费时一年。而在我则不可能有此余裕。又谓彼先主观确定十七八位作家，再从中选取作品，这却很有道理。看来我的计划也要加以改变。

周作人以自己编辑《散文一集》的经验相授并提出建议，导致朱自清部分地改变了自己的选编策略。原来立志遍读新诗集，花费了很多精力借阅、搜集诗集，"但是看见周岂明先生的时候，他说他选散文，不能遍读各刊物；他想那么办非得一年，至少一年。那天周先生借给我许多新诗集；又答允借《每周评论》《晨报副刊》，（……）但是回来一核计，照我原拟的规模，至少也得三五个月，那显然不成。况且诗集怕也搜不齐；《觉悟》虽由赵家璧先生代借了一些，但太少。——赵先生寄的《玄庐文存》《新诗选》《分类白话诗选》，却是我未见过书。《新诗选》我没有用，别的都用了。有了《新诗年选》和《分类白话诗选》，《新青年》《新潮》和《少年中国》里没有集子的作者，如沈尹默先生等，便不致遗漏了；像《三弦》等诗，是不该遗漏的。凭着两本书（指）和我那'新文学纲要'的破讲义，我变更了计划。"⑩

据《日记》逐日记载，7月下旬和8月上旬朱自清都忙于编选《诗集》。8月13日完成《诗集》编选，8月14日寄走全部诗选稿件，可见自1935年6月接到编辑任务，6月30日开始准备工作，但"真正起手在七月半"，8月11日完成《〈中国新文学大系〉诗集导言》，8月13日完成全部编选工作。全书选收59位诗人的作品共400首，其中入选较多的几家有闻一多（29首）、徐志摩

（26首）、郭沫若（25首），而朱自清本人则入选12首，仅排第十位。《导言》梳理了新文学最初十年新诗的发展，将诗坛分为自由派、格律派和象征派。由于"写导言的时候，怕空话多，不敢放手，只写了五千来字就打住，但要说的已尽于此，并无遗憾"，于是另用活泼的散文笔法写了一篇《选诗杂记》附入。这使得朱自清的导言与其他各卷导言体式有了明显的区别。

与朱自清此前编辑过的诗刊相比，《中国新文学大系·诗集》的编辑有所不同，带有"编纂"的性质，或者用今天的话来说叫作"二次文献"编选，须具备选家的眼光、史家的功力。事实证明，朱自清是承担这项工作的合适人选，诗集连同整套《中国新文学大系》经受了历史的考验，成为现代文学史上的经典选本，这进一步巩固了朱自清作为权威的新诗史家的地位。

①李方谟：《我记忆中的朱自清先生》，南京：《中央日报》1948年9月6日。据徐强主编《长向文坛瞻背影——朱自清忆念七十年》，广陵书社2018年版。

②朱自清：《关于写作答问》，收《朱自清全集》第二卷。

③孙伏园：《悼佩弦》，天津：《大公报》1948年8月31日。据徐强主编《长向文坛瞻背影——朱自清忆念七十年》，广陵书社2018年版。

④刘延陵：《〈诗〉月刊影印本序》，《诗》（影印本），上海书局1987年1月版。

⑤参见商金林《叶圣陶年谱长编》（人民教育出版社2004年版）第1卷有关记载。

⑥王瑶《中国新文学史稿》

⑦见《本刊启事》交代，收于《我们的六月》，亚东图书馆1925年版，第258页。

⑧参见《俞平伯年谱》，《俞平伯全集》第十卷附录，花山文艺出版社1997年版，第461页。

⑨有的收了1928年洪灵菲、林伯修、戴平万等发起成立的、与太阳社关系密切的"我们社"，那是另一个社团。

朱自清佚文《红叶诗稿序》的 交游史料及诗学价值

贾 飞 彭 伟

20 世纪末，江苏教育出版社出版的《朱自清全集》面世。嗣后，朱金顺、陈子善等学人，又搜集朱自清佚文多篇，纷纷撰文介绍，见诸《现代中文学刊》《博览群书》《中国社会科学报》等。2021 年，笔者又读到朱自清先生的《红叶诗稿序》。此文未见于《朱自清全集》及前人撰文。《红叶诗稿序》是朱自清第一次为旧诗集作序，也是唯一为友人旧诗集作的序言，对于研究朱先生的交游史料及作诗理论，均有价值。有鉴于此，笔者将围绕此篇佚序，考述《红叶诗稿》著者李红叶与朱先生的交游往事和两人的作诗理论。

《红叶诗稿》一书为巾箱本装帧，现存如皋"苇航书屋"，著者署名李红叶，1936年 10 月初版，广州文光印务所印刷，广州北新书局总代理。书前为俞平伯先生题签，又录入三篇序言，作者依次是吴康、朱自清、李红叶（李鲲）。书中外切口附近印有此书全名《红叶诗稿第一集》。扉页还有著者毛笔签赠字迹：泮芳吾兄指正，李鲲，二五、十一、二六。钤白文印"梦琴"。

"泮芳"是谁？可从书末《与杨振声及教厅同人游萝岗洞看梅归而赋比》谈起。

《红叶诗稿》以时间先后排序。《与杨振声及教厅同人游萝岗洞看梅归而赋比》前有《除夕》《初春杂感》，后有《踏春归来》①，可佐证游玩萝岗洞的时间。《杨振声年谱》记载，1935 年，杨振声与朱自清过从甚密，直到是年 10 月杨先生担任全国义务教育委员会常委，随后视察各地教育，12 月已至广东。1936 年 2 月 3 日又至福建，会见老友郁达夫②。萝岗洞正位于广州。《除夕》（1 月 23 日）

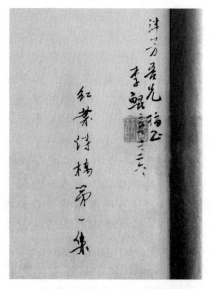

《红叶诗稿》书影（1936 年 10 月初版）

⑩郝御风：《清华中国文学会有史之第一页》，《清华校刊》1928 年 12 月 17 日。

⑪参见吴组缃：《敬悼佩弦先生》，载《文讯》第 9 卷第 3 期。

⑫有关情况参见徐强《〈朱自清全集〉日记卷翻译疏误考校》，《清华大学学报》2016 年第 3 期。

⑬朱自清：《周话》，《新生报·语言与文学》第 1 期，1946 年 10 月 21 日；后篇名改为"《语言与文学》发刊的话"，收于《朱自清全集》（第四卷），第 463 页。

之作又在前，李鲲、杨振声及教育厅友人游洞时间应在 1936 年正月上旬。此时广东省教育厅官员中就有一位"泮芳"。邓鸿芹（1894—1952），又名泮芳、邓煌，广东龙川人，毕业于广东高等师范学校，后任番禺师范、广州文化大学等校校长、总务长等职。1935—1937 年，分别任广东省教育厅第三、四科及三水县教育科科长等职。后又与好友罗梓材等人，开展"策反"工作，为广州解放作出贡献③。《广东省政府公报》记载，1935 年 10 月 21 日，邓鸿芹才被任命为广东省教育厅第三科科长④。任职与游览时间互为吻合，《红叶诗稿》当是邓鸿芹先生旧藏。

至于李红叶生平史料及他与朱自清先生的交游，不妨先录那篇佚序⑤：

生平论文，窃推川滇黔之士多豪情胜概。李君梦琴其一人也。梦琴习英文学而参军政逾二十年，有胆有识，非常书生比。余识梦琴久，十八年间同在旧京，过从尤稔。梦琴好客如命，座上常满。余寓西郊，每往辄为下榻。客散，娓娓道当年历险事，每至深夜。其足迹几遍中国。出死入生者，非一言之可喜可愕，令人忘倦。梦琴躯干仅中，人恂恂如无能，而善骑马射击。公余辄以自遣，然尤好为诗。其诗清新悱恻，儿女情多，不知者或以为异然。梦琴至性人也。其身世盖有难于为怀者，不得已乃托之于诗耳。去年承以端石见贻，刻其箧上云：昔年遗恨至今存，常对春风挹泪痕。自欲放怀偏未得，此心难舍意难论。可以概见其诗不屑屑章句间，钟记室云：文多拘忌，伤其真美。知此可以论梦琴诗矣。

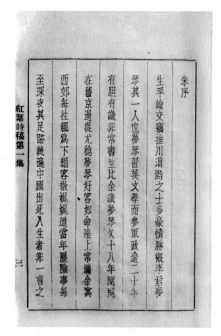

《红叶诗稿》朱自清序言书影

二十五年七月朱自清

朱序中有两条关于李红叶生平史料的重要信息：1. 李红叶，即李鲲，又名李梦琴；2. 李红叶为西南人士。由姓名至籍贯，查书可知：李梦琴（1890—1974），云南昆明人，精通中医药学，擅长诗词，曾任职西南联大及中山大学⑥，新中国成立后任"高级西医学习中医研究班"（云南省卫生厅主办）秘书、云南中医学院教师⑦。

吴康序言，又有两点有关李红叶史料：1. 内兄为李君梦琴鲲；2. 两人"昔在北都同游大学"⑧。吴康（1895—1976），广东平原人，字敬轩，曾获北京大学文学学士学位、巴黎大学文学博士学位，哲学家、教育家，任职中山大学文学院长。夫人李漱六，字文

⑭各信均见《中华书局收藏现代名人手迹》，中华书局 1992 年出版。有关分析，参考徐强：《从五通佚简看朱自清与舒新城的交往》，《澳门理工学报》2021 年第 1 期。

⑮朱自清：《选诗杂记》，《中国新文学大系·诗集》（影印本），上海文艺出版社 2003 年版，第 16 页。

⑯朱自清：《选诗杂记》，《中国新文学大系·诗集》（影印本），上海文艺出版社 2003 年版，第 18 页。❖

芳，留学法国，曾任职于中山大学⑨。《红叶诗稿》述及吴康夫人李漱六是李梦琴的二妹⑩。1917 年，吴康入学北大，日后结识他的姐夫——同在北京求学的李梦琴。其间，俞平伯、朱自清、叶圣陶、杨振声、吴康诸友，携手创办新潮社⑪。李梦琴作为吴康的同学，可以结识朱自清。

朱自清与李梦琴的交游，可分为两个阶段。第一个阶段正是朱自清于序言中所言的"十八年间同在旧京"，约 1916 至 1933 年末（其间朱先生两度前往欧洲）。朱自清先生于 1916 年已入北京大学。1931 年 10 月，朱自清首次于日记中提及李梦琴。1933 年 8 月，又记有李梦琴⑫。约 1934 年夏秋，李梦琴写下诗句"南来清梦绕江城""西江堤畔意悠悠"，说明他已离开北京，时在广东⑬。

在京期间，好友李梦琴热情好客，给朱自清留下深刻的印象。除去《红叶诗稿序》所记，朱自清写有一首《赠梦琴》，录入《敝帚集》⑭：

一见能令百辈倾，元龙豪气自纵横。廿年浪迹穷南朔，千里从戎几死生。话旧空余髀肉叹，结交犹见古人情。客来日日壶中满，看剑论诗醉眼明。

当代学人常丽洁考证：此诗约作于 1930 年，未见于《敝帚集》稿本，梦琴其人不详⑮。《赠梦琴》正是为李梦琴而作。首联将李梦琴比喻为东汉末年名将陈元龙（陈登），倾倒百辈。究其缘由，李梦琴有才华，有胆识。李梦琴不仅学习英国文学，而且深入研究，曾作《近代欧洲文学思想变迁的概观》⑯。他还善于"骑马射击"，参军多年，作有《薄暮散步城头，忽闻军号自城东发出，悲壮苍凉，回忆三年前塞外生活》诸诗。序中所谓"当年历险事"，正是《赠梦琴》颔联中所述塞外的戎马生涯。李梦琴的经历的确"非常书生比"。诗中的颈联、尾联，真情满满：朱自清赞扬李梦琴有古人性情，不仅呼应首联，又和佚序中"豪情胜概""好客如命，座上常满"几近吻合。

两人"过从尤稔"，李梦琴对于朱自清尤为慷慨，朱先生于日记中多有记述。1933 年 8 月 12 日，朱先生"在梦琴处便饭，菜甚可口"；仅隔一天，即 14 日，朱先生先去拜访俞平伯，中午约定李梦琴于福生食堂（老北京天主教西餐厅）吃饭，晚上又在李梦琴家吃饭。共餐前后，两人往往还会谈论私事，比如 12 日朱先生饭前先来李府，谈论吴康"其人太怯，事大约可成"。朱自清生活拮据，李梦琴给予援助：6 月 19 日，朱自清从李梦琴处获得 100 元，50 元寄给家人，50 元留作己用。8 月 18 日，朱自清体检花费 46 元，借自招考处，又托梦琴花费 4 元，用于送礼⑰。吃饭、谈心、用钱，无不是两人"同在旧京"的深厚私交。

约 1933 年末，李梦琴离京南下广东执教。他难忘诗友朱自清，至少两次赋诗给友人。1935 年，李梦琴寄赠端石给朱先生，刻有赠诗，录入佚序：昔年遗恨至今存，常对春风挹泪痕。自欲放怀偏未得，此心难舍意难论。诗人"身世盖有难于为怀"，以诗寄情，告知友人朱自清自己的"遗恨身世"：据《途中》《清明怀述》《到汉之夕哭容妹》《题〈黄奠华兄悼亡诗集〉》《黄素皇兄为国战死因作诗歌以哭之》《国难感怀诗》诸诗记述，李梦琴年未天命，倒已遭遇国家危难、双亲弃养、胞妹早逝、良朋战死。诗末"自欲放怀偏未得，此心难舍意难论"，化自温庭筠《春日偶作》"自欲放怀犹未得，不知经世竟如何"，袒露自己心愿难遂。

李梦琴还写下《寄朱自清》⑱：

三载离幽燕，浮云远飘扬。此别亦何久，戚戚倍心伤。羁旅多远怀，瞻顾意彷徨。征鸿失其群，云路各杳茫。俯仰尘世间，扰攘遍八荒。沧桑多易变，人事不可量。茫茫无所之，清风吹我裳。愿君长努力，令名日以彰。

此诗录入《红叶诗稿》，排在《与杨振声及教厅同人游萝岗洞看梅归而赋比》之前，又刊于 1936 年《民钟季刊》[19]。诗中又有"三载离幽燕"（北京），说明此作写于 1936 年正月。李梦琴再次感叹世事多变之余，祝福友人朱自清"不懈努力，美名日益彰显"。两人友情，跃然诗中。

抗战末期，朱自清与李梦琴，再次相遇，这是两人交游的第二个阶段。《朱自清日记》留下线索。1945—1946 年，两人同在昆明。朱先生时在西南联大执教，李先生在某国际公司工作，后又任职民政局秘书。两人私交如故，朱自清去访李梦琴，享受美食，闲聊谈心。1945 年至少三回：2 月 11 日下午，访梦琴及绍谷，赠绍谷绘画三幅；4 月 14 日、24 日，又访梦琴及绍谷。1946 年又有数次相见：1 月 20 日又到四荫里及国际公司访梦琴，他已迁居；1 月 30 日，提及梦琴；2 月 23 日，访梦琴，因腿病正休息，对绍谷颇不满，并谈及湖南省省长薛岳在职时情形，揭露了中国官场的弊病，在梦琴家晚饭；5 月 25 日，访梦琴并出席他的餐会……"徐指责胡适先生，我欲反驳，旋作罢"；6 月 12 日，访梦琴；7 月 5 日，又述及梦琴[20]。朱李交游中，李梦琴指责薛岳，朱自清又因胡适不快，不同于议论那位"绍谷"，即徐绍谷[21]。从日记来看，李梦琴与徐绍谷在 1945 年可能是邻居或室友。徐绍谷是朱自清的老乡、中学同学，而且也帮助过朱自清。李梦琴在朱自清面前，直言不讳指出绍谷不是，可见他俩的私交尤为深厚。

1946 年 10 月，朱自清乘机离滇去京[22]。嗣后，两人南北相离，不过诗缘未断。云南名医胡剑琴师从李梦琴、吴宓、朱自清学习古诗。1947 年，他作有《征鸿》一首：敬呈西南联大教授李梦琴先生、朱自清先生纪念[23]。一年后，朱自清离世。他与李梦琴的情谊，因诗存世。

《红叶诗稿》中的佚序，不仅存有名人交游史料，而且具有研读朱自清旧诗风格的价值。首先，朱自清于序首便点明：按照区域来论诗文的风格，他推崇西南（四川、云贵）文人"豪情胜概"。在序中，他就以李梦琴为例。1942 年，他撰写名作《经典常谈》，进一步阐述此点。书中"诗第十二""文第十三"，推及"蜀人李白，放浪不羁，游山水，喝酒作诗，作诗也全任自然"，正是序中所述"豪情胜概"；"继往开来的诗人杜甫，在蜀中住了很久，他将诗历史化和散文化，还开了'沉着痛快'一派"，正是西南诗人豪情的彰显，以致日后"陆游学杜，诗作感激豪宕"[24]。此外，《经典常谈》述及的苏轼、扬雄、司马相如等，也都是四川人。推重西南诗家，不仅是朱自清对于李梦琴的个人情感，更是基于他全面研读中国古诗的结论。

其次，朱自清提倡友人诗作"其诗不屑屑章句间"，正是《钟记室诗品笺》所云：文多拘忌，伤其真美。1. 朱先生的论述，一语中的，一针见血。吴康也有同感，论其内兄诗作："清新俊逸，吐纳云霞，不以刻削为工，而以天籁成韵"，取其真美[25]。李梦琴对于"文多拘忌，伤其真美"有着更为翔实的自白："诗属天籁，乃心坎流露出之美感与热情。苟非真有其事真有其情……徒令人耳目昏睡耳。"因此从 1915 年作诗以来，李梦琴自言：有时诗需存真，"不免有跌宕错落音韵失调之病，始终不愿以辞害意也"[26]。2. 朱先生本人作诗，也重真情，风格似《红叶诗稿》。朱自清一生撰有两册旧诗集。一集为《敝帚集》，他在诗稿前写下："谨呈 晦闻师教正，学生朱自清。"黄晦闻批语：逐字换句，自是拟古正格[27]。集中《行行种行行》《青青河畔草》等，清新自然，追求天籁之感。另一集为《犹贤博弈斋诗钞》。前有朱自清自序，此序晚于《红叶诗稿序》，作于 1946 年 7 月。他记述自己写诗的两个阶段，即初期的"学士衡之拟古"，及日后于抗战中亲历生活艰辛，有感诗友萧公权中年之悲，情由心生，才能作出诗作[28]。此时的朱自清与当年的李素琴，有着类似的人生磨难，两人才写出叙述真情的诗作。3. 朱自清、李梦琴有着相近的旧诗创作理论，得益于他俩有着共同师承关系。结合朱自清呈诗黄晦闻，又有李梦琴致信胡剑琴哲嗣为证，他俩的旧诗师承关系为：清代大儒朱九江——经学家简竹居——黄晦闻，及岭南诗宗黄节——李梦琴、朱自清——胡剑琴[29]。李梦琴在信中，还述及胡剑琴部分诗作"坦白情真，凄清哀婉"，正是对朱自清所言"真美"的传承。

综上所述，《红叶诗稿》乃云南诗人李梦琴旧作、广东民主人士邓鸿芹所藏。书中所录朱自清佚序，既记录下李梦琴与朱自清的交游史料，也彰显出两人的同门友谊及对旧诗求真的践行与推重。

①李红叶：《红叶诗稿》，广州：北新书局 1936 年版，第 68—70 页。

②季培刚：《杨振声年谱》，北京：学苑出版社 2015 年版，第 407—411 页。

③龙川县地方志编纂委员会编：《龙川县志》，广州：广东人民出版社 2012 年版，第 865—866 页。

④《任命邓鸿芹为教育厅第三科科长》，《广东省政府报告》1935 年总第 310 期，第 37 页。

⑤朱自清：《红叶诗稿序》，《红叶诗稿》，广州：北新书局 1936 年版，第 3—4 页。

⑥施慧：《逆境中的坚守》，《施慧文集》，昆明：云南人民出版社 2012 年版，第 18 页。

⑦邱纪凤主编：《云南医林人物》，昆明：云南科技出版社 1992 年版，第 127 页。

⑧吴康：《红叶诗稿序》，《红叶诗稿》，广州：北新书局 1936 年版，第 1—2 页。

⑨于路：《对〈吴康教授小传〉的补充资料》，《平远文史》1988 年第 3 辑，第 4—5 页。

⑩李红叶：《问蘗一生纯孝，对于兄妹友爱，尤笃二妹漱六……》，《红叶诗稿》，广州：北新书局 1936 年版，第 7 页。

⑪范泉主编：《中国现代文学社团流派辞典》，上海：上海书店 1993 年版，第 511 页。

⑫朱自清：《朱自清全集·第九卷》，南京：江苏教育出版社 1997 年版，第 36—183 页。

⑬朱自清：《感怀》《无题》，《红叶诗稿》，广州：北新书局 1936 年版，第 21—22 页。

⑭朱自清：《赠梦琴》，《朱自清全集·第五卷》，南京：江苏教育出版社 1997 年版，第 197 页。

⑮常丽洁校注：《朱自清旧体诗词校注》，北京：人民出版社 2014 年版，第 122 页。

⑯李梦琴：《近代欧洲文学思想变迁的概观》，《民钟季刊》1936 年第 2 卷第 2 期，第 131 页。

⑰朱自清：《朱自清全集·第九卷》，南京：江苏教育出版社 1997 年版，第 97—183 页。

⑱李红叶：《寄朱自清》，《红叶诗稿》，广州：北新书局 1936 年版，第 69 页。

⑲李红叶：《寄朱自清》，《民钟季刊》1936 年第 2 卷第 3 期，第 244 页。

⑳朱自清：《朱自清日记（1937—1946）》，北京：石油工业出版社 2019 年版，第 245—354 页。

㉑常丽洁校注：《朱自清旧体诗词校注》，北京：人民出版社 2014 年版，第 263 页。

㉒朱自清：《朱自清日记（1937—1946）》，北京：石油工业出版社 2019 年版，第 111 页。

㉓殷美元编：《昭通诗词》，云南：昭通诗词学会 2005 年版，第 242—243 页。

㉔朱自清：《经典常谈》，上海：上海文艺出版社 1999 年版，第 87—118 页。

㉕吴康：《红叶诗稿序》，《红叶诗稿》，广州：北新书局 1936 年版，第 1—2 页。

㉖李红叶：《红叶诗稿自序》，《红叶诗稿》，广州：北新书局 1936 年版，第 3—4 页。

㉗朱自清：《诗课》，《朱自清全集·第五卷》，南京：江苏教育出版社 1997 年版，第 138 页。

㉘朱自清：《犹贤博弈斋诗钞序》，《朱自清全集·第五卷》，南京：江苏教育出版社 1997 年版，第 241—243 页。

㉙胡剑琴：《胡剑琴医学著作与诗词集》，昆明：云南科技出版 2017 年版，第 444 页。❖

信·稿·人（六）

周 实

朱学勤

那天看了一则微信，看完之后，不太相信，我问转发微信的朋友：这些人真的就这么蠢吗？为什么要这样做？这样做对他们真有什么好处吗？朋友说，是真的，因为他们缺乏常识，或者说是不顾常识，以为可以无法无天，所以也就难得文明。听着朋友的这些话语，我又想起好久以前，那是1996年，《书屋》发过一篇短文，标题很鲜明：《胜过"真理"的，是我们的常识》。我还想起1997年，发过朱学勤的短文，题目就是《引进常识》。虽然学勤所说的，是当时的一些问题，但若不顾常识地行事，同样都是荒诞的。学勤在这篇文章之中，如此无可奈何地遥望："总有一天，人们走出目前这一低谷，蓦然回首，会惊讶他们有这样一代前辈，竟然是以嘲笑道德、嘲笑理想、嘲笑精神成为他们在马路上相互认识的流行标志。这一代前辈，不是别人，就是我们。因此我始终有这样一种预感，我们这一代精神生活的某些侧面，恐怕很难逃脱后世的讪笑。"而其实，何止是精神生活呢！物质生活，恐怕也是。

学勤对《书屋》是看重的，看看他2000年发给我的这封邮件，就知他的有心了：

老周：

忍不住给你写信，暗暗地给你喝一声彩！我从欧洲回来，又卷入本校一场社会学国际讨论会，其中有不少人是我请来的朋友，送往迎来，疲惫不堪。会议结束，静下心来读积压的邮件，发现《书屋》已更上层楼，一期比一期好。尤其是在今年上半年这样的气压下，取得这样的成绩，真是一个奇迹。三年前《读书》转向，我曾预感，《读书》原来的读者、作者群将是一个巨大的资源，谁来接受，谁就能获得大成功。不久，老沈创办《万象》，以他一贯的风格办出了一份软中带硬的杂志，固然有不可磨灭的贡献，但沈公原来的文人情趣则比他原来主掌《读书》时更为放大，这固然有时势逼迫所然，但终究是个遗憾。我们还会像支持原来的《读书》那样支持《万象》，但总觉得美中不足，不能充分发挥原来《读书》的优势。×××来信曾再三要我注意《书屋》，我也确实在注意《书屋》，去年还恨进步慢，今年却已经快得令我诧异了！

可见中国还有点希望，不乐观，但也不宜绝望。现在与八十年代有一个不同，市场经济的深入程度，使每一个有心的出版家不能忽视经济实力的潜在影响。《读书》的发行在跌，但它依靠三联的牌子与李嘉诚集团挂上了钩，字面上痛骂市场经济和跨国资本，骨子里却在用跨国资本的钱给自己发奖金，这样的言行不一，固然在道义上不足取，但还会吸引不少中国的文人和学者。你的刊物质量在飞跃，发行和财力积累似也不能忽视？一是尽快尽力提高发行。二是在财力允许的情况下，尽可能提高稿费，以抵御其他刊物对作者的吸引。三是在文章组织上，有意识地开辟几个专栏，以吸引并扩大读者群。此外，还有一些建议，但毕竟不了解你的具体困境与运转，不能莽撞乱提。如果还有机会，像今年冬天在北京的樱花宾馆那样，同时也能有谢泳这样的诚恳人在座，或许我们能一起想想办法？

学勤

2000 年 6 月 12 日

学勤在《书屋》所发的分量最重的一篇文章是写得非常"学术"的。文章的题目是《从明儒困境看文化民族主义的内在矛盾》（2000 年第 8 期）。开篇学勤就这样说："进入二十一世纪，本土一个日益严峻的危机，是上下内外的认同危机。为缓解这一危机，主流意识形态正在退守民族主义，以图重新凝聚民族的共识。相比过去的空洞教义，能退守民族主义毕竟是个值得肯定的进步。但是，民族主义也是一个有待充实的符号，它究竟应该充实以何种精神资源，方能促进而不是羁绊今日社会的现代转型？"学勤认为："就解决认同危机而言，我倾向于哈贝马斯所说的……爱国主义，其积极方面哈贝马斯本人已有详尽论证，此处不应由我赘述。本文只能从消极处探讨相对……爱国主义的另一种认识：一部分知识分子看到主流意识形态退守民族主义，而且回归传统文化，即感欢欣释然，似乎只要回归本民族传统文化，认同危机即告缓解，民族主义的现代难关亦能渡过。我将这样的认识简称为文化民族主义。"接着，学勤从文化民族主义的源头说起，从孔子一直说到明末清初的顾（炎武）黄（宗羲）王（夫之）三大儒。他为何要这样说？因为他认为："这不仅因为先秦'夷夏之辨'从零散的伦理言说发展到明清之际，终于获得完整的理论表述；也不仅因为此后文化民族主义也出现过几次高潮，但无论是理性触及的深度，还是感性诉诸社会动员的力度，都没有超过这一年代；还因为中国古代政治思想借这一理论发生了最具爆发力的突破，而恰恰是在这场思想突破中，孕育了我们今日可以讨论的消极因素。"什

么消极因素呢？他以王夫之为例进行了说明，那就是自闭排外心理。在这方面，他认为顾炎武的文化定位，显得稍为平稳一些，不是落在"夷夏之辨"，而是落在"亡天下"。在顾炎武眼里看来，汉族文化的沦丧要比汉族政权的崩溃具有更为严重的后果。黄宗羲呢，活得最久，看到了康乾盛世的开始，看到了他最不愿看的但历史却逼他看的：康熙不仅认同了前朝流传的历史文化，甚至宽容了他的抵抗，等待他从岩穴走出，鼓励他"保"文化"天下"！学勤最后深深地感叹道："本文讨论明清天崩地裂之际，士大夫如何提出文化民族主义，却又在突破中陷入困境：坚持并赢得历史文化之'一线之争'，交换并放弃政治认同之'壁立万仞'，逐渐'失地千里'。其实，早在 20 世纪 30 年代中叶，胡适多少已经触及文化民族主义的消极方面。胡适有言：'民族主义有三个方面，最浅的是排外；其次是拥护本国固有的文化；最高又最艰难的是努力建设一个民族的国家。因为最后一步是艰难的，所以一切民族主义运动往往最容易先走上前面的两步。'胡氏这一说法，并未攀引多少新潮学术，却比其他说法更能切中三百年来尤其最近一百年来，中国民族主义的发展究竟搁浅在何处。这里只需说明的是：胡适所言的'民族国家'在当时的语境里，显然不是指王朝轮回的又一个汉族朝廷，而是指具有……确立公民个人权利的现代国家制度，相当于今天大陆语境里所说的政治体制改革，庶几与哈贝马斯所述……爱国主义通。胡适所言民族主义第一步，即'最浅的是排外'，或可称'排外民族主义'，在义和团运动中已经暴露无遗。今天重提这一事件，不过是在史实角度警醒后人，中国的二十世纪是在排外民族主义中开始，这一世纪的最后一年恰好又重演了一次弱势而又短暂的义和团情绪冲动，而这一次的'拳民'，显然不

是阿 Q 的后代，而是赵老太爷的新子裔——90 年代的部分大学生与海外留学生。就历史层面而言，与其把讨论重心落在义和团农民阶层，不如落在士绅阶层，即胡适所言的第二步，定位于'拥护本国固有文化'的'文化民族主义'。之所以这样说，并不是因为从农民转向士绅，似乎能处理更多的知识含量，而是因为从士绅'尊夏攘夷'到小农'扶清灭洋'，不仅仅是社会阶层分布上的高下呼应，而且能构成一个逻辑延伸。这一高下呼应与逻辑延伸，刚好能构成一个社会动员的平面，用来遮蔽胡适所言的第三步——民族内部的……改革。这一点，恰好在 1999 年的中国也重演了一次，还将在 21 世纪的开头几年继续重演。"

还记得 1999 年世界发生了什么吗？还记得 1999 年中国发生了什么吗？我们真正需要的是我们的记忆和常识。

（朱学勤，1952 年生，上海大学教授，博士生导师，有著作《道德理想国的覆灭》《风声·雨声·读书声》《书斋里的革命》《中国与欧洲文化交流志》《思想史上的失踪者》《被批评与被遗忘的》《热烈与冷静——林毓生学术论述集》等。）

陈思和

20 世纪 80 年代的陈思和真的是意气风发。通过教学实践他体会到，中国现代文学虽然也是作为国家教委规定的二类学科，与古代文学外国文学同等，但其实它作为一门学科的内涵是不足的，之所以会这样来设置高校的学科，是因为这门学科在 20 世纪 50 年代所包含的特定政治内涵。这样一想，他也就明白了为什么这门学科会有那么多非学术的因素，于是又加重了对原有的教科书模式的怀疑，这就有了 1988 年他与王晓明先生联袂主持"重写文学史"的专栏。这个专栏所发表的文章现在看来并不怎样深刻和击中要害，更主要的是那些文章还没有来得及涉及对文学史理论本身的探讨，本来想先针对旧文学史的既定结论作些正本清源的工作，以求引起学术界的注意，然后吸引同行们来进一步讨论有关文学史的理论，结果是"道高一尺，魔高一丈"，终于不了了之。有些非学术性的事情不去说它也罢，但"重写文学史"毕竟留下了积极的成果，它促使年轻一代学者更加深入更加具体地去研究文学史现象。自 20 世纪 90 年代开始，他着重研究抗战以来的文化史和文学史现象，提出政治权力话语、知识分子精英意识和民间文化形态为当代文化建构的三大板块以及战争对当代主流文化产生的影响，都可以说是"重写文学史"工作的继续。

"五四"新文学史原来一向被认为是知识分子精神独尊的历史，而他提出的"三大板块"理论，特别是民间文化形态的理论，就不能不对原来定于一尊的知识分子传统给以重新认识。为此，他写了《五四与当代》一文，以纪念"五四"七十周年为缘由，对"五四"的知识分子传统作些反思。迈出这一步，学术视野又为之一变，由文学史转向文化史的研究，飞了一圈又飞到原来的起点上；学术对象又回到了他当年研究巴金的老题目：20 世纪知识分子道路总结及其多种可能性的探索。当然这时的研究范围和研究视点又不一样了，正值其时，中国发生社会经济体制的大转轨，市场经济取代了传统的计划经济模式，自 20 世纪 50 年代起就被计划经济体制剪去双翼的知识分子，尤其是人文学科的知识分子，被呼啸而至的商品经济大潮吓得目瞪口呆，久久回不过神来。对知识分子来说，除了身受经济之窘外，更惨痛的是他们对知识的信仰失落了。于是有了上海学者们关于"人文精神寻思"的连环式讨论，也有了关于"人文精神"讨论引起的争论。尽管参加讨论的成员对"人文精神"的理解并不一样，但大致能够取得认同的，就是想通过讨论来弄清楚知识分子如何调整在现代社会的位置和价值取向，讨论者有不同的参照，有的以50年代的知识分子处境为参照，有的以"五四"一代的知识分子为参照，也有的以明末清初社会的知识分子为参照，也有的以西方后工业社会为参照，因参照标准不一样，关于"人文精神"的讨论就无法深入下去，这场讨论很快也像"重写文学史"讨论一样流产，不过他认为这场讨论的意义在客观上已经产生了，它直接鼓励了知识分子重新确定自己的工作岗位，进而确立自己的工作信心。

那段时间，他的工作，他的文字，大都是围绕这些方面展开的。他觉得一个摆脱了计划经济体制的知识分子的岗位，不仅仅是躲在书斋里讨生活，要做一个现代知识分子首先要做一个现代观念的人，它的岗位应该是开放型的，应该在现代社会变动中找得到自己的立足点。著书立说、传播学说，以及将这些学术成果通过现代传媒转换为社会财富，应该成为一个知识分子的工作系统。现代学术研究不是藏诸名山的事业，更不应该是"避席畏闻"的逃难所，而应该与整个社会现代化进程相适应，使人文传统在现代物质文明建设过程中不但要争得一席之地，而且要在国民精神发展中发生重大影响。有人说当代中国现在没有人文传统，不存在的东西就无所谓"失落"，所以也用不着讨论。他认为这话只说对了一半。当代中国现在失落了人文传统，并不说明以前就没有，也不说明将来不会有。面对这个问题，当代知识分子就有这个责任和义务去讨论它、建构它，万事从自己做起，守先待后，让传统之流从自己身上淌过，再流传下去。总之，不管他做得怎么样，我喜欢这样的陈思和，看看他自己如何说的：

记得几年前，我们主持"重写文学史"专栏的时候，许多人跑来问：你们写的文学史在哪里？能否先拿出一个新文学史，再来讨论是否应重写？现在又不断听到类似的质问：你们寻思的人文精神究竟是什么？能否先把"人文精神"的定义界定清楚？或曰，你们自己连人文精神是什么都没有说清楚，怎么号令别人要讲人文精神呢？这两种提问的思维方法是一样的。其实提倡"重写文学史"的目的就是要改变原来教科书定于一尊的文学史现象，倡导个人风格的文学史写作，那么，待有了多元的文学史时代，倡导者写与不写都无关紧要，是不必成因果的；至于什么是人文精神，本来就说法不一，有些人能有所感而不能有所言状是很正常的，人文精神不是政治性文件也不是交通规则，需要一条一条写清楚了让人实施，倡导者不过是鉴于当代知识分子人格力量的疲软和学术信仰的松弛，提出来希望引起同行们重新关注的兴趣而已，假如真有了什么"样板"，还用得着讨论、寻思吗？

但是不管怎么说，当代知识分子对人文精神的思考，是不能脱离历史和传统而言的。虽然当代许多学者常常菲薄"五四"以来的"文化断裂"或者所谓"激进主义"，但应该承认，自百年来知识分子的实践既非两千年文化传统的延续或重复，就不能证明其是完全白费了的一段歧路，这一百年来中国知识分子在人文精神建构方面的实践，在我看来毕竟有胜于前人的地方。如其一，知识分子结束了以庙堂为唯一价值取向的传统道路，使庙堂—广场—民间"三分天下"式的多元价值结构得以形成，知识分子在现代社会转型中找到了非庙堂化的工作岗位，并由这种新的岗位的确认，促成了多元的知识价值体系和文化格局；如其二，知识分子打破了为中国—国家文化传承的单一职能，使20世纪中国文化融汇到世界文化的大格局之中，以后的发展，中国知识分子不但以一国家民族的利益为指南，而且是对全人类文化负道义，科学知识和人文精神都是全人类所共有的财产，知识分子治传统也好，创新说也好，都成为一种世界性的话题，是在世界的参照下进行的。——就因为有了这两大新质素，中国百年来的知识分子人文精神传统就有了它的雏形，并有了取代旧人文传统的合法性。（摘自《无月的遥想》，《书屋》1996年第5期）

他的文笔很细腻，写得也有耐心，比如他向读者介绍被文坛遗忘的周天籁和他的《亭子间嫂嫂》（《书屋》1998年第1期），就极见他这个特点。他对朋友也重情，下面我录他一封信："周实兄：近好。寄上一篇短篇，是为一朋友的书所写的序文，其实也是借题发挥，谈的是历史。不知能否在《书屋》上借一版面刊出，主要也是朋友所嘱希望在贵刊上用，大约也是因为贵刊影响较大，他希望能对他的书出版有好处，兄可酌情处理，如觉不妥，就退还我，不要耽搁太久，今年是否改月刊后，发稿可以快一些呢？望能近期刊出。匆匆，祝好！陈思和（2000）2.29"。这朋友叫吴基民，是他当年大学的同学，那书名也有意思，《谜一样的一段情》，读了陈思和的序，我就想看那本书。

（陈思和，1954年生，复旦大学教授，博士生导师，有著作《人格的发展——巴金传》《中国新文学整体观》《20世纪中国文学论》《中国当代文学关键词十讲》《笔走龙蛇》《鸡鸣风雨》等。）

王晓明

重读王晓明发表在《书屋》上的两篇序时（一篇是《人文精神寻思录》韩文版序，一篇是《无法直面的人生——鲁迅传》韩文版序，发表于1998年第6期），我感到的只是苦闷和一直以来的有些痛苦，或者说，他写的，表达了我的苦闷痛苦。于是，我又想起了20世纪80年代我所经历的某年某日以及在那很久以后所写下的一点感慨：

人间有的是欢乐无数
但我们大都记不住
我们心中记得住的
总是那些过去的痛苦

痛苦过去那么久了
为什么总是忘不了呢

为什么岁月如浪滔滔
淘得尽千古风流人物
却淘不尽几丝隐隐的作痛

欢乐对于痛苦来说
就像一只中弹的小鹿

击中它的那颗子弹
不是别的
正是痛苦

王晓明写了些什么呢？王晓明是这样写的："1995年初秋，我在《人文精神寻思录》的编后记里，这样描述'人文精神'讨论的特点：'首先，它是一场针对现实的精神问题而展开的讨论，它源发于我们具体的生存经验，是始终在中国特定的社会、文化和思想环境中酝酿、伸展并最终破土而出的。其次，它是一场体现出强烈的批判性的讨论，这批判的范围相当广阔，因此，它首先就表现为一种深切的反省，在很大程度上，你不妨就将它看作是知识分子的自我诘问和自我清理'（《人文精神寻思录》，文汇出版社1996年2月出版，第272—273页）。差不多三年过去了，当初的热烈讨论的气氛自然早已经消散，但它所针对的那个'现实的精神问题'，却似乎更见膨胀。不仅是正义感和道德感的普遍的淡漠，也不仅是人与人之间的信任感的更普遍的减退，'现实的精神问题'还有一个更深刻的表现，就是对'人'的理解的日趋狭隘，'人'这个概念的丰富性的严重的丧失。"为什么会这样呢？王晓明继续说："当然，对'人'的这样的狭隘的认识，在很大程度上是被生活逼出来的，它绝不仅是一个认识问题，也不仅是一个文化现象，它背后联接着一连串严酷的政治、经济和社会事件，联接着一段不算短暂的痛苦的历史。我在这里无法详述这些事件和历史，但我愿意强调它们铸造当代中国人精神世界的决定性作用。这些事件和历史都是发生在中国的土地上，可以说是中国'特定'的现象；但另一方面，它们也是二十世纪席卷亚洲和世界的'全球化'进程的产物，与这个进程在中国的'本土化'密切相关。"事情真的就是这样。于是，他又想到鲁迅："20世纪快要过去了。我想已经可以这样说，在整个20世纪的中国作家中，无论从哪个角度看，鲁迅都是最重要的一位。也不仅在文学的领域里，就是从整个20世纪中国思想和文化的变迁历史来看，鲁迅的思想的重要性，也是很少有人能够相比的。在某个特别的意义上，我甚至觉得，20年代以后的中国人是幸运的，他们拥有鲁迅这样一位天才的作家，这样一位热忱而深刻的思想者。他的精神世界是那样丰富，几乎每一个人都能从中汲取共鸣和启示。这也就是为什么我明明知道，已经有许多人写过鲁迅的传记了，却仍然要自己动手，为他再写一部思想的传记。倘说过去的那些鲁迅传记的作者，或者出于对鲁迅的由衷的崇敬，或者也因为深受那个所谓'革命'的时代氛围的影响，而大多致力于描写鲁迅的'革命'的一面，譬如他的乐观，他的激昂，他的自许为'无产阶级'的'战士'的姿态，等等，那

么，当我在80年代重新阅读鲁迅，以自己这一代人的生存经验去理解他的时候，我却更多是体验到了他那深无边涯的痛苦，他那些乐观和激昂意愿的持续的受挫，他那用'战士'的自许所无法化解的沮丧和绝望。不仅如此，我愈益强烈地感觉到，只有深深地进入鲁迅的这些也许他自己都不愿完全袒露的沮丧和绝望，你才能真正懂得他那独特的'绝望的抗争'的精神，也才能真正懂得他作为一个人的伟大。"

作为一个人真的伟大吗？我问我自己，我没有觉得，我觉得反倒是某个夜晚我在梦里所写下的这样几句：

我想通过写作
来使自己快乐

我试着写诗
不行

试着写散文
不行

试着写小说
还是不行

写作没能让我快乐
反倒使我感到痛苦

我不明白
为何这样

我真羡慕有些朋友
能够写得那样舒心

（王晓明，1955年生，上海大学教授，博士生导师，有著作《沙汀艾芜的小说世界》《新鲁迅传》《刺丛里的求索》《王晓明自选集》《在思想和文学之间》等。）❖

顶级书友(两题)

韦 泱

王稼句的酒香

姑苏如有酒香飘来,那一定是伴着王稼句的脚步声了。于是,呼朋唤友,大家畅快喝酒。酒香飘浮之中,谈的大多是书的话题,这酒香便沾染上书香,袅袅娜娜弥漫开来。

我与稼句同姓同庚,属"五八型"国家困难时期的产物。在我内心,总视他为兄长。因为,在弄书的一拨书友中,他出道早,出书亦多,令我望尘莫及,叹息一声:吾不如矣!不知哪一年,反正他很早就与书好上了,阅读超量。从20世纪80年代始,就在苏州、上海等地的报刊上,开设书话专栏,并开始一本本出版书话集。什么《笔浆集》《枕书集》等等,不用说,我连书皮都没得一见。听说他那些书话专著,成了时下的稀有资源,孔网上偶有露面,都挂在高位上,"秒杀"稍慢的,只得空手而归。这叫奇货可居,珍本难得。而那时,我尚未识荆,连"书话"两字都未曾耳闻过。只是云里雾里,胡诌几句不着边际不甚朦胧的长短句,自以为诗。

稼句是苏州人,他热爱苏州,热爱这片养他育他的故土。但他不拿这种情愫空洞地挂在口头上。他的足迹踏遍了苏州的每一条小巷,每一个村落。这是物理意义上的熟悉。他更是上溯远古期,下穷近现代,从时间的长河中,来认知这座城市的形成和繁衍。他不但写作出版了地方风味浓郁的专著《苏州山水》《吴门四家》《姑苏食话》等,还点校、纂辑了不少地方史料,如《苏州文献丛钞初编》《吴中文存》等。他正是以自己勤勉的劳作,来阐释他对苏州的热爱,他对城市的理解。这是他为家乡地方文化做出的莫大贡献,且是默默无闻润物无声。城市的文脉延续,薪火相传,他可是头号功臣,是苏州的一张文化名片哩!我是生于老城厢的上海土族,也热爱地方文献,看到有关老上海的史料,总想占为己有,在书架上放一本。什么名人的故居啊,哪条弄堂的轶事啊,猎奇一样点缀在文章中,想想只是雕虫小技,弄不出大动静的。

不如稼句的,当然还有酒量。我不胜酒力,但每见稼句,酒是少不了的。我只能陪着喝一点儿,看他爽快地朝自己大酒杯斟满高度白酒,倒像个东北大汉的豪举。我心里真为他捏一把汗,每次都劝他少喝点。他看我大惊小怪的样子,笑着用苏州话回说:呒不事体格。又自顾喝着说着。几杯喝尽,他脸微红,话就多了起来,一副可爱的样子。喝到这个份上,可说酒是好东西。只见稼句妙语连珠精彩纷呈。可每次他都会喝过量,半醒半醉摇摇晃晃被人扶着回家。有一年,他真的喝坏了肝脏。惹得嫂夫人对他紧急下达"禁酒令"。他是那句宁伤身体不伤感情的践行者。想到这些,我笔下滞缓,心头发酸。稼句是性情中人,有着一颗赤子之心啊。他就是这样善待朋友的。有一年,我俩在太原开会,当地书友薛保平兄闻之,欣欣然跑到我们下榻的宾馆相见。保平不识稼句,却捧着一大摞稼句早年出版的书话集子来,索求签名。我乐意牵这个线。稼句二话不说,特地从会场抽身出来,一本本耐心地题签。这就看出稼句的为人。受惠于他的书友,何止成百上千。

苏州自古多才子。古代有唐伯虎，现代有周瘦鹃，都大名鼎鼎如雷贯耳。人称苏州才子的稼句，一手毛笔字亦让我赞叹不已。这是真正的文人字。不是文人都能写字，不是文人写的字都可称文人字。从稼句的字中，可看出他是懂书法的，懂笔墨线条的，给人一种文气，一种书卷意蕴。这才叫文人字。我求他墨宝，他慨然允诺。他是我为数极少的看重其字的同龄书友。只是不知，稼句是酒前写字一挥而就，还是酒后写字，懵里懵懂地如同"酒驾"那样的"酒书"。字里行间，多少带着仙风道骨的韵味。

除了这些共同爱好，我们还有不少共识。比如，他一再强调，不敢称作藏书家。我多次参观过他的书房，是所见藏书量最为丰富的一家。楼上楼下，五六间书房整整齐齐分门别类，排列着各种书，从文史哲到天文地理，到琴棋书画等，像个小型图书馆。拥有三万多册书，不让别人称他藏书家，还振振有词地说，聚书不为藏，只是使用方便罢了。有一年，苏州评十大藏书家，他是主办方钦定的"种子选手"，可他避之唯恐不及，硬是把这头衔转给他人。他不迷恋网络，上网只是查查资料，阅读上他更喜欢纸质书。他说书本捧在手上心里踏实，可安静地看，可反复地看，这是最享受的阅读。

从地域上看，苏州与上海最为相近。我就把稼句看作是生活在同一城市中的邻居，有着一种亲近感。这种感觉，不会产生在别人身上，我也不知何故，有点莫名其妙。从同姓同庚，到相近相邻，我还没有习惯以此跟谁套近乎。想到稼句，就本能地扯上了。这或许是一种宿命，是一种缘哪！

遥想彭国梁

湖南的彭国梁，人称大胡子。
书友中，数他最令人难忘。因为他最不搭，外表与性格不搭，职业与趣味也不搭。在长沙在上海，我们虽然见面次数不多，却留下深刻印象。多年不见，怪想他的呢！而在朋友圈中，常见他那蛮搞笑的画和别样的字，就越发不能不想他了。

无论是看照片，还是亲见其人，第一眼就觉得他是典型的湖南汉子，可圆圆的脸庞上，却有一对慈眉善眼。酷似张大千的胡须下，遮掩着一颗菩萨般的心。

已记不起什么时候、什么缘故认识大胡子的。大约十多年前吧，我与夫人准备赴湖南自由行，我首先就想到他了。凭感觉请他来导引，应该不会有问题。果然，他派了一辆小车接站，司机是当地一家文化公司年轻的老总，在长沙的几天，一直作为我们的专门用车。可见，大胡子在当地的人脉有多厉害。

为我们接风的当天晚宴，大胡子选在他亲戚开的一家饭馆内。我们跟着他曲里拐弯，走过村里的一些旧房子，就钻进一间小包房，像是私房菜的馆子。大胡子问我，长沙有熟悉的书友吗，我说没有，只有萧金鉴老师跟我有过联系。很快，他就把老萧请来见面并一同晚餐。也许湖南菜特别有味，那晚竟吃得多而谈得少。记忆中，老萧不是头头是道、口吐莲花的能言者，但这不妨碍老萧日后与我的频繁联系。而大胡子更不善空谈，话少却句句实在。何以见得？第二天，大胡子带我去见钟叔河先生，路上他就跟我说："钟老可是这里地标式人物。"那时钟先生根本不像现在，名气还远远没这么大。大胡子像是预言家，就这一句话，都被现实验证了。以后，我与钟老的联系不紧不慢不咸不淡，知道他体弱事多，不敢冒昧打扰。

后面几天，我都跟着他跑东走西，先是去了"七月派"著名诗人彭燕郊老先生家里。老人与我有过联系，有一年，我为上海一家诗刊编一个栏目，就叫"七月派诗辑"，约了彭老的诗稿，由此开始与彭老交往。到了长沙，就没有不见老诗人一面的理由。大胡子看出我的心事，默不作声地安排了第一次见面。彭老与我一见如故，那天话特别多。他还拿出入场券，请我们去参观省博物馆，那时进馆还得买票，因彭老的夫人在馆里工作，特别开了"后门"，才使我第一次看到传说中的"马王堆"。没料到，两小时后我们走出展馆，彭老竟在出口处等我们，为的是给我一盒茶叶。其情甚感，令我半晌说不出话来。以后我与彭老联系渐多，保存了一叠他的来信，谈的都是他"衰年变法"的新诗创作，老诗人如此具有创新意识，着实让人钦佩！

之后，大胡子又领我去了另一位"七月派"诗人朱健先生家里。原先我对朱老了解不多，只知道他是潇湘电影制片厂编剧，本名杨竹剑，学问了得。除了写诗，还研究红学，还写得一手优质随笔、杂文。他与彭燕郊是诗友，写过《水光云影话燕郊》。他也是钟叔河的好友，写过《〈书前书后〉书外》《朱纯的书》。聊了一会，时间到了饭点，见朱老一人在家，大胡子就把朱老扶上，一起出门找个饭馆吃饭。朱老比彭老稍小几岁，身体不及彭老硬朗，思维也不及彭老灵敏。之后我们建立联系，却互动不多，主要是我不够主动。

大胡子是诗人，可能也知道我喜欢诗歌，喜欢与老诗人套近乎，或正在研究"七月派"。反正，他务实做出的，就是我梦中想的。对两位老诗人的拜访，大大加深了我对"七月派"诗人的理解，为我的研究增添了不少珍贵的第一手素材。

几年后，大胡子来上海参加古旧书论坛，去文庙淘旧书。又几年后，大胡子来观"上海书展"，参加在建设银行举办的新书首发座谈会。因为在"开卷文丛"中，有他的一本《书虫日记》。中午，我请一帮书友到附近福州路一家老牌餐饮店吃馄饨、烧卖。一路上，见大胡子明显走不过其他人，我就故意殿后，为的是陪他慢慢走。我心里暗想，大胡子的身体徒有表象，其实并不雄健。

一晃又过去好几年。由于手机的普及，我得以从微信朋友圈看看大胡子的举动。他本是文学刊物的主编，却弄个"近楼"来藏书，据说有几万册之多。退休后一会儿画"怪画"，一会儿写"奇字"，一会儿读几句"歪诗"。他的画，没一幅正儿八经的，这是他独到的漫画，据说圈了不少"彭粉"，还特别受女性的宠爱，愿意花钱买他的画。他还把个人画展办到了广东和江苏。他的字，也不中规中矩，不知道学的是古代哪一路，似乎临过几笔颜字，学过几日隶书，笨笨拙拙的，倒也符合他的性格特征，还挂上了许多人家的厅堂。我从不评点文友的书画，好与不好，各人喜欢，就像青菜萝卜，各有所爱。只要有人愿意买单，就是作者在自娱自乐中的自我陶醉。或者说，是一种水到渠成的成功。

又有一段时间不见大胡子发朋友圈了。心里纳闷的当儿，忽然手机响起，一看屏幕，嘿，显示"彭国梁"三字。我大喜大喊："大胡子啊，你到哪去啦？又去过啥神仙日子了？"。他在那头却一本正经地说："求你办个事。"我说："你说啥事？"原来，他要我在上海找个人，就是著名配音演员童自荣，那个给"佐罗"配音的人。好多年前，童自荣在会上朗诵了大胡子的一首诗《泥巴》，效果特好。以后，这首经典诗作，就成了演员的保留节目。也是手机惹的祸，因为没有加微信，两人就失联了。后来听说童自荣身体不好，大胡子就多了一份牵挂，托了几个人都没打听到联系方式。我说好办，"佐罗"名头大，不难找。我立马电话上海电影家协会的朋友，帮他找到"佐罗"

叶兆言为巴金"人间三部曲"作序始末

邹　亮

巴金出生于 1904 年 11 月 25 日，今年是巴金诞辰 120 周年，"在寒天送炭，在痛苦中送安慰"是巴老当年许下的愿望。他是位把"心交给读者"的大作家，我们依然能从他的文字中获得安慰、力量和勇气。2004年，我在巴老百年华诞之际曾组织出版巴金"人间三部曲"，20 年过去了，重温出版巴金作品的往事，感受友情的温暖和做书的快乐。

巴金出生于 1904 年 11 月 25 日，2004年是巴老的百年华诞。社长蒋焕荪先生，与《收获》主编、巴金之女李小林是好友。李小林老师早年在浙江省文化局《浙江文艺》编辑部担任过编辑，那时就与蒋社长结识。蒋社长，社里同事都叫他"老蒋"，那时的人们不兴叫官称。马守良老局长，大家都叫"老马"。浙江文艺出版社曾经有个年轻的副社长蔡朝峰，全社上下都叫他"小蔡"。老蒋早年写小说，卢敦基在《评蒋焕荪的小说创作》中说："他是我省'文化大革命'以来第一个在《人民文学》上亮相的作家，在奔涌而来的我省中篇小说潮中也是数一数二的先行者。"他还擅长经营管理，在他任内，浙江文艺出版社的经济效益达到了历史高峰。蒋社长一直看重、提携我。1992 年 9月，我工作才两年，他就让我主持《社会·

家庭》编辑室。我那时还不到 30 岁，还没组建家庭，更没社会经验，既缺"社会"也没"家庭"。那时老同志成堆，让我这个毛头小伙子去负责一份刊物，力不能胜。几番推辞，蒋社长不允，说就是要给年轻人压担子。如此，我在《社会·家庭》编辑部干了两年，直到上面要抓长篇小说、戏剧电影、儿童文学，让我去负责"浙江省长篇小说"出版项目，才回到当代文学出版老本行。

2003 年，蒋社长已退居二线，我就请他与李小林老师联系，出版巴金的小说。巴金的《家》《春》《秋》等名篇，版权牢牢地掌握在人民文学出版社手上。我平时阅读各种文学史著作，除了王瑶、唐弢的现代文学史，也爱读夏志清的《中国现代小说史》、司马长风的《中国新文学史》。巴金是"三部曲"专家，他写过"激流三部曲""爱情三部曲""抗战三部曲"。司马长风给《憩园》《第四病室》《寒夜》取了个名字"人间三部曲"，我觉得很有意思。实际上这三本书是巴金先生创作的高峰之作，却在当时除专业人士，并不为普通读者所熟知。我设计了宣传语："巴金小说之长篇绝唱，文坛泰斗之艺术顶峰——敬贺巴金百年华诞"。蒋社长出面联系了李小林老师，基于多年的友谊，获得了这三本书的授权。

的手机号。第二天，大胡子就来微信，说联系上了，"佐罗"确实身体有恙，全靠老伴照料。

从这件小事，可看出大胡子的心地有多善良。我为有这样难得的书友，感到欣慰和宽心！这样的书友，怎不令人遐想！✦

《憩园》写成于 1944 年 5 月，通过一个作家重返故土，寄居憩园时的所见、所闻、所感，以一所公馆为线索，写出前后两家主人的悲剧命运。作品吸收了外国文学的许多新手法，放弃了作者对文本的主控权，作者甚至成为文本中的一个角色，采用舒缓自如的散文笔调，却有一种故园沧桑的凄凉之感。司马长风曾如此评论《憩园》："论谨严可与鲁迅争衡，论优美则可与沈从文竞耀，论生动不让老舍，论缱绻不下郁达夫，但是论艺术的节制和纯粹，情节与角色，趣旨和技巧的均衡和谐，以及整个作品的晶莹浑圆，从各个角度看着恰到好处，则远超过诸人。"《憩园》1944 年 10 月由巴金主持的文化生活出版社出版。为此，巴金自己还写了"书讯"：

《憩园》，巴金著。这是作者最近完成的一部长篇，这长篇里作者似乎更往前走了一步，往人心深处走了一步。这里没有太多的激动，使你哭我笑，然而更深的同情却抓住你我。我们且记着作者往日说过：他在发掘人性。我们也许可以读到愤怒，但绝没有悲哀。该死的已经死了。爱没有死，死完成了爱。全书十余万字，定价六万元。

《第四病室》写于 1945 年 5 月到 7 月，以一个病人的十八天日记，反映抗战时大后方的一家医院的众生相，刻画出一幅社会底层的众生病苦图，是"当时中国社会的缩影"。在这个空气污浊的三等病室里，各种病员杂处，有人不断地死去，有人又不断地进来，他们缺钱少助，在这里受着百般难忍的煎熬，一如人间地狱。闪烁一线亮光的，是善良的、热情的年轻女医生，还有为病人义务服务的饭馆伙计老许，他们是人道主义的化身。小说有一种悲悯意识，在苦难的世界里，闪耀着星星温情。

《寒夜》写成于 1946 年底，这是最能代表巴金后期创作风格与水平的一部长篇力作，被《亚洲周刊》选入 20 世纪中文小说 TOP30。小说以抗战时期的"陪都"重庆为背景，围绕汪文宣、曾树生、汪母之间的矛盾展开故事情节，描写自由恋爱的知识分子家庭如何在现实生活的重压下破裂。作品在人性的刻画上很见功力，女主人公曾树生面对妒恨的婆婆、病弱的丈夫、未成年的儿子，留守还是出走的念头不时在内心挣扎。当男主人公汪文宣吐尽最后一口血时，巷子里传来了"胜利了"的号外声，悲怆的情感流淌在小说叙事中。2005 年 10 月，《南方周末》记者夏榆采访诺贝尔文学奖评委、汉学家马悦然，问："中国有许多这样的传说，有时候说是老舍，有时候说是巴金，说他们都差不多就要得诺贝尔文学奖，是这样吗？"马悦然回答："巴金？就我看，他的《寒夜》是一部非常好的小说，非常惨烈的一个悲剧，写得非常好。《家》《春》《秋》是很有价值，价值在哪里？将来的人要是想知道二十世纪三四十年代的四川人的生活怎么样，读《家》《春》《秋》就会懂得。"

巴金在艺术上最成熟的作品是《憩园》《寒夜》，但论起在读者中的影响力，比《家》《春》《秋》要小很多。浙江文艺出版社在巴金诞生一百周年，推出"人间三部曲"，是非常有出版见识的。这三部曲由热情奔放的抒情咏叹，转向深刻冷静的人生世相的揭示，代表了巴金小说创作的最高成就。蒋社长与李小林老师打过招呼后，出版的具体事宜由我直接联系处理了。李小林老师同意我们借用"人间三部曲"来结集，同时建议由叶兆言来作序，因为叶兆言祖父叶圣陶最早鼓励巴金写作并发表其作品。1928 年冬天，叶圣陶读了留学法国的巴金寄来的小说稿《灭亡》，甚为赞赏。翌年 1 月始，便在他主持的《小说月报》第 20 卷第 1 至第 3 号连载，引起读者极大反响。《灭亡》发表后，巴金正式选择了以写作为终生职业。巴金多次表达他对叶圣陶知遇之恩的感激。1981年巴金在《致〈十月〉》一文中写道：

我在一些不同的场合讲过我怎样走上文学的道路，在这里，我只想表达我对叶圣陶同志的感激之情，倘使叶圣陶不曾发现我的作品，我可能不会走上文学的道路，做不了作家；也很有可能我早已在贫困中死亡。作为编辑，他发表了不少新作者的处女作，鼓励新人怀着勇气和信心进入文坛。

巴金尊叶圣陶为师，友情持续了50多年，两家世谊深厚。而且，叶兆言是南京大学中文系现代文学专业硕士研究生，对现代文学素有研究，也是知名作家。我奉李小林老师之命，电话联系叶兆言。兆言兄听后一个劲地推辞：何德何能岂敢为巴老作品作序？我再三表示，这是李小林老师提出来的。基于李小林老师和《收获》培养作家的影响力，再加上与浙江文艺出版社的出版情谊，兆言兄只能应承下来。

进入21世纪以后，手写书信已经很少见，我与作家的通信主要通过雅虎邮箱。现在"雅虎中国"已退出中国市场，来往邮件已经导不出来了。还好，当年的一些邮件我曾打印出来过。

June 11，2003　10:14 AM

兆言兄：谢谢你的支持。巴金的"人间三部曲"已准备发稿，等你的序文。如果你能对"人间三部曲"这个名称作一些论述最好。司马长风《中国新文学史》网上可以查到的，他对这三部作品有系统论述。

我们准备重做一批现代长篇名著，我与李庆西在操办。请多多帮忙！

邹亮上

June 11，2003　5:20 PM

邹亮兄：你好。巴金小说的序已经写好，动了一些心思，这文章实在不好写。我并不赞成"人间三部曲"这一说法，司马长风的观点较为勉强。巴金是喜欢三部曲的形式，但是现在的这三部曲，显然不是，不能构成一个整体。在炒作的时候，怎么说是另外一回事，"序"代表着一种严肃的学术观点，不宜如此。

我的观点非常明确，恢复小说家巴金的身份，小说家靠自己的作品说话，希望大家的注意力能回到巴金最好的作品上。暂此。

兆言上

信箱附件里已有《巴金小说序》。序言写得非常诚实、诚恳，与一般"序"的空泛、溢美大异其趣，文风见人品，可见兆言兄的为人。叶兆言表示："老实说，我不是特别欣赏《家》，或许是名气太大的缘故，或许故事简单而且概念化，说出来有些煞风景，我只是为了写研究生论文才系统地阅读巴金。"叶兆言认为，"平心而论，仅仅是'激流三部曲'的后两部《春》《秋》，无论是思想还是艺术，都明显要比《家》进一步。""沈从文先生谈起创作经验，曾说过一个人只要努力写作，越写越好很正常。这观点用来形容巴金的小说最恰当不过。""纵观他的创作生涯，《家》是个不错的起点，《秋》是进步的转折点，从《憩园》开始，他进入了一个崭新的境界。中国现代文学经历了一个主题从简单到复杂的发展，在这个过程中，小说变得越来越好看，越来越专业，越来越深刻。"叶兆言最后写道：

为了让读者更完整更准确认识巴金，浙江文艺出版社决定重新出版《憩园》，出版《第四病室》，出版《寒夜》，并且命令我写序。我感到非常恐慌，巴金小说如高山大海，用不着后辈跑出来胡说八道。好的艺术作品永远也不可能被埋没，巴金最后的这三部小说，不仅是个人的绝唱，也是一个文学繁荣时期骤然停止的标本，不仅代表着他的最高创作成就，也代表着整体中国现代文学的最高艺术水准。忽视它们，对后来的写作者，对年轻一代的读者，都会是个不小的损失。

令唐弢欣喜连连的《劳歌行》

宋海东

唐弢著述甚丰，诗词却仅有两部结集出版，一部是 1948 年 10 月由文化生活出版社初版的散文随笔集《落帆集》，属于巴金主编的"文学丛刊"之一；另一部便是花城出版社 1986 年 10 月付梓的《劳歌行》，为"花城文库"中的一种。

《劳歌行》的降生，与时任《人民日报》高级编辑的姜德明倾力玉成有直接关联。唐弢 1960 年自上海调往中国社会科学院文学研究所工作不久，姜德明便慕名登门约写书话，也不时与之联肩逛书肆，情谊历久弥深。姜德明向唐弢拉书稿，只怕没有谁会觉得突兀。1984 年 6 月 7 日，唐弢在致时任《随笔》杂志主编黄伟经的信中回忆："'花城文库'初计划时，姜德明同志约我交一部稿……"时隔九日，他又在致时任花城

出版社副社长苏晨的手札内提及："原来姜德明同志约我为'花城文库'提供一部稿子，并说已与出版社谈过。"

那么，姜德明是何时向唐弢启齿的呢？把握唐弢笔下"'花城文库'初计划时"这条线索，继与几位当事人当年留下的书函相互参证，可推知为 1980 年岁末或 1981 年新年伊始。

1980 年 12 月 20 日姜德明写给苏晨的一通尺牍，曾登上北京"华夏天禧·墨笺楼"拍卖会。阅读这份拍品，我们有机会了解"花城文库"酝酿、谋划阶段的具体情状。其时，广东省出版局已决定将广东人民出版社文艺编辑室剥离出来，于 1981 年元旦组建花城出版社，苏晨为此主动向姜德明讨教办社方略。姜德明一派热烈，在回信表示祝

叶兆言的这篇序言，后来在 2004 年 3 月 24 日《中华读书报》发表，题为《巴金的最后三部小说》，引起了较大反响。2004 年 4 月 14 日，《中华读书报》刊登了一个叫秦珍玉的读者来信，题为《我读巴金》。这个读者自称是"巴金迷"，对巴金作品，"始终保留着一个美丽的印象，就像保留着自己少女时代的一个梦幻"。所以，对叶兆言的评价"巴金早期的作品中，艺术上有些粗糙之外，阶级斗争成了重要元素，社会问题是首要问题"，不能接受，认为贬低了巴金的早期作品。巴金的《家》通过图书、电影、电视、广播等各种传播途径，早已深入人心，

成为现代文学的经典，那种先入为主的印象很难改变。巴金曾说过："我之所以写作，不是我有才华，而是我有感情。"巴金的作品充满感情，以情动人始终是其作品的最大特色，又与时代的脉搏紧相呼应，在读者中有巨大的感召力。叶兆言的解读无疑是一个专业读者的阅读体验，也融会了一个专业作家的创作体验。对巴金创作越写越好的判断，更能启发读者。实际上，很多读者，只读了《家》，却忽视了巴金后期更优秀的作品。

在李小林老师的提议下，在我的再三邀请下，叶兆言命笔为前辈作品作序，既为巴老祝寿，也成就了一段出版佳话。✤

贺的同时，建言花城出版社借鉴巴金在文化生活出版社出版"文学小丛刊""烽火小丛书""翻译小文库"等丛书的成功经验，推出一套小文库，"如果您能第一批选定十本便可打出去，并广为宣传。然后再编第二个十本。我估计这种工作方法打破了现在一年编不成几本书的惯例，扭转一下出版界的风气，不会蚀本的。"

苏晨名义上尽管只是花城出版社副职，但作为花城出版社筹备小组组长，实为当家人，姜德明的真知灼见让他大受启发，迅速予以积极回应。当月29日，姜德明受花城出版社委托致函巴金。这封约稿信的原件珍藏在上海巴金故居，现摘录其中一段："我跟他（笔者注：指苏晨），讲了您当年编小丛书的事，建议他编印一套'花城小文库'。没想到他竟约我来先为他们开列第一套十本的选题，邀我来编，并想一次出齐。我想这套小文库每本最好不过三四万字，第一辑请您支持一本。我设想请茅公、圣翁、萧乾、黄裳等各支持一本，还想请林淡秋、袁鹰也参加。您可否支援一本篇幅无多的小册子？"这段话中，将小文库明确命名为"花城小文库"，同时圈定一批文坛名宿作为作者。当然，由于拉来的第一部书稿即巴金著《序跋集》居然多达28.7万言，远远突破三四万字的篇幅，不能再用"小"来概括，出版社最终将丛书名微调为"花城文库"。而且，计划赶不上变化，茅公（茅盾）、圣翁（叶圣陶）、巴金、萧乾著述虽成功入围，黄裳、林淡秋、袁鹰等作家却没有作品入选，反倒是唐弢、孙犁等原本在视野之外的现代文人乃至"当红小生"蒋子龙的文字跻身"花城文库"。此外，丛书既没有分为若干套或若干辑，也并未"一次出齐"，从第一种书自1982年1月问世到最后一种1988年4月出场，历时长达七个春秋。苏晨晚年曾撰文强调，姜德明所做的这一切，都是建立在不接

受主编头衔、不收取任何报酬的前提下。

姜德明写给唐弢的约稿函，笔者无缘得见，但在社会科学文献出版社1995年3月付梓的十卷本《唐弢文集》中，我找到唐弢1981年1月18日致姜德明的一封信，言："《落帆集》不知是否已交花城出版社，如已转移，那就更好；否则，当遵嘱另编四万字小册子。我在翻读杂文随笔时，发现有些散文诗，可以抽出，凑成一集，名之曰《晴窗集》或《晴窗小辑》，可以应付，所以亦请便中函问。如《落帆》已转花城，新辑似可并入浙江那本，后者字数尚少也。"这里，我有必要啰嗦几句。改革开放不久，唐弢的《落帆集》交由广东人民出版社准备重新出版。1981年初，花城出版社拟将其转入，作为"花城文库"之一付梓。只是由于广东人民出版社的出版工作已进入实质性操作阶段，这本书依旧由该社1981年4月初版初印，却又在1982年6月移交花城出版社"第2次印刷"。"浙江那本"，指的是浙江文艺出版社1984年6月版唐弢散文集《生命册上》。唐弢的这通手札，不仅曝光《劳歌行》出版启动时间的下限为1981年1月中旬，还透露了原始书名以及相关构想。当然，最终亮相的这本书，除去书名更换，体裁也由散文诗扩大到旧体诗词和新诗。

之后一两年间，巴金的《序跋集》和叶圣陶的《日记三抄》按照计划顺利纳入"花城文库"印行，两位作者曾经各自签赠唐弢一册，其"小清新"的装帧设计让后者眼前一亮。同样是在1984年6月7日致黄伟经的信中，唐弢赞叹："我很喜欢这套书的装帧设计（巴、叶两位送了我），想出也有一半为此，另外，也有总结一下自己过去写的各种作品之意。"关于后面这"一半"出书动因，他1985年9月1日在致时任浙江文艺出版社总编辑夏钦瀚的信中亦有陈述："花城出版我的《劳歌行》，是散文诗、新诗、旧

诗合成的一个小册子，以旧诗为多，实在是杂凑的，不足为训。这几年来整理一些旧作，颇有料理'身后事'的味道，我并不悲观，但以为自己能及时处理，也是好的，不过有许多尚无力整理。"

然而，搜寻旧作的路途远比唐弢想象的崎岖艰辛。这些诗词散见于跨越半个世纪的各种报刊上，他大多未留底稿，且发表时使用了诸多笔名，发掘难度巨大；加之他后来专程去过王府井新华书店花城出版社专柜，并未见到"花城文库"有新品种现身，也就按下了暂停键。实际情况并非如此，截至1984年5月，"花城文库"另有茅盾著《见闻杂抄》、艾青著《艾青谈诗》、孙犁著《耕堂散文》等书籍行世；后又有杨石著《春草集》、老舍著《老舍序跋集》、蒋子龙著《一个工厂秘书的日记》、王蒙等著《夜的眼及其他》、王西彦著《书和生活》、秦牧著《花城》、冰心著《闲情》、萧乾著《断层扫描》梓印，连同《劳歌行》，凡14种。直到1984年五六月间，苏晨和黄伟经代表花城出版社旧话重提，唐弢才消除误会，在热情回复的同时，从旧篓中翻检出业已编成的诗稿，连同46条注释、两条译者附记和新鲜出炉的序文汇集成一卷，于6月16日寄送出版社。那个年代，邮政效率低下，一件挂号包裹，从北京到广州，途中蜗行牛步，走了二十天才抵达。这封邮件寄出的次日，唐弢发现序言尚有值得完善之处，当即又不辞辛劳给苏晨发去一函，指出：

接6月12日手书后，将拙稿《劳歌行》于昨日（6月16日）挂号奉上，内附小笺。稿子前有序文，序的末尾漏了几句，费神代补，即最后一句"这或者就是我的忧郁的由来吧。"之后，接排下面这样几句：

……庾子山《哀江南赋》序里说："穷者欲达其言，劳者须歌其事。"因名之曰《劳歌行》云。

把这几句解题的话漏了，想补上。谢谢。……

黄伟经所主持的《随笔》杂志隶属于花城出版社，并且他还承担出版社散文、报告文学和传记文学等书稿的编辑工作，但业务范围不涉及诗词类图书出版，与唐弢沟通此事，只是由于他在主编《随笔》过程中曾与唐弢鱼雁往还，故受单位指派出马协调。分外任务完成了，黄伟经亦想借机干件分内事，遂致信唐弢，提出将《劳歌行》序文纳入《随笔》刊发。1984年11月23日，他收到唐弢来札，有多桩事涉及《劳歌行》。一是告知"《劳歌行》序文在《随笔》发也好，我无意见"。唐弢毕竟是古稀老者，岁月欺人，居然忘却早在同年7月6日，当苏晨向他提出将此稿在广州寻家媒体发表时，他曾经满口应允。后来，鉴于《羊城晚报》发行量大、读者面广，在此登载可为书籍发行广而告之，序文因此最终出现在1985年6月23日该报"花地"副刊，篇名为《人生路上的一点踪迹——〈劳歌行〉序言》。唐弢也不肯亏待《随笔》，给这家刊物另行寄去散文《一枝清采——祝日译本新版〈鲁迅全集〉出版》，发表于1985年第5期。二是当月17日至19日，唐弢随全国政协赴粤参观团途经广州，虽无暇会晤出版界朋友，却留下《粤行志感》一首，遂抄录给黄伟经一份，与之分享，另拜托他转交《劳歌行》责任编辑杜渐坤，希望补入书中："附《粤行志感》稿请转杜渐坤同志，此诗新华社所发消息中曾引用，但有错字，排入书中，也能以代更正也。"三是对《劳歌行》的编辑出版发表意见："此书分量太少，成书也许太薄，因此旧诗编排上，希望每题独占（如一题有两首或四首，则接排）一页，即排得宽一些。等责任编辑确定后，看了稿子，有什么问题，可请其直接和我联系。我很喜欢'花城文库'的版式及设计，所虑拙稿比《见闻杂记》还要薄，不能成书耳。"

1985 年 3 月 27 日，杜渐坤在通读罢《劳歌行》书稿后，本着审慎原则传书唐弢，建议舍弃 6 首不合时宜的诗词。唐弢本身就是编辑出身，十分尊重出版方意见。在此之前，他曾专门致函苏晨，直言"《劳歌行》如有不恰当处，请不客气地斧正或指出"。然而，他担心此书本来就只有薄薄一册，再砍掉若干，未免太不成样子，又寄去几首尚未发表的诗作，希望按创作年代顺序编入。不知何故，杜渐坤未第一时间答复。唐弢心急之下，与刚从肇庆师专调入花城出版社工作的文友刘钦伟书面联系，拜托他"代为一问"，方知晓杜渐坤已将补寄的诗稿照单全收。

此后，唐弢始终关注着《劳歌行》的出版进程。考虑到刘钦伟为故人，有些事他并未直接与责任编辑商讨，而是刻意绕道而行，继续请这位老朋友转达，如在他 1985 年 8 月 5 日致刘钦伟的信中云：

拙著由杜渐坤同志负责，闻已发排。序文亦在《羊城晚报》发表，我已收到寄来稿费，却未见报。不知花城常例，是否寄清样给作者自己校？如寄最好，不寄清样，烦代注意一下，我在原稿扉页另加一页，引用越人歌，大致是这样：

山有木兮木有枝，
心悦君兮君不知。
——越人歌

希望这一页不要省漏，因为这个"君"不是人，我的意思别有寄托。……

又如在 1985 年 9 月 9 日致刘钦伟信内，唐弢更是大篇幅言及《劳歌行》：

拙书《劳歌行》让看清样（现在有的出版社不看清样），我一定尽快看毕寄回，以免耽误印期。因为我看到序文已在《羊城晚报》发表，怕很快就要印了，我说的不是"序"上的问题，信中没有讲清楚，而是扉页（内封面）与照片之间，或照片与目录之间，另加一张白纸，印两句诗，如下图：

×××××××
×××××××
——×××
文为：山有木兮木有枝，
心悦君兮君不知。
——越人歌

我一再说明这个要求，是怕编辑觉得浪费纸张，将这一页抽掉（原稿是有的）不排，这样，看清样时没有这一页，再加排就费事了。这个"君"不是指人，而是代表我的某个理想（是人就成为害单相思病了），也是这本书总的精神的概括。每本书加一张纸，可能增加些定价，但我想买这类书的人，不在乎多一二分钱，而我的书字数少，篇幅不多，也许反而好些。

请你将信告诉杜渐坤同志，让他一看如何？

1986 年初，《劳歌行》校样始出。由于唐弢 2 月中旬至 3 月上旬将赴广州中山大学讲学，遂托刘钦伟转告杜渐坤，自己即将南下，校样如未寄出，可暂缓，到时候再面交。结果，刘钦伟无意中看错唐弢来穗日期，导致杜渐坤怀揣校样去中山大学空跑了一趟。这位责任编辑担心影响书籍出版进度，不敢延宕，于是乎，唐弢在当年 2 月 3 日便收到邮局送来的样稿。

眼见杜渐坤如此雷厉风行，唐弢哪肯怠慢，不顾病体屡羸，仅用几天工夫便校对好清样。这一回，他既没有等候赴穗面交，也不再托人转交，而是直接邮寄责任编辑，并附上一纸手札，云："校样校对（错字）我不够仔细，请校对科同志多多费神。我看到的几个较大问题，提请注意：①题目用的铅字形式，大小有不统一的地方，请设法统一。②《倦游者之歌》是白话诗，应放入'忆江南'栏（第一篇），要从'短歌'栏移至前面，得动部分页码。目录中《整风》及附诗，又《浣溪沙——四届人大听周总理报告》需要删掉，因本文已抽去。《奥运会两题》按时间应在《粤行志感》之前，对调一下。我看得匆忙而又草率，请费神。"

1986 年 10 月，经作者和出版方精诚合作，再三打磨，《劳歌行》终得行世。全书六个印张、四张插页，共计 3.5 万字。其印数奇少，半精装本（封面、封底用纸较之普通平装书偏硬）仅 1250 册，精装本更是区区 210 册。"花城文库"中的绝大多数书籍均有加印记录，这一种却例外，印量一直停滞在 1450 册。书的装帧设计者为人民美术出版社原编审、九叶诗派之骨干、书籍装帧艺术家曹辛之，封面乃是以蔚蓝为底色，饰以纯白边框，左下角以淡淡的粉色勾勒出两枝花草，煞是清雅可爱，且不失端庄。物以稀为贵，加之该书出自名家之手，文笔老辣，"颜值"爆表，尽管当年未受图书市场追捧，如今在坊间并不乏热度和围观，交易价格一路上扬，其半精装本售价普遍在 30 元以上，精装本又在此基础上翻了十番，价位等同于民国旧平装。

我细细点数了一下，《劳歌行》共计收入诗词 121 首（阕），包括散文诗 22 首、新诗 14 首、旧体诗词 85 首（阕）。序言中，作者不仅以如椽大笔缕述对诗歌的独到理解及相关创作历程，还分类对作品作出精到介绍：

这个集子分三辑。第一辑"青春曲"，收《落帆集》以外的散文诗，大部分作于青年时代，形式比较自由。我将所译屠格涅夫的《乡村》和《麻雀》，雪尔维亚·华纳的《我见了西班牙》，一并收入。这不是我的作品，却传达了我当时的心声，并以说明散文诗并不一定要写成格言。第二辑"忆江南"收录了所写的新诗，我写的新诗不止这些，但因写成未留底稿，发表又用笔名，现在已难一一搜集。其中《〈驿火〉献诗》在邮工运动史上起过一点小小的作用。第三辑"短歌"收入旧体诗，我写旧体诗最多，时间最长，从"少年行"到"白头吟"，前后相望，晴川历历，不是绝句便是律诗，叫作"短歌"名副其实。有人说这些旧体诗受有黄仲则的影响，那恐怕是从情调格律上着眼的吧，我的确反复读过《两当轩集》，但我没有黄仲则的哀怨和凄苦，情绪方面有点忧郁则是实在的。

另外，卷首刊有一则《内容提要》，以寥寥数语对唐弢诗歌艺术成就进行点评："这些作品，缘情而生，有感而发，意态舒展洒脱，形象丰满，结构浑成，寄寓深远，是作家美好感情的集中和升华。"

1987 年春，80 册半精装本样书投递到唐宅；当年秋，20 册精装本也摆放到他的书案上。手捧一册册可爱的小书，他不忍释卷，兴奋地一一签赠友人，仅笔者在网上二手书市场上见过的签名本便有四五件之多，另外在他的书信内亦有签赠记录，受赠人包括著名作家巴金、扬州大学中文系教授章石承等，当然，也少不了《劳歌行》的"助产士"姜德明。唐弢在收到半精装本样书后，当即向杜渐坤点赞："除有少数几个错字外，这本书印得很漂亮，用纸好，装帧更不错。"不过，由于系诗词集，且以旧体诗词居多，唐弢从一开始便预估作品难以畅销——1986 年 3 月 26 日，他在致刘钦伟的信中流露了对该书发行工作的忧虑："花城能不顾盈亏，出这本书，实在是有魄力的。"但他料想不到的是，出版社居然蚀了本，而且损失不小。同样是在给杜渐坤的信件内，他致以歉意："只是印数只有一千二百五十册（笔者注：仅指半精装本），实在使我汗颜。我平生出书，包括解放前，还从来没有这样少过，造成出版社亏损，实在抱歉，稿费之事，不要向出版社提了。"对于他来讲，这本书历经数载，终得惊艳登场，了却自己的一个心愿，已经是最好回报，可浮一大白矣。更加令人欣慰的是，《劳歌行》的汇编出版，令之后《唐弢文集》编辑工作少走了

以毛泽东著作为主的新中国书刊在巴基斯坦、孟加拉国、尼泊尔的翻译与出版20年

何明星

新中国图书在巴基斯坦、孟加拉国、尼泊尔的翻译与出版，是20世纪50年代开始至80年代大力推进的一项前无古人的跨文化传播实践，30年间创造了中国与喜马拉雅山南麓国家、地区文化交流空前绝后的历史记录。

新中国书刊要在巴基斯坦、孟加拉国、尼泊尔等国家发行、传播，首先要翻译成为当地民族语言。其中乌尔都文、孟加拉文和尼泊尔文分别是巴基斯坦、孟加拉国、尼泊尔的官方语言，除了尼泊尔语之外，乌尔都语、孟加拉语的使用人群数量均以亿计。比如乌尔都文在1947年至1971年的孟加拉国（当时东巴基斯坦）也是官方语言，因此乌尔都语的使用范围，不仅覆盖巴基斯坦、孟加拉国两个国家，还包括印度大部分地区；孟加拉语也是如此，不仅孟加拉国一个国家，在印度使用孟加拉语的人口数量也很大。此外，受到1960年中印关系急剧恶化的影响，包含英文、印地文《北京周报》以及毛泽东著作在内的中国书刊在巴基斯坦、孟加拉国、尼泊尔的翻译出版活动，其发行、传播的目标不仅仅是这些国家的读者，主要是为了通过这些国家转运到印度等相关语言的族群之中，从而获得更大范围的传播与影响。

中方乌尔都语、孟加拉语的翻译人才

毛泽东著作的乌尔都语、孟加拉语的翻译出版与印地语一样，是出于拉近中国与南亚国家、民族之间关系的一个战略性举措。周恩来总理从我国外交工作的长远利益出发，指出在与亚非各国人民的交往中，为了尊重新获得独立的人民的民族感情，一定要重视亚非拉的本民族的语言。因此1950年中国在创办大型综合性刊物《中国画报》之后，1951年1月很快就出版了英文版，此后

不少弯路，也带动国内学术界对唐弢诗词艺术的研讨，伍隼的《唐弢和诗》、秦瘦鸥的《唐弢的旧体诗》、肖国栋的《唐弢的旧体诗写作》等论述因此相继涌现，为唐弢著述研究开拓了新的空间。

正如巴金在《序跋集》自序中所言，花城出版社"不愿向钱看，却想认真出版书刊"。他们推出"花城文库"，与同时期出版的"花城丛书""随笔丛书"一般，旨在打基础、创品牌，并非单纯为稻粱谋，没有借口亏损而不尊重作者的劳动成果，依然向唐弢支付了不菲报酬，送给这位老人意外之喜。在唐弢1987年12月27日致杜渐坤的信中，有一句："12月9日手书收到。《劳歌行》稿费也于昨日收到。年终年初，得此巨款，可为节日生色，但阁下斡旋照应，想必

又有俄文版（1951 年 7 月）、印尼文版（1953 年 4 月）、日文版和法文版（1954 年 1 月）、西班牙文版（1956 年 1 月）、德文版和越南文版（1956 年 7 月）、缅甸文版（1958 年 1 月）、阿拉伯文版（1958 年 7 月）、印度文版（1957 年 9 月）、瑞典文版（1960 年 1 月）、斯瓦希里文版（1964 年 2 月）、意大利文版（1964 年 9 月）、乌尔都文版（1967 年 9 月）、罗马尼亚文版（1977 年 9 月），累计有 18 个外文语种。这些包含乌尔都文在内的多个民族语言的中国刊物和图书，便于这些亚非拉的民族国家更好地了解新中国的建设与发展情况，拉近了中国与这些语言读者之间的距离。

中国最早开设乌尔都语专业教育的学校是北京大学东语系，1954 年就开始招生，此后才有北京广播学院（今中国传媒大学）、北京外国语学院（今北京外国语大学）培养乌尔都语专业学生。因此参与毛泽东著作的乌尔都语翻译人才，差不多都是来自北京大学、北京外国语大学的学生。

中国最早开设孟加拉语专业教学的机构是北京广播学院，最早招生是在 1963 年，主要是为中国国际广播电台培养播音人才，也是在十分薄弱的基础上起步的。1967 年外文局主持毛泽东著作非通用语种翻译组的时候，并没有将孟加拉语单列为一个语文组，而是将之放了乌尔都文组里。据笔者推测，这主要是因为当时的孟加拉国仍然属于巴基斯坦的一部分，而乌尔都文又是巴基斯坦的官方语言，因此才没有单列一个语文组。

（一）根据已有的文献、档案搜集到的参与毛泽东著作乌尔都文翻译的专家名单。

1. 山蕴，1935 年生，北京大学东语系乌尔都语教授，曾经编译《乌尔都语文学史》（1993 年，中国社会科学出版社）等，1967 年参加毛泽东著作乌尔都语翻译组工作。

2. 汪绍基，1937 年生，浙江杭州人，1958 年毕业于北京大学东语系乌尔都语专业，曾任外文出版社乌尔都语翻译组组长，其间主持审定乌文书稿有《毛泽东选集》（1—4 卷）、《毛泽东诗词》等工作。译有（汉译乌）《阿凡提的故事》《水牛斗老虎》《中国便览》《人到中年》《茶馆》等作品。①

3. 李宗华，1933 年生，北京大学东语系乌尔都语教授，精通乌尔都语、英语、波斯语，曾在印度长期攻读乌尔都语与波斯语，从事乌尔都语文学方面研究。1967 年参加毛泽东著作乌尔都语翻译组工作。有《印度古代诗选》《印度古代文学史》《东方文学史》（参与编写）等著作出版。

4. 刘士崇，女，汉族，1935 年生，北京大学东语系乌尔都语毕业，后被分配至中国外文局工作，1966 年开始，自始至终参加

费去不少精力，谨表谢意。"唐弢感念于心，应杜渐坤邀约，抱病写就散文《沉船》，发表于《花城》杂志 1988 年第 3 期。

在 2018 年第 6 期上海《点滴》杂志上，刊有著名学者周立民的一篇《姜德明与巴金的〈序跋集〉》，如此褒奖"花城文库"："我非常喜欢这素雅又不失活泼的装帧，加上入选丛书的作者都是文坛大家和风头正健的作家，这套丛书算得上是 1980 年代文学丛书中的精品。"依愚管见，《劳歌行》尽管有落寞多年的遭际，却是这套"精品"中的精品。环顾当今诸多媒体及作者粗率的出版风气，回眸前人从策划、构想、汇编、排版、校对、装帧到付梓、寄送样书、分配稿酬的出版历程，每个环节皆"精精计较"，委实是为书消瘦为书忙。❖

《毛泽东选集》第一至四卷的全部翻译组工作。人民画报社副译审。

5. 安启光，辽宁沈阳人，1959 年入北京外国语学院学习英语，后转到北京大学东语系攻读乌尔都语，1964 年进入外交部工作，多次担任毛泽东、周恩来等国家领导人会见巴基斯坦总统、总理的翻译。1966 年开始，自始至终参加《毛泽东选集》第一至四卷的全部翻译组工作。1972 年被派往中国驻巴基斯坦大使馆工作，1978 年再次参加《毛泽东选集》第五卷的乌尔都文翻译工作。后再次被派往中国驻巴基斯坦大使馆工作，曾任中国驻卡拉奇总领事馆总领事，2000 年荣休。

6. 张世选，男，汉族，1940 年出生，山西人。1960 年进入北京广播学院新闻系，1966 年获得中央广播学院新闻系和乌尔都语专业的双学士学位，1967 年起在人民画报社工作，主要从事乌尔都语翻译，其间参加毛泽东著作乌尔都文翻译组工作，担任《毛泽东诗词》乌尔都文版的审校、定稿②工作。1993 年获得巴基斯坦总统和总理签发的"巴基斯坦奖章"。2000 年退休后任教于中国传媒大学，2006 年获得巴基斯坦政府"伟大领袖之星奖章"，2007 年任教于北京外国语大学。

7. 赵常谦，男，汉族，1941 年出生，河南人。北京广播学院新闻专业、乌尔都语专业毕业生，后到中国外文局外文出版社工作，其间参加和主持《毛泽东选集》（第一至第五卷）、《毛泽东军事文选》、《毛主席语录》等毛泽东著作的全部乌尔都语翻译组工作。历任翻译、副译审、副社长，后任中国外文局常务副局长。

8. 周启登，北京大学东语系毕业，乌尔都语专家。1963 年 9 月考入北京大学东语系，攻读乌尔都语；1967 年 1 月至 1968 年 12 月被借调至外文局《毛泽东选集》翻译室工作；1987 年 3 月被调至外文出版社乌尔

都文部工作；1980 年 3 月至 1982 年 1 月，被派往巴基斯坦卡拉奇大学留学，1985 年被授予翻译职称。曾参与翻译巴基斯坦电视剧《玻璃桥》《黄玫瑰》《路之情》《孤独》，巴基斯坦电影《不，现在还不》等。1985 年 12 月，随中方摄制组赴巴基斯坦，完成电视剧《纽带》剧本翻译和拍摄现场翻译任务，受到中巴双方的好评。③

（二）根据公开出版的文献、档案搜集到参与毛泽东著作孟加拉文翻译的专家名单。

1. 董友忱，1937 年生，辽宁人。1959 年考入北京外国语学院，1960 年赴苏联留学，1965 年 12 月毕业于列宁格勒大学（今为圣彼得堡大学）东方系，回国后在总参谋部从事科研、翻译工作。1967 年参加外文局的毛泽东著作翻译组工作，主持《毛主席的五篇著作》《毛主席论人民战争》《毛主席语录》等孟加拉文的翻译、定稿等工作。1986 年入中央党校，先后任中央党校文史教研室主任、教研部副主任（副厅级）等职。1994 年起享受国务院政府特殊津贴。

2. 李缘山，1942 年生，浙江人。1962 年毕业于苏联列宁格勒大学孟加拉语专业，1963—1976 年在北京广播学院外语系孟加拉语组担任教员、工作组组长，是中国孟加拉语教育的开创者。1967 年被借调到外文局参加毛泽东著作孟加拉语翻译组工作，参加了《毛主席语录》以及相关专题选集、单行本的翻译、定稿工作。1976 年调入中央广播事业局对外部工作，历任孟加拉语组组长、第三亚洲部副主任、国际台驻巴基斯坦记者站长等职务。多次担任党和国家领导人接待孟加拉国来访的总统、总理、议长的翻译。1994 年起享受国务院政府特殊津贴。

（三）参与乌尔都文翻译的外籍专家。

1. 扎希德·乔德里，来华前是巴基斯坦主要英文报纸"黎明报"驻伦敦特派记者，受邀参加毛泽东著作乌尔都文的翻译、

审稿工作。

2. 拉希德·巴特，巴基斯坦乌尔都文报纸《战斗报》的记者，受邀参加毛泽东著作乌尔都文的翻译、审稿工作。改革开放后与中国女人结婚，定居中国，主要开展在巴基斯坦翻译出版中国图书业务。

3. 阿法兹·拉曼，巴基斯坦乌尔都文报纸《战斗报》的记者，1967 年受邀参加毛泽东著作乌尔都文的翻译、审稿工作。

根据相关资料显示，毛泽东著作乌尔都语组的人员名单有 10 人左右，如果加上孟加拉语组的人员，至少在 20 人左右，显然上述名单是挂一漏万的。

以毛泽东著作为主的乌尔都文、孟加拉文、尼泊尔文翻译

笔者根据外文局的档案发现，从 1959 年至 1980 年的 20 多年间，毛泽东著作乌尔都文版，分别由中方和外方两个层面进行了翻译出版活动。而根据现有公开出版的文献显示，中方在 1967 年规划非通用语毛泽东著作的翻译出版时，并没有孟加拉语和尼泊尔语，但是在此后的出版目录中，则不仅有孟加拉文、尼泊尔文的《毛主席语录》，还有毛泽东著作单行本。这表明，中方并非没有意识到孟加拉语和尼泊尔语的使用人口数量很大，但是由于当时翻译人才的短缺，外文局并没有制定这两种语言的翻译规划。但在此后的翻译出版活动之中，中方则将工作重心放在组织孟加拉国、尼泊尔等本土文化机构进行的翻译出版上面，包含乌尔都文翻译出版活动，也是尽最大努力推动印度、巴基斯坦、孟加拉国、尼泊尔等本土机构进行。这样由于翻译人才短缺问题所进行的本土化翻译出版活动，组织、资助均是由中方推动的，而且效果也大不一样，无意中实现

了中国出版事业的第一次本土化、国际化历险。

中方乌尔都文、孟加拉文的毛泽东著作翻译出版活动，体现在有组织、有计划，品种多、印刷数量大。而在印度、巴基斯坦、孟加拉国、尼泊尔等域外进行的乌尔都文、孟加拉文、尼泊尔文的翻译出版活动，以毛泽东著作为主，同时也有其他一些政治理论图书，还有一些文学图书。进行翻译的域外文化机构既有共产党、左派机构主办的出版社、中小书店，也有纯粹是为了赚钱而历史悠久、具有相当影响的私营文化机构，均以中方提供的毛泽东著作英文版为底本翻译成当地语言出版，受到印刷、纸张等印刷物资短缺等限制，印数少，发行量不大，但是传播影响很大。以下分别详述之。

一、中方的翻译出版

（一）外文出版社自 1958 年开始翻译出版乌尔都文图书，截至 1979 年，累计品种有 200 多种，其中毛泽东著作有 80 种。

1.《毛泽东论帝国主义和一切反动派都是纸老虎》，1958 年版，0.5 元人民币，印发 5 000 册。

2.《青年运动的方向》，1960 年初版，1968 年再版，0.1 元人民币，56 开，印发 37 428 册。

3.《为争取千百万群众进入抗日民族统一战线而斗争》，1960 年初版，1969 年再版，0.09 元人民币，64 开，印发 5 425 册。

4.《和美国记者安娜·路易·斯特朗的谈话》，1965 年初版，1968 年再版，3 次印刷，0.07 元人民币，56 开，印发 31 818 册。

5.《全世界人民团结起来打败美国侵略者及其一切走狗》，1965 年版，2 次印刷，印发 36 468 册。

6.《被敌人反对是好事而不是坏事》，

1967 年版，2 次印刷，0.05 元人民币，56 开，印发 36 268 册。

7.《反对自由主义》，1967 年版，2 次印刷，0.06 元人民币，56 开，印发 22 316 册。

8.《关心群众生活，注意工作方法》，1967 年版，2 次印刷，0.07 元人民币，56 开，印发 36 313 册。

9.《关于纠正党内的错误思想》，1967 年初版，1969 年再版，2 次印刷，0.09 元人民币，56 开、64 开，合计印发 26 265 册。

10.《论反对日本帝国主义的策略》，1967 年初版，1969 年再版，2 次印刷，0.17 元人民币，56 开、64 开，合计印发 26 268 册。

11.《毛主席关于文学艺术的五个文件》，1967 年版，2 次印刷，0.06 元人民币，56 开，印发 36 610 册。

12.《毛主席语录》，1967 年版，64 开，印发 50 310 册。

13.《人的正确思想是从哪里来的?》，1967 年版，2 次印刷，0.05 元人民币，56 开，印发 11 158 册。

14.《统一战线中的独立自主问题》，1967 初版，1969 再版，2 次印刷，0.06 元人民币，56 开、64 开，合计印发 36 663 册。

15.《为人民服务》，1967 年版，0.06 元人民币，64 开，印发 12 210 册。

16.《为人民服务、纪念白求恩、愚公移山》，1967 年版，2 次印刷，0.09 元人民币，56 开，印发 52 768 册。

17.《为争取千百万群众进入抗日民族统一战线而斗争》，1967 年版，2 次印刷，0.09 元人民币，56 开，印发 31 255 册。

18.《星星之火，可以燎原》，1967 年版，0.1 元人民币，56 开，印发 21 158 册。

19.《愚公移山》，1967 年版，0.06 元人民币，64 开，印发 12 210 册。

20.《中国的红色政权为什么存在?》，1967 年版，2 次印刷，0.09 元人民币，56 开，印发 36 318 册。

21.《中国社会各阶级的分析》，1967 初版，1969 再版，2 次印刷，0.08 元人民币，56 开、64 开，合计印发 31 565 册。

22.《必须学会经济工作》，1968 年版，0.08 元人民币，64 开，印发 30 158 册。

23.《反对本本主义》，1968 年版，0.08 元人民币，64 开，印发 30 808 册。

24.《反对日本进攻的方针、办法和前途》，1968 年版，0.08 元人民币，56 开，印发 30 980 册。

25.《改造我们的学习》，1968 年版，0.08 元人民币，64 开，印发 38 558 册。

26.《关于健全党委制》，1968 年版，0.08 元人民币，56 开，印发 31 208 册。

27.《关于蒋介石的声明》，1968 年版，0.08 元人民币，56 开，印发 26 158 册。

28.《关于领导方法的若干问题》，1968 年版，0.07 元人民币，64 开，印发 38 408 册。

29.《关于目前党的政策中的几个问题》，1968 年版，0.08 元人民币，56 开，印发 31 258 册。

30.《关于农业合作化问题》，1968 年版，0.14 元人民币，56 开，印发 21 258 册。

31.《关于正确处理人民内部矛盾的问题》，1968 年版，0.21 元人民币，64 开，印发 31 258 册。

32.《湖南农民运动考察报告》，1968 年版，0.18 元人民币，56 开，印发 31 208 册。

33.《将革命进行到底》，1968 年初版，1969 年再版，2 次印刷，0.11 元人民币，56 开、64 开，合计印发 48 413 册。

34.《抗日战争胜利后的时局和我们的方针》，1968 年版，0.11 元人民币，64 开，印发 30 908 册。

35.《论人民民主专政》，1968 年版，0.11 元人民币，56 开，印发 31 208 册。

36.《论政策》，1968 初版，1969 再版，0.08 元人民币，56 开、64 开，印发 49 113 册。

37.《毛主席关于文学艺术的五个文件》，1968 年初版，1969 年再版，0.06 元人民币，64 开，印发 36 610 册。

38.《毛主席论人民战争》（精装），1968 年版，0.18 元人民币，100 开，印发 50 310 册。

39.《目前抗日统一战线中的策略问题》，1968 年版，0.09 元人民币，64 开，印发 36 108 册。

40.《农村调查》的序言和跋，1968 年版，0.06 元人民币，56 开，印发 30 958 册。

41.《上海太原失陷以后抗日战争的形势与任务》，1968 年版，0.1 元人民币，64 开，印发 30 985 册。

42.《实践论》，1968 年版，0.09 元人民币，56 开，印发 38 808 册。

43.《为动员一切力量争取抗战胜利》，1968 年版，0.08 元人民币，56 开，印发 31 158 册。

44.《在陕甘宁边区参议会上的演说》，1968 年版，0.06 元人民币，64 开，印发 31 058 册。

45.《在延安文艺座谈会上的讲话》，1968 年版，0.14 元人民币，56 开，印发 31 158 册。

46.《在中国共产党第七届中央委员会第二次全体会议上的报告》，1968 年版，2 次印刷，0.11 元人民币，56 开，印发 38 263 册。

47.《在中国共产党第七届中央委员会第二次全体会议上的报告》（平装），1968 年版，2 次印刷，0.15 元人民币，32 开。

48.《在中国共产党全国宣传工作会议上的讲话》，1968 年版，0.12 元人民币，56 开，印发 31 358 册。

49.《战争和战略问题》，1968 年初版，1969 年再版，0.11 元人民币，64 开，印发 36 610 册。

50.《中国革命和中国共产党》，1968 年版，0.2 元人民币，56 开，印发 31 058 册。

51.《中国革命战争的战略问题》，1968 年版，0.54 元人民币，64 开，印发 17 908 册。

52.《中国共产党在抗日时期的任务》，1968 年版，0.17 元人民币，64 开，印发 41 008 册。

53.《中国共产党中央委员会主席毛泽东同志支持美国黑人抗暴斗争的声明》，1968 年版，2 次印刷，0.05 元人民币，64 开，印发 31 158 册。

54.《组织起来》，1968 年版，0.08 元人民币，64 开，印发 38 808 册。

55.《"共产党人"发刊词》，1969 年版，0.11 元人民币，64 开，印发 17 705 册。

56.《大量吸收知识分子》，1969 年版，0.25 元人民币，64 开，印发 17 928 册。

57.《关于重庆谈判》，1969 年版，0.12 元人民币，64 开，印发 17 805 册。

58.《和英国记者贝兰特的谈话》，1969 年版，0.09 元人民币，64 开，印发 17 725 册。

59.《集中优势兵力，各个歼灭敌人》，1969 年版，0.06 元人民币，64 开，印发 12 025 册。

60.《抗日游击战争的战略问题》，1969 年版，0.18 元人民币，64 开，印发 15 105 册。

61.《论联合政府》，1969 年版，0.46 元人民币，64 开，印发 11 975 册。

62.《毛主席的六篇军事著作》（精装），1969 年版，1.3 元人民币，50 开，印发 23 675 册。

63.《毛主席的五篇著作》（精装），1969 年版，0.23 元人民币，100 开，印发 50 105 册。

64.《目前的形势和我们的任务》，1969 年版，0.12 元人民币，36 开，印发 17 925 册。

65.《新民主主义论》，1969 年版，0.24 元人民币，64 开，印发 18 025 册。

66.《新民主主义的宪政》，1969 年版，

0.08 元人民币，64 开，印发 18 105 册。

67.《学习和时局》，1969 年版，0.1 元人民币，64 开，印发 17 975 册。

68.《整顿党的作风》，1969 年版，0.11 元人民币，64 开，印发 17 705 册。

69.《中共中央关于九月会议的通知》，1969 年版，0.07 元人民币，64 开，印发 17 925 册。

70.《中国共产党在民族战争中的地位》，1969 年版，0.13 元人民币，64 开，印发 15 625 册。

71.《反对党八股》，1970 年版，64 开，印发 11 355 册。

72.《井冈山的斗争》，1970 年版，64 开，印发 11 450 册。

73.《论持久战》，1970 年版，64 开，印发 11 675 册。

74.《全世界人民团结起来，打败美国侵略者及其一切走狗》（1970 年 5 月 20 日），1970 年版，64 开，印发 12 010 册。

75.《在晋绥干部会议上的讲话》，1970 年版，64 开，印发 11 675 册。

76.《毛泽东选集（第一卷）》（精装），1971 年版，2.1 元人民币，32 开，印发 23 200 册。

77.《矛盾论》（平装），1972 年版，2 次印刷，0.2 元人民币，64 开，印发 12 105 册。

78.《毛泽东选集（第二卷）》（平装），1973 年版，2 次印刷，2.5 元人民币，64 开，印发 38 263 册。

79.《毛泽东选集（第三卷）》（精装），1976 年版，2.5 元人民币，32 开，印发 30 024 册。

80.《毛泽东选集（第四卷）》（精装），1976 年版，1.9 元人民币，32 开，印发 30024 册。

通过上表 80 种书目可以发现，乌尔都文版的毛泽东著作的翻译出版，重点是《毛泽东选集》《毛主席语录》和毛泽东军事专题文集等，字数、印刷数量均很大。如《毛泽东选集》一卷印发了 2.3 万多册、二卷印发了 3.8 万多册，三卷、四卷均为三万多册，分别有 32 开和 64 开，平装、精装四种版本；《毛主席语录》64 开，印发六万多册；《毛主席论人民战争》（精装），印发超过五万多册，《毛主席的六篇军事著作》（精装），印发三万多册。其余均是毛泽东著作的单行本。单行本的出版发行，都是根据当时的国际形势需要而对外发行的。

除毛泽东著作等政治理论图书之外，还有乌尔都文版的中国连环画、中国文学图书等。如 1958 年根据国际形势，外文出版社首次翻译出版了乌尔都文版的《毛泽东论帝国主义和一切反动派都是纸老虎》（扩大版），定价为 0.5 元人民币，印发 5 000 册；1959 年就迅速增加到了 12 种乌尔都文版连环画，均为当时最为著名的文学家、画家创作的作品，如《一只受了伤的小鸟》（学前教育儿童文艺丛书编委会，严个凡绘），《鸡和耳朵》（沈百英、方轶群文，高步青绘），《猴子捞月亮》（夏霞编写，万籁鸣绘），《骄傲的将军》（华君武著，特伟绘），《姑娘和八哥鸟》（根据刘兆霖诗歌改编，程十发绘）等，此后一直保持年度出版两位数的出版规模，从 1958 年至 1979 年，累计超过了 200 多种。

（二）笔者根据外文局的档案统计，从 1968 年至 1979 年，外文出版社翻译出版了毛泽东著作孟加拉文版 31 种。

1.《被敌人反对是好事而不是坏事》，1968 年版，0.05 元人民币，64 开。

2.《关心群众生活，注意工作方法》，1968 年版，0.07 元人民币，64 开，印发 65 858 册。

3.《关于健全党委制》，1968 年版，0.08 元人民币，64 开，印发 76 808 册。

4.《毛主席的五篇著作》（精装），1968 年版，3 次印刷，0.23 元人民币，100 开，印发 306 169 册。

5.《毛主席论人民战争》(精装), 1968 年版, 0.18 元人民币, 100 开, 印发 217 483 册。

6.《毛主席语录（精装）》, 1968 年版, 0.77 元人民币, 64 开。

7.《人的正确思想是从哪里来的?》, 1968 年版, 0.05 元人民币, 64 开, 印发76 758 册。

8.《星星之火可以燎原》, 1968 年版, 0.1 元人民币, 64 开, 印发 86 908 册。

9.《中国的红色政权为什么存在?》, 1968 年版, 0.09 元人民币, 64 开, 印发76 708 册。

10.《中国共产党中央委员会毛泽东同志支持美国黑人抗暴斗争的声明》, 1968 年版, 0.05 元人民币, 64 开。

11.《中国社会各阶级的分析》, 1968 年版, 0.08 元人民币, 64 开, 印发 55 908 册。

12.《毛主席的六篇军事著作》, 1970 年版, 50 开, 印发 35 050 册。

13.《全世界人民团结起来, 打败美国侵略者及其一切走狗》, 1970 年版, 0.02 元人民币, 64 开, 印发 20 100 册。

14.《战争和战略问题》, 1970 年版, 64 开。

15.《中国革命战争的战略问题》, 1970 年版, 64 开, 印发 15 050 册。

16.《湖南农民运动考察报告》(平装), 1971 年版, 0.18 元人民币, 64 开, 印发 33 055 册。

17.《青年运动的方向》(平装), 1971 年版, 0.1 元人民币, 64 开, 印发55 100 册。

18.《中国革命和中国共产党》(平装), 1971 年版, 0.18 元人民币, 64 开, 印发 25 055 册。

19.《毛主席的五篇哲学著作》(塑料封套平装), 1972 年版, 2 次印刷, 0.65 元人民币, 64 开, 印发 14 079 册。

20.《毛主席语录》(塑料封套平装), 1972 年版, 2 次印刷, 0.5 元人民币, 100 开, 印发 153 615 册。

21.《新民主主义论、在延安文艺座谈会上的讲话、关于正确处理人民内部矛盾的问题、在中国共产党全国宣传工作会议上的讲话》(平装), 1972 年版, 0.7 元人民币, 32 开, 印发 8 479 册。

22.《中国共产党在民族战争中的地位》, 1972 年初版, 1977 年再版, 0.2 元人民币, 32 开。

23.《中国共产党在民族战争中的地位》(平装), 1972 年版, 0.13 元人民币, 64 开, 印发 7 579 册。

24.《井冈山的斗争》, 1973 年初版, 1977 年再版, 0.3 元人民币, 32 开。

25.《井冈山的斗争》(平装), 1973 年版, 0.25 元人民币, 64 开, 印发 1 555 册。

26.《论反对日本帝国主义的策略》, 1973 年初版, 1977 年再版, 0.2 元人民币, 32 开。

27.《论反对日本帝国主义的策略》(平装), 1973 年版, 0.17 元人民币, 64 开, 印发1 555 册。

28.《论人民民主专政》, 1973 初版, 1977 年再版, 0.2 元人民币, 32 开。

29.《论人民民主专政》(平装), 1973 年版, 0.11 元人民币, 64 开, 印发1 555 册。

30.《论十大关系》, 1977 年版, 0.2 元人民币, 32 开。

31.《毛泽东著作选读》(平装), 1979 年版, 1.7 元人民币, 32 开, 印发 3 024 册。

通过上述发现, 毛泽东著作孟加拉文版的翻译出版时间要比乌尔都文的翻译出版晚了十年。这个现象表明, 当时中国还没有独立培养的孟加拉语翻译人才, 1967 年外文局主持毛泽东著作翻译室时, 参与孟加拉语翻译的均是苏联列宁格勒大学东方语系培养的中国留学生, 可见中国孟加拉语人才短缺的程度。1967 年毛泽东著作非通用语种的上马, 依靠国家行政力量的组织与推动, 1968 年一下子出版了 11 种, 此后一直陆续出版到 1979 年，累计有 31 种，并且在短短时间内奠定了孟加拉语教育事业发展的基础。

这些乌尔都文、孟加拉文书刊的翻译、出版与发行，均是在十分薄弱的基础上起步的。毛泽东著作乌尔都文版的翻译，是在 1966 年与其他 13 个语种一同开始上马，其他 12 个非通用语种分别是阿拉伯文、波斯文、朝文、德文、缅文、葡萄牙文、世界语、泰文、印地文、印尼文和越南文、意大利文（后经中央有关部门批准增加）。根据安启光先生的回忆文章可知，"1967 年的《人民画报》乌尔都语组算上张世选一共只有六个人，没辞典、没资料，连审稿的专家都是借用的印地语学者（乌尔都语和印地语可以看作'同种语言的不同的书写方式'）。画报由外文印刷厂排版，铸字车间里，只有两个上过短期培训班的工人略懂一点乌尔都语，排错字母是常有的事。用张世选的话来说，组里的每个人都要派上三种用场——翻译、校对、编排。就在这种近乎一穷二白的条件下，乌尔都语组摸索出了自己的工作方法，闯出了一片天地。"④

乌尔都语翻译组的人员，主要来自外语干部较多的机构。"我们乌尔都语组来自外文出版社、北京大学、总参和外交部等不同的单位，但都是在北京大学学习的乌尔都语。里面有我的老师山蕴、刘士崇、汪绍基、李宗华，前三位已经谢世，李老师还健在。其他不是我老师的学生，就是我的同学和我同学的学生。大家分成三个核稿组，老中青三结合。中国人核稿，核的是巴基斯坦专家根据毛选英译本译出的乌尔都译文。我们依照中文本，参考英文本或俄文本核校，在理解上有问题的找中文编辑质疑，乌尔都译文有商榷的地方，向专家请教，我们的行话叫'问问题'。一个人核校后，将改好的译文交给组长，组长审核后，交给专家审阅。然后，组里打出发排稿，送外文印刷厂排版付印。我们不但参与翻译的全过程，而且从看清样、校对，到看机样、看样书，出版的一套业务也都干。可以说，搞毛选我们做到了脑体相结合。"⑤根据安启光先生的回忆可知，乌尔都文版毛泽东著作的翻译，与英、俄等通用语种不同的是，毛泽东著作的英文版成为翻译的底本，由英文开始翻译成为乌尔都文、孟加拉文，然后再由母语为汉语而又通晓英文、乌尔都文的中国专家，和巴基斯坦的乌尔都文专家一起审核，从而规避乌尔都文词汇的多意等特点，使毛泽东著作乌尔都文版尽量准确、规范，变成演讲语言（Speech language）。

乌尔都语翻译组属于外文局领导的毛选翻译室，与中央编译局领导的毛泽东著作翻译室（英、法、俄、西文）和中联部领导的日、缅、越、泰、印尼五个语种的翻译定稿班子一样，在不同时间段都曾在友谊宾馆南工字楼办过公。⑥对于当时翻译组的工作情景，安启光先生的回忆文章更为详细："在'文化大革命'运动中，友谊宾馆客人寥寥，除主楼以外，可以说其他楼都空荡荡的，大小庭院也都是静悄悄的，在这萧瑟的氛围里唯有我们毛选翻译室所在的南工字楼人气兴旺，特别是三顿饭的饭口时间，我们进出有说有笑，热热闹闹，未想排队走，胜似结队而行。整个楼昼夜有灯光，尤其夜晚灯火辉煌，因为我们是常住，晚上也工作，甚至开夜车。运动中的逍遥派在这里都变得积极起来，用自己的一技之长，自己学的非通用语，让毛泽东思想早日照亮全世界。我觉得我们毛选翻译室的人才是又专又红的人。"⑦当时作为外文局主管毛泽东著作翻译组的负责人赵常谦的回忆文章，也证实了当时对于毛泽东著作翻译，精益求精的工作流程、废寝忘食的忘我工作状态：

外文局《毛选》翻译室的翻译人员承担着从翻译到成书的全部工作。书稿没出办公室之前，至少要经过译稿、改稿、核稿、定稿、制作发排稿（打字、对读、字号与版面编排等）；发排稿要做到"齐清定"，即封面文字、扉页文字、目录、正文、标题等全书部件整洁清楚且是最后定稿；发往印厂后要经过一校对读、二校对红甚至三校、四校印厂发回的长条稿，长条拼版后需检查拼版样，翻译部门须标明"可以付印"并由相关人员签字；上机开印之前，印厂通知翻译部门到厂看"上板样"，看看哪个地方有没有在上板时被不懂外文的工人师傅的小锤子碰坏了等等。

对于东方文字尤其是像阿拉伯文、波斯文、乌尔都文、普什图文等，常有包含一个点、两个点、三个点的字母，开机印刷后翻译部门还要派人24小时驻印厂跟机"看机样"，每印一定的印张数要检查一遍有没有损坏的字母。一本书印完了，翻译部门最后的工作是检查印厂折叠成一本书的"落版样"，检查无误，签发"可以付装"，印厂装订成书后，再次发回翻译部门，这叫检查"成品样"。在当时的条件下，校对出版环节常常比翻译审定环节还要耗时耗力。

中文编辑部的质疑组也有相当严谨的工作章法。翻译部门涉及中文语义的理解、军事词语的表述，甚至某次战役的地理位置以及战役过程的叙述不够明晰等等，都会填写"质疑条"，质疑组需做出有根有据的回答，没有把握的，请示军事顾问，共同书面回答并签字。"⑧

除了乌尔都文图书外，还有十多种外文杂志。如《中国画报》英文版，乌尔都文版，《北京周报》英文版，《中国建设》英文版，《中国文学》英文版，《中国体育》英文版，《中国妇女》英文版，《中国银幕》英文版，《中国集邮》英文版等。可以说，中国在巴基斯坦发行的书刊，基本上形成了以英文为主，乌尔都文、孟加拉文等民族语言为辅的书刊矩阵，较好地展示了新中国的国家形象，为巴基斯坦社会了解中国的政治主张、发展面貌创造了条件。

二、外方的翻译出版

外方的翻译出版活动，与毛泽东著作在印度的发行与传播一样，多是销售与翻译出版活动集中在一起。笔者根据中方档案记载，整理出外方出版的书目如下：

（一）巴基斯坦翻译出版的乌尔都文版毛泽东著作书目（1967）

1.《毛主席语录》，88千字，巴基斯坦：我的图书馆出版社，1967年。

2.《新民主主义论》，35千字，斯里兰卡：普拉加出版社，1967年。

3.《在延安文艺座谈会上的讲话》，22千字，巴基斯坦：卡拉旺出版社，1967年。

上面显示的三种巴基斯坦出版的乌尔都文书目，均为中方出资支持，以回购成品图书方式支持其翻译费、纸张费，鼓励巴基斯坦本地的出版机构发行推广包含毛泽东著作在内的中国书刊。有些则是鼓励其依照外文出版社的版本在当地进行翻印发行。如1967年我的图书馆出版社的乌尔都文版《毛主席语录》就是如此。

（二）印度、孟加拉国翻译出版的孟加拉文图书目录（1978—1979）

1.《论十大关系》，毛泽东著，政治理论，15千字，印度：新书中心，1978年。

2.《毛主席关于三个世界划分的理论是对马克思主义的重大贡献》，人民日报编，政治理论，39千字，孟加拉国：恰兰迪卡书店，1978年。

3.《中国共产党第十次全国代表大会文件汇编》，政治理论，67千字，孟加拉国：恰兰迪卡书店，1978年。

4.《鸦片战争》，政治理论，56千字，

印度：新书中心，1978年。

5.《在扩大的中央工作会议上的讲话》，毛泽东著，政治理论，17千字，印度：新书中心，1979年，印发2 000册。

6.《周恩来论文艺》，周恩来著，政治理论，印度：新书中心，1979年，印发2 000册。

7.《中华人民共和国宪法》，政治理论，印度：新书中心，1979年，印发3 000册。

8.《跟随周副主席长征》，魏国禄著，文学艺术，54千字，印度：新书中心，1979年。

9.《大庆印象记》，文学艺术，印度：新书中心，1979年。

10.《大寨红旗》，文学艺术，印度：新书中心，1979年。

通过书目可知，中国图书的十种孟加拉文版，有两种为孟加拉国恰兰迪卡翻译出版，其余八种均为印度新书中心翻译出版的。其中毛泽东著作的孟加拉文版有三种，分别是印度新书中心的《论十大关系》(1978年)、《在扩大的中央工作会议上的讲话》(1979年)和恰兰迪卡翻译自《人民日报》的《毛主席关于三个世界划分的理论是对马克思主义的重大贡献》三种。其余均为中国基本概况类图书。中方重点支持印度新书中心将中国书刊翻译成为孟加拉文版，其目标是希望新书中心在孟加拉语读者群中广泛传播，因此印度新书中心的品种要比孟加拉国多。

在巴基斯坦、孟加拉国地区进行毛泽东著作翻译的机构，最早的有孟加拉国的旗帜出版公司(Standard publisher Led)。该出版社成立于1960年，总部设在达卡，在孟加拉国有17个分销店，年度出书250多种，主要用英文、孟加拉文、旁遮普文出版文学艺术图书。恰兰迪卡的负责人为Nejamee，有经理一人，助理一人，职员有八人，工人有十人左右，承担图书打包、送货等发行工作。由于该出版社位于印巴边境，因此大部

分图书均可以发行覆盖到印度的广大地区。该出版社在20世纪60年代与中方建立关系后，在孟加拉国地区的中国书刊订单数量很大。1965年当年就五次向中方订购英文、乌尔都文书刊，价值5 000卢比，1966年又将《中国画报》等英文版、乌尔都文版等杂志订数从2 000册（份）增加到6 900册（份），毛泽东著作等英文版、乌尔都文版订数提高到16 000册。曾多次提出要在孟加拉国独家经销中国的英文版《北京周报》。特别是对于中国特色鲜明的儿童连环画十分感兴趣，1965年3月11日函告我使馆，希望翻译出版孟加拉文版的中国连环画。旗帜出版社负责翻译，中方提供绘画插图，出版后按照当地售价发行后，利润共同分成。预估印数可达到30—50万册。并向中方提供了准备翻译的连环画有《美丽的牵牛花》《金斧头》《姑娘和八哥鸟》《猴子捞月亮》《问东海》，拟翻译孟加拉文的图书有《中国穆斯林的宗教生活》。旗帜出版社提出的合作报价是：用孟加拉文翻译出版一本224面、32开的连环画，需要费用为7 100卢比，起印数量为5 000册。其中翻译费为1 500卢比，纸张费为2 500卢比，其余为印刷费。由于中方在当时冷战的国际背景下，发行重点不是连环画，因此该项目没有合作，而是支持其以《毛泽东论文学艺术》、《毛泽东选集》(1—4卷，外文社英文版)、《毛主席语录》、《跟随毛主席长征》(陈昌奉著)、《从鸦片战争到解放》(爱泼斯坦著)、《成长中的人民公社》、《中国地理概述》、《李家庄的变迁》(赵树理著)、《建设新中国的人们》等英文图书为底本翻译出版孟加拉文版。如1966年恰兰迪卡就出版了孟加拉文的《从鸦片战争到解放》《成长中的人民公社》两种，中方支持了翻译费（分别是1 500卢比）和纸张费（分别是2 500卢比），每种图书印发2 000册，中方回购了1 330册

（每本定价为 3 卢比）的图书，以支持其发行推广中国书刊的传播活动⑨。

巴基斯坦共产党主办的卡拉奇人民出版社（People's Publishing House of Karachi），在卡拉奇设有印刷厂，图书销售渠道覆盖拉哈尔、巴沙瓦、达卡、吉大港等巴基斯坦、孟加拉国等主要城市。负责人为努丁·汗（zain ud din khan），是巴共产党员、人民党执行委员会委员。1967 年 9 月 20 函告中方，以毛泽东著作的英文版为底本，自费翻译出版了乌尔都文版单行本 19 种，分别是《人的正确思想是从哪里来的?》《中国社会各阶级的分析》《反对自由主义》《愚公移山》《纪念白求恩》《为人民服务》《被敌人反对的是好事而不是坏事》《正确处理人民内部矛盾的问题》《关于纠正党内的错误思想》《实践论》等。此后寄给中方 30 种乌尔都文版的毛泽东著作单行本样书。

巴基斯坦的费尔兹公司（Ferozsons ltd），这是巴基斯坦影响较大的一家出版社，创办于 1894 年，创办人为 Moulvi Feroz-ud-Din。在巴基斯坦有五家分支机构，三个印刷厂，专门出版乌尔都文书刊，编辑职工 1 000 多人，每年能够出版图书品种为四五百种。总部地址设在拉哈尔（Lahore）。费尔兹公司创办的印刷厂为印度大陆的第一家印刷厂，1931 年还创办了《东方日报》。以印刷和出版英文、乌尔都文的学校教科书、词典、杂志、参考书等闻名巴基斯坦⑩。与中方建立合作关系的时间为 1965 年，用乌尔都文翻译出版《从鸦片战争到解放》（爱泼斯坦著）、《中国地理概述》等两种图书，中方负责纸张费，每种定价分别为 2.31 卢比、2.57 卢比，回购一定数量支持其发行传播中国书刊的活动。

与费尔兹公司一样，与中方进行乌尔都文版翻译出版合作的还有卡拉旺出版社（The Caravan Book House），也位于拉合尔，

创办于 1946 年，主要出版教育、经济、法律、文学以及儿童图书为主。⑪与中方建立业务合作关系的时间为 1965 年，如以外文出版社的英文版《中国的社会主义工业化和农业集体化》、《特殊性格的人》（胡万春著，短篇小说集）为底本翻译出版乌尔都文版，合作方式仍为中方支持翻译费，并以回购一定图书的形式支持其出版传播中国书刊的活动。

巴基斯坦民族出版社（National publishing house），在 1972 年与中方建立业务关系，在拉瓦尔品第（Rawalpindi）设有办公室和图书陈列室。负责人为阿拉希姆（A.Rahim），曾经三次访华，对中国热情友好。曾在巴基斯坦用乌尔都文翻译出版毛泽东著作的单行本，在当地出版发行。除此之外，还经常从英文版《北京周报》、《中国建设》上选择一些文章翻译成为乌尔都文版，在巴基斯坦当地出版、发行。在毛主席、周恩来总理逝世时亲自到使馆吊唁，唐山发生地震时也来函慰问，并向中国驻巴基斯坦使馆拟捐赠 1 万卢比救灾，我使馆婉拒。该社还曾经多次自动举办中国书展，并邀请我驻巴基斯坦和其他友好国家使馆的官员及当地知名人士参加，扩大中国书刊的影响。1982 年拉希姆访华时曾经提出，希望中方免费供应波斯文版的《毛泽东军事文选》、毛泽东论游击战等著作。限于发行政策限制，中方婉拒了民族出版社的要求。1984 年、1985 年、1986 年曾经连续三年在伊斯兰堡举办中国图书展览会。

除了上述书店、出版社之外，还有一些熟悉中国文化的巴基斯坦个人也参与到毛泽东著作的翻译出版与传播活动之中。其中有一位名为赛义德的巴基斯坦土医，祖籍为新疆喀什，后移民至巴基斯坦卡拉奇，主要从事中医药的生意，在巴基斯坦推广中医药文化，并担任巴基斯坦东方医学会秘书长。1963 年访华，翻译出版了乌尔都文版的

《中国的医学》一书，在巴基斯坦普及中医药知识。1966年函告中方，准备自己拿出六万卢比，将《毛泽东选集》（1—4卷）翻译成为乌尔都文版。

（三）尼泊尔翻译出版的尼泊尔文图书书目（1963—1978）

与乌尔都文、孟加拉文不同的是，毛泽东著作尼泊尔文版的翻译、出版，几乎完全是由中方组织，委托尼泊尔等左派机构进行实施的，具体如下：

1.《毛主席支持美国黑人抗暴斗争的声明》，毛泽东著，政治理论，1千字，尼泊尔：费迪亚书店，1963年，印发1 000册。

2.《全世界无产者联合起来，反对我们的共同敌人》，人民日报编，政治理论，43千字，尼泊尔：费迪亚书店，1963年。

3.《列宁主义和现代修正主义》，《红旗》杂志编，政治理论，8千字，尼泊尔：费迪亚书店，1963年，印发4 000册。

4.《分歧由何而来？——答多列士同志》，人民日报编，政治理论，17千字，尼泊尔：费迪亚书店，1963年，印发500册。

5.《陶里亚蒂同志和我们的分歧》，人民日报编，政治理论，23千字，尼泊尔：费迪亚书店，1963年。

6.《关于国际共产主义运动总路线的建议》，人民日报编，政治理论，31千字，尼泊尔：费迪亚书店，1963年，印发1 000册。

7.《阿Q正传》，鲁迅著，文学艺术，45千字，尼泊尔：费迪亚书店，1963年，印发1 000册。

8.《毛泽东选集》（第一卷），毛泽东著，政治理论，费迪亚书店翻译，外文出版社，1964年，印发2 000册。

9.《毛泽东选集》（第二卷），毛泽东著，政治理论，费迪亚书店翻译，外文出版社，1964年（未刊）。

10.《毛泽东选集》（第三卷），毛泽东著，政治理论，费迪亚书店翻译，外文出版社，1964年（未刊）。

11.《毛泽东选集》（第四卷），毛泽东著，政治理论，费迪亚书店翻译，外文出版社，1964年（未刊）。

12.《毛主席语录》，毛泽东著，政治理论，88千字，费迪亚书店翻译，外文出版社，1967年，印发40 515册。

13.《论政策、一个极其重要的政策》，毛泽东著，政治理论，9千字，尼泊尔：尼中友协，1968年。

14.《反对本本主义》，毛泽东著，政治理论，7千字，尼泊尔：尼中友协，1968年。

15.《在全国宣传工作会议上的讲话》，毛泽东著，政治理论，11千字，尼泊尔：尼中友协，1968年。

16.《论十大关系》，毛泽东著，政治理论，15千字，尼泊尔：费迪亚书店，1978年。

17.《怀念敬爱的周恩来总理》，文学艺术，127千字，尼泊尔：费迪亚书店，1978年。

通过上述17种尼泊尔文版的中国书目来看，毛泽东著作有10种，其中重点毛选和《毛主席语录》，尼泊尔文版署名均为外文出版社，实际组织翻译、出版的是尼泊尔的费迪亚书店。只有毛选第一卷出版外，其余三卷均没有出版发行，《毛主席语录》在1967年由中方翻译出版，定价为0.77元人民币，印发40 515册[⑫]。

费迪亚书店系尼泊尔共产党创办的一家出版社，1959年与中方建立书刊业务关系。费迪亚当时担任尼泊尔全国工会主席、尼泊尔共产党办公室主任、尼泊尔全国农民协会副主席等职。1960年以尼泊尔全国工会代表团团长身份访华，受到毛泽东和当时中国工会领导人刘宁一的接见。1960年中苏关于国际共运论战公开化之后，费迪亚赞同中国的观点，1963 年 5 月受邀随尼泊尔共产党代表团访华，对于中国政治、经济发展道路十分欣赏。中方用产品回购方式支持其依据英文底本将包含毛选在内的毛泽东著作翻译成为尼泊尔文，其中包含纸张、排版、印刷等费用。1963 年费迪亚书店提供了一个较为庞大的翻译出版计划中，包含八篇"九评"文件、毛选 1—4 卷、十篇毛泽东著作单行本和鲁迅的小说《阿 Q 正传》等。中方计划支付的资助计划为 13 000 卢比。毛泽东著作的翻译则主要有尼泊尔共产党的领导人桑布承担，其他图书翻译由费迪亚书店在当地选择合适的译者担任。双方最初执行的翻译计划中，主要是"九评"等关于国际共运的理论文件，由费迪亚翻译出版的"九评"文件，翻译很快，质量也较好。1963 年尼泊尔共产党发生分化，一部分追随苏联方面，依附当时的尼泊尔国王势力，对于尼泊尔左派进行打压和迫害，原尼泊尔共产党领导人桑布拉姆（Sambram）被捕入狱。但桑布在狱中坚持翻译完《毛选》一卷，1964 年 12 月费迪亚本人也被尼泊尔当局抓捕入狱，书店交由其妻子坚持经营。中方在关键时刻予以援助，根据中方档案记载，1964 年中方以产品回购方式支持费迪亚书店的翻译费、印刷费等就有 8 100 卢比（人民币为 2 595.19 元）。费迪亚书店交回中方的尼泊尔译稿还有《哲学社会科学工作者战斗任务》（周扬著）、《论共产党员的修养》（刘少奇著）。但是受到当时尼泊尔印刷水平较低的影响，尼泊尔当时的印刷厂只有铅字排版，而且铅字很少，需要排一版才能印刷一版，加上校对的时间，一本五六十页的图书，需要至少两个月时间。因此毛泽东选集以及其他单行本等均没有如期对外出版发行。再加上 1968 年后尼泊尔的政治形势进一步恶化，当年 12 月费迪亚书店被人纵火全部烧毁，中方仍旧以支持其广告费名义资助其一万卢比，扶持费迪亚书店坚持进行翻译出版活动。

总之，毛泽东著作乌尔都文、孟加拉文、尼泊尔文版的翻译、出版与印地文等其他南亚语言文字一样，国际上面临美苏两个大国的封锁，国内处于"文化大革命"极为严肃的政治背景下，一个特殊时代背景下，由国家政治外交需要而推动的一个对外翻译出版事件，依靠国家行政组织和动员，中外双方出版了毛泽东著作乌尔都文版 91 种（中方 88 种，外方 3 种）、孟加拉文版 34 种（中方 31 种，外方 3 种）、尼泊尔文版 10 种等，这是中国数千年与南亚大陆文化交流历史上从未有过的历史记录。

①中国出版科学研究所，河北省新闻出版局编：《中国出版人名词典》，中国书籍出版社，1989 年版，第 559 页。

②④张世选：《用乌尔都语吟诵中巴友谊诗篇》，《北京日报》2017 年 7 月 11 日。

③《安徽池州东至周氏：六世书香，百年家风》家谱，第 46 页。

⑤⑦安启光：《我的巴基斯坦情结》，国际在线专稿，2011 年 7 月 22 日，参见 http://news.cri.cn/gb/27824/2011/07/22/147s3314678.htm。

⑥⑧赵常谦：《那是个值得非通用语种译者夸耀的年代———忆〈毛泽东选集〉非通用语种的翻译出版工作》，《中国翻译》2020 年第 1 期。

⑨根据中方档案记载，1965 年一个卢比折合人民币为 0.5 元人民币，两本书中方的支持金额分别为 2 076 元，合计为 4 152 元人民币，扶持比例为 56%。——笔者注。

⑩参见费尔兹公司网站，https://ferozsons.com.pk/about/。

⑪参见卡拉旺出版社网站，https://caravan-bookhouse.com/。

⑫何明星著：《中华人民共和国外文图书出版发行编年史（1949—1979）》（下），学习出版社，2013 年版，第 450 页。❖

十九世纪汉译日文图书趋向考

王 舟

中日学界对日文图书汉译与出版事业研究成果累出。目前国内较为重要的著作有田雁《日文图书汉译出版史》[①]，该书从图书翻译与传播的角度，将近代以来日文图书的汉译出版这一历史过程再现；而其另一力作《汉译日文图书总书目》[②]，则搜集、整理、编排了自1719—2011年间汉译日文图书，共2.5万余条书目信息嘉惠学界；最新出版的《近代中国の日本書翻訳出版史》[③]，研究视角聚焦近代更加细化，已被日本学者翻译出版；汪丽影将清末日文翻译目的归纳为"开启民智""翻译救国"两个特点[④]；任江辉[⑤]、张云舒[⑥]从题材上选择了清末汉译日文小说，从出版特点及历史影响角度，认为其影响了新风潮于中国的传播；而同时期的政治小说[⑦]、侦探小说[⑧]的翻译和接受过程中，也呈现出一定的翻译现代性，在中国翻译史上确立了相应的地位；刘志学[⑨]将清末翻译西方与翻译日本的教科书对比研究，从侧面反映了日译教科书的特色和优势，以及对国内教育形势的影响；毕苑[⑩]探求了汉译日本教科书与中国近代新教育建立的关系，承认了汉译日本教科书在清末教育中所担负的重要角色。

国外学界实藤惠秀所修《中国译日本书综合目录》[⑪]，最先填补了中日文化往来综合性书目的空白，傅羽弘有《清末民初中国における日本書翻訳》[⑫]一文，大致梳理了清末民初汉译日文图书的情况；而梁艳《清末翻訳小説に見る訳者の啓蒙意識》一文，则从清末翻译小说剖析翻译群体的启蒙意识[⑭]；

吕顺长《清末浙江籍留日学生による日本書の翻訳について》[⑮]细化了研究视角，以地域集中译书群体，并归纳其一般特点；其另一成果《清末における羅振玉の日本視察と訪書活動》[⑯]则重点阐述罗振玉对于汉译日文图书的编译审校的史实；董秋艳[⑰]以汉译本《新选家政学》为着眼点，阐述了日本女子教育对中国的影响。此外《日中文化交流史丛书》[⑱]中也多有涉及十九世纪汉译日文图书出版情况，可供参考。

学界对于十九世纪汉译图书编辑出版问题已进行了一定的探讨，但对于汉译日文图书初萌期，仍缺少深入分析，对该时期汉译日文图书的趋向性，以及背后所呈现的日本文化对外输出趋势等问题仍待梳理。因此，本文针对十九世纪汉译日文图书的取材、编译群体，以及日文图书的出版机构进行剖析，以期从一定程度上明了中国翻译出版事业的近代化开端，更加清晰十九世纪中日图书交流脉络，不正之处请方家海涵。

一、十九世纪汉译日文图书的题材趋向

鸦片战争以来，中国封建体制的矛盾逐渐暴露，而同时期日本所实行富国强兵战略与文明开化政策，正在引导其全力走在西化的道路上。这一系列开化政策，不但将日本从殖民地化政策下挽救出来，也使其逐步成为与资本主义国家比肩的强国。这一时期日本发展近代教育体系，引进大量欧美先进理论技术书籍并为其所用。

中国一批先知最早将目光投向日本，渴望通过学习邻国发展以寻求出路。针对翻译日文图书的必要性，梁启超指出，"夫日本于最新最精之学，虽不无欠缺，然其大端固已粗具矣。中国人而得此，则其智慧固可以骤增，而人才固可以骤出，如久餍糟糠之人，享以鸡豚，亦已足果腹矣。"康有为也曾言断："我朝变法，但采鉴日本，一切已足。"[19]这样的热忱和努力，随着中国对大批官员、留学生东渡日本开始走向高潮。中国学习模仿日本近代化，在战争期间以及两国邦交非正常化之下也未曾停止。这一期引进的日文书籍，无论从题材还是数量，都较十九世纪前半有了明显变化。

若按田雁先生："在维新派、革命派以及清朝官僚的强力推动下，20世纪初，出现了全社会翻译引进日本图书的波澜壮阔的浪潮"[20]所言，那么我们暂且可以将十九世纪中译日书事业进程称为"前浪时期"。这一时期现可考汉译日文图书共计201部，按类别可分为人文科学与自然科学两大类。数量和种类在甲午战争前后也出现了明显差异。

从表1可知，第一，从图书种类来看，与十八世纪汉译日文图书类别可考仅有三种，且集中于文学领域[21]相比，十九世纪汉译日文图书内容取材更加丰富，领域遍布历史、地理、文学、政治、教育、宗教等人文学科，还包括农业、军事、数理化、医学、工商等自然科学门类，对于日本学界不同时期的主要作者及主流作品都有引进，还将日本转译其他欧美国家著作一并作为探求视野的新方式。

而十九世纪汉译日文图书种类激增点，是以甲午战争为契机。甲午战前，引进日文图书内容主要集中于历史、地理、文学等人文社会学科，加之少量自然科学书籍。甲午战后，随着晚清政局的激荡变化，引进日文图书种类涉及政治、法律、教育、军事、数

理化、农业等诸多领域。其中工业、商业作为新兴引进图书种类，初次被转译为汉文。

表1　十九世纪（1801—1900）汉译日文图书类别统计表

学科	方向	数量
人文学科	历史类	39
	地理类	21
	文学类	12
	军事类	13
	政治类	9
	教育类	8
	工具书类	3
	工商类	3
	艺术类	2
	宗教类	2
	社会学类	1
自然学科	农业类	66
	数理化类	18
	医学类	3
	工业机械类	1

注：本表根据《汉译日文图书总目录：1719—2011》，社会科学文献出版社2015年版整理而成。

第二，从翻译图书数量来看，十九世纪日文图书的引进，人文学科图书数量总体大于自然学科（详见表2）。细化至图书题材，人文学科中历史类书籍的引进仍保持一定比重，但政治、军事、教育和农业四类图书增速最快。以农业类书籍为例，引进数量超过甲午战前18倍之多，其覆盖广泛，包括了近代养殖、种植、病虫害防治等专业书籍。商业、教育、工业等此前尚未引进的领域，也在甲午战争后涉及，增速达到。此外，医学类书籍，在这一时期引进数量仍然维持低水平。其中1898年，汉译日文图书类别涉及最全，涵盖八个学科门类，这与当时戊戌变法的文教改革密不可分。甲午战争后至1900

表 2　十九世纪汉译日文图书题材取向变化表

学科	人文学科							自然学科			
门类	历史	地理	文学	政治	军事	教育	商业	医学	农业	理化	工业
1801—1894	22	8	6	4	1			3	2	1	
1895	2	1	1	1							
1896	1	1	1	1	1					1	
1897				2	3		1		6		
1898	3	1	2	1	4	5			1	1	
1899	4	1	1	3		3					
1900	2	4							29	6	1

注：本表根据《汉译日文图书总目录：1719—2011》，社会科学文献出版社 2015 年版整理而成。

年翻译出版日文图书总量超过 1801—1894 年引进日文图书总量的两倍。

图书发行体现了认识外界的态度和速度。十九世纪汉译日文图书取材变化的原因，一方面受到社会政治、经济及军事因素的影响而上下波动。即十九世纪下半叶为资本主义迅速发展阶段，变革旧制度和旧的生产力，已经成为当时社会潮流。清廷从"师夷长技以制夷"，到"师夷长技以自强"，再到后期的五大臣出洋考察，都体现了中国在近代化过程中不断与外界探索碰撞的趋势，图书出版事业也随着流向不断找到适合自己的生存方向，甚至在一定程度上引领着近代化的走向。

另一方面，日本"维新三十年来，广求知识于寰宇，其所著有用之书，不下数千种，而犹详于政治学、资生学、智学、群学等[22]"，引进西学最为全面，而这些书正可为中国开民智。且中国翻译日文图书难度与成本较西文低，康有为认为，若皆译西方之书，其一语言成为最大障碍，其二西文著作内容多以农、工、兵等"非至要之书，不足以发人士之通识也"[23]，遂力主翻译日文图书兼利用日文图书转译西方著作。这也形成了十九世纪汉译日文图书占译介外文图书总比

较高的趋势。

即使是在中日关系复杂的甲午战争时期，图书翻译活动也并没有停止。更多的国外思想学说被源源不断地译介到中国，使得中国的思想界更为活跃，这为新一轮的社会变革奠定了基础，也促成了中国翻译活动的又一高潮。

二、十九世纪汉译日文图书译者群体与出版机构趋向

十九世纪汉译日文图书，呈现出译者群体的广泛性与出版机构的集中性，也是汉译图书在发展初期的主要表现。这反映了当时出版环境受政治、经济、文化等诸因素影响。

（一）十九世纪汉译日文图书译者群体分析

十九世纪汉译日文图书译者群体涉及广泛，从社会身份上，可分为官绅、留学生、进步人士、出版学人等，而地域范围跨度涉及中日两国，甚至包括一些美国学者中谙熟中文之人。表 3 为十九世纪汉译日文图书主要译者排序。

在蓬勃的汉译日文图书中，尤以藤田丰

八的翻译独树一帜。藤田丰八（1869—1929）日本德岛县人，日本东洋史学家，南海史、西域史学家。1898年与罗振玉于上海创办东文学社，向中国学生教授日文，同时翻译日本出版的有关中国新书。1900年藤田丰八与王季烈合译日本的《物理学》一书，是中国第一本系统介绍物理学的专书。1909年任京师大学堂教习。1912年回国后主授东西交通史、西域史。藤田丰八在中国期间，培养了大批精通日文的人才，同时编译数部有影响力书籍，在《农学报》和《农学丛书》一直担任汉译工作，转译广泛实用的农学前沿成果，很快成为了清末西方农学引进的先行者。

表3 十九世纪汉译日文图书主要译者排序
（1801—1900）

排序	作者	出版总数	涉及领域
1	林壬	7	农业
2	沈纮	6	农业、教育
3	藤田丰八	5	农业、科学
4	樊炳清	4	历史、农业
5	罗振玉	3	农业
5	游瀛主人	3	历史
5	王季烈	3	农业、科学
6	王治本	2	军事、宗教
6	罗振常	2	教育、农业

注：本表根据《汉译日文图书总目录：1719—2011》，社会科学文献出版社2015年版整理而成。

值得一提的是，在众多中日译者中间，还有美籍译者参与到十九世纪汉译日文图书事业中。林乐知便是其中代表之一。其为著名翻译家、教育家。1860年到上海，曾从王韬治汉学。1863年在清政府办的上海广方言馆任教习。1868年江南制造局内设翻译馆，广方言馆移入局内，他兼译书。同年创办并主编《教会新报》。中日甲午战争前后，他宣传中国变法维新。主要编著有《中东战纪本末》与《文学兴国策》等。

除表中所列译者外，仍有大批先知走在汉译日文图书的事业中，为传播近现代思想作出了重要启发作用。以王韬为例（1828—1897），其主张变法维新，倡导改革，是近代早期启蒙思想家，他从事西学东传工作，通过译书、办报、主办考课等方式，促进了近代观念传播，翻译出版《华英通商事略》《重学浅说》《光学图说》《西国天学源流》等书，很快成为维新派宣传变法的理论支撑。

此外，中方译者还包括引进第一本汉译日文教科书《支那史教科书》之唐秋渠；兼通英、日，在洋务运动中为译介西学和简化计算作出重要贡献的贾步纬；日方主要译者还包括通晓汉文并将畜牧技术引入中国的后藤达三、高桥二郎等，进一步推动了中日图书交流和文化事业的发展。

从图书译者可以看出，中国方面的翻译出版主要以政府主导，派有留学背景熟练掌握或在中国本土谙熟中文的外国人士负责翻译和出版工作，兼参与编译工作。后期开始，自主翻译群体开始活跃，李大凯认为，"从严复到留学生，开创了中国人通过学习外语自己翻译科学书籍的先河，特别是自主选择社会科学翻译并引领一个时代翻译热潮……使得中国科学翻译的主动性凸显出来。"[23]同时译者有群体趋向性，后期多以清末维新派团体为基础进行译介活动，如东文学社成员王国维、罗振玉、樊炳清、沈纮、萨端、朱锡良等，且大部分学者有留日经历。

而日本方面多为谙熟中文或有中国游历经历的日方人士直接用中文撰写，并负责发表和出版。此外，私人翻译出版行为开始逐渐增多，这与政策、行为以及思想开化社会转型密不可分。也与十九世纪六十年代以后，大批官吏及知识分子游历外国，接触西方近代科技文明和政治制度密不可分。

十九世纪汉译日文图书，能反映出该时期中国知识界对日本的认识与关注。作为早期接触新制度、新思想的国人，他们在新学传播过程中，承担了疏导作用。值得关注的是，部分译者有意借助译介著作，结合清末社会现实，表达自身主张。

但是，我们仍能从译者与学科板块中看出偏差，多数翻译学者没有区分固定专业，而是涉及多个领域，跨学科翻译情况多有存在。这与当时中国翻译事业处于起步期不无关系。没有明确的领域分工，是日文图书翻译水平整体不高的体现。

（二）汉译日文图书出版机构分布

魏源指出，"然则欲制外夷者，必先悉夷情始；欲悉夷情者，必先立译馆，翻夷书始。"㉓中日两方的翻译图书出版机构存在差异。中国主要以政府机构为主，日本主要以出版社为主。从时期来看，1895 年之前，日文图书翻译出版主要由日方推进，1895 年之后逐渐过渡到由中方主导，大量以资产阶级改良派为主体的民间议员、编译局开始发展。从地域分布来讲，上海、宁波、福州、广州等较早因不平等条约成为通商口岸的地区成为近代中国西学传播中心。现对中日两国主要编译机构进行详述与分析。

十九世纪海外编译事业从事者主要以明亲馆、译书汇编社为最。明亲馆为明治维新时期位于神户的乡学学校，1867 年（庆应三年），由神田兵右卫门、北风正造等人创办。1873 年（明治六年）因经营不佳，且新学制颁布遂停办。1867 年明亲馆又翻刻京师同文馆所出英人丁韪良所著汉《格物入门》。为中日间知识流动搭建平台。另一海外编译中心则为译书汇编社，为清朝末期中国留学日本学生在日本创办的一个专门翻译日本著作的译书团体，于 1900 年在东京成立。该社由第一个中国留日学生团体励志会

的主要成员组织。该社成立后，大批翻译日本图书。另编有《译书汇编》月刊。

高原明生认为，1895 年以前，日文图书的翻译主要由日方主导㉖。多数机构设置于日本东京，1895 年之后，随着国内形势变化，国内呈现出强烈学习日本的意愿，随着康有为、梁启超等维新派的推动，开始了翻译引进日本图书的浪潮，翻译中心开始逐渐向北京、上海以及沿海发达城市转移。据张仲民㉗统计，清末于上海创办的书局，至少有四百家之多，包括了外地、外国在上海设置的分店。主要有如下编译出版机构：

1. 京师同文馆。京师同文馆是清末第一所官办外语专门学校，该馆附设印书处、翻译处，曾先后编译、出版自然科学及国际法、经济学书籍二十余种。编译出版如《格物入门》，是中国最早介绍力学、水学、气学、火学、电学、化学、测算举隅等数理化学科的大学教科书。

2. 学部编译局。学部编译局是清朝末年科举改制期，以办新学为背景设置于附属学部的机构，又称学部图书编译局，以出版新学图书为主，例如《家庭谈话》《亚拉伯新志》。同时也承担新式教科书的编写，如《女子初等国文小学教科书》等。此外主动参与国外教科书的翻译出版，后期转为对民间自编及国外翻译教科书进行审校，学部编译局适应清末改革运动中国民思潮要求，对于近现代教育的发展有重要影响。

3. 大同译书局。清末维新派的编译出版机构。1897 年（光绪二十三年）秋冬间，梁启超等集股创设于上海，由康广仁经理。规定首译各国变法之书，以备取法；译学堂各种功课，以便诵读；译宪法书，以明立国之本；译章程书，以资办事之用；译商务书，以兴中国商学，挽回利权。曾刊印《大彼得变政考》《经世文新编》《日本书目志》《孔子改制考》《春秋董氏学》等书。

此外，除了设立于上海的上海广方言馆、上海东亚译书会、上海新民译书局、上海六先书局、上海江南总农会、上海南洋公学译书院、上海亚泉学馆、上海善邻译书馆，还有直隶学务处、北洋官书局、湖南新学书局等设置于北京、天津、湖南等地的编辑机构。日本东京的出洋学生编辑所、日本经济杂志社等也在十九世纪末期，翻译了大量军事、历史相关的人文科学书籍。

从以上图书翻译和出版机构可以看出，官办机构占比较高，出版图书涵盖范围较广，兼具图书编译发行。甲午战争后，民营编译局开始崭露头角，市场份额占比逐步增大。从译书局人员构成来看，留学生特别是留日学生占比较大。最初翻译出版机构集中于东京，从 1850 年开始，翻译中心由东京逐步转移至上海。也有带有宗教性质的译文出版机构，如光启社、福州圣教书局，这与当时西方宗教传入中国的情况走向大体一致。

综上所述，十九世纪汉译日文图书的趋向性，可以从图书种类、译者群体、编译机构来分析。汉译日文图书自甲午战争后，数量激增，种类也从原来历史、地理等人文学科，增加到自然科学类，涵盖生物医学、农业养殖等近代产业；译者群体也由日方主导变为中方主动编译，中方群体不仅限于政府译员以及留学生，部分私立书局也承担起编译工作，形成了完整出版流程；编译机构的中心也逐渐由东京转向上海、北京、福州等前沿或沿海人口密集城市。

出现以上现象的原因主要在于，首先，甲午战争后，中国面临瓜分危机，列强将外资大量投入中国。"外资企业进驻，进一步把工作重点从广州转移到上海，在沿海和内陆的一部分城市，在中国历史上首次诞生了外资企业。"㉘彼时上海已经成为外资的主要对象城市。山本勉认为，"清末上海之所以

林立报社、出版社，是因以上海为中心的长江下游地区被英国所统治，形成了允许反清媒体活动轻松、自由氛围的土壤。"㉙图书在不同语种间翻译出版，承担着一定的文化传播意义。

这一时期翻译外文图书的主要目的是"救亡图存""经世致用"，大部分翻译的对象文本均受到官方引导，翻译主体仍向维新派和留学生团体聚集，加上少量中日两国出版学人。该时期翻译成果与五四运动之后中国翻译事业相比，仍处于初潮时期，并未掀起全社会层面的参与。在翻译的过程中，虽然马建忠、严复等对翻译标准进行了界定，但分工尚未明确，一位译者兼顾多种学科的情况也时有存在，这也是我国翻译事业处于探索阶段的重要表现。

三、十九世纪汉译日文图书对中国的影响与意义

谭汝谦曾评价："自明季以降，偏重翻译西书，尤其英文书，但甲午之后直到今天为止，中译日书成为中国译业重要的一环。尤其从甲午到民元，中译日书的数量是压倒性的。为中国近代化新思想的传播奠定了不容忽视的基础，也为近代中日文化交流开辟了康庄大道。"㉚然而从鸦片战争爆发到十九世纪末，晚清编辑出版事业从古代模式到现代体制的转化过程是漫长且艰难的，传统秩序受到挑战，迎新弃旧必然是艰难痛苦抉择。大批受容西方近代思想的日文图书又被译介入中国，成为中国近代迎来的"新潮"之一，对于同时期中国社会产生了如下影响：

第一，十九世纪汉译日文图书成为中国了解、学习和掌握新学的媒介，为中国近代化进程提供了知识与舆论基础。同时十九世纪中国对日文图书的转译事业，加速了世界

知识的流动，对于知识共享以及更新起到了促进作用。

中国近代的科学传播与翻译出版活动密切相关，往往推动着近代化的步伐。梁启超曾指出："故国家欲自强，以多译西书为本；学子欲自立，以多读西书为功。"是时的译介文献中，涵盖政治、经济、文化、农学、医学等多种门类，尽管可能在翻译技巧、语言成熟度存在着瑕疵，但所承载的信息对于改造社会认识、唤醒着民众心智、洗涤中国过往的封建积累有着不可替代的历史意义。

从世界知识环流角度来看，部分近代化的前端知识，乘着中译日文图书的东风，扩大了传播范围，而以此为基础，中日两国所创造、发展出的文化财富，成为各自知识体系的一部分，共同融入了世界文明的发展中。

第二，在一定程度上增强了中国对于日本的理解，纠正了因长期闭关锁国对外界世界的茫然无知且长期处于中心地位的优越感的僵化概念，进一步提升了日本在中国的形象，推动着中国对外认知改变。

日本曾作为"华夷秩序"成员，以中国为主导国。进入十九世纪，中日关系出现了新的变化。日本受到来自西方列强压力，激起了社会各个层面对于了解外国的迫切渴望。福泽谕吉所著《世界国尽》应时而生，而在其《文明论概略》中，也以西方资本主义学说为主导，提倡自由平等，强调日本的独立自由人格，开始大规模且有体系地翻译西方著作。十九世纪后期，日本经过明治维新，迅速走上了资本主义道路，成长为资本主义强国。中日双方内部以及互相关系产生了巨大变化，并且在一段时间内双方差距越来越大。日本自身国力的提升要求日本对外占有话语权，迫切希望对外增强对日本的理解，改变与提升日本形象，巩固与加强日本与盟国关系。这一时期日本的图书译介，成为重要方式之一。

甲午战后，日本取代中国成为东亚头号强国，从原来"华夷秩序"中附属地位，开始逐步取得与中国平等地位，进而在华获取更多利益。对于如此东亚近邻，清廷再也无法置若罔闻。为了探求"富国""强国"之道，中日两国交流日益频繁，形式也更加多样。开展了图书出版、文人交流、文化互访等一系列活动。在朝贡制度与华夷秩序的瓦解和崩溃的背景下，这些活动给近代中国带来的冲击无疑是巨大的，它们进一步纠正或更新中国对日本旧认知，在一定程度上也拓宽了日本文化在海外传播的范围。

第三，十九世纪的中日图书译介事业培养了大批中日友好人士，其成果孕育了一代知识阶层，加深了中日文化交流程度。

以十九世纪末甲午战争为契机，中国表现出强烈的对日学习热情，也掀起了国内译介日文图书的高潮。在维新派与进步官僚的强力推动下，大批官绅以及留学生东渡扶桑，"以彼国之，兴本国之"，如范迪吉、樊炳清、赵必振，还如梁启超、罗振玉、蒋百里等，他们在访日、留日过程中，对于图书译介承担了不可忽视的作用，他们对于日文教科书的翻译、日文法律图书的引进、大批日文农业类图书的翻译贡献重大。这批译书在汇入新思想新事物的同时，又使一大批日本词汇融入现代汉语，丰富了汉语词汇，而且促进汉语多方面的变化，为中国现代化运动奠定了不容忽视的基础，为中日交流开辟了康庄大道。至少在战争期间，民间文化交流仍保持活跃。

文化传播是重要的文明交往方式之一，一方面传播了自身文化和意志，另一方面加速了不同国家文化之间的交流，点亮了不同文化之间的创造力，体现了世界文明的多样性。十九世纪汉译日文图书作为近代中国引入西方新学的重要媒介，为许多领域奠定了知识基础。也是中国先知接受新学的重要来源和途径。

但我们应该注意的是，十九世纪汉译日文图书的翻译，质量良莠不齐，若要深入研究十九世纪汉译日文图书文本内容，必须以日文原著原文本，甚至西文原著文本进行比对，一方面可以客观评价汉译日文图书影响，另一方面也可避免因译者自身理解水平而引发的偏差，进而弥补纰漏。

①田雁：《日文图书汉译出版史》，南京：南京大学出版社，2017 年。

②田雁主编：《汉译日文图书总书目》，北京：社会科学文献出版社，2015 年。

③小野寺史郎，古谷創译：《近代中国の日本書翻訳出版史》，東京：東京大学出版会，2020 年。

④汪丽影，杨晋：《从翻译目的论看清末日文科学文献的翻译》，《大众文艺》2021 年第 4 期。

⑤任江辉：《清末汉译日文小说的出版传播》，《成都理工大学学报》2019 年第 27 期。

⑥张云舒：《晚清时期日文小说汉译研究》，上海师范大学 2014 年硕士学位论文。

⑦杨淑华，王峰：《清末政治小说的译介及翻译现代性问题》，《外语教学》2019 年第 40 期。

⑧余鹏：《"从边缘到中心"：清末民初翻译侦探小说文学地位的嬗变》，《贵阳学院学报》2019 年第 14 期。

⑨刘志学，陈云奔：《清末中国人翻译西方与翻译日本物理教科书对比研究》，《自然辩证法通讯》2019 年第 41 期。

⑩毕苑：《汉译日本教科书与中国近代新教育的建立（1890—1915）》，《南京大学学报》2008 年第 3 期。

⑪谭汝谦主编：《中国译日本书综合目录》，香港中文大学出版社，1980 年。

⑬傅羽弘：《清末民初中国における日本書翻訳》，《西南学院大学国際文化論集》2010 年第 25 期。

⑭梁艳：《清末翻訳小説に見る訳者の啓蒙意識：〈レ・ミゼラブル〉の漢訳〈逸犯〉をめぐっ

て》，《中国文学論集》2011 年第 40 期。

⑮吕顺长：《清末浙江籍留日学生による日本書の翻訳について》，《四天王寺国際仏教大学紀要》1998 年第 31 期。

⑯吕顺长：《清末における羅振玉の日本視察と訪書活動》，《文化共生学研究》2018 年第 17 期。

⑰董秋艳：《清末中国における日本の女子教育の情報：下田歌子の〈新選家政学〉（1900 年）の中国語翻訳書に着目して》，《教育基礎学研究》2020 年第 18 期。

⑱中西进，周一良编：《日中文化交流史叢書》，东京：大修馆书店，1995—1998 年。

⑲康有为：《日本变政考》，北京：中国人民大学出版社，2011 年。

⑳田雁主编：《汉译日文图书总书目》，北京：社会科学文献出版社，2015 年，第 1 页。

㉑［日］冈岛援之编集：《太平记演义》，京都：松柏堂，1917 年。［日］无量轩：《阿姑麻传》，大阪屋喜右卫门，1777 年。［日］长久保赤水：《唐土历代州郡沿革地图》，学部编辑局，1789 年。

㉒［清］梁启超：《饮冰室文集》第 5 卷，广智书局校印，1902 年，第 74 页。

㉓汤志钧编：《康有为政论集》，中华书局，1981 年，第 301 页。

㉔李大凯：《从明清科学翻译史看中国引进科学主导思想演变——兼论中国科学引进能动性》，南开大学硕士学位论文，2005 年。

㉕魏源：《海国图志》，北京：中华书局，2009 年，第 868 页。

㉖田雁：《汉译日文图书总书目》，北京：社会科学文献出版社，2015 年，第 1 页。

㉗张仲民：《出版与文化政治》，上海：百家出版社，2009 年，第 319 页。

㉘曹勤：《中国産業近代化初期における企業基盤》，《帝京経済学研究》2003 年第 36 期，第 79 页。

㉙山本勉：《清末に漢訳万国戦史が翻訳出版された背景と万国戦史の意義》，《中国言語文化研究》2020 年第 20 期，第 60 页。

㉚谭汝谦主编：《中国译日本书综合目录》，香港中文大学出版社，1980 年，第 63 页。❖

我保存的周振甫先生三封信

——《周振甫编辑出版文选》代序

徐 俊

范军教授在完成《中国出版家·周振甫》（人民出版社，2021年8月）之后，又编选了《周振甫编辑出版文选》，让周振甫先生的编辑出版生涯和编辑思想得以完整呈现。我非常赞同范军先生对周先生编辑生涯的定位：学者型编辑的典型代表，传统文史普及的一代大家，共和国编辑的"大国工匠"（《中国出版家·周振甫》前言，6页），《周振甫编辑出版文选》作为周先生的"夫子自道"，更值得我们学习体味。

我1983年8月入职中华书局，1985年5月从古籍办到文学编辑室工作，就与周振甫先生同事。至今定格在我脑海里的周振甫先生，就是伏案笔耕的样子，正如那张网络上常见的黑白照片。那时候，周先生每周来局，从我身后书柜中间抽屉（他的信箱）取走信件，有时候我也会事先收拾归拢好，交到他手中。周先生每周都会收到不少读者来信，他都认真作答。随着现代通信技术的发达，依靠书信的读编往来，现在已然是一件稀罕事了。《周振甫编辑出版文选》第五部分"文心书简"，所收就是周先生的信札，遗憾存札甚少，如果能将周先生书信手札搜集汇编，应该是最能反映周先生编辑出版工作的珍贵文献。

读罢《周振甫编辑出版文选》，心有所感，于是发箧搜寻，找到几件周先生给我的书信，并一些留存的周先生编辑工作手记，本文即以此为据，对周先生的编辑出版工作谈谈我的理解。

周先生编辑生涯中最广为人知的事，是先后担任《谈艺录》《管锥编》的责任编辑，以及与钱锺书先生之间学术交谊的佳话。当我第一次从编辑室档案里看到那份近40页密密麻麻的《管锥编》审读意见时，震撼的感觉，至今记忆犹新。后来我开始用电脑练习打字，1997年用了一个暑假时间，将周先生的意见和钱先生的逐条批复，一个字一个字地录入电脑，并查核《管锥编》初版所在的位置。1998年12月19日钱锺书先生逝世，我从书稿档案中选取周先生关于《管锥编》的选题及审读报告，整理发表于《书品》1999年第1期。2000年5月15日周振甫先生逝世，《书品》自2000年第4期开始连载我整理的周先生《〈管锥编〉审读意见（附钱锺书先生批注）》（2000年第4、5、6期，2001年第1、2、3期）。其间一直感到困惑的是，除了档案所存《管锥编》第一册的审稿意见外，其他三册有没有同样的审稿意见和钱先生批复？如果有，原件在哪里？近日找到了周先生1999年3月9日回复我的信：

徐俊先生：

您再回到文学编辑室，再主持文学室的工作，很好。您问《管锥编》有没有谈《巫山云雨》一章，我的记忆中没有。关于以后各册是否提意见，大概钱先生把全稿给我，嘱提意见。以后各册，有的提意见，钱先生已经采纳，即在中华意见中不再列入。如三册1 225末行称"周君振甫曰"，即钱先生已采纳拙说，不用再提。有的因手头无书，没有见过，无法提。故二册起不再在中华审稿中提出属可能。承询谨告。匆肃不尽，即请

大安

周振甫上
3月9日

周先生的回信有明确的日期，信封邮戳清晰可见"99.03.09.20发自'工人体育场'"。我历年所写信件，除了公函，没有留底的习惯。与周先生3月9日信一起保存的，竟然有我给周先生信的副本，去信时间为1998年12月5日。九十高龄的周先生在收到我的询问的三个月之后，还是没有忘记回复我。为准确理解周先生的回信，摘抄我的去信如下：

今天我写这封信，主要有两件事情：

一，近日听到传言，谓钱锺书先生《管锥编》原稿有论"巫山云雨"一章，后因中华书局建议删去而未载在现已出版的《管锥编》中；更有甚者，谓删去的文章，现存中华书局文学编辑室。但我查过编辑室所存的《管锥编》档案，却没有相关的材料和记录。是否有过此事或类似的事情，请您回忆一下并告诉我。

二，在编辑室《管锥编》档案中，存有您审读《管锥编》的审稿意见数十页，并有钱锺书先生对您所提意见的亲笔批注。这份审稿意见，足见您当时审读之精细（我曾多次将此事作为中华书局编辑的传统介绍给书局新来的编辑同志），而现在看来，这份审稿意见更是关于《管锥编》的一份极有价值的研究资料。但我遍阅档案，您的审读意见似仅存有《管锥编》第一册部分，我的问题是：其后三册是否也有同样详细的审读意见？是否也经过钱锺书先生批阅？我想，依

照当时严格的审稿制度和您的认真精神，应该是有的。那么，其余三册的审读意见现在可能存于何处？这份材料能够完整地保留下来，是我们的希望。

以上二事，烦请赐知。书局这边有何事情要我们办理，也请一并见告。

前两年有人以"《管锥编》密码"为题撰文，指出《管锥编》初版字数比原稿、誊清稿都已大为压缩，并杜撰出所谓"按官定出版商所传的'建议决定'：由原稿誊清稿的字数'不得超过80万'"的无稽之谈，周先生亲笔信是最好的文献证明。

周先生晚年花功夫做的另一部书是钱基博先生的《中国文学史》（中华书局，1993年4月）。钱基博先生是周先生在无锡国专的老师，《中国文学史》是作者在蓝田国立师范学院的授课讲义，其中明代部分用商务旧刊本《明代文学》代替，清代部分在"文革"中被毁，故附录两篇论文《清代文学纲要》和《读清人集别录》以弥补缺憾。此书由石声淮、钱钟霞夫妇和彭祖年、吴忠匡先生搜集整理，周先生负责联系出版及编辑工作。周先生对原稿进行了细密的文字加工，对原稿论述欠周之处多有补苴罅漏。为此周先生曾亲携修改后的原稿，送呈钱锺书先生，钱先生通看了全部修改稿，表示认可。此书由周先生担任责任编辑，由我协助周先生发稿和读校，除了此前公布的为稿酬样书处置周先生给我的信，这次新发现的周先生信，内容关于《中国文学史》的分册、通行等细节安排，可见周先生对具体编辑工作的细密考量。现将周先生信全文引录如下：

中国文学史

《中国文学史》计1 147页，倘先秦到唐为一册，计452页，宋元为一册，计450页，明清和附录为一册，计395页。倘分作两册，先秦到宋元为一册，计902页，明清

为一册，计395页，不匀称，恐只能分三册。

本稿经过复制，有不少处字迹模糊，经校对同志细心揣摩，加以校出，极为可感。其中有些字，校对同志注上问号，当查对原书。手头无书，未查。请校对同志在二校时，把注上问号的页码标出，即在初校样上用红笔圈出，把圈出的初校样交振，振可去图书馆查对原文。

本校样有的地方改动，为了减少通行。如654页，题目占一行，改为两行，多出一行，要通行，因删去几个字，减少一行。如661页，漏排若干字，多出一行，因删去几个字，减少一行。又679页第四行"七言……"要另起，多出一行，要通行。因删去一联，这一联比较消极，可以不选，避免通行。又562-3页中的小字，原校一律改五号字，一改要改行，改到565页。避免改行，想不改。不过不改，下面相同的大字要改为小字，也麻烦，请校对同志考虑一下（已按照校对同志的意见，把小字一律改为大字，下面同样情况的大字一律不改）。倘小字改为大字，以下相类似的大字都可以不改小字，如更为方便，就请再改回来，即小字仍改为大字，以下批改为小字的一律不改。又822页删去八行，因这八行与下文重复，所以删去。同时在前后增加出八行来，以免多通行。

周振甫 2/10

信中"把圈出的初校样交振，振可去图书馆查对原文"，"振"是周先生惯用的自称。"通行"，通常写作"统行"，"统行""统版"是活版印刷时代的术语，指因为文字增减造成版面中行或页的改动。出版走出活板铅字时代，也才三十多年，现今我们已经很难理解那个时代编辑为了避免统行、统版所做的细微处理。周先生信中所列举的五六例，形象地展示了这项工作的琐碎和必要，也可见周先生编辑工作的斟酌入微。

第三封信是写给熊国祯先生的，所谈《诗经译注》（中华书局，2002年7月），因为收入由哲学编辑室主持的"中国古典名著译注丛书"，所以信回复当时主管哲学编辑室的副总编辑熊先生，我所留存的是复印件。原信全文如下：

国祯先生：

接读来信，您处置得很好。我完全同意你的意见。我现在在译注《诗经》。《诗经》一共305篇，我译到《小雅·北山》篇，已经译了205篇，超过了半数，大概还有一百篇未译注。《诗经》的注，在汉代列于博士的有齐鲁韩三家，后来才有毛传注。毛传注后出，他是看见齐鲁韩三家注的。他写毛注，一定有不同于三家注的。三家注有王先谦的《诗三家义集疏》，把已亡失的三家义钩稽出来。我的注以毛注为主，把毛注同三家义不同的，引三家注在内，说明三家义与毛注不同处。毛注留传后。朱熹的《诗经集传》看见毛注，有认为毛注不合的，我也引了。再有清方玉润的《诗经原始》，也有不同于毛注的，我也引了。再有今人余冠英的注译《诗经选译》，有不同于旧注的，我也引了。这样，我的译注，包含最早的三家注和毛注，及宋朱熹注和清方玉润的注在内，比别人的注不同。当然，这个注本，注译的文字要经过审核才能决定，目前还不能定。还有一百首诗未译注，等全部完了，交给中华书局审核，您如有意见，盼望指示为感。匆肃即请

大安（我的译注《诗经》，已和中华领导讲过。）

弟周振甫 12/31

《诗经译注》是周先生的最后一部著作，写这封信的时间在1999年12月31日，次年5月周先生逝世。周先生用生命的最后时间完成了这部《诗经译注》，出版后几经改型重印，发行量很大，是深受当代读者喜爱的《诗经》译注本之一。此书周先生身前未及定

《艾芜年谱长编》自序及后记

龚明德

自 序

这部《艾芜年谱长编》的体例，不再另立规范，凡是约定俗成和所有古今中外的人物年谱著述都遵守的条款，都是我必须无条件遵守的编撰原则。

艾芜生前曾与一个中国现代文学教师谈过怎样编写他自己的年谱，大意是编撰者知道什么就写什么，能落实到哪个程度就写到哪个程度，可以写多大篇幅就是多大篇幅。这部《艾芜年谱长编》就是依照艾芜的这个指点来编撰的。但有一点要说明，凡是在别的相关文史工具书上可以找到的背景材料诸如一些国内外相关大事件等一律不作介绍，只集中笔力写艾芜本人的行踪和事迹，尤其是他的著述登录。其实，这部《艾芜年谱长编》的读者大多会存储一些必备的相关部类工具书的，珍贵的版面虽然可以由编撰者掌握，但惜墨如金是写作人物年谱类著述的起码要求。

根据可信史料编撰，是人物年谱不可动摇的写作原则。本年谱严格遵循只采用艾芜的日记、书信、写实随笔散文札记、一些谈话记录中的硬性史实和经过多方严格验证的回忆录为材料，有几种不同说法的经过考证起用破绽较少的一种，实在一时弄不成定论的就一并摘要述说，供日后有了新的材料再行坐实。

让读者读得下去，即行文一定要具有可读性，更是这部《艾芜年谱长编》的编撰者从一动笔就严守的。一切为了好读、一切为了读者的方便，彻底废除令人厌恶的学院派中的死板文风如各类英文字母夹上不同的标号等的卷尾注释和当页底注等不必要的啰唆形式，一动笔就开始说人话、说普通人平时都这么说着的话。除非万不得已，行文中一般不使用阿拉伯数字，而使用庄严的中文数字。年谱每则，都力争写成一小篇生动活泼的文章，而且随意翻到哪一页你都可以读到艾芜或一时间或一时段的相关事迹之有根有

稿，译注文字难免有欠斟酌之处，但我们从这封信可以清楚看到周先生的学术追求，"包含最早的三家注和毛注，及宋朱熹注和清方玉润的注在内，比别人的注不同"。可见周先生对文史普及工作的学术追求，无愧于"传统文史普及的一代大家"。

周振甫先生是一位资深的老编辑，又是一位著作等身的大学者，但熟悉周先生的人都知道，他从来没有老编辑、大学者的架子，总是那样谦虚谨慎，和蔼可亲，编辑工作中大处着眼，小处着手。对典籍文化的热爱之情和对编辑工作的敬畏之心，融入了先生的血液里生命中，所以周先生的编辑出版思想，融汇在他的全部著作，贯穿在他的一生。本书的编辑出版，是对周先生的最好纪念。

2024 年 6 月 23 日匆草于岱北山居

（范军编选的《周振甫编辑出版文选》，即将由中华书局于 2025 年 1 月出版）❖

据的叙说。

还有，一些与艾芜生平关联性很强的人物、事件或者作品写作，凡是前后相隔很多年的史实细节，都努力前后做一些提示。比如，梅绍农这个人物，艾芜晚年给他的一部内部油印的诗集写过序，艾芜还有一封写给梅绍农的书信有幸被保留下来。年谱的前后，涉及梅绍农的，就有提示。读者读到艾芜为梅绍农的诗集写序的谱文，可以根据其中的提示往前翻到相关谱文，再看艾芜怎么和梅绍农结识的。举一个例子，一九八二年九月十九日的谱文，一开始的"写于十二日、十三日和十四日"的一篇文章发表于某报，就提示了五条相关联的信息，读者再往前看，就可以获知艾芜一篇文章的诞生简要的历程。前后各条史实线索的脉络是清晰的，以供互相参阅。

不用隐讳，艾芜去世二十三四年后我才利用工余时间单枪匹马地动手编撰他的大型年谱，是不太正常的。好在艾芜故乡的四川文艺出版社，在印行了十九卷本《艾芜全集》之后，非常关注艾芜的研究，尤其希望出版一部《艾芜年谱长编》，好供相关学科的研究者方便使用。我的劳动，得到了有力的支持，签订了合同之后，让我这个编撰者可以用一段比较安宁的时间来从容充实完善书稿。历经十多年，我这个孤独奋战的编撰者兢兢业业地看了几百上千万字的材料、几千张图片，刀耕火种写了这么多字再交付能辨识编撰者潦草手迹的家人细心录入电脑，再经反复核对修改，终于成了如今的模样，与读者见面了。

艾芜的著述数量远远不止已经出版的十九卷本《艾芜全集》那么多，他五六十年笔耕生涯的文字产量大得惊人。编撰者在写作的过程中，在不少友人的帮助下，不断发掘出至少几百件各种艾芜的文字包括已经发表过的文章和手稿。这部大型年谱长编，虽不

以详细介绍艾芜作品内容为己任，但在《艾芜词典》和《艾芜与他的同时代人》等艾芜研究的系列工具性图书尚未正式公开出版前，还是力争多担负一些艾芜研究基础建设的任务。

好了，等候认真又极其耐心的热心读者在细心阅读和查阅使用的过程中，多多提供编撰者不知道的史实，以丰富今后《艾芜年谱全编》的升级版本的内容。更欢迎有机会读到这部《艾芜年谱长编》的读者，能把书中的失误具体指陈出来，让多年以后的该书修订本能少一些疏漏和差错。

在这部《艾芜年谱长编》之前，比较权威的系统的艾芜史料工具书也是四川文艺出版社一九八六年十二月印行的《艾芜研究专集》。那时我还在这家出版社担任编辑工作，就是我所在的编辑室一位同行段大姐操持印行的。如今，我这部《艾芜年谱长编》又在我的"母社"四川文艺出版社公开出版，我成了著作责任人，即作者或曰编撰者。这是缘分，缘分是神秘的、可贵的，我用刀耕火种的苦力劳作，"做"出了这一部大书，是我的本职做工和荣幸。四川文艺出版社承担了这部书稿的编印工作，也是一种责任和荣耀。

再次期待使用这部《艾芜年谱长编》的人，能善意地点滴补充、能友好地提出具体改进和丰富本书的史料。多年之后，经过不断地充实增补，再印行一部至少一百万字的无差错无疏漏的修订本《艾芜年谱全编》，让艾芜八十八年的生平事迹得到更为详尽的展示，善莫大焉。

谨此为序。

二〇二四年六月二十日
于四川师范大学柳堤教工宿舍

后　记

艾芜诞辰一百二十周年那天，我改定了

这部出书以后版面篇幅至少有一百万字的《艾芜年谱长编》的《自序》。炎热而又闷燥的今天，我又动笔写这部工具书的《后记》。心情在欢快中又有些辛酸，我不由得回想这部《艾芜年谱长编》的"写作小史"。

接到这么一部工具书编撰任务时，我的儿子还在念小学，是三年级还是四年级，一时记不准了。只记得那年暑假，儿子在他妈妈的带领下，去新疆有一次十多天的旅游。就在只剩下我一个人在家的次日，也是炎热又闷燥的夏天，我赤膊上阵，浑身上下只留一条万不可脱的短裤。仅凭一把蒲扇降温，就这么隆重地开启了《艾芜年谱长编》的编撰大工程。

好多年过去了，一切备料和考据、研究、核实，尤其是根据我写在纸片上的手稿敲键录入，乃至反复在电脑屏幕上校改的辛劳，都变成了可供欣悦回忆的美好！至少，这本书的最终完工，是无法团体奋战的。但说实话，全国各地的同行同好友人，尤其是长于网络搜索的几个友人，真帮了我的大忙。好几所著名大学图书馆的数据库，我也拜托善良勤劳的同事帮我"一网打尽"。我是抵制文化上大量依赖现代化工具的旧式文字做工者，但也仍然丧失"气节"地享受了网络的效益。不过，我是把网络图片全都打印了出来，一堆堆地陈列有序，而后利用。

在《自序》中，我强调我这部《艾芜年谱长编》"一切为了好读、一切为了读者的方便"，这里要再细化一下重申我这个原则。能从头至尾一口气读完我这部工具书的，一般的读者几乎不可能有。可以肯定：都是备了这书，方便随时查阅的。也因此，我废除了已有的此类著述死板的格式，不再在书末写出几十页的《主要参考文献》之类的列表。我的私愿是善良的，读者要查艾芜哪一

次行踪、哪一件作品，你只要知道具体任何一条线索，就可以打开这书知晓我写的详情介绍了，详尽的出处也紧随行踪或作品介绍文字之后，一律用"参见"开始叙说。每一则艾芜事迹都在右上方标上具体年月日，我首创了这个格式，查阅者不必左右上下地看了。

应该至少有十多年了吧，我一直心心念念、四面八方、上天入地弄这部《艾芜年谱长编》。举个具体谱文的例子，读者就知道这部工具书在我的笔下完工成如今这个样子，真不容易。我的茅盾存书中，没有完整的茅盾日记，只有一个小本子日记选印。我动手写艾芜应茅盾之邀，出席一九六一年九月中旬一次重要文化人士宴聚座谈的谱文，只读到艾芜一九六一年九月十八日写给沙汀的信，其中谈及"前几天，茅盾请些作家随便闲谈，并在四川饭店吃晚饭，一共五个钟头的聚会，……这次周扬、林默涵、胡愈之等同志都参加了"，我根据艾芜信中的"前几天"推测为"一九六一年九月约十三日"。稍后，我挣了一笔小钱，花七百元从孔夫子旧书网上购买了《茅盾全集》中的三卷本日记，终于落实了是一九六一年九月十五日。真可谓：苦了我一个人，方便所有读者。像这一类让艾芜事迹精确化的谱文，本书太多了。也就是如巴金说过的一句名言："我做了我可以做的事。我做了我应当做的事。"

艾芜创作的文字体量太大太大了，根本无法精确统计。我已经知道艾芜先后公开出版长篇小说五部、中篇小说十部、短篇小说约二百二三十篇、散文特写文集七本、畅销的《文学手册》一本、含艾芜评说文字八千字在内的《翻译小说选》一本、杂写短文至少两三百则、文艺评论近百篇，书信我已经见到一千多封。这，还是一个粗略的统计。不敢想象，艾芜何以如此产量丰盛！我在老旧报刊上找到的中篇小说《黎明》就有三万

《新民主妇女》始末

——上海解放前后地下党的出版活动

林丽成

2004年春末夏初，我曾先后五次对欧阳文彬①先生作口述史采访。2021年岁末，因校核十七年前的采访场记，又几度叨扰已逾百岁的老人。甚为庆幸的是，双目失明的老太太依然思路清晰、谈吐流畅地应答我笔记本上数页需核实细枝末节的提问，任由时空跳跃于她漫长的一生。

欧阳文彬先生是位命运多舛的传奇女性，1920年出生在纽约，是一对留美学子的爱情结晶。因封建家庭所缚，父母分手，她随在南京政府供职的母亲生活。抗战爆发，已被东吴大学录取的她，随母逃亡至湖南老家而辍学。十九岁只身赴桂林考入新知书店，1943年遵党组织安排赴重庆开办亚美图书社，该社被国民党查封后就职于开明书店。抗战胜利后随开明书店复员至上海工作生活，终其毕生。

作为1938年入党的老党员，上海解放前，欧阳文彬先生是上海地下党文委成员。关于1949年初春，欧阳文彬先生回忆道：

上海解放前，地下党做了很多迎接解放的工作，那个时候我参加的工作有三条线，一条是妇女工作。那时候有个地下妇联，地下妇联的工作范围很广的。地下妇联组织一些读书会，这个读书会就联系了一些党员，也联系了一些群众。解放前的读书会是地下党联系群众的一个主要方式，也吸收了一些要求进步人士参加。读书会都读进步的书，如毛主席《在延安文艺座谈会上的讲话》《论持久战》等。我们读书会的负责人是顾晓岚，顾晓岚就是钦本立的爱人，钦本立就是后来《世界经济导报》的负责人，也是《文汇报》的负责人。另外还有一个读书会是彭慧②组织的，彭慧是一个老党员，是大革命以前、1926年入党的，她在上海的青年会办了一个青年文学讲习班，她在那讲课，以后就组织了读书会，这个读书会我也参加的。这个读书会有六个人，我是开明书店的，宋元是一个诗人，笔名

五千字，是在著名的《申报》连载了两个月的，何以之前我们这个学科都保持沉默呢？艾芜生前只在一九六一年八月十四日写给钱景贤地信中说过一次，但艾芜记不得《黎明》连载的年份了，研究者都不追究艾芜一九三八年十月十日起在报刊连载过这么一部中篇小说《黎明》，连编目也没有。

我知道，这部工具书出版后，会有人继续跟我过不去，公开说这部工具书怎么怎么。我还是那句话，我不回应也不反驳对我的著述的批评：一是没有兴趣和精力，二是没有时间；有根有据的纠错，我会在下一次重印前订正。

去年夏天，与四川文艺出版社两位年轻的编辑商定《艾芜年谱长编》合同时，我表态提供一百二十万字的书稿。但写到今天，我主动减去了四十万字，也就是说我这一次只提供电脑文件硬性统计的八十一万字，排版出来应该至少也是一百万字以上的"版面字数"了。而且，我建议不加插图。就集中

笔者与欧阳文彬（右）合影
（2021 年 11 月 20 日）

叫紫墟，她是基督教青年会的工作人员，也有教书的。

上述提及的六人读书会除了彭慧、欧阳文彬和宋元外，还有季洪、左诵芬、陶慧英。彼时，解放大军已集结长江北岸，渡江战役在即，上海地下党组织的各条线都接到了迎接解放的工作任务。除了战局进展外，1949 年 3 月 24 日在北京颐和园怀仁堂召开了第一届全国妇女代表大会，形成了决议，制定了章程，作为地下党中知识妇女组织的

读书会自然会有相应举措。

《新民主妇女》的缘起

关于《新民主妇女》的问世，欧阳文彬回忆道：

快要解放的时候，彭慧问大家，解放军快要南下了，解放后你们想干什么工作？大家不约而同地回答，想搞文化工作，因为都爱好文学嘛！彭慧就说，要不我们自己组织个出版社，专出妇女方面的书，就叫作新民主妇女出版社。大家说，好是很好，怎么组织起来呢？大家都是有职业的，还都很穷的，没有钱，怎么办得起出版社呢？彭慧就说，这个不怕的，有志者事竟成，我们有多少力量，有多少钱，就拿出多少。她说，我们先办个刊物，叫《新民主妇女》。我们六个人能编、能写就行了。

关于《新民主妇女》的筹备过程，由创刊号第 32 页署名本社同人的《新民主妇女出版合作社的萌芽》一文中可知更多细节。1949 年 4 月初一个刮着寒风的星期天，读书会的彭慧、季洪、左诵芬、欧阳文彬、陶慧英、宋元在浦江一艘游艇上活动，遂有了上述提议。只是游艇上人声嘈杂，不可能细谈。4 月的第二个周日，春雨绵绵中，六位女

精力在这书的文字编校本身用功夫，诸如把内容差错尽力减少乃至消灭、把低级录入差错全数订正之类。以后我休息过来了，先弄一部大型的《艾芜图传》。倘若能找到三四十岁合适的专业人才来做苦工助手，也可以编一部中型工具书《艾芜词典》，首先弄一部《艾芜作品词典》。

这一回，就先把这部《艾芜年谱长编》漂漂亮亮地印出来。我继续补充，四五年后或八九年后，一定仍在四川文艺出版社印行

《艾芜年谱全编》。那时，正值艾芜诞辰一百二十五周年或一百三十周年，也将迎来四川文艺出版社四十五周年社庆或五十周年社庆。那时，再以此书的最终完善的出品，敬献给四川文艺出版社的首任名誉社长艾芜先贤。

二〇二四年九月二十三日夜

（龚明德编著的《艾芜年谱长编》，即将由四川文艺出版社于 2025 年 6 月出版）❖

性相约在宋元处，做出了三个决定：1. 组建新民主妇女出版社，专司妇女读物出版。2. 出版社所需资金通过妇女组织自筹。3. 先出版《新民主妇女》杂志。该刊名很显然为配合当下的新民主主义革命任务。

6 月 13 日下午，新民主妇女出版合作社召开了第一次社员会议，推出筹备委员会委员 11 人，有季洪、左诵芬、宋元、罗清馥、张则荣、张良珍、刘定、欧阳文彬、陈珪如、彭慧、彭昭康。会议决定：1. 每股股金人民币一万元，募足四百股，即召开新民主妇女出版合作社成立大会。一切负责人由社员大会选出。2. 编辑方面，暂由筹委会推定编委会，依原定计划进行。3. ……只要是赞同我们的宗旨和做法的朋友，由本社社友介绍，参加一股，即是社员。对此欧阳文彬回忆道：

《新民主妇女》出版社是公开征集股份的，当时刊物上登过启示，很多家庭妇女都来入股，五块十块都可以来入股。那个时候管账的是季洪和宋元，我是只管编写的。社员挺多的，开过社员大会，然后组织家庭妇女学习，学习新民主主义，学习共同纲领，起过蛮多作用的。

那个时候我们里面有一个人叫季洪③，后来是北京电影厂的厂长。她在事务方面很能干，她说她负责印刷发行，我们写稿、编稿，而且她马上就让大家凑钱，买了一批纸张。解放前夕，上海很多人买纸，开明书店也囤进一批纸，当时纸张蛮便宜的，准备解放后出书。

彼时上海的最高权力机构是军事管制委员会（简称军管会），军管会下设文管会，文管会主任是姚溱，副主任是夏衍，文管会下设新闻出版处负责全市的新闻出版业接管工作，该处下设新闻、出版、广播、研究、会计五个部门。出版新刊物自然需要履行手续，创刊号的第 32 页左侧页边上有清晰的红色印章：上海市军事管制委员会报纸杂志通讯社临时登记证 期字第拾叁号。对此细节，欧阳文彬的回忆略有出入：

那个时候我到了新闻出版处，担任管理出版的副主任，大家就来申请出版许可证，《新民主妇女》是刊物许可证的第一号。那个时候靠什么东西能登记呢？就看你的创办人，创办人都是党员，彭慧啊、我啊、宋元啊，都是党员，这样就很快通过了，发了第一号杂志出版的许可证。

创刊号上署名本社同人的《创刊的话》中开宗明义：

一向，我们是埋伏在反动统治下，为新民主文化而战斗的一群小兵。今天，上海解放了，我们这群埋伏着的小兵，从壕沟里跳出来了。从此，我们要公开地打起新民主主义的旗帜在光天化日之下，正面和一切反动分子作战了。但我们的武器，还依然是一支笔，而我们的队伍，也还依然是一群娘子军。那么，在新民主主义的中国，发扬新民主主义的文化，普及与提高妇女文化，肃清封建文化（它对妇女毒害特别深而且重），与一切反动有毒的文化作战，该是我们义不容辞的任务。因此，我们创办了《新民主妇女》月刊。

上海解放后的第一份官方报纸《解放日报》分别在 6 月 11 日的第三版、6 月 22 日的第二版发布了《新民主妇女》创刊号即将和已经面世的短讯。

在上海即将解放的那一刻，蛰伏于地下已久的几位知识妇女爆发了，她们要公开地呐喊疾呼，要用手中的笔宣传新民主主义，抨击封建传统，以使更多的妇女在新的社会中走向新生。今天读来，依然感受到，虽然那一刻距五四运动已经三十年了，但绝大多数妇女的思想、生活还是深陷于封建泥淖中，亟需破窗启蒙，在新社会即将到来之际，同为女性的知识妇女正是最合适的担当。

创刊号的《本刊征求通讯员及稿件启示》有：本刊为民主妇女共同的园地，欢迎各地姐妹踊跃投稿。……本刊征求各地妇女团体，学校，机关，工厂的通讯员……刊物虽在上海创办，却是要面向全中国女性读者的。由版权页知刊物委托有外埠发行渠道的生活读书新知上海联合发行所总经销，确实可以达到远销外地的发行目标。我从孔夫子旧书网上购得一册《新民主妇女》第三期，上有蓝色椭圆形印章：国立北平□道□□学校图书馆教务处，可知该刊问世后确实发行到了北方。

《新民主妇女》的内容

关于拟办刊物的定位和社会效应，欧阳文彬回忆道：

我们几个人都是有职业的，都是业余去办刊的。我们把这本刊物编好了，一解放就印了，5月27号解放的，6月中旬《新民主妇女》就出版了，那是上海解放以后的第一本妇女刊物，完全是迎接解放、宣传新民主主义、向妇女进行宣传教育工作的。这本刊物出版以后反响很大，因为它的倾向是很明显的，完全是宣传进步的东西。

六位女性满腔热忱创办的刊物是否实现了初衷，得从刊物的内容来考量。该刊创刊号在《本刊征求通讯员及稿件启示》中对刊物稿件内容是如此要求的：1. 妇女生活报道，特别欢迎女工、女同学、职业妇女介绍解放以后的实际生活。2. 妇女参加各部门工作的报道，如生产建设工作，参军南下工作，妇女福利工作，特别欢迎关于具体工作的经验介绍。3. 各地妇女团体的活动。4. 有关妇女的小小说，短诗，民间歌谣和木刻。

浏览存刊，除了办刊者在稿约中所言的女性读物的一般内容要求外，应时随势的报道、宣传党的中心工作精神，启发鼓动妇女融入社会、响应并参与新生政权的各项活动，是该刊的鲜明特点。虽然就经济属性而言，该刊是民办刊物，但因办刊者的政治属性、她们的地下党员身份，内容选题的取向是显而易见的。

应时随势

创刊号是6月20日出版的，正是上海解放的第一个月，因此设有专栏"解放前后特辑"，一组五篇反映上海解放那一刻的街市场景、市民反应、个人感受的文章及时面世，真实记录了社会巨大变革之际的时空转换。

欧阳文彬以笔名俞斌写的《虹口三日记》特别生动地描述了位于苏州河北岸的虹口百姓期待被解放的兴奋焦灼之情。5月25日下午，住在四川北路虹江路开明新村的她，按捺不住地想走过苏

《新民主妇女》创刊号及第三号封面

州河去南岸探探究竟，被守桥的国民党兵拦截。晚上从西区朋友的电话中得知解放军已进城了，接着从凯旋电台的广播中得知凌晨两点半宣布上海解放了。凯旋电台是设在南京路新新公司(今食品一店)五楼的私人电台，新新公司的地下党组织为迎接上海解放，提前策反、掌控了电台员工，以及时向市民播出上海解放的战况，播出内容多来自通过地下党的隐秘渠道递送的、解放军部队传来的纸条。彼时，身处虹口的百姓正被关在弄堂里，只见路上车载步行的大批国民党军队北撤，不由得"羡慕嫉妒南岸的兴奋中的朋友"。

5月26日，"一觉醒来，满以为自己是解放区的人民了，想不到一切还是老样子，真是说不出的失望"。从楼上窗口可以看到零星的国民党兵向老百姓索要便装，看到解放军已到弄堂口、隔着被锁的铁门与百姓对话，"……面孔又红又黑，表情是朴实而诚恳，服装和国民党军队差不多，只是胸前多了一条布的徽号，写着'人民解放军'五个字。他们对老百姓和气而信任，……"因固守四明银行仓库的国民党兵打中了一个解放军，解放军改用围而不打的战术，急得虹口居民打电话给电台，责问解放军为什么还不打过来。电台答复：部队有命令，避免破坏城市，保护人民生命财产安全，消耗敌人，逼迫其撤退。老百姓随即主动电话报告眼皮底下的国民党军残部：福新面粉厂、宝华纸厂、鸭绿江路海宁路杀牛公司的、百老汇路招商局第一码头的青年军209师……26日夜里，大家蜷缩在楼梯底下避弹。外面枪声大作，夹杂着劝降的喊声，心里反而有安全感，因为马上就要解放了。附近几家商店的老板下了铺板，让解放军进店躲雨。在那个断电的雨夜中，"解放军最从容，国民党最恐慌，老百姓最焦躁"。

27日天明，听守弄堂的老人说，"解散(放)军来了，他们不是打进来的，是喊进来

的，他们喊着叫恶鬼投降，恶鬼就投降了。"接下来一上午做准备，下午在雨中游行，"大家的喉咙都喊哑了，全身像洗了个澡。可是精神兴奋得不得了，这种无保留的发泄，是我们生活在白区的青年从来没有的经验。……枪炮不能妨碍我睡觉了啦，倒是热情叫我陷入了失眠的状态。我一点不为失眠而烦恼，我认为：这一天，我才是真正地活着！"

欧阳文彬笔下流露的情感正如《密勒氏评论报》记者玛丽·巴雷特报道的："对于初到上海的人，游行、歌唱和标语也许看起来有点人为，他们会认为这是共产党宣传下的产物。……但只要在国民党统治下待过，就能体会到解放所释放出来的喜悦。"④

在那几天里，演员黄宗英天天上街、下工厂演出，迎接解放。她于5月30日写的《我的小本子》，记述了她看到那么大队的人马老远地来到上海，"……不吃我们的，不用我们的，那么多东西可怎么带来，总是担心有一天他们要开不出火仓。"急得回家跟丈夫赵丹叨叨，"我们一定要支援解放军，我们要多节省，多忍耐些困苦，减轻解放军负担……"多么朴实的真情流露，更代表了上海市民对解放军进城不扰民举动的认可。

7月出版的第二期，有长篇报道《我们在七月六日》记述了上海各界妇女先在仙乐斯舞厅的广场集合，在"上海市民主妇女联合会筹备会"的大红旗帜指引下，步行至江西路福州路口与其他队伍汇合，参加全市的庆祝解放游行。此集合点与汉口路的原工部局大楼、彼时的市政府所在地仅一街之遥。从文章所配照片看，女士们都穿着花旗袍，手举标语牌，当是游行队伍中最亮眼的一群了。慰问解放军本是活动的主题，但因解放军坚决不收老百姓表达谢意的馈赠，就有一位机灵的女士走到参加游行的解放军队列，把随身佩戴的红花别在解放军战士胸前，战士则以军礼回敬。这个举动立即在游行队伍中传开，

市民纷纷效仿，遂成为此次集会游行的花絮。

第二期上还有《上海民主妇联筹备会号召劳军运动》以上海民主妇联筹备会给各界妇女的信的方式号召，信中写道：上海解放月余，部队除了七七纪念日吃了一顿肉，生活上还是吃得清苦，穿得粗糙。为了表示谢意，民主妇联与总工会、教联、学联、青联共同发起劳军运动。

1949年6月26日上午，上海各界妇女代表庆祝上海解放大会，陈毅、邓颖超、许广平、章蕴与会，章蕴在会上提出建立上海民主妇女联合会。第二期也有详细报道。

第三期报道了7月下旬上海妇女界举办的两项大型活动。7月23日晚上，千余上海各界妇女代表在震旦大学礼堂欢迎由京来沪的几位革命大姐，有参加过长征的红军大姐张群，有经历过牢狱之灾的瞿秋白夫人杨之华等，最大的亮点自然是稍后到会、并引起全场轰动的邓颖超大姐。除了聆听各位大姐的讲话，上海各专业、业余的文艺工作者呈现了精彩的演出。

7月24日下午，上海妇女文艺工作者联欢会在青年协会的会议室举行，正值北京全国第一次文代会期间。《新民主妇女》的左诵芬是主席，宋元作工作报告。与会领导除上海民主妇联的章蕴、许广平等，还有军管会文艺处的黄源，20世纪20年代始就在上海从事进步文化事业的老前辈。黄源到会是代表新政权对知识妇女提纲挈领的，他在发言中要求知识妇女把创作重心转移至工农阶层，并且要认识到知识分子与工农的思想差距不是短时期内可以解决的。

党宣功能

作为地下党成员中女知识分子创办的刊物，该刊的强大党宣功能是不言而喻的。办刊者虽未在读者对象中列出妇女干部，但就

选题内容、所占篇幅来看，已成为和将成为妇女干部的当是主要读者。

该刊每期都有大块政论文章，第一期有彭慧的《论发展城市妇女工作》、寄洪的《动员妇女肃清残敌巩固胜利》、杨重光的《中国革命胜利的国际意义》。第二期有杨重光的《人民民主中国的开步》，介绍第一届全国政协召开的背景；宋元的《妇女界空前的一件大事》，介绍了1949年4月1日第一次妇代会情况，以及会议通过的《中国妇女运动当前任务的决议》《中华全国民主妇女联合章程》，第二期还有短评文章《拥护和学习毛主席的"七一"论文》和论文《论人民民主专政》。第三期有上海妇联主席章蕴的《以具体行动贯彻六大任务》、杨重光的《巩固中苏友谊，保卫远东和平》。这些文章都超出了普通城市妇女的认知范畴，主要面向妇女干部传达即将成立的新政权的主张，无疑属于党宣范畴。

陈珪如的《为什么要学习革命理论》和《辩证法与新民主主义》则以学术讲座形式，提高妇女干部的政治理论修养。

该刊还注意报道世界妇女运动之大势，第一期有欧阳文彬节译的尤琴柯顿所著《世界民主妇女的团结日益紧密和强大》，介绍了1948年12月1日在布达佩斯召开的国际民主妇女联合会第二次大会。

第三期上，林淑华的《今日苏联妇女的幸福》引用了到访苏联的英国妇女界领袖曼宁夫人的观感谈话，十月革命以后，苏联妇女不仅参与到了国家建设和管理中，还担任了重要职务。全社会对孕期妇女、对儿童保育都实行了制度性的保障。

思想启蒙

诚如办刊者在创刊时所言：在新民主主义的中国，发扬新民主主义的文化，普及与

提高妇女文化，肃清封建文化（它对妇女毒害特别深而且重），与一切反动有毒的文化作战，该是我们义不容辞的任务。《新民主妇女》通过不同层面、不同角度的文章体现了这个意图。

创刊号有两篇短评，通过生活小事，比较了解放前后思想认知的变化。署名芬的《从"林爱棠认错道歉"说起》一文源自6月14日《解放日报》的报道，中文名为林爱棠的美国人，雇三轮车夫，讲定150元的车资，仅付100元，还放出家犬咬伤索要欠资的三轮车夫。车夫报警后，长宁路警察分局传唤林爱棠到案，林认错道歉并赔偿。作者列举了之前北京、南京、武汉发生的美国人欺负中国人得不到公正处理的案例，感慨之："正说明了人民政府保卫祖国主权和人民自由的忠心。"

署名洪的《为人民服务》一文说的是朋友家来了解放军亲戚，带了两个孩子，十来岁的和五六岁的，穿着军服，进门便找活干。好奇的邻居与之聊天，他们说，因为现在年纪小，不会做事，所以吃用都是老百姓的，将来长大了，要替老百姓做事。作者被完全不同的育儿理念惊奇到，进而呼吁："全体人民，特别是教师和母亲们，在人民政府伟大的影响下……改变过去的旧观点，建立为人民服务的新教育。"

具有指导性意义的是左诵芬的文章，她在第一期发表的《谈妇女读物》，从班昭的《女诫》始，回顾了历代妇女读物的局限性后提出：应该大量地写作各种有关妇女的读物。譬如妇女民众读本，通俗文艺作品，妇女问题丛书，妇女刊物杂志。并对上述四类读物分别作出阐述，最后呼吁：总之，不论是写作哪一种妇女读物，都应该是朝着妇女大众的方向。……尤其是工农妇女……妇女写作者必须深入妇女大众……这样的作品才能成为妇女大众自己的东西。其观点契合了

解放初期新政权开办的各类扫盲识字班、提高工农文化水准的举措。

第二期有左诵芬的《知识妇女如何为人民服务》她认为，知识妇女为人民服务，不是把高跟鞋换平底鞋，花旗袍换蓝布衫就能成为新人，关键是价值观的转变。大凡受过教育的女性，大多出身于相较富裕的家庭，完成学历教育后，又嫁在了富裕的家庭，于深宅大院中过起了相夫教子的生活。左文号召这类知识妇女，告别传统的寄生虫生活，用自己的知识特长为工农大众服务。该文还就如何走出家庭、服务社会给予了具体的指导，譬如，当下文盲中女性占90%，各种识字班、扫盲学校急需教师，还有政府积极筹划的妇婴医院、公共食堂、托儿所等，都是知识妇女可用武之地。

陆岱的《一个家庭妇女的控诉》则是对左文最恰当的呼应。出生于世家的陆岱，受过良好教育，又被父母安排、门当户对地嫁入另一个封建大家庭。数十年间，生活的全部内容就是侍奉丈夫、管教五个孩子，锦衣玉食不能排遣她的内心苦闷，作为知识女性，毕竟不甘于如此人生一场。解放前两年，丈夫生意颓败、家道中落，危机中的她曾萌发走出家门的愿望，只是如何走出这一步，内心茫然。正是上海解放了，走在路上的她看到了中国妇女联谊会的标语"希望家庭妇女自动来参加解放团体"，压抑已久、难觅出路的她写下长文倾诉心声。陆岱也是城市妇女中一个群体的代表，是于新社会建设有积极能量的一个群体。

虽然苏联文化对新中国的全面影响是从1949年10月苏联文化、艺术、科学代表团访华后开始的，但在上海解放初期，好莱坞电影《出水芙蓉》《人猿泰山》照常上映的同时，苏联电影《桃李满天下》也与观众见面了。我们这代看该片时，片名改为《乡村女教师》了。影片内容是圣彼得堡女孩华娜

主动去西伯利亚做平民教师的故事。《新民主妇女》第二期刊发了一组四篇影评，慧英的《怎样把工作坚持下去》议论的是工作方法，认为知识妇女要事业成功必须深入群众打基础。《乡村女教师的恋爱观》讨论的是生活价值观，一组影评从不同层面和角度剖析评议，如此着力是因为该片主题思想契合当下新政权提倡的知识妇女为工农服务的中心工作。

《在民主精神下教养儿童》是樊英摘译的仆非洛娃著作，文章认为，只有苏联社会才有民主精神，引导读者彻底认识英美资本主义社会本质，学习新民主主义。这本身是一个很好的文章主题，遗憾的是，却没有客观陈述、科学分析，充斥着武断的结论，并没有达到题中之意。

行动指南

上海解放之初，面对国民党的空中轰炸、海上封锁，上海一度陷入"二白一黑"（大米、棉花、煤炭）短缺的紧急状态。《新民主妇女》第二期发文号召妇女投入节约运动，告诉妇女姐妹们，陈毅市长改吃大灶饭了，各机关团体也都在节省开支，家庭妇女则可从节约一盆水、一点煤气始，支援前线，建设新中国。这类文章指导普通妇女大众，在力所能及的范围内怎样维护新政权、做正确的事。

7月出版的第二期发表短评《女同学的暑期工作》，号召正值暑假的女学生走到工农妇女中、落后的知识妇女中，动员她们参加革命工作，"才能从一般的社会解放获取妇女自身的解放"。要求女学生除了响应全国学联号召学习革命理论外，城市女学生应"……注意女工工作，加强女工教育，使之提高觉悟，建立新的劳动态度……"回农村的女同学则应"……注意农村妇女的教育，

提高农村妇女的觉悟，解除农村妇女的封建束缚……"此外，"……亦应注意到团结周围落后的知识妇女……"文章特别指出，母亲及女性长辈亲友，都是女同学的暑期工作对象。

8月出版的第三期，开篇就是上海民主妇联领导章蕴的《以具体行动贯彻六大任务》，这是上海解放后面临国民党经济封锁，几百万人口生存资源短缺，中共华东局和上海市委向全体市民提出的粉碎封锁、应对困境的任务。根据妇女的特点，章蕴在如何具体行动方面给出了如下建议：劳动妇女要在劳资两利的原则下，团结资方，坚持生产。失业妇女可以做军服军鞋，支援解放军。每个家庭节衣缩食，每天节省5%—10%的菜金放到扑满里，积少成多，集中到妇联一起捐给前线官兵。产业界有地位的妇女和眷属，可配合做好企业内迁。

芷因的《以实际行动响应疏散回乡》则就疏散城市人口专项问题发表了看法。文章认为，知识妇女如医护、教师等可以回到原籍找相匹配的工作岗位。一般失业人员回乡后，当地政府会提供土地和生产资料，难民中的女人们对故土多有眷恋之情，做好这批妇女的思想动员，往往更有利于一个家庭的内迁。

由上可见，该刊每期都在围绕新生政权当下的工作重点，指导妇女如何付诸行动实施。

远眺北方

上海的解放虽早于全国解放，但较之前解放的广袤的北方地区而言，建立新社会的各项工作自然是落于根据地之后的。《新民主妇女》刊发的北方地区妇女的精神面貌、生活状态的文章，对上海的女性读者自然有较强的可读性、参照性。

在第二期的目录页上，我看到一个熟悉的名字胡耐秋。⑤她的纪实文章《旅大妇联怎样进行宣教工作——参观民主东北记录之

一》记录了 1949 年五一前后去东北参观的见闻。东北解放三年多了，已进入和平建设时期，选择宣教工作这个点，也特别符合胡的职业属性。她的考察对象分女工、街坊妇女、知识妇女和妇女干部，介绍了街坊妇女如何组织起来，互相协作看孩子，以便参加扫盲等社会活动。知识妇女如何为工农妇女服务，所有工作既紧密围绕支援解放战争和解放区的和平建设，又在妇女的实际能力可达范围。

第二期还有彭慧的《记全国文代会几位出色的女性》，是她 1949 年 7 月 2 日赴北平参加中华全国文学艺术工作者第一次代表大会期间写就的，7 月 10 日夜寄自北平。文章选了三位女代表，丁玲、陈学昭、苏伟，当是彭慧的熟人。陈学昭正在天津纺织厂给女工识字班上课，身体力行地实践着知识妇女服务于工农妇女的大局。苏伟是从国统区进入延安的演员，她的话题很女性，谈的是知识女性进入革命队伍后的婚恋问题，虽然彼时彼地知识女性成为根据地各级领导夫人是较普遍的现象，苏伟则不循惯例、特立独行，坚定地要找艺术同行结为伉俪，并最终如愿。

欧查的《活跃的北平城》则直接给出定义：北平的妇女是很纯朴的。具体描述有：穿青色布衣布鞋，吃一汤一菜，夫妻互称爱人。华北大学的女生与男生一样着装，一样工作，这与庆祝上海解放的游行队伍中女性一色花旗袍的画风是很不一样的。她所观察的细微之处还有：革命妇女看起来营养不良，健康受损害依然忘我地工作。短短两句深刻揭示了战争环境对革命妇女的加倍伤害和她们的精神风貌。

英沙的《模范女村长赵月兰》是关于山东老解放区一个村妇的特写。出身贫苦且惨遭遗弃的赵月兰，幼时居然被遗忘得未缠小脚，本是女人之耻辱，她却遇到了翻身解放的好时代。当村里的青壮年男女都推着小车

随解放大军上前线后，大脚婆赵月兰有担当地成了女村长，在孟良崮战役中作出突出贡献。人物真实，事迹生动。

第三期上，彭慧的《文代会杂记》由参加文代会期间的七篇日记组成。从而得知上海参加第一次文代会的代表有 50 余人，抵南京转车之际，与南京的代表一起受到刘伯承的接见。"我高兴今天得以瞻仰了这位英雄的面貌，在我们的认识里，是有些神秘的英雄：他是蒋介石出过无数次的高价的悬赏要得他头颅的人物，他是二万五千里长征的领袖之一，他是说声渡江就攻进了南京的解放军名将……可是他穿着的是和士兵们同样的草绿色的布军装，黑布鞋，加上他那满口的四川话，充分地显出一位中华民族英雄的本色来。他说完话举起杯来，祝大家健康时，我激动得眼泪也流出来了。"虽然同属一个组织，都是共产党员，解放区的人与事于生活在国统区的地下党员还是神秘的传说，亲见后的心灵撞击是难免的。彭慧的字里行间，反映出她对党的领袖们的崇敬，"平时，我们还只是在政治、军事上认识了毛主席的伟大，而在这儿，我们也在文艺上认识了毛主席的伟大。"她虔诚、谦恭地接受文代会的主题思想：文艺工作者要为工农服务。

彭慧还记录了全国民主妇联领导何香凝女士等招待参加文代会的妇女代表，有意思的小插曲是，招待会期间，沈兹九[6]为北京出版的《新中国妇女》拉稿，她则为上海出版的《新民主妇女》拉稿。

女性关注

《新民主妇女》的内容自然不可缺女性生活关注，彼时重点是托儿所话题，各期都有文章，贯穿始终。因为让家庭妇女走向社会是新民主主义革命的任务之一，那么羁绊母亲们的孩子们的妥善安置就是绕不开的前提。

第一期有淑之的《解放散记》倾诉了因孩子拖累不能外出工作而引起的家庭矛盾和烦恼，抛出这个当下社会带普遍性的话题，自然引起众多城市女性的共情，也正是办刊者所期望的。

第二期上高静宜的《我怎样筹办康乐托儿所》则从业者亲历角度，反映了开办幼托事业所遇到的不易与烦恼。抗战结束后，由重庆复员回上海的高女士想拿出历年经营收入做社会事业。在朋友的帮助下，她了解到农村孩子因无人照看而频发意外死伤的情况，就拿出 1500 美金在宝山大场租地建屋办幼儿园。由于设立幼儿园必须经当局审批，所以冠名托儿所，实际招收了四十余名四至七岁的农村儿童。因战事重起，宝山又是战区，新建屋舍设施被毁，托儿所被迫关闭。上海解放后，高女士准备重整旗鼓，继续服务于农村幼托事业。

第三期辟有"托儿所事业特辑"，由署名程芸之、黄华、张文君、周正的《上海托儿事业的检讨和展望》，高屋建瓴地明确建托儿所是下一步的工作中心，托儿所的任务有三：1. 解放妇女的第一步；2. 教育并改造儿童、培养新一代的国家民族主人；3. 由实际的经验和理论的结合产生新的教养方法，与旧社会的不正确观念斗争。文章对现有托儿所调查分类，全市现有托儿所 43 所，受托儿童 2100 名，远远不能满足职工妇女的需要，幼托事业今后如何发展，具体举措有：一是现有从业人员组成托联，以团体会员身份加入民主妇联，以得到政治、组织保障。二是在提升现有托儿所的基础上，民主妇联的儿童福利会与总工会合作，着力开办新的工厂托儿所。三是创办一所重点示范的托儿所，积累经验，供同行参考。此文应是高层对全市幼托事业发展的指导性意见。

除了传达高层精神外，还有一组文章介绍了本市不同类型托儿所的开办经验。慧因

的《记婴孩托儿所》介绍了基督教女青年会开办的面向职业妇女的二岁半以下婴孩的全托托儿所。薛素珍的《里弄托儿所之价值与意义》认为，鉴于大多数市民的经济生活水准，去正规的托儿所还是捉襟见肘的，现阶段可以利用家庭的客堂间或空房间办里弄托儿所，由家庭妇女主持日常，减少成本，就近入托，这种以邻里情分为底色的合作很有可操作性。犁牛的《上海的国营工厂托儿所》分析了已有的 17 家国营工厂托儿所，普遍存在保育员与入托儿童比例失衡的问题，并说明已派工作组下厂解决。勤嘉的《大场农村托儿所是这样坚持奋斗的》报道了教育家陈鹤琴主持的上海幼专师生，于 1947 年深入宝山大场农村，选了四个村庄，白手起家、因地制宜开办了四家农村托儿所。在解放上海的战火中，他们利用校舍救助失去家舍的村民。除了运营托儿所，他们还办起民教，为当地失学女童提供基础教育。

左平的《从一个妈妈看托儿所》则从母亲对托儿所既向往又担忧的视角提出，只有办起足够数量、且收费符合工农阶层消费水准的托儿所，如工厂办托儿所，才能实现妇女的真正解放。文章生动地引用了时常听到的妈妈们的抱怨："人家都解放了，只有我们做妈妈的人还没有完全解放。"作者还提出，家长与保育员的密切沟通，保育员的责任心与服务精神，民主妇联与拖儿所联盟的监督管理都是办好托儿所事业的重要因素。

关于女性话题，办刊者还关注了妇女的健康卫生需求，第二期刊发了俞于宙医师的《关于月经的常识》并有带括号的副标题（妇婴卫生常识讲座），说明选题策划是想做成系列专栏的。但 8 月出版的第三期刊发的是俞于宙医师的《节约期间的营养问题》，应是编辑部根据政府的节约号召而组稿的应时文章。第三期还有薛淑慎的《"接生包"介绍》，由此而知，因传统接生方法的易感染，

彼时中国的新生婴儿死亡率高达20%，高于世界其他国家的3—5倍，推广接生包的应用，对于没有妇产医院的农村地区非常迫切。

综览三期过刊，对照创刊宗旨和稿约要求，办刊者引导女性走出封建社会泥淖、向新民主主义的新社会过渡转型的办刊目标是成功的，不仅在理论层面，更在如何付诸行动方面予以指导，讲究实效，确实是新生政权联系妇女的一座桥梁，这是办刊者坚定的政治立场的必然结果。

如果说有所缺憾的话，"有关妇女的小小说，短诗，民间歌谣和木刻"这类文学艺术作品，除了创刊者之一宋元（紫墟）的作品外，还是稀缺的。这与办刊时间短、作者资源积累尚需时日不无关系。

《新民主妇女》的终刊

《新民主妇女》问世后，应该是有一定的社会影响力的。该刊第二期的"编者与读者"栏目刊出了读者谢小云的《我的建议》，对刊物肯定之余希望其更具兼容性，在各阶层群体中发展通讯员，举办讲座等，同时建议降低股金标准，以发展低收入的工人、学生成为股东。由此而知，有一些喜欢该刊的读者想参与其中。编辑部对此回应道，按新民主妇女出版合作社章程规定，降低股金标准需召开股东大会才能确定，但是也采用了灵活的处理方法，对于想入股又资金不足一万元者，可来信或面洽。言下之意，章程不可违反，也有商量的余地。

《新民主妇女》16开，每期32页。封面设计是刘宗诒，三期封面依次采用红、绿、黄为底色，顶部通栏横排刊名，版面右下四分之一竖排期号，左下四分之三用剪纸为底图，上列本期要目。剪纸画面是一对母女，母亲握锄刨地、女孩挎竹篮撒种。这个底图的选择，符合当时文化创作要以工农为主人

翁的主流。由版权页而知，该刊出版地址为上海九江路219号103A室，华夏图书出版公司的印刷厂承印，定价人民币100元（旧币）。

非常遗憾的是，《新民主妇女》很快就进入终刊阶段。该刊第三期上，办刊者辟专栏"给亲爱的读者"，与创刊词相同，以"本社同人"署名发文《一个慎重的交代》作为终刊词：

从这个刊物筹划出版到今天，本刊的编辑，发行和一切工作人员，都是尽义务而没有丝毫报酬，大家贴了车钱、饭钱和时间；写稿的人还捐出了稿费。我们的工作人员所以能这样坚持斗争，就是因为读者和朋友们给予了我们最大的支持和鼓励。……我们知道上海民主妇女联合会筹委会正准备出一个妇女刊物。我们《新民主妇女》月刊的同人，都是上海文化工作者，妇女工作者，同时也是民主妇联的会员和工作人员，我们应该热烈地拥护这个刊物的出现，也应该参加这项工作。……因此，我们就考虑到《新民主妇女》月刊与上海妇联拟办的妇女杂志二者合流的问题了。……这个新的杂志，在民主妇联领导之下，将于十月一日出版。

文末还加了附注：对本刊未满期的订户，当续寄未来的新杂志，一直到原订单满期为止。如此预告终刊信息及善后办法，体现的是办刊者对读者一如既往的责任感和商业信誉。

对于《新民主妇女》的终刊过程，欧阳文彬回忆道：

但是没有想到只出了三期，六月号、七月号、八月号，我们正在想九月号出点什么的时候，彭慧突然来传达了组织上的意见，说是上海要成立妇联了，妇联要办一个《现代妇女》，为了集中力量、加强领导，就把我们这个《新民主妇女》合并到《现代妇女》去。讲是合并，实际上就是停刊了，因为我们的人一个也没有进去，刊物就没有

了。9月份彭慧调到北京去了，这个出版社就解散了。……那一段我有个感觉，就是地下党办的东西后来就全部没有了。

另外，地下妇联选了一些搞文学的妇女，成立了一个妇女文学工作者协会，面比较广的，就是稍微能写写的妇女都参加的。妇联成立以后，也没有利用这些资源。后来上海成立文学工作者协会，是萧岱⑦负责的，认为妇女文学工作者协会水平太差了，够不上文学工作者协会的资格，就挑选了一部分人参加文学工作者协会，解散了妇女文学工作者协会，这批人也就散掉了。文学工作者协会之后又成立一个文联，就在巨鹿路675号，当时还没有作家协会，都叫工作者，没什么家的。

看过仅存的三册旧刊，七十余年前社会巨变中的上海景象生动地活泛起来。5月27日上海解放后，每个地下党员都必须经过登记、甄别，然后公示共产党员身份的过程。地下党的活动从地下到地上，终于可以堂堂正正地做人做事。他们怀揣被解放的激情，一腔热血地投入新民主主义社会建设中。本文所及的六位知识女性，力所能及地自筹资金创办了股份制出版社，创办了《新民主妇女》月刊。随着新秩序的逐步完善，国家计划经济模式的逐步建立，新闻出版管理体系的国有化改造，非公有制的一切都陆续湮没在历史长河中了，《新民主妇女》的命运亦然。六位知识女性在之后的一次次政治风波中遭遇的劫难，则不在本文讨论范围。

二十年前，当我一次次坐在欧阳文彬先生对面，凝视着她沟壑纵横却依然清秀的面容，听着她吐字清晰地娓娓道来，内心不禁自然地涌出"美丽女人"几个字。那一刻，我对女人的美丽有了更深刻的理解，美丽不仅在于外貌可心，更要一生持有追求完美的生活态度，无论现实生活如何严酷肆虐，始终保有纯真的初心。今日我整理这段湮没的

历史，不仅是对出版史的小小补白，更是为了告慰并致敬难以忘怀的美丽的前辈女性。

---

①欧阳文彬（1920—2022）原名欧阳晶，祖籍湖南宁远。抗战初期，辍学参加第九战区政治部政工大队。1939年在桂林考入新知书店，先后在文化供应社、亚美图书社、开明书店工作。新中国成立后历任上海市人民政府新闻出版处出版室副主任、《新民晚报》副总编辑、《萌芽》杂志编辑部主任、上海人民出版社编辑、学林出版社编审等。著有《欧阳文彬文集》五卷本（小说、评论、散文、杂俎）。曾与人合作创作了以生活·读书·新知三家书店历史为素材的长篇小说《在密密的书林里》，因中央人民广播电台播出而列入年度畅销书。中国作家协会会员。

②彭慧（1907—1968）原名彭涟清，祖籍湖南长沙，出生地安徽安庆。1925年进入北京师范大学，1926年参加共产党，1927年被组织派往莫斯科中山大学学习，1931年参加左联并任执行委员。1950年始任北京师范大学中文系总支书记等职，致力于现代文学、外国文学的学科建设。20世纪30年代始发表小说，1965年发表的长篇小说《不尽长江滚滚来》被视作反映大革命时期历史的优秀作品。中国现代文学作家、翻译家。

③季洪（1913—1995）曾用名季宗卫，寄洪，祖籍上海崇明。1932年进入松江女子中学高中师范科，1936年于南京参加妇女救国会，在新生活指导委员会任职员，同年底进入沈兹九主编的《妇女生活》，从编辑到主持编务，历时三年余，在该刊发表了69篇文章。1939年到重庆，为中共南方局妇女委员会成员。1946年春，根据中共南方局到国统区建立民营电影机构的指示，进入上海昆仑影业公司，任导演委员会秘书、资料组长。新中国成立后，历任文化部电影局秘书长，计划、规划处处长，副局长，党委副书记等职。著有《季洪电影经济文选》

④ "The Liberation on Shanghai", China weekly Review, June 4 1949, 王向韬：《一九四九：在华西方人眼中的上海解放》，上海书店出版社2020年版。

⑤胡耐秋（1907—2003）曾用名胡凤珠，祖籍江苏丹阳。1936年参加上海妇女界救国会。1937年

《华北日报·图书周刊》办刊内容及特色分析

张如意　叶　新

《华北日报》创刊于 1929 年元旦，以刊登政治、经济和国民党党务要闻为主，以争取华北民心为目的，[①]同时拥有《华北副叶》《每日文艺》《俗文学》《史学周刊》等众多副刊。其中《图书周刊》作为一份文化性副刊，虽在当时并未产生巨大影响，但"高手云集"，文章多为佳作，值得我们研究和总结。

一、办刊概况

（一）创刊始末

《图书周刊》的编辑认为"一国文化事业的盛衰，并可表现出民族、力量的强弱形式"，图书事业作为文化事业中的一环，与民族兴衰紧密相连，而图书是发扬"优秀民族的孵育，超越民族力量的团结，以及悠久民族生命的源泉"的"种子"。于是，本着兴盛图书事业、为生存而奋斗的"原旨和怀抱"，《图书周刊》应运而生。

《图书周刊》于 1934 年 11 月 5 日创刊，报头系当时的故宫博物院长马衡先生所题。每星期一刊登在《华北日报》的第七版之上。编者因生活上的忙碌而四处奔波，精力有限，其间不得不拜托他人代为编辑四个月，但最终还是因劳烦别人心中实在愧疚，于 1936 年 3 月 30 日停刊，总计 74 期。

（二）编辑考证与作者分析

由于资料缺乏，《图书周刊》的主编为谁不确定，刊物中仅以"图书周刊社"代之。但据笔者推断，可以肯定的有两位。一位为屈万里（字翼鹏，在《图书周刊》中以屈万里、翼鹏为名发表过文章），根据休刊词中所述"编者因为力量实在来不及了，所以力请比编者还忙的屈翼鹏先生代编，因为屈先生生活安定，通讯上有些捷便"。屈万里是我国著名的图书馆学家，此时正任职于山东省立图书馆。另一位为刘阶平。在第三十八期刊登的《征选山左明诗启暨采访书目》一文前，有一丁稼民所写"题记"，内容大致为说明该文来之不易，最后有语"阶平，倘能公诸国人，亦一段艺林佳话。……阶平以为何若？"丁稼民也在《图书周刊》

进入生活书店，在邹韬奋麾下编辑《抗战》三日刊、《全民抗战》等，曾任生活书店总管理处编审委员会秘书、人事委员会委员。新中国成立后，历任全国妇联宣教部、城市工作部副部长，《中国妇女》杂志社副社长，全国妇联国际宣传部部长、书记处书记等职。著有《韬奋的流亡生活》《克拉拉·蔡特金》等。

⑥沈兹九（1898—1989）原名沈慕兰，祖籍浙江德清。中国妇女运动先驱者之一。先后就读于浙江女子师范学校、东京女子高等师范学校，并在浙江女子师范学校、江苏松江女中、南京汇文女中等执教。1932 年进入上海中山文化教育馆任《时事类编》助理编辑，1934 年主编《申报》副刊《妇女园地》，1935 年 7 月创办并主编《妇女生活》杂志。抗

上发表过文章，如真他觉得该文值得发表，那自行投稿便可，如此询问，笔者猜测，他知道刘阶平为某报能够决定文章收录与否的编辑，此"题记"目的在向刘阶平推介该文并暗示想要发表的意愿，而"某报"很有可能就是《图书周刊》。此外，第七期上刊载的《蒲柳泉先生故乡访书记》中提到"今阶平先生主编图书周刊，来函征稿于余……"，这是刘阶平是该报主编最直接的证据，但因该报有诸多讹误，"主编"是否为笔误也未可知，且笔者尚未找到更多资料作为佐证，在此难下定论。刘阶平出生于山东潍坊，是一位经济学与古典文学兼修的专家。商学院毕业后便担任国民政府财政部秘书、会计处处长、国有资产调查委员会副主任等相关职务，发表过很多经济、农业方面的文章，在经济界很是出名。业余时间研究古籍，尤其在蒲学领域有一定地位，是研究蒲学不可绕开的学者之一。他致力于整理、评注蒲松龄作品，出版《蒲留仙松龄先生年谱》《聊斋全集选注》，发表文章《蒲留仙先生的全部遗著》《志异撰写与评注及稿本钞本刊本》等。除此之外，刘阶平还喜研究清代鼓词和俚曲，出版书籍《木皮词》《清初鼓词俚曲选》等。②

据统计，《图书周刊》发文作者50余人，约80%的作者投稿不足5篇。发表5篇及以上文章的作者包括：（1）15篇，孟汾（汾）；（2）11篇，王献唐（献唐）、书痴、刘阶平；（3）8篇，栾调甫（调甫）、孙次舟（次舟）；（4）6篇，丁稼民（稼民、丁锡田）、寄萍（萍）；（5）5篇，屈万里（翼鹏）。

其中学术文章的主要作者为王献唐、刘阶平、栾调甫、孙次舟、丁稼民、寄萍、屈万里。除寄萍（真名江寄萍）是安徽旌德人外，其余皆为山东学者，且如王献唐、屈万里当时工作于山东省立图书馆，栾调甫正在齐鲁大学担任国学研究所主任。这就导致所登文章大多与山东有关，如第37期《清安静子〈青社遗闻〉提要》中所提《青社遗闻》记载内容大多为"明季和清初齐鲁地方，及青州地方的时事和逸闻"。刊物中仅出现的两期专号——"海源阁"与"蒲留仙先生"，一为坐落于山东省聊城市的清代藏书楼，一为生于济南府淄川（今山东省淄博市淄川区）的文学家。这也使该刊成为一份以整理和出版山东乡邦文献为主的刊物。③

（三）发稿情形

《图书周刊》组稿形式大致为三种。一为主编自行撰写。刘阶平作为主编，撰文11篇，如《海源阁藏书史略》《蒲留仙先生遗书考草稿》《记又一种"木皮词"的词文》等，仅次于王献唐。后来担任编辑的屈万里也发文《汉魏石经残字校录》《读周易古义》等5篇。二为特约，编辑如发现有刊登价值的稿件，征得作者同意后进行刊登。第十九期刊登文章《中国社会史简论》因"图书周刊编者索稿甚急，检出付之，不计工拙矣"。编者言"赵毅生先生之《中国社会史简论》一文，于时彦诸说，多所评选。爰征得著者同意，刊布于此，以饷学林"。三为社会征稿，

战期间，根据党组织安排赴新加坡协助胡愈之创办南洋出版社，并与胡结婚。1948年回国。新中国成立后，历任全国民主妇联常委宣传教育部长兼《新中国妇女》月刊总编。

⑦萧岱（1913—1988）原名戴何勿，又名戴行恩。祖籍浙江鄞县。1934年留学日本，参加左翼作家联盟，创办诗歌社。1935年开始发表作品，历任《高射炮》主编，《建国日报》编辑，上海法学院讲师，上海生活书店编辑，上海《联合晚报》编辑。上海解放后，历任上海军管会文艺处文学室主任，上海文联副秘书长，《收获》副主编、编审，《上海文学》编辑部主任，中国作协上海分会副主席等职。主要著作有小说《残雪》，诗歌《厄运》，译著《苏联文学》《列宁给高尔基的信》等。❖

在"编后附言"说明"除特约稿外，尤欢迎外稿"，"硕论，鸿著，切请勿转递个人，以免周折。最妥请寄北平王府井大街华北日报社转图书周刊社"。被收录的稿件，"十有八九为却酬的"，仅以赠予若干份副刊作为回报。但即便如此，投稿依旧纷至沓来，一时难以全部刊登，不得不照投递先后顺序予以安排。第三期"编后附言"曾言"本期海源阁专刊，因篇幅有限，所拜领鸿文，未能备载，不得不俟后逐次刊登，敬希见谅"。

该刊创刊之初拟定收录文章类型为论著、书评、介绍、序跋、札记、通讯、学术要闻、书报简讯、杂俎等九种。每月发行专号一次，具体题目视来稿和当时情况来定（实际上只发行了两期）。后于第二十七期开始增设"学林趣录"栏目，专收图书、文献，以及关于学术上的雅趣杂话业谈。

据统计，《图书周刊》共刊登文章119篇（不含简讯要闻），收录文章有所变通，并未严格依照最初设想收录，有极少数与副刊体例不符的文章，因有格外出色的地方也被采用。编者在第七十四期（最后一期）对刊登过的文章进行了总清算，将文章重新分类。因编辑整理仓促，有所遗漏，笔者经过细化与核查，结果如下：（1）论著7篇；（2）考证12篇；（3）评述18篇；（4）著述记、著作目录5篇；（5）书籍提要7篇；（6）序跋21篇；（7）版本、校勘15篇；（8）书籍介绍10篇；（9）史传8篇；（10）杂俎31篇（其中包括简讯要闻15篇、学林趣录10篇、其他6篇）。

二、基于报刊功能的内容分析

（一）分享与讨论

据创刊号"编后附言"所言"本刊撮要刊载文献史料，中外图书评述，以及与学术有关要闻"。从学科上看，该刊以图书馆学、汉语言文学、历史学为主要，学术性极强，

各路学者在此分享最新发现、观点及研究成果。例如屈万里发表图书馆学论文《站在中国图书馆立场上对于图书分类法文学分类的商榷》，从"通行的分类，多半是根据杜威的十进分类法"，"再一个毛病，就是关于中国图书分类的疏略"，"再就是必要时应当以书名作类名"三个方面阐述当时文学分类的缺陷，同时提出新的分类方法并进行分享。再如丁稼民发表《刘鄩残碑考证》一文，将其阶段性成果进行呈现：对唐末五代时期后梁名将刘鄩的碑文进行识别，并对其中部分内容进行了解释与补充。

除单向传播外，副刊还登有学者之间的讨论。第三十六期身为中学教员的孙次舟对赵景深所编写的《初中混合国语》进行了批评，指出书中出现的八点错误，并将不合适的选文与原因进行罗列和反馈。第四十四期，赵景深对孙次舟的批评作出回应，表示在选文上"关于课文程度深浅，我不想有所讨论，因为这是不大有科学标准的。""最后谢次舟先生八点之中，虽有七点不曾照改，（第二条只照改了一部分）只照改了第一点，但感谢是一样的。"随后的第四十五期孙次舟对赵景深的回应再次提出异议，并以"孰知赵先生乃舍大而务小，只斤斤于注释之修正，置编制不伦于不顾，此实大失下走之所望也"结束了这场辩论。

（二）宣传与推介

《图书周刊》除刊登学术文章及讯息外，还开设两个带有宣传性质的专栏，即"新书介绍"与"书报简讯"，用于向读者介绍书籍报刊。"新书介绍"发布9期，介绍新书7部，包括：《清人杂剧》《老残游记二集》《财政学原理》《山东问题始末》《会计学》《中央银行论》《农业论文索引续编》。"书报简讯"发布7期，介绍书籍14部，包括：《大库旧档整理处史料汇目》《邹平乡村建设研究院编刊书目》《中国今日之农村运动》《考察

江宁邹平青岛定县纪实》《中国农村问题》《财政学原论》《哈勃孙福利经济学》《藏书绝句》《簠斋藏镜》《聊斋志异拾遗》《木皮词》《海源阁宋元秘本书目》《审计学》《初级商业簿记教科书》。另外还有两本杂志：《文化批判》第二卷第六期、《读书季刊》第一卷第一号季刊。

"书报简讯"中的内容篇幅较短，从几十字到二百字之间，仅对出版物的书名、著者、定价等基本信息及内容作简要介绍，如：

中国农村问题

杨幼炯编

全书一册定价六角

本编为杨氏综合今日诸家研论中国农村问题之论文，辑编而成。而诸家之论文，又大都为作者实际考查，而详经研讨之作品也。

同一期可能会介绍多本书刊。但也有例外，比如《文化批判》第二卷第六期的介绍更加充分，在说明结论时引用了原文，全文篇幅多达 2 000 余字。

"新书介绍"篇幅较长，千字左右，除说明基本信息外，还总结书籍各章节内容概要，或对目录一一罗列，并对书籍亮点、价值进行阐述。相比"书报简讯"，"新书介绍"的内容更详细，更具有吸引力。如推荐《老残游记二集》，全文约 3 000 字，分三期刊载。开篇先说明真实稿件的来之不易，以及该书产生和刊出经过，继而对书中内容进行概述，大段引用书中精彩片段，其间掺杂著者人生经历、当下社会情况等，以优质内容与著者光辉形象打动读者。

（三）纠错、补充与预告

"编者附言"不仅是编辑发布征稿启示的地带，还是编者与读者、作者沟通，对报纸内容进行补充说明与预告的平台。《图书周刊》在版面以及编辑精力同时有限的情况下，"编辑附言"发挥着重要作用。

第一为纠正纰漏。该报编辑工作、生活繁忙，对于报纸的编辑工作一直处于心有余而力不足的情况，致使报纸中时常出现错误。编者往往会在下期的"编者附言"中修改讹误。如第十二期《山左先喆遗书提要》一文题目、内文均存在错误，编者便于第十三期"编者附言"中说明"标题'要'讹'案'；篇中亦间有讹字。不及一一校正，读者谅之。"对于误排情况，在第二十五期也有表示"本刊第二十三期，赵毅生先生《中国社会史简论》'春秋战国时之社会'一节，尚有少许，未及刊毕。至第二十四期中，即自'秦汉迄鸦片战争之间的社会'一节开始，一时疏忽，竟尔误排，致无法补正，殊感歉仄！至希著者读者，曲谅为感"。

第二为补充说明：介绍作者，简述重要作者研究领域、职位、作品等信息；对当期所登文章进行评价与推介；对编辑情况做一解释。使读者对其有一定了解。如"丁东斋先生，专研图书五十余年，而尤精于老莲人物，现任文华学校国书教授。""济宁遗事记作者郑惠人先生，名与侨，号确庵，济宁人。明末举人，如清奉母不仕。四库曾著录其客舍偶记一书。"评价文章上如第四期"本期内屈万里先生的《鱼台马氏遗书》空前的精博详审探考，确是值得参究的文字。"第二十四期针对图片使用情况说明"上期张士保先生评传文中，插图本拟定六幅；嗣为篇幅所限，只载其二。忍痛割爱，读者谅之。"

第三为预告，提前告知以后将要刊登的文章以吸引读者购买与阅览。如第四十六期对《韩理堂先生年谱》的预告"清中叶理学家韩理堂先生，文章道德，早已散见群书。近年丁稼民先生，更有理堂先生年谱稿之纂成。闻凡八九易稿，并历经柯凤荪，傅绍虞，陈鹤侪诸先生商订，丁先生为今日史地学家，又属理堂先生同邑，故编材之精审，周详，可以想见。顷经编者之请，丁先生出示其近订年谱稿，披露于本刊，下期当可尽先登出，先此快闻，至乞读者惠注"。又如因版面有限，不得不将部分内容另择时间刊载："本刊不限于地位，此稿不及全记拜刊，谨由编辑就其中节录二三。至本文全貌，已应读者之请，于日内当由本报另辟特栏内发表；希读者注意为荷。"

三、特色与价值

（一）偏重国故的内容特色

《图书周刊》中的文章主题大多以国故文献整理、校雠、研究、推荐相关，涵盖中国古代历史、文学、哲学、经济、地理等多个方面，如《周虢季子白盘释文》《蒲留仙先生遗书考草稿》《山东山脉考弁言》等。然而，刊物对与图书相关学科的论述内容却很少，相关文章仅有《什么是图书馆学》《从近年我国的出版物说到小册子的研著》《站在中国圕立场上对于图书分类法文学分类的商榷》《目录编辑法概论》四篇。除此之外，当时所出新书的相关信息也占少数。在最后一期中编者也承认道"本刊所登的文字，关于国故方面的偏多，对于新出版物——尤其是科学类——的评论和介绍偏少。这自然是本刊的缺点；可是，正惟如此，反有一般读者，认为是本刊的特点。"

（二）学术与社会的双重价值

《图书周刊》群英荟萃，主要作者在其研究领域中皆有一定成就，所著文章都很有研读价值。如时任山东省立图书馆馆长的王献唐，为我国著名考古学家、图书馆学家，致力于乡邦文献的保存与整理，为多部书籍作序跋。读者可从这些序跋中了解该书整理、编辑情况及其撰写背景与意义。栾调甫为我国知名墨子学家，该刊登有其《二十年来之墨学》，文章分析了当时至其前二十年之间墨学研究者们的研究情况，提出自己的治墨学之道，为墨学研究者们提供了研究方向与方

法。诸如此类，对于当时的学者而言，无疑是宝贵的学习、参考资料，各路学者得以在阅读中受到启发，获得灵感与思路。对于现代人而言，该刊同样存在巨大研究价值，无论是哲学、考古学还是图书馆学，研究者们皆能从中探索、了解到其领域的发展历史。

无论处于何种境地，国家都应从各方面谋取发展之路。图书是记录、传播思想的载体，壮大图书事业便是《图书周刊》编者找到的救亡图存之路之一。在当时动荡的社会中，依旧有大批学者积极挖掘、整理、研究凝聚着本国精神文明的信息与资料，将成果投至《图书周刊》，以扎实的专业知识、丰富的实践经验推动我国图书事业的发展，体现出了其以文化振奋人心的价值。

四、结　语

《华北日报·图书周刊》在国难危急时刻创刊，以灵活的方式汇集多位优秀作者，通过刊登评述、考证、提要等多种类型的篇章展示山东乡邦文化，分享最新学术观点，推荐多种优秀著作，传达有效学术要闻，为学者提供了一片分享研究成果，了解新知的净土，从而体现出了我国文化的博大精深与学者的蓬勃朝气，同时为我国图书事业贡献了一份力量。该刊在近代报纸史、近代图书馆学史上并未留下浓墨重彩的一笔，但其内容上乘，依旧值得当今多领域学者尤其是对山东文化感兴趣的学者深入挖掘与探索。

①蔡铭泽：《中国国民党党报历史研究（1927—1949）》，北京：团结出版社，1998年版。

②路方红：《路大荒传》，济南：齐鲁书社，2017年版。

③付俊良：《〈华北日报〉两种图书馆学周刊考论》，《山东图书馆学刊》2022年第2期，第90—94页。✛

张静庐的《〈在出版(界)二十年〉再版赘言》

金传胜 薛慧宁

1942年5月18日，重庆《新蜀报·蜀道》第716期刊登署名张静庐的《〈在出版二十年〉再版赘言》。其中《在出版二十年》应写作《在出版界二十年》，是张静庐1938年出版的个人自传。鉴于《张静庐编辑出版大事年表》(收入王鹏飞、乔晓鹏合著的《中国出版家·张静庐》) 等研究资料未曾著录此文，为保存史料，兹抄录如下 (整理时酌加标点，漫漶不清之字以□标示)：

这本小书开始写于廿六年三月，只写了四章，刊登《读书》杂志里。"七七"事变后，杂志停刊，再经"八一三"沪战爆发，谁也没有心绪来写这种闲文章。一搁笔就是一年。到廿七年六月在汉口，才继续将它写完，待印成书，九江沦陷，田家镇正在争夺中。但是到武汉撤退的时候，这书的初版本已经卖完了。足足断了四个年头，又想将它重版一次，这其间是有多少苦衷的。

我在本书第一章里已经声明过：这小册子里，所记述的，除保存一部分史料之外，并不是一部文艺作品，更不是值得一读的传记文学，写得实在太浅陋太幼稚了。因为写的时候太匆忙，所以遗漏的很多。在天天警报声中更没有给你一个静悄悄地可以回忆的时间，也没有一些可供参考的资料 (我是从来不写日记之类的也没有同一个老朋友谈论过)，所以到书印出来后，自己第一个就感到不满意，连重读一遍的勇气都没有。说一句老实话，我有些厌恶它。

现在怎么又将它重版呢？却有几种原因：

第一，去年夏季在重庆，无意中遇着分别了廿二年的老朋友冯述先先生。我们是民国八年同时去北京请愿，同时被捕入狱的代表。从他的记忆中，告诉我有些当时参加这一运动的代表们的姓名，例如那时的老将孙宪也先生，黄爱□原名叫黄正品等等，似乎应该补进去。第二，遗漏了几个重要的在当时文化运动中起过"发酵"作用的出版机构，在民国十六年以前 (假使可以这样划分的话) 有李石岑先生等所办的学术研究会，高长虹先生的狂飙社，田汉先生的南国社，北京的景山书社和台静农等所办的未名社等。在十六年以后我们应该提一提，已经夭殇的有湖风书店和南强书店。钱杏邨先生等所办之太阳社，以"新月派"著名的新月书店。到现在还健在的，有王子澄先生的光明书局，尤其是他的小心谨慎稳扎稳打的作风，是值得我们学习的。此外还有为朋友们所质问的，那是在这小册子里竟然没有提到生活书店，也许以为我存着"同行嫉妒"的偏见。其实当时我已经知道邹韬奋先生在上海出版了他的《经历》，在《经历》中一定写到生活书店，比我所要写的会详细几百倍，这是无疑的。我固然没有提到它对于文□运动上的功绩，可是我也没有记下廿五年的夏季邹先生想利用《妇女生活》事件，一举而摧毁上海杂志公司的"锦囊妙计"，这是应该特别声明的。

现在距离本书的初版期已四年了，在这四年中，我的从事出版事业者的流离颠沛，困苦艰难，倘要写下来的话，怕非十万廿万字所能尽述。各部门的文化工作者都有过检讨的文章，记述的文字发表于报章杂志。只有这出版工作，因为从业员不是"著作家"，所以连微细的呼声都没有闻到。因为不为社会人士所了解，所以不仅没有同情的慰藉，反挨了或多或少的责骂。甚至有人可以原谅二元五角一斗的山米涨到一百八十元却不能同意一元定价的书，卖到二十元。在政治部编印的一本巨刊《抗战四年》里，我曾经第一次读到印维廉先生所写的《抗战四年来的出版界》，对于出版界因印刷条件的不够，运输的困难，给相当的同情，这是值得感谢的。但是印先生是"在朝"的，"在朝"者的观察，我们"在行"者所身受的痛痒，其关切总有些相当的距离。

记得去年今日，中央文化运动委员会曾经交我审查一件唐性天先生所提的《从速援助出版事业案》的提议案，他这篇文字是写得相当沉痛，引起我"在行"的人的共鸣，在审查意见书中，我曾写下这样几句话：

"……四年来出版工作者为配合抗战宣传，不惜任何牺牲，艰苦备尝，未尝成懈，□政府既未予以慰抚，社会复少寄予同情，主管机关更给以无情指摘，税收人员反视同发财商店，辗转呻吟，求生不得，坐视出版事业，日形枯萎……"

我们并不需要向任何人乞怜。一个献身于出版事业的人，他会明白他自己所负的责任，文化的创造与传播，对于社会之影响的巨大和久远。所以他不会因一时的挫折而离弃了他应守的岗位，去参加发财的竞赛。也不肯因看到"美国风"的什么处世修养等教人作伪一类小书的畅销，而去粗制滥造，浪费国难畏缩期间的人力和物力。不过说一个人即使在内外熬煎之下，还不让他呻吟一声，或以为这呻吟也是多余的话，那末未免太不近人情了。

最初想写这本小书的动机，是在廿五年看到商务印书馆为纪念我们的前辈张菊生先生七十大寿，由王云五先生计划出版"中国文化史丛书"，在第一辑的二十种与二辑的二十种的预告书目中，竟然没有填上一本《中国出版史》的书名。当时我很奇怪，出版事业既是文化工作的一部分，为什么王先生自己正在苦干中的工作，尤其是用以纪念从事出版事业四十余年的张菊生先生的，会轻易地忘掉呢？不要说宋元的雕版，给我们后代的子孙多少宝贵的遗产，就使以铅粒活字版印书到现在，也已经过了五十余年的历史。而张先生又是半生心血放在这上面一个苦行者，用"中国文化史丛书"来纪念张先生，是很适当的。倘使能用一本《中国出版史》或一本《中国现代出版史》来纪念张先生，不是更千应万该的吗？可惜王云五先生没有这样做，也许抗战胜利后，在第三辑第四辑的"中国文化史丛书"目录中，会看到这样一本书的预告吧！

在出版界中，我是一个后辈，又是□幼少失学的人，没有写史的才能，也没有写史的资料，所以当时虽然"动"了一下，终于烟消云散。这本小书的出版，或者能够"抛砖引玉"，诱起张先生的兴趣，会告诉我们五十年来出版界多少可珍可贵的史料。那么这本小书的出版，虽然是写得这么浅陋的幼稚，还是起了它的作用，完成我最初的心愿。

我虔敬地为他老人家祝福！

三十五年五月五日于璧山

文章的写作时间显然不可能早于发表时间，故文末的"三十五年"不可能是1935年（此时张静庐还在上海），也不可能是民国三十五年（1946年），"五"显系"一"字之误。据香港《大风》1938年第7期发表的《初写新都》一文，"当敌机第一次轰炸重庆广阳坝的那天晚上"[①]，张静庐踏上了从宜昌直航重庆的福同轮船。日方首次轰炸重庆广阳坝的日期是1938年2月18日，因此可推测张静庐约在1938年2月下旬到达山城。此前2月5日上海杂志公司在汉口《大公报》刊登《本公司启事》，谓张静庐

"因调查内地文化现状，考察土纸出产情形"②，于日前离汉西上。3月10日，重庆《新蜀报》刊出消息《上海杂志公司今日开始营业》，谓"上海杂志公司鉴于后方需要起见"③，在本市武库街97号开设重庆支店，定于本日开始营业。成立上海杂志公司重庆支店当是张静庐西行的工作之一。张静庐后返回汉口，于5月20日撰成《在出版界二十年》的跋语《写在后面》，6月印行该书初版本。同年10月武汉大撤退时，初版本早已售罄。

张静庐给《大风》杂志还撰有《重庆的新书业》《聊天：记一位新商人的谈话》《璧山通讯：到璧山去》。其中《璧山通讯：到璧山去》是张静庐写给自在兄（即《大风》编者陆丹林）的书信，1939年4月17日作于"璧山借庐"。文章首云："我已经在三个月以前，自动疏散到璧山来了。"④由此可知，张静庐1939年1月由重庆迁往璧山。同年3月9日，重庆《时事新报》副刊《青光》刊出张静庐的《推荐璧山》。文中有这样一句："现在，住在这小小的石头城边已经快一个月了，我已改变了初到时的心境，渐渐地爱上它了。"⑤因此文大约写于2月下旬，亦可推知张静庐移居璧山的时间在1939年1月间。璧山离重庆市区约有十五里，"六小时的行程"。张静庐因工作关系，时常奔波于璧山与重庆之间。

《蜀道》副刊编者是姚蓬子，与张静庐有数十年的交情。姚是诸暨人，张是镇海人，籍贯均属浙江。1924年，姚蓬子从家乡诸暨来到上海，经同乡的介绍到张静庐、沈松泉合办的光华书局做编辑，一边从事文艺写作。1928年至1930年，姚蓬子翻译的小说集《小天使》（［苏联］安特列夫原著）与《妇人之梦》（［法］果尔梦原著）先后由光华书局初版。1929年夏，张静庐创办上海联合书店，出版方向"侧重经济、社会、科

学"⑥，有"上海唯一社会科学书店"⑦之称。1930年10月，姚蓬子翻译的《没有樱花》（［苏联］洛曼诺夫原著）交付上海联合书店初版。1931年3月，联合书店出版《文学生活》杂志，由姚蓬子担任主编。撰稿人大多是"左联"盟员，如张天翼、沈起予、白薇、魏金枝、穆木天等。可能正是因该刊的进步立场，仅出版一期便无疾而终。同年4月，张静庐将光华书局归沈松泉独办，正式脱离光华书局，苦心经营上海联合书店。8月，张静庐重返现代书局，主持出版业务。姚蓬子的《没有樱花》改由现代书局出版。1934年5月，张静庐创办上海杂志股份无限公司（简称上海杂志公司），"为全国杂志专营事业之首创者"⑧。1936年11月，姚蓬子、袁孟超合编的《世界文化》半月刊创刊，由上海杂志公司总经售。

抗战爆发后，因张静庐、姚蓬子一度在重庆工作，两人仍有密切交往。在前述《重庆的新书业》（作于1939年2月25日）一文中，张静庐写到重庆的文化出版工作时称赞道："在重庆并不缺乏苦干的文化人，譬如'文化马达'的'文协'里的实际工作者老舍、姚蓬子等，真的不折不扣地。他们是整日的干着赔钱而又不为名不居功的工作哩！"⑨1940年1月1日，姚蓬子主编的《新蜀报·蜀道》创刊。1月27日晚，姚蓬子在重庆汇利饭店举办"《蜀道》首次座谈会"，专门讨论"如何保障作家战时生活"，老舍、赵清阁、胡风、高长虹、阳翰笙、华林、沙雁、王平陵、臧云远、陈纪滢等作家应邀出席，座谈会记录1月31日刊出。重庆《大公报》《中央日报》率先发文响应，"至于重庆其他各报副刊，也都刊登了许多关于这问题的杂文，同时文化界的人们聚谈时也都认真地讨论到"⑩。国民党党政文化当局对于此问题表示关切。2月16日晚，中央社会部吴云峰邀请姚蓬子、王平陵、马宗融、马彦祥、孙师

毅、宋之的、葛一虹、陈纪滢、华林、任钧、沙雁、王亚平等作家交换意见，张静庐作为出版界代表亦出席①。1941 年 3 月，中华全国文艺界抗敌协会（简称文协）出版部编印的《抗战文艺》第 7 卷第 2、3 期合刊登有张静庐的《出版界旧事》一文。由署名蓬子的《编后记》可知，该期由姚蓬子编辑。

1942 年初，姚蓬子开始涉足出版界，在重庆白象街 88 号开设作家书屋。"创办作家书屋的目的之一，是想供给读者几本较好的（不敢说最好的）文艺书。之二，是我们愿意自己能有一个小书店，印几本自己所愿印的书。"⑫正如论者所言，"姚蓬子本身就是从'四马路'走出来的，开了作家书屋，自然如鱼得水"⑬。同年 3 月 20 日，姚蓬子、徐霞村、老舍、赵铭彝共同编辑的《文坛》创刊，由作家书屋发行。第 1 期刊有张静庐的《关于文明书局：出版界史料之一》，估计是姚蓬子拉来的稿件。《〈在出版（界）二十年〉再版赘言》之所以出现在《蜀道》上，显然也是编者姚蓬子的约稿。1943 年 1 月，为纪念张静庐从事出版活动 25 周年，茅盾、老舍、洪深、夏衍、姚蓬子、张恨水、张友鸾等 25 人发起征文征画活动⑭。同年 12 月，上海杂志公司与生活书店、作家书屋等出版机构成立新出版业联合总处。1944 年 3 月 27 日，重庆《大公报》发表社评《物价与文化》。4 月 7 日，该报以《出版业的呼吁》为题刊发张静庐、金长佑、姚蓬子、黄洛峰、田一文、唐性天六人的联名来函，"略抒目前出版事业实际境况，以供关心战时文化人士之参考"⑮。4 月 17 日，《蜀道》第 1120 期刊出《老舍先生创作生活二十年纪念缘起》，茅盾、郭沫若、姚蓬子、张静庐、姚雪垠、赵清阁等为联合发起人。5 月 1 日，新出版业联合总处试办的第一联营书店开幕，张静庐任总经理，姚蓬子、黄洛峰任协理。

据文章可知，1941 年夏至 1942 年春间，张静庐曾对《在出版界二十年》进行了一定的扩写与补充。增加的部分主要包括两方面的内容：一是因作者曾与老友冯述先相逢，知道了 1919 年同赴北京请愿的部分参加者的姓名，遂得增补进来；二是因原书"遗漏了几个重要的在当时文化运动中起过'发酵'作用的出版机构"，如学术研究会、狂飙社、南国社、未名社、景山书社、湖风书店、南强书店、新月书店、光明书局等，重版本决定弥补这一遗憾。作者还特意声明原书"没有提到生活书店"的缘故并非出于同行嫉妒的心理，而是因为他当时知道邹韬奋在上海已经出版了他的自传作品《经历》。该书脱稿于 1937 年初，同年 4 月初版本问世，版权页未标注出版社名称，但显系上海生活书店所出。张静庐提到了发生于"廿五年的夏季"的"《妇女生活》事件"，这里可能在时间上存在误记。《妇女生活》杂志 1935 年 7 月在沪创刊，初为月刊，编辑人沈兹九，发行人张静庐，出版者妇女出版社⑯，由上海杂志公司总代发行。11 月 29 日，沪上小报《社会日报》一则消息称："沈兹九主编之《妇女生活》将于第七期起改为自费出版，惟目下纸价飞涨，乃颇犹豫难决矣。"12 月 1 日，《妇女生活》第 1 卷第 6 期刊登《妇女生活社启事》："本刊从二卷一期起，改为每月十六日出版，由本社负责发行，并委托生活书店总经售，旧订户仍由上海杂志公司负责继续照发。以后凡关于订阅、批发等事情，请径函上海福州路三八四号生活书店接洽。关于编辑事务，请写明妇女生活社编辑部，由生活书店转交可也。"8 日，《申报》刊出消息《〈妇女生活〉第六期出版》，内云："闻本刊从二卷一期起，改为每月十六日出版，由该社负责发行，并委托生活书店总经售，以后凡关于订阅、批发等事情，请径函上海福州路三八四号生活书店接洽云。"⑰自 1936 年起，《妇女生活》即改由生活书店总经售。不久，有篇小报文章说："最初，《妇女生活》是在上海杂志公司出版的，后来，为了稿费问题，沈兹九与张静庐翻面了。到了二卷一期，改由生活书店出版了。内容并且大为革新了一番，那是更活泼，更泼剌了的。"⑱小报文章的内容虽然不可尽信，但有时也会揭明部分真相，上引说法似颇可信。同年 7 月 10 日《铁报》刊文称："最近，因为《妇女生活》的销路很好，证明了客观环境的需要，所以沈兹九女士和生活书店接洽，将它改为半月刊。现在已经接洽妥当，从八月号起，即将改为半月刊了。"⑲实际上，自 7 月 16 日第 3 卷第 1 期起，《妇女生活》即改作半月刊，每月一日、十六日出版。张静庐所谓"《妇女生活》事件"可能即指《妇女生活》由上海杂志公司改生活书店出版一事。上海杂志公司、生活书店是当时上海出版界风头正健的两大公司，自然存在商业竞争。《铁报》曾有文章曰："上海杂志公司是始终要与生活书店对立的！"⑳如两家分别推出的《中国文学珍本丛书》（主编施蛰存）与《世界文库·中国之部》（主编郑振铎）皆瞄准中国珍本古籍，书目多有重合，形成互竞关系。至于"摧毁上海杂志公司的'锦囊妙计'"，张静庐未作铺陈详述，犹可窥见他对邹韬奋不无微词。

可惜的是，目前仅见《〈在出版（界）二十年〉再版赘言》一文，而未能查到《在出版界二十年》1942 年再版本（重版本）的出版记录或图书实物。这本书抗战期间是否曾经再版过？出版计划最终搁浅的原因是张静庐未能完成增补的写作计划，抑或另有原因？

这篇文章不仅揭示出张静庐曾有再版《在出版界二十年》一书的打算，而且提供了深入了解张静庐出版生涯与写作活动的史料。例如，张静庐 1941 年曾为中央文化运动委员会审查过唐性天所提的《从速援助出版事业案》。再如，从张静庐关于写作《在出版界二十年》动机的描述中，可知他对出版《中国出版史》或《中国现代出版史》早有期待。可想而知，正是怀着对中国出版史研究的高度重视与无限热情，他才会历十年之功，于 20 世纪 50 年代投入到《中国近代出版史料》《中国现代出版史料》的编纂工作中，成为"建国后我国出版史研究的开创者"㉑。

①张静庐：《初写新都》，《大风》1938 年第 7 期。

②《本公司启事》，《大公报（汉口）》1938 年 2 月 5 日，第 1 版。

③《上海杂志公司今日开始营业》，《新蜀报》1938 年 3 月 10 日，第 3 版。

④张静庐：《璧山通讯：到璧山去》，《大风》1939 年第 37 期。

⑤张静庐：《推荐璧山》，《时事新报》1939 年 3 月 9 日，第 4 版"青光"。

⑥《联合书店迁移四马路》，《申报》1929 年 9 月 11 日，第 16 版。

⑦《联合书店开幕廉价》，《申报》1929 年 11 月 29 日，第 15 版。

⑧《上海杂志公司汉口分店复业》，《和平日报》1946 年 3 月 25 日，第 3 版。

⑨张静庐：《重庆的新书业》，《大风》1939 年第 30 期。

⑩丁一：《普遍的响应　保障作家生活运动》，《救亡日报》1940 年 3 月 13 日，第 4 版。

⑪参见《保障作家战时生活　各方赞同本报建议　社会部昨特邀各作家商讨办法》，《新蜀报》1940 年 2 月 17 日，第 2 版。

⑫《作家书屋》，《文坛》1942 年第 1 期。

⑬汪耀华：《1843 年开始的上海出版故事》，上海人民出版社，2014 年版，第 172 页。

⑭参见《出版家张静庐出版活动二十五周年文化界发起征文纪念》，《新华日报》1943 年 1 月 19 日，第 3 版。

⑮张静庐等：《出版界的呼吁》，《大公报（重庆）》1944 年 3 月 7 日，第 3 版。

《开明书店总店与成都分店》手稿及说明

邱雪松

基于经济、政治、文化、行业等各方面因素的考虑，对民国综合出版社而言，在全国各地广设分支机构是极其重要的事项。正如书业中人夏丏尊对此问题的剖析："就发行方面说，书店所制成的书籍，原可与别种商品一样，除门售外，批发给贩卖商销行到外埠去，不一定要在外埠自设分店。但书店为了要防止放账上的危险及其他种种原因，皆于总店以外在重要都市另设分店。故向例一家书店机构很是庞大……总店以外，还要具有许多分店才算骨格〔骼〕完整，规模粗具。"〔夏丏尊：《中国书业的新途径》，《大公报（上海）》，1945年12月27日〕简言之，分店数量是判断一家出版社能否被称作大出版社的重要指标。

开明书店自1930年在北平、广州两地开设分店起，1937年之前已相继在沈阳、南京、汉口、武昌、长沙、广州、杭州等重要城市设有分店。抗战爆发后，出版社积极在二线城市，乃至县城设立分支机构："广西之桂林、柳州、宜山、平乐、昭平、八步，四川之重庆、成都、万县、乐山，广东之曲江、梅县、连县，湖南之衡阳、常德、零陵，浙江之金华、江山，福建之南平、永安、长汀、崇安，江西之南昌、吉安、宁都、赣县，贵州之贵阳、独山、都匀、遵义，陕西之西安，云南之昆明，远至西康之西昌等地，均曾设店，供应图书"（《开明书店股份有限公司关于请求与国家合营的报告》），分散力量，多点布局的策略维系了战时出版社的运营，以实际行动承担了文化抗战的责任。

在诸多分支机构中，由章锡琛之弟章雪舟担任经理的成都分店，因地处西南大后方文化中心，加之1942年通过决议设立的由叶圣陶主持的编译所成都办事处，一店一处配合默契，在抗战社史中扮演着尤为重要之角色。不过，除叶圣陶《西行日记》，以及成都分店店员潘一心与旧时成都商务印书馆同业张毓黎合作撰写的《回忆开明书店在成都的分支机构》（《成都文史资料选辑》第26辑，成都出版社，1992年）外，相关史料严重欠缺，致使该分店历史全貌较为模糊。

幸运的是，我于年前在孔夫子旧书网重金购得《开明书店总店与成都分店》手稿一份。此稿署名"开明书店店史编写组"，共

---

⑯沈兹九《我们的新地〈妇女生活〉月刊》（载1935年6月23日《申报·妇女园地》）一文介绍该刊"出版处上海杂志公司"。

⑰《〈妇女生活〉第六期出版》，《申报》1935年12月8日，第12版。

⑱文侦：《沈兹九的孤独〈妇女生活〉停刊》，《世界晨报》1936年3月1日，第2版。"泼剌"今作"泼辣"

⑲萍儿：《〈妇女生活〉销路大佳 不久即将改半月刊》，《铁报》1936年3月1日，第2版。

⑳《张静庐的戏法 "珍本丛书"起家 现在靠杂志吃饭》，《铁报》1936年10月28日，第2版。

㉑王益：《不倦地追求 王益出版印刷发行文集 三编》，印刷工业出版社，2001年版，第423页。❖

《开明书店总店与成都分店》手稿书影

25 页，虽未注明日期，但比照《回忆开明书店在成都的分支机构》，两文有重叠处，但前者用词时代色彩更为浓厚，再据文中所提开明书店店员杨安林解放后任成都新华书店副经理职为 1968—1981 年，经理职为 1981—1984 年（《四川新华书店志》，四川人民出版社，1997 年），推测此文应完成于 20 世纪 80 年代左右。此稿由三部分组成：（一）开明书店总店；（二）开明书店成都分店与开明编译所成都办事处；（三）开明书店出版物。除上述三部分外，还有一小段补记。全稿内容最有价值的部分自然是第二方面，它相较潘、张二人的回忆录有大幅扩充。为了保持史料本来面目，我将手稿全文照录（错讹者在［ ］中补正，漫漶者以□代替），提供首尾两页及成都分店共三帧照片作为附图，以供研究者参引。

开明书店总店与成都分店

开明书店店史编写组

解放前，开明书店是一个与商务印书馆、中华书局鼎足而三的著名大书店。其出版物以中学生为主要对象，出版过不少为进步青年所喜爱的书，对我国新文化事业起到一定的推动作用。开明书店主要负责人章锡琛、夏丏尊、叶圣陶以及参加开明书店编辑工作的同志，大部分是浙江一师、上虞春晖中学或上海立达学园任教过的进步教师和富有经验而又有创新精神的编辑工作者，他们对出版工作严肃认真精益求精的工作作风，在现在仍有可供借鉴之处。本文除撰述开明书店总店及成都分店创办及发展的经过外，对该店的出版物及编辑工作方面的情况也作简单的介绍。

一、开明书店总店

开明书店总店是由章锡琛、章锡珊兄弟二人所创办。锡琛原为上海商务印书馆的编辑，在商务工作达十四年之久。五四运动爆发后，锡琛深受新思潮的影响，1925 年 1 月，他和周建人在他们所主编的《妇女杂志》上，刊登讨论新性道德问题的文章，自己也写，触犯了封建卫道的士绅们，受到《晶报》、时事新报副刊《青光》及胡适等所办的《现代评论》等刊物的攻击。当时商务印书馆编译所所长是王云五，他把章等调去编辑其他图书。商务同事郑振铎、胡愈之等愤愤不平，就劝锡琛另办一刊物叫作《新女性》。新刊物实际是大家义务写稿，印刷费用也是大家凑的（每人拿出五元，约有四五十人参加。）（见女作家陈学昭《天涯归客》）刊物由锡琛的朋友吴觉农出面当主编和发行人。这个事情被王云五知道了，于当年年底就把锡琛解职，照例给了约二千元的退职金。

章锡琛离开商务后，一方面在神州女子中学教书（由郑振铎介绍）；一方面拿退职金作本钱，用妇女问题研究会名义，编译妇女问题研究丛书。郑振铎又把文学研究会的《文学周报》和文学周报社丛书交给发行，销路都很好。章锡珊是商务印书馆沈阳分馆的会计，平时自奉身俭，略有积蓄，因锡琛出书多了资金不够，他毅然向商务辞职，出资合伙，1926 年 8 月间，在上海闸北宝山路宝山里挂出"开明书店"的招牌。

开明书店创办时，资金不过四五千元，编校工作人员只有赵景深、钱君匋等几个人，由于大家齐心协力，出书精益求精，业

务蒸蒸日上。这时开明书店出书的方向已开始大的转变。他们编印中小学教科书与活页文选；增加文学书和青少年读物的出版，关于妇女问题的书刊逐渐减少。以后《新女性》杂志也停刊了。一向支持开明书店的立达学会把该会的定期刊物《一般》交开明出版发行。这个刊物是学会同人夏丏尊、刘叔琴、方光焘、刘薰宇等编辑的，以后夏、刘等也参加开明书店工作。1928 年，夏丏尊、刘叔琴、杜海生、丰子恺、胡仲持、吴仲盐等发起，开明书店改组为有限公司，资本五万元。以后几年多次增资，1936 年，股东［本］为三十万元。经理先是杜海生，章锡琛为协理，后杜海生辞职，经理由章锡琛担任，请范洗人当协理。编译所主任是夏丏尊。叶圣陶于 1930 年底从商务印书馆转到开明主持开明书店的具体编务。

开明书店改组后成立了董事会，为了应付当时的局面并使出版发行工作能顺利进行，章锡琛等约请邵力子投资并推选为董事长。邵力子为了维护开明的出版事业，为开明做了不少工作，但对开明的出版方针和行政管理事务殊少过问。

临近抗战时，开明总店的组织机构与商务、中华相似，有总办事处、编译所及发行所。发行所设在福州路中华书局对面。总办事处、编译所及货栈设在梧州路。开明没有自己的印刷厂，但有美成印刷厂是开明书店一个股东吴仲盐与人合伙办的，吴是大股东又是经理，与章锡琛是亲戚，在开明书店也曾担任过掌管财务的工作。这个工厂专门排印开明的出版物，与开明总办事处、编译所联在一起。在旧社会，资本主义大书店所出图书特别是中小学教科书，都是要在全国各地推销，量大面广，书店之间竞争非常激烈，因此在各省的大城市它们设有分店，在各县也要有经销处。开明书店资本有限，但在抗战前也先后在南京、杭州、广州、北

平、沈阳、汉口、武昌、长沙等处设有分店或支店。从1926年创办起，短短十年之间，开明书店可以说是从无到有，从小到大。开明书店在政治上始终坚持中间偏左的立场，没有官僚资本，不受国民党反动派的利用，所出图书具有一定的进步性就不免要受到所谓"图书杂志审查委员会"的种种刁难。开明书店创业维艰，发展壮大也是不易，开明书店股东［本］最多时不过三十万元，书出多了资金周转的困难也越大。由于开明书店与商务、中华等几个大书店有个明显不同的特点，许多领导骨干，彼此志同道合，感情融洽，大部分职工，是子弟兵，从练习生逐步提拔，有一种同舟共济艰苦奋斗的精神。开明书店主要依靠这种精神渡过难关，也是依靠这种精神渡过在抗战期中遇到的更大的难关。

在八·一三战争中，开明总店中了炮弹，经理室、编译所、印刷［厂］以及栈房里几百万册存书，全部烧毁，据估计资金损失达全部资产的百分之八十以上。为了把开明书店内迁至武汉，章锡琛、范洗人与叶圣陶一起到了汉口，原期望国民党政府（曾号召过上海各书店内迁）或能有所帮助，天天去交涉，但毫无结果。那时，上海沦陷，南京危急，武汉人心浮动，而开明书店辛辛苦苦内运的两批物资有一批被日军劫走，原计划无法实现。章等认为上海还有些物资可以运用，于是决定锡琛回上海，范洗人去重庆。从此到抗战胜利，锡琛都在上海，范洗人到重庆后，成立了驻渝办事处，稍后叶圣陶也从汉口带着全家入川。1939年章锡珊到了桂林，他与已到桂林的原开明书店编辑傅彬然、宋云彬等先恢复出版了《中学生战时半月刊》，由叶老在四川遥领社长的职务。在此前后，开明书店在成都、贵阳、昆明设立办事处，业务逐渐发展，范洗人也到桂林，于1941年7月，在桂林设立开明总办

事处，范洗人任总经理。次年，在成都设立编译所成都办事处，由叶老主持（后面还要详细讲）。1944年，在日寇进犯湘桂前，桂林大疏散，开明总办事处撤到重庆，抗战胜利后迁回上海。

二、开明书店成都分店与开明编译所成都办事处

抗日战争前开明书店在成都没有分店，只有一个特约经销处叫普益协社，地点在祠堂街牌坊巷口，负责人是冯月樵。开明书店派刘甫琴常驻，负责联系一切业务事项。抗战开始后，刘调任长沙分店经理，抗战胜利，调任台湾分店经理。

1939年上半年，开明总店派章雪舟来成都设立开明书店成都办事处，主要任务是就地造货并经营批发。雪舟是章锡琛的弟弟，抗战前与抗战初任开明汉口分店经理。1938年日军侵占武汉的前夕，雪舟奉总店命令撤退，先到万县建立分店，不久又离开万县，存货一分为二，一部分运重庆交开明驻渝办事处，一部分运来成都。办事处主任是章雪舟，会计主任是张镜波，职员有倪文铨、胡雨岩等，基本上都是汉口分店的原班人马。后来张镜波调任贵阳分店经理，总店又派来金世泽任会计，并派金韵锵协助办理造货工作。

成都是天府之国，地方富庶，文化教育发达，抗战时又是通往西北的交通枢纽，对出版发行特别是造货运输具有一定的条件。开明书店有特约经销处担任发行工作，办事处可以集中力量来搞好进［造］货。办事处初设立在陕西街138号附5号（即现在的蓉城饭店），后搬至本街106号，将原地点让给巴金等创办的文化生活出版社。办事处经过筹备，摸清了印刷、纸张和装订等情况。那时，出版教科书和一些参考图书，可以由

上海总店寄纸型来，印刷及装订在成都勉能解决，主要困难是新闻纸来路中断，纸张供应极为紧张，只有尽力想法就地取材。办事处先以手工制造的夹江纸试印。夹江纸不仅质薄，且土纸生产都黏合一起，首先须将黏合的分张，费时多而印刷质量差，不宜大量印刷。另一种土纸为乐山半机制的嘉乐纸。那时［纸］质量粗糙，且有正反面，虽比夹江纸结实，但双面印刷承受不了压力。为解决问题，办事处和当地印刷厂千方百计在印刷技术上狠下功夫。开始是用铁制手摇机印刷，因当时成都铁制手摇机数量少，效率低，印刷成本高，后改用木制手摇机，才解决了教科书的大量制货。在成都地区开明书店首创用木制印刷机和土造纸印制教科书，两者都是就地取材物尽其用。以后各大书店群起仿效，使当时教科书及一般图书的供需紧张壮［状］况得到缓和。

开明办事处在成都造货，除满足川省需要外，还承担了西北各省的供应。开明在西安原有西北教育用品社（负责人董幹承，地点在西安北大街）特约经销，从成都调去沈景楷一人当特派员，以后添设开明书店西安办事处经营批发业务，从成都办事处先后调去胡雨岩与丁广臣两人。在抗战时的成都，常有敌机骚扰，警报频繁，为防敌机轰炸，办事处在西门外罗家碾租赁草房为堆放存货、包装发运等据点。1942 年，开明成都办事处在陕西街 131 号新造门市部，陕西街 106 号原址设立开明书店编译所成都办事处。1944 年，陕西街门市部迁往祠堂街。办事处的任务原只有造货与批发，现在又开设门市部，对外往来就改称为开明书店成都分店。

开明门市部新址正好是特约经销处对面，特约经销处坐北朝南，开明门市部是坐南朝北。冯月樵对此意见很大，骂开明书店

过河拆桥。事实的确如此，开明书店川西市场是冯月樵亲手打开的。冯月樵为了发展业务，曾派人去乐山创办过开明书店；《开明活页文选》在川西销路特别大，也都是冯的大力推销。现在开明书店门市部开在对面，普益协社再不能挂开明书店招牌，对业务的影响当然很大。为此，开明书店在以后的业务往来上，对普益协社仍是另眼相待，慢慢地把这个问题解决了。

开明书店编译所成都办事处由叶圣陶主持。叶老于 1937 年底携全家从汉口乘轮船经宜昌于 1938 年初抵达重庆。时范洗人才成立开明书店驻渝办事处，复建书店工作尚未就绪，叶老暂到当地几个学校教书。1938年秋，叶老应武汉大学之邀到乐山武大任教，全家也搬到乐山。1940 年夏，叶老到成都任四川省立教育科学馆专门委员，次年初，全家移居成都新西门外。自入川以来，

叶老虽然离开开明，但和书店几个主要领导人，仍信电往还。当1939年《中学生战时半月刊》在桂林复刊，具体编务由傅彬然、宋云彬担任，而社长的职务仍由叶老承担。1942年4月，开明总办事处委托傅彬然专程到蓉邀请叶老到桂林商量开明编辑组织。在成都设立编译所办事处就是在桂林商量决定的。于是叶老又回到开明，在编译所办事处主持编务。编译委员有金仲华、傅彬然、宋云彬、丰子恺、贾祖璋等，但他们大部分都不在成都，只能在桂林、重庆等地相助编稿约稿。因此，叶老工作很忙。叶老的夫人胡墨林深懂中国古典文学，在办事处做职员，是叶老很得力的助手。叶老的儿女那时多已成家，受过中等学校以上的教育，在书店人手不足的情况下，常能协助做些工作。1945年《开明少年》创刊，叶老长子至善也是主编之一。那时叶老和家属均住在办事处，如遇警报频繁时则暂避于外西罗家碾。1944年开明总办事处迁到重庆后，为了商量店务，叶老□□次到重庆，在重庆住上一个月或一个多月。

叶圣陶是当代著名的教育家，文学家，又是一个很好的编辑工作者。从到开明书店，叶老担任过编教科书、工具书以及编刊物等各种工作，他无不全力以赴一丝不苟。他常亲自校对，亲自答复作者来信。他善于组稿约稿而又常为当时进步刊物撰稿。叶老关心青年作家的成长，善于奖掖后进，如女作家丁玲就是在他的鼓励下走上文学创作道路的。这种工作作风在抗战时期无论在成都在桂林或在重庆，叶老和开明书店其他编辑，都是坚持不懈的。叶老写作很多，有小说有童话和散文等。但从到开明书店以后，特别是在抗战时期，他的写作精力绝大部分是放在语文教学方面。以前他和夏丏尊、宋云彬、陈望道等合编过教科书或参考图书，抗战时期，他和朱自清合写了《精读指导举

隅》等三本书，还在《国文月刊》《国文教学》等刊物上发表了许多文章。至于在《中学生》和《新少年》上，有关这方面的文章就更多了。（《新少年》抗战时停刊，1945年复刊，改名《开明少年》）

叶圣陶在主持开明编译所成都办事处时期，工作虽然繁重，但他不是埋头写作。叶老是党领导下中华全国文艺界抗敌协会成都分会的理事，常参加文协的进步活动如文协为大中学生及社会青年举办文艺讲座，叶老为主持人之一，他还参加成都各大中学公开或秘密联合举行的纪念"五四"及纪念鲁迅等大会。1943年文协暨成都文艺界陈白尘、陈翔鹤等四十余人在南门外竞成园礼堂为叶老补贺五十大寿。那时这种盛况是不多见的，体现了党对叶老的关怀。叶老一家于抗战胜利那一年9月离蓉赴渝，在重庆坐不到去上海的飞机和轮船，一直等到年底才和开明书店同人趁［乘］木船东下。

抗战胜利后，叶老就积极参加争和平、争自由、争民主的民主运动。叶老的政治态度对开明书店出版物影响甚大。叶老在《中学生》上就写了很多揭露国民党反动政府的文章。1948年上半年，在上海常和叶老联系的陈白尘告诉叶老已经上了反动派的黑名单，叶老躲到他妹妹家。当年年底，吴觉农受地下党组织的委托，请叶老从香港转到解放区，准备参加新政协。叶老秘密到港，于1949年3月倍［陪］同傅彬然、宋云彬从烟台再转北［平］，参加教科书编审工作，以后曾任出版总署副署长、教育部副部长、人民教育出版社社长等职。

开明书店成都分店在抗战胜利后的一段时间，业务有所发展，因一部分工作人员如会计金世泽及经办造货工作的金韵锵等陆续调回上海，分店就陆续招进周真吾、郑锡祥等，并聘请成都教育界有一定声望的胡赞平等，［专］职向中等学校联系介绍开明版中

学教科书。这时，开明分店开始经销外版图书，其中有三联书店的，有桂林文化供应社的，货源由上海总店统一进货再邮寄各地分店。在当时白色恐怖非常严重的情况下发行过《鲁迅全集》二十卷版，还出版发行《闻一多全集》，在当时被公认为一家比较进步的书店。

1946年章雪舟升任开明书店西南区专员，常奔走于成渝两店之间。为了加强成都分店工作，总店聘请胡之刚为成都分店副经理。胡之刚原任生活书店成都分店经理，1940年被捕出狱后，1941年分店又遭国民党反动派查封。原川军师长张志和一再劝他离开成都并邀请他去邛崃敬亭中学任教。张志和思想比较进步，是生活书店的忠实读者。为纪念他父亲，他在邛崃创办敬亭中学，教职员大部分是从外地聘请来的进步青年，在邛崃有红色敬亭之称。1946年胡之刚为学生在联欢会编排了一个《毕业后》的独幕剧，是讽刺旧社会毕业就是失业的。演出后引起当地的党政机关的注意，向学生追查。校方闻风后要胡注意行动。胡为了不影响学校的安全，就于1947年4月离开学校，应聘到分店工作。当年秋，反动派大肆搜查敬亭中学，逮捕了副校长黄蜀澄、训育主任雷志伦等，并一再追查胡之刚的下落。当时有学生来成都告知胡之刚。胡因此深居简出，但不久因被捕的教职员中有一再托转守兵向胡送信的，才暴露了胡的下落。11月间，胡之刚按书店规定职工轮流买菜的办法，于一天早上带勤杂工老周去长顺街买菜时，突然被两名暴徒架走。时章雪舟到上海开会，书店即电告章，章返蓉后经多方探听，最后探得胡被羁押在金河街伪特委会。当时胡被诬告为中共西南区联络站负责人，数次刑讯，胡一再要他们拿出证据。伪特委会认为情节严重但又无实据，只好把胡和

孙文思、刘幕如等同志同时解送重庆渣滓洞。1948年秋国民党反动派为玩弄假和平阴谋，渣滓洞释放了一些没有定案的嫌疑犯，胡之刚经章雪舟多方营救并由重庆市出版业、图书业两公会联名具保释放。胡之刚出狱后，总店调他任昆明开明分店副经理。1951年调北京三联、商务、中华、开明和联营等五家书店联合组织的中国图书发行公司总公司工作。

三、开明书店出版物

开明书店出版的中小学教科书□夏丏尊、叶圣陶、陈望道、吕叔湘等所编的语文方面课本，刘薰宇的数学，贾祖璋的植物及林语堂的英语读本等都受到学校的欢迎。林语堂精通英语，课本内还有丰子恺的插图，出版发行十多年，销路一直很好，这个读本与夏丏尊译的《爱的教育》是开明书店两种最畅销的书。《爱的教育》被各地小学校采用作课外补助读物，在开明印了近一百版。在抗战前《开明活页文选》印出一千多篇，也被学校选作讲义。那时，北新书局所出活页文选，销路颇广，但选文的注释是附在后面，开明选文的注释印在词句下面，不必折查后页，因此学校更乐于采用，可惜全部原型在抗战期中被炸毁，无法再印。

期刊方面，开明出过《新女性》、《一般》、《国学门》（顾颉刚编）及《月报》（胡愈之编）等但时间不长。时间长的有《中学生》月刊与《新少年》半月刊。这两种刊物，都以在校的中学生、小学生和中小学教师为主要对象，其特点是注意语文研究。《中学生》先后由夏丏尊、金仲华、叶圣陶等主编，自1930年创刊一直到解放后还继续出版（只在抗战发生到1939年5月之间停刊过），影响更为广泛，夏丏尊和叶

圣陶在这两种刊物发表了大量辅导青少年阅读与写作方面的文章。其中后来由开明出版的《文心》《阅读与写作》等流传甚广，在海外南洋等地还有《文心》的翻印本，解放后在国内也再版过，仍受读者欢迎。

文史读物在开明出版物中占的比例达三分之一以上。新文学作品有夏衍译的高尔基的《母亲》，郭沫若的《离骚今译》，沈雁冰的《子夜》及《春蚕》，丁玲的短篇小说集《在黑暗中》，巴金的小说《灭亡》《家》《春》《秋》，朱自清的散文集《背影》《欧游杂记》等。"左联五烈士"之一胡也频的著作也在开明出版过。开明在解放初还出版过《柔石选集》《胡也频选集》与《殷夫选集》等，□闻一多的著作出版过《闻一多全集》及《闻一多选集》，特别是《闻一多全集》出版于 1948 年白色恐怖笼罩下的国统区，尤为难能可贵。

开明书店出过几种丛书，如《开明文史丛刊》《开明文学新刊》及《开明青年丛书》。《开明文史丛刊》中有郭绍虞的《语文通论》、朱自清的《诗言志辨》、郑振铎的《中国文学论集》、朱东润的《史记考索》、钱锺书的《谈艺录》等。《开明文学新刊》有钱锺书的《人·兽·鬼》、《写在人生边上》，李广田的《灌木集》和《诗的艺术》等。《开明青年丛书》有丰子恺的《艺术趣味》《艺术概论》及朱光潜的《谈美》等。开明也出过一些大部头书，如《二十五史》和《二十五史补编》、朱起凤的《辞通》及叶圣陶的《十三经索引》等。

这些书，在当时都是比较受到读者欢迎的。其中很多作者，现在已很著名，但在当时还是青年作家，作品也是初次发表的，如丁玲的《在黑暗中》及巴金的《灭亡》。这两部小说都是叶圣陶在商务印书馆代郑振铎主编《小说月报》时先在《小说月报》上发表并交开明出版了单行本。

一个出版社有好的编辑而周围又有一批优秀作者是出版社成功的基础。开明书店编译所主任夏丏尊曾留学日本，早年在浙一师执教时就是一位新文化运动的闯将，著名的四大金刚之一。（其他三人为刘大白、陈望道与李次九）他是教育家又是文学家。叶圣陶到了开明书店，两人志同道合，密切协作，在店内加强团结，同时也加强和周围作者的联系，形成一些同志的结合体。开明书店对出版工作是非常认真的，他们注意内容质量也讲究形式如封面设计、装订以及纸张的选用等。正如叶圣陶在《开明书店二十周年》的文章上所说："我们出版了不少书刊都是认认真真的编撰、审读、校对、印刷的。我们不敢说辛苦，辛苦原是做事的人的本分，我们觉得安慰的在读者界造成了一种口碑，一般的说开明书店不马虎。"

五四运动以后，有些书店对新文艺书籍的封面设计比较讲究，但在几个大书店还不够重视。当时有几位著名的艺术家，如丰子恺、陶云庆、钱君匋、司徒乔都善于封面作画或在书中画插图。大家知道鲁迅对书刊的形式很讲究，他的著作封面设计多出陶元庆的手笔，他自己也亲自设计过。开明书店对封面设计一开始就比较重视，章锡琛办《新女性》刊物曾经由陶元庆作画，书店成立后钱君匋与丰子恺参加编辑工作，各种书的封面多由君匋担任，有一种独特风格。丰子恺画插图尤为精美，除上面提到过的《开明英语读本》外，叶圣陶办开明编的《小学语文课本》也是由丰子恺画插图，图文并茂，学校称为教科书的善本。开明在抗战前对印刷用纸也很讲究，多采用米色道林纸精印，图书的装订采用毛边。（不切光，待核后切边，保护图书的整洁）因为开明对出版物校对认真，极少发现错字，对封面设计等美观大方加之在稿酬上多按版税办法多销多得，出书也比较快，再版及时，许多作家乐于把作品交给开明出版，这对开明书店的声誉在出版界中能够迅速提高有着重大的关系。

在开明书店当过编辑的曹聚仁教授曾说过，生活书店以青年为对象，开明书店则以学生为对象；自从开明书店登场，中国出版界才有认真为学生着想的读物。这样的评价是有根据的，开明书店自从编印发行中小学教科书后就以出版中学教科书和中学生课外读物为主要方针。开明书店人力物力远不及商务与中华，如果仿效它们那样什么书都要出，势必使有限的人力物力因分散使用而削弱，可能反而一事无成。开明扬长避短集中力量，就能做到出书少而精。夏丏尊和叶圣陶是文［学］家，他们可以在抗战期间继续写出许多小说、散文或童话，但他们都把主要精力放在研究语文教学方面，出版了不少好书，并且其中文章往往含有教育意义，对青年读者帮助比较大。读者研究这方面的学问，要找参考资料，总是先到开明书店，他们认为开明是一个比较进步的书店，其原因也在此。

当时读者把开明看为比较进步的书店，是把开明和几个大书店相比较而言。开明是资本主义企业，经营作风、管理方式都属于资本主义的范畴，其出版物从政治思想性上来看也不是都没有问题，如与三联书店相比还有不小的差距。这应该实事求是地予以正确评价。

抗战胜利后，由于国民党反动派的倒行逆施，悍然挑起内战，物价急剧上涨，民不聊生，开明书店所遇的困难比抗战时期更甚。书的出版量没有增加，销路也没有增广，和其他工商业一样奄奄一息。解放后由于时势推动着社会不断前进，开明书店的出版物跟不上形势的要求，营业逐渐萧条，事实说明整个出版事业必须及时加以改造。

1949 年 5 月，上海解放后不久，章锡琛兄弟、范洗人和负责开明编辑事务的王伯祥先后来到北京（夏丏尊于 1946 年已因病逝世），商务印书馆领导人张元济也到了北京。张元济邀请陈叔通、胡愈之、叶圣陶和章锡琛等商谈争取公私合营，大家意见基本相同。人民政府成立后，胡愈之就任出版总署署长，周建人和叶圣陶任副署长。出版总署为发展人民出版事业，提出了出版发行分工，出版专业化的方针。当时国营出版发行机构首先实现出版发行分工（即出版、印刷、发行分别由人民出版社、新华印刷厂与新华书店担任），三联、商务、中华、开明和联营五家书店亦于 1950 年即积极筹备把各家的发行机构联合起来，改组为中国图书发行公司，总公司设在北京。成都分公司于 1952 年成立。当时，开明成都分店经理是曾忠岱（章雪舟于解放后不久即调到总店工作），会计是潘一心。开明总店只搞出版，经出版总署批准与国家合作，到 1953 年跟青年出版社合并改名为中国青年出版社。中国图书发行公司原为公私合营，到 1953 年下半年因商务、中华等私股已退出，就完全成为国营，于是在 1954 年就合并到新华书店成都市店。原在开明工作的同志※除曾忠岱调省新华书店任课本科副科长外，其余都在市店工作。他们在党的培养教育下健康成长，（其中如杨安林、俞溥泉等同志都已成为书店的领导或业务骨干）更加努力为人民出版事业，为我国早日实现四化而做出贡献。

补充记号处（※）

解放后原在开明工作的同志，周真吾、陈立敬两人参加革命大学学习，毕业后周真吾同志参加青年出版社工作，陈立敬同志在乐山地区工作，胡赞平同志去川西人民出版社工作。❖

林则徐研究的文献基石

——《清宫林则徐档案汇编》的编纂及其珍贵价值

伍媛媛

林则徐是"开眼看世界第一人"，是清代著名的禁烟抗敌民族英雄。林则徐作为封疆大吏，历任湖广总督、陕甘总督、陕西总督、云贵总督等要职，宦迹所至，留下诸多不朽政绩。长期以来，对林则徐的研究一直是学界热点，对林则徐档案文献的挖掘一直备受关注。现世所存林则徐文献数量甚巨，内容繁多，有关林则徐文献的整理编纂成果也颇为丰富，涉及年谱、公牍、书札、日记等。中国第一历史档案馆作为明清两朝中央政府档案的保存基地，藏有两千余件林则徐相关档案，这些档案的整理刊布，对林则徐其人其事的研究提供了重要文献基石。

一、清宫林则徐档案整理 与研究的回望

对清宫所藏林则徐档案，社会各界十分注重开发利用，除学者络绎不绝的查档研究外，学界先后进行过两次较大规模的专项整理编纂。第一次是 2002 年，由来新夏等主编，海峡文艺出版社出版的《林则徐全集》。全书分为奏折、文录、诗词、信札、日记、译编等六卷，共 10 册 370 万字，该书收录宫藏林则徐相关奏折 1 119 件。第二次是为纪念林则徐诞辰 230 周年，中国第一历史档案馆与福建省林则徐研究会合作编纂，自 2016 年起陆续推出《清宫林则徐档案汇编》30 册，由海峡文艺出版社影印出版。该书辑录宫藏有关林则徐档案 2 613 件，包括林则徐呈报的奏折、题本，以及与林则徐直接相关的清帝谕旨等档案。这是中国第一历史档案馆首次全面系统地对林则徐专题档案进行整理编纂，全书按档案形成的时间及文书种类，依次编排，每件档案均拟制责任者、题由和时间。这部林则徐档案文献的刊布，为林则徐研究提供了厚重的原始文献，受到社会各界的密切关注和充分肯定，先后荣获第二十六届华东六省文艺图书奖一等奖、第六届中华印刷大奖优秀奖，并被列入国家出版基金项目。

长期以来，学界对林则徐档案的关注和研究一直持续不断，已有很多成果。其中，赵文良的《中国第一历史档案馆藏林则徐奏折》，对宫藏林则徐奏折情况作了全面梳理和基本介绍；刘文远的《林则徐题本的史料价值》，对宫藏 177 件林则徐具题户科题本的内容及价值作了梳理，包括赋税征收、经费开支、灾害蠲缓与赈济等诸多方面，对了解林则徐在地方的具体公务活动具有重要的价值；赵彦昌的《林则徐档案汇编及其特色解析》，对林则徐档案汇集出版情况作了分类介绍，包括全集类、专题类、合集类档案汇编，并对这些档案的地域性、时代性、多样性进行了阐述。

学界更注重利用档案对林则徐的史实进行某一方面的专题研究，其成果也是多方面的。譬如，关于林则徐在农业水利方面的历史功绩研究，有陈支平的《从林则徐奏折看清代地方督抚与漕运的关系》、茅林立的

《清中期的漕政文化暨林则徐的改革举措》、刘文远的《林则徐总办江浙水利考述》、马玉霞的《论林则徐戍疆时期的农田水利建设活动》、张巨保的《从重农兴农到促农济农：林则徐农政思想与农业实践》等。关于林则徐的民本与经济思想研究，有林峰的《从几份奏折看林则徐的货币思想》一文，透过档案分析林则徐的"银钱贵在流通"的货币思想，探讨林则徐的改革精神。关于林则徐在新疆屯垦的研究，华立利用中国第一历史档案馆和台北故宫博物院所藏相关档案撰写了《道光年间伊犁垦复阿齐乌苏地亩事再考》，考察了垦复阿齐乌苏地亩之议与喀什河龙口工程、阿齐乌苏大渠竣工与垦地的安户升科、阿齐乌苏大渠与沿途回庄的关系等问题；咸成海的《林则徐与清代新疆水利治理》，利用林则徐奏折等史料，从林则徐治水所作的贡献与清代新疆的水利开发建设之间的关系出发，以林则徐谪戍新疆时期新疆水利开发为考察对象，探讨和揭示清代新疆水利开发的面貌和特点。关于林则徐的身后事研究，刘文华利用档案考证了《林则徐如何得谥"文忠"》等等。

历史研究的基础是文献史料的发掘和整理。巨量清代宫藏档案的遗存，是清史研究的显著优势，也使清史研究具有鲜明的以档治史的学术特色。清宫林则徐档案的全面整理和系统刊布，向社会提供了有关林则徐的权威文献，这些原始档案大大丰富了林则徐研究的文献史料，已经并将继续对林则徐其人其事的研究发挥独特作用。

二、《清宫林则徐档案汇编》所刊内容举隅

林则徐的官宦生涯经历嘉庆、道光两朝，这个时期的清王朝正是由盛转衰，吏治日渐腐败，内忧外患交织，开始经历"数千年未有之变局"。《清宫林则徐档案汇编》所辑档案，最早一件是嘉庆十六年（1811）五月初一日关于新科进士林则徐任职翰林院庶吉士的谕旨，最后一件是光绪九年（1883）正月二十二日两江总督左宗棠呈请在江宁省城为林则徐建祠的奏折，时间跨度长达70年的宫藏档案，全面记录了林则徐政治生涯的重要历史阶段，从而揭示了林则徐其人其事的诸多历史实情。

其一，官员任职方面。一是清廷对林则徐本人官职的任免及考核。林则徐为官任职时间较长，经历也较为丰富，档案里对其不同时期的官职任免有着详尽的记载。如嘉庆二十五年三月二十八日的上谕，明确记载林则徐京察一等，"着交军机处记名，以道府用"。道光十五年（1835年）十一月，清廷命林则徐署理两江总督，林则徐循例进呈奏折，向道光帝奏报交卸江苏巡抚及接任两江总督的时间安排。二是林则徐在任期间循例奏报地方官员履职情况的文书档案，包括知府以下官员升迁调补、纠参处分、开缺休致、奖赏抚恤、封赠袭荫等。如道光十四年岁末，江苏巡抚林则徐按照清代密考制度，将两年来对江苏全省道府各员考察的情况以密奏的形式上报，其中谈到，常镇通海道李彦章"敏练精勤，办事不遗余力，所管地方河工关税诸务无不认真整顿，渐臻成效，最为结实可靠之员"。

其二，河工漕运方面。道光十一年，林则徐任东河总督，虽然任职时间不长，仍留下诸多关于奏报各湖存水情形、查勘运河淤浅工段、督催挑挖工程的档案。在林则徐的奏折中，清晰记载了自道光十一年十一月至道光十二年四月运河西岸的微山湖、邵阳湖、南阳湖、南旺湖，运河东岸的独山湖、马场湖、蜀山湖、马踏湖每月的存水尺寸清单。漕运是清朝弊政之一，林则徐在道光十二年就任苏抚时就较全面地奏陈漕弊说："漕务已成痼疾，辗转生奸……不独州县之浮勒，旗丁之刁难，胥吏之侵渔，莠民之挟制，均为法所不宥。即凡漕船经由处所，与一切干涉之衙门，在在皆有把持，几乎无一可恕。"针对这些痼疾，林则徐提出4项纠正漕弊办法：正本清源、补偏救弊、补救外之补救及本源中之本源。由此推出一套具体的整理漕弊的策略。

其三，灾赈仓储方面。林则徐任官期间，注重关注小民疾苦，大量林则徐关于勘察灾情、督办赈务的档案即重现了历史原委。道光十一年七月初八日，因江宁各属水灾严重，清廷认为"赈恤事宜甚为紧要"，谕令林则徐"迅速驰驿前赴"江宁布政使新任。林则徐奏请不走通常驿路，而改道徐、淮、扬、镇赴任，以便勘查淮北水灾，到任后即刻奏报了赴任沿途查勘受灾情形，认为"书保豪棍则以灾为幸，相率浮开冒领，习为生涯"，为使赈灾款项能够发放到真正的灾民手中，提出《州县查赈章程十条》，道光帝对此批复"妥

速办理"。档案记载，遇到冬季雨雪连绵天气，粮价激增，百姓谋生无计，林则徐每每组织劝捐、施粥或散米，给予棉衣。譬如，道光十四年正月二十五日，林则徐呈报江宁省城设厂赈粥的奏折；道光十四年十二月二十日，林则徐奏报隆冬煮赈用过米银的数量清单；道光十七年，数件档案记载荆江水涨天门被水淹没，林则徐奏请缓征被水州县银米的个中情由。这些都体现了林则徐心系民生、体察民情、力行赈恤的精神。

其四，勘查垦荒方面。宫藏档案揭示，林则徐早在任湖广总督时就已经开始关注湘西苗疆屯务的问题。在嘉庆年间，湘西苗疆开始实施屯防政策，至林则徐任湖广总督时已历四十余载，苗疆屯务已是弊端丛生，难以为继。道光十七年十二月初四日林则徐曾有一道专折，明确提出《清理屯田章程》，包括清查屯田、赎回典卖屯田、对失察官员惩处等诸多举措。鸦片战争后，林则徐被清廷遣戍新疆"效力赎罪"。在道光二十四年十二月至二十五年十一月期间，林则徐根据道光帝"详细履勘，即将丈地分田、招民安户及考核工费各事宜悉心妥酌"的旨令，先在南疆库车、乌什、阿克苏、和阗、叶尔羌、英吉沙尔、喀什噶尔、喀喇沙尔八城履勘荒地，后又续勘吐鲁番伊拉里克、哈密塔尔纳沁荒地。通过履勘荒地，林则徐基本核实了南疆及吐鲁番、哈密可开垦荒地的数量和灌溉所需的水利情况，并有针对性地采取不同的屯垦形式，巩固了边疆安全，为新疆的农业发展奠定了良好的基础，屯田备边也成为林则徐的一项重要历史功绩。

其五，货币制度方面。清政府实行的货币制度，是以银两为主、制钱为辅的中国传统货币制度。道光时期出现制钱私销、私铸、"钱贱银昂"、"银价日贵，官民商贾胥受其累"等问题。加上鸦片大量输入，白银大量外流，外国银元普遍在中国流通，这些问题严重地危及

中国经济，动摇了当时货币制度。林则徐对此十分关切，他在"钱票无甚关碍宜重禁吃烟以杜弊源片"、"会奏查议银昂钱贱除弊便民事宜折"、"苏省并无洋银出洋折"、"漕费禁给洋钱折"等几份奏折中，都体现了"银钱贵在流通"的货币思想。林则徐反对在解决银价昂贵问题上，或运用官令定价、或一律禁止外国银元进入中国等治标不治本的方法。

其六，开眼看世界方面。林则徐注重了解外国情况，打开了闭塞的目光，他组织人员摘译《四洲志》《澳门新闻纸》《澳门月报》《华事夷言录要》《洋事杂录》等报刊，开启了对外部世界情况了解的风气。林则徐身为钦差大臣，翻译外书外报，探求海外"奇技淫巧"，这在闭塞的清朝中期的确是难能可贵的，正是因此而把林则徐称为"开眼看世界第一人"。林则徐甚至主张，在加强清朝军事力量的同时，要学习西方的军事技术，并提出向西方购买大炮。道光二十年的"英兵船续来及粤省设防情形片"，林则徐奏报："犹恐各台旧安炮台未尽得力，复设法密购西洋大铜炮，及他夷精制之生铁大炮"。这些举措，表现出林则徐主动学习西方的开放态度。

其七，禁烟抗英方面。在西方鸦片流毒肆虐之时，林则徐受命钦差，掀起著名的禁烟运动，并组织抵抗英国的武装入侵。据档案记载，时任湖广总督林则徐清楚地认识到鸦片贸易导致白银外流，于道光十八年五月十九日拟定了《禁烟章程》六条。是年十一月十五日，清廷颁给林则徐"钦差大臣关防，"令其"前往广东，查办海口事件"，节制广东水师。宫藏林则徐禁烟抗英的档案包括察看英国烟犯情形的奏折，关于收缴鸦片销毁的情况汇报，拿获烟犯、烟膏、枪具数量的清单，审理通洋售卖鸦片罪犯情形的奏报，以及在与西方殖民者交涉抗衡中筹拟的《洋务章程》等。大量禁烟抗英的原始档案，充分体现了林则徐的爱国主义情操和不畏强敌的民族精神。

三、《清宫林则徐档案汇编》的文献学术价值

《清宫林则徐档案汇编》是中国第一历史档案馆对林则徐专题档案进行的全面整理和系统编纂，其中不少档案是首次公布，可谓弥足珍贵，具有独特的文献价值。

一是凸显林则徐其人其事在清中央政府档案记载中的权威性。此前，有关林则徐档案文献已有不少编纂成果，如中华书局出版的《林则徐集》《林则徐奏稿·公牍·日记补编》、海峡文艺出版社出版的《林则徐全集》等，但这些专题汇编多以地方所藏林则徐个人文献资料为主。《清宫林则徐档案汇编》所辑档案则是集中保藏在清宫的中央文献，是将清代中央政府官方文书中与林则徐有关的档案进行系统整理和编纂而成，其中林则徐的题奏文书均是出自其本人之手，有关谕旨则是直接反映了当朝皇帝和清中央政府对林则徐的态度，其他朝臣所奏与林则徐相关的文书档案又从侧面折射出林则徐的为官为人，其涵盖内容丰富，涉及范围广泛，更有不少档案是首次正式公布。这些宫藏林

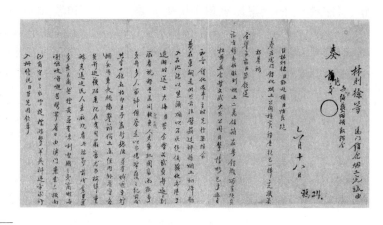

则徐档案，直接反映出林则徐所经历的重大事项的决策过程，记录了林则徐所处时代朝野诸多问题的处理细节，不仅是对地方分散收藏的林则徐文献的有力补充与佐证，更是从清廷视角审读林则徐的第一手材料，具有中央政府的权威性。

二是充分体现了林则徐专题档案全面整理的系统性。对宫藏林则徐档案的整理刊布，此前或是学者个人摘编，或是某些书刊的部分选录，都不够全面，即便是大型史料专集《林则徐全集》，收录林则徐奏折也仅有1 119件。基于这种宫藏林则徐档案的刊布不够系统的状况，中国第一历史档案馆在编纂《清宫林则徐档案汇编》过程中，对馆藏林则徐档案进行了全面细致的搜集筛查，最终收入林则徐的奏折、题本以及相关事件的清帝谕旨等档案2 613件，这是首次对宫藏林则徐专题档案进行全面系统的整理。《清宫林则徐档案汇编》采取编年体例，按照档案形成时间进行排序，对没有明确时间的档案进行了严谨的考证，并在拟制的目录题由中标出考证时间，以方便读者利用。对同日之内的档案，在排序时考虑到不同文种档案产生与形成的先后顺序，尽可能地按清代公文运转程序依次编排，将历史事件演进的原貌如实呈现出来。《清宫林则徐档案汇编》与其他历史人物类的档案汇编不同的是，该书还收入了林则徐去世之后的相关档案。道光三十年十月，林则徐受命钦差大臣，抱病驰赴广西，十九日病逝于广东普宁。对于林则徐的身后事，有各地官员为其请谥建祠的档案记录，其中最晚一件是林则徐去世后的33年，光绪九年正月二十二日两江总督左宗棠奏请在江宁省城为林则徐建祠，以纪念其功绩。还有一些档案，反映了林则徐从政主张对后世政务治理的影响，如同治十二年（1873），同治帝明确谕令李鸿章酌情参考林则徐此前所奏关于漕务改革的举措。这些档案反映了在林则徐辞世后清政府的官方评价，也折射出林则徐在清廷和社会各层面的影响力，该书经过甄选一并收入。另外，学界对林则徐档案的整理编纂，以往以点校为主，在誊抄打印过程中难免会有错讹遗漏之处。《清宫林则徐档案汇编》采用影印形式刊布，由此保持了档案的原貌，使这些公布于世的档案更真实可靠。

三是宫藏档案助力林则徐研究的创新性。进入近代社会，西方殖民者远航东来，在鸦片流毒泛滥于中华大地之际，林则徐受命于危难，出任钦差大臣，奉命到广东查禁鸦片，领导了彪炳史册的禁烟运动，开启了近代中国反抗外国侵略的斗争历程。对林则徐禁烟运动的研究，一直是中国近代史开端研究的重要节点，林则徐禁烟抗英档案的梳理刊布必将有助于鸦片战争研究的深入。同时也应看到，虎门销烟固然是林则徐政治生涯的亮点，但这远远不是林则徐的全部。林则徐的官宦生涯经历嘉道两朝，从政脚印遍布大半个中国，这个时期的清朝风雨飘摇，吏治腐败，水患频繁，民生维艰，国家在河渠、漕政、盐政、矿务、货币、交通、边防等方面的问题错综复杂，清朝开始经历"数千年未有之变局"。林则徐跨越近代中国40余载的官宦人生，既熟稔历朝典章制度和行政举措，又积累了丰富的地方从政经验，大量档案文书记录了林则徐为治理国家提出的许多切实可行的方略。可以说，宫藏林则徐档案贯穿于其整个政治生涯的重要历史阶段和所经历的所有重大历史事件，真实记录了林则徐政绩的方方面面，从时间和空间上都大大丰富和拓展了林则徐的历史形象，使之更为真实、更为丰满。全面审视和研读宫藏林则徐档案，不仅有助于林则徐的全方位立体研究，也将有助于对嘉道时期中国社会变革转型的历史研究，有助于透视和解剖近代以来的中国社会，从而推动林则徐及其时代研究的学术创新。❖

2018 年 11 月开始，韬奋纪念馆以 "韬奋纪念馆馆藏文献" 丛书之名由中华书局连续出版了四大本《生活书店会议记录》(以下简称《会议记录》)，给广大学习、研究韬奋的读者提供了珍贵的原始材料，实在是造福无量的一大功德。

2002 年至 2007 年我曾有幸在韬奋纪念馆任馆长，由于忙于其他事务，加上一点 "官僚主义"，竟然不知道馆里有这么一些宝贝，错过了经手的机会，觉得有点遗憾。不过，看到这套由徐炯局长领衔主编的书得以高规格出版，还是感到非常欣慰。最近有些闲空，把这套书搬出来翻翻，无意中发现一些自己以前不知道的问题和材料，觉得有助于韬奋及其思想的研究，特写出来以就教于有兴趣的朋友。

一、关于《全民抗战》的发行量

关于《全民抗战》的发行量，现在最流行的说法是期发数 "最高曾经达到 30 万份"。我查了百度、搜狗的介绍，又看了一些韬奋的传记和研究生的硕士论文等，差不多都是这一说法，大家也似乎都深信不疑。

那么，《全民抗战》的期发数究竟是多少呢?

我们先来看一下《全民抗战》的 "历史":

1937 年 8 月 19 日，韬奋在上海出版了由他主编的《抗战》三日刊。刊物每逢 3、6、9 日出版，第 1 号为 16 开 8 面，第 2 号起为 16 开 12 面，每期约两万字。因受租界当局干扰，从 9 月 9 日第 7 号起至第 28 号曾一度改名为《抵抗》，第 29 号开始恢复原名。1937 年 11 月 9 日，上海沦陷，《抵抗》继续出版了三期，"到后来已无法公开出版，只能暂时停出"，11 月 23 日到 12 月 23 日，停刊一个月。从第 30 号起，移至汉口继续出版至 1938 年 7 月 3 日的第 86 号。1938 年 7 月 7 日，《抗战》三日刊与柳湜主编的《全民周刊》合并，改名为《全民抗战》，由韬奋、柳湜任主编，编委包括沈钧儒、张仲实、艾寒松、胡绳等知名人士。第 1 号至第 29 号在汉口出版，仍为三日刊。1938 年 10 月 15 日，从第 30 号起，改为五日刊。1939 年 5 月，从第 70 号起，改为周刊，直到 1941 年 2 月 22 日第 157 期时停刊。

此外，1938 年 8 月 19 日起，《全民抗战》曾增出 "保卫大武汉特刊" 13 期。1939 年 3 月 5 日，增办 "战地版" 五日刊，是由读者捐款赞助出版的。"共出了 58 期，总印数是 51 万 4 600 份。平均每期刊印 8 870 份。最近六期来，每期印数一万，除寄赠撰稿者及捐款者外，实寄出去的共 9 685 份。" 8 月 12 日，又增办了 "通俗版" 周刊。(见《全民抗战》第 115 号)

下面我们再来看《会议记录》的记载。

1939 年 2 月 24 日《生活出版合作社渝地社员大会记录》称：

"本店出版之杂志，变动最多，除《世界知识》与《妇女生活》历史最久外，在临委会前共出版杂志十三种，以后继续新出者有《中华公论》《国民周刊》《新学识》《生活教育》《抗战三日刊》《战时儿童》《抗战画报》《集纳周报》《全民周刊》《文艺阵地》《战时教育》《读者月报》等十二种，其中停刊者有八种，《全民》与《抗战》合并出版《全民抗战》一种。现在出版者有七种，其中销行最广者之一种达五万余份。"（1939—1940《会议记录》，第 20 页）

这里提到的七种杂志包括了《全民抗战》（当时还不是周刊），但是，"销行最广之一种"大概不是它。即使是它，也只有五万多份。

1939 年 8 月 1 日徐伯昕在第五届理事会常务理事会第一次会议上，谈到"本店出版各杂志之销售比较"，生活书店社办七种杂志中，《全民抗战》周刊的销数是 12 545 份，排在《世界知识》（14 055 份）、《读书月报》（12 625 份）之后，名列第三。另外四种是：《妇女生活》6 368 份，《文艺阵地》10 125 份，《战时教育》3 975 份，《理论与现实》8 000 份。（1939—1940《会议记录》第 221 页），可见，大家都没有超过两万份。

在《会议记录》的其他地方，还有关于《全民抗战》的记载。1939 年 12 月 8 日下午，第五届理事会第四次常会记录：《全民抗战》每期的最高销数是 16 300 份，最低是 8 500 份。平均销售是 12 545 份。理事会"希望"它每期能增加至三万份。（1939—1940《会议记录》，第 169 页）

但是，到了 1940 年年度工作计划大纲中"提高各杂志销数"一项，对《全民抗战》的要求是"增至两万份"，较上年反而降低了一万。估计是因为国民党政府加强对新闻出版控制，要求稿件事先送审、编辑环境恶劣而作出的调整。

综上所述，可见《全民抗战》每期发行量甚至一直没有超过两万份！哪怕加上"战地版"、通俗版等，较之现在流传的 30 万份，实在差得太远。

那么，这个 30 万份的数字是怎么出来的？

我想追根溯源，查到这一说法的源头，不料最后板子却打到了自己头上：我查到的最早这一说法竟然出自 40 年前我和钱小柏编著的《韬奋与出版》一书！在它的"附录一"中记载：

"（1938 年）7 月 7 日，《抗战》三日刊与《全民周刊》合并为《全民抗战》三日刊出版，由韬奋和柳湜主编。一出版就深受读者欢迎，销数很快达到 30 万。"（《韬奋与出版》，学林出版社 1983 年版，第 204 页）

此书的附录由生活书店老同志钱小柏撰写，我作为全书的统稿者和责任编辑，是看过并通过的。因此，应该与他共同负责。而且，我在 2009 年编著出版的《韬奋论新闻出版》一书中，继续沿用了这一说法："由于韬奋和其他编辑委员的努力，据说《全民抗战》期发数最高曾经达到 30 万份，成为当时发行量最大、最有影响的刊物之一。"只不过加了"据说"二字而已。我的其他有关韬奋的文字中，基本上都是沿用了这一说法。

40 年前，我们编写《韬奋与出版》时，所得的参考材料十分有限，除了三卷本的《韬奋文集》、影印的《生活周刊》，就只有已发表的和采访得到的老三联同志的回忆文字。钱小柏写的附录关于《全民抗战》的期发数得自谁人的回忆，已不可考，估计，他也是有所本的，不会凭空杜撰。现在，有了《生活书店会议记录》这种档案材料，可以纠正我们的差错，抱歉之余，也为历史能够恢复本来面貌感到欣慰。如果我们真是《全民抗战》期发 30 万份的始作俑者，我们诚恳向读者道歉，并认真向全社会呼吁：请立即停止这种错误的传播，恢复历史的真相。我相信，这样做，绝不会损害韬奋的形象和光辉，而只会增加他在广大读者中的影响和威信。

顺带说一下，《韬奋与出版》附录中其他有些数字，如《生活》周刊的发行数，1927 年"达 2 万份"，1928 年"达 4 万份"，1929 年"增至 8 万份"，1931 年"增加到 12 万份"，1932 年"达 15 万 5 千份"，1935 年 11 月，韬奋创办《大众生活》周刊，"销数 15 万份"，1941 年在香港复刊《大众生活》，"很快就销到 10 万份"，等等，除了 15 万份有韬奋自己的话作依据，其他都没有看到撰写者钱小柏的写作原始依据。有了《全民抗战》的"前车之鉴"，我现在对书中的这些说法也不敢全信了，但也无力深入下去追根溯源。特提出来供知情者和研究者探讨，以期得到真实的答案。

现在出版了《韬奋全集》《店务通讯》排印本和《会议记录》等大量有关韬奋的新书，其中有很多的原始档案材料。譬如从后二者中可以查到《生活》周刊社和生活书店的经营情况。如果有兴趣，细心加以研究，有可能根据杂志和书店的有关材料（譬如书店和各杂志的生产成本和利润占比）计算出刊物的发行量。不知是否有这样的热心人士？

二、关于韬奋第一次出国流亡的费用

1933 年 7 月 14 日，韬奋开始了他的"第一次流亡"。原来打算是一年左右，后来到 1935 年 8 月才回来，实际上是两年多。

关于此次出国的情况及费用，韬奋有过多次说明。1933 年 7 月 11 日，韬奋在给戈宝权的信中说："弟出国费用先向本社暂借三千元，作半年之用，该款俟归国后分期归还。本定出国期限一年，入伦敦经济政治研究学院，选一二种与新闻学较有关系之科目听听，余时，游历欧洲各国，惟如往俄国或

须再居半年，所苦者，费用方面颇紧，弟新著《革命文豪高尔基》一书销数甚佳，版税等等或可凑足三千元仍恐不敷用，只得冒几分险出国再说者。"

1944 年，韬奋在《患难余生记》中说："出国不是一句空话所办得到的，必须有相当的经费。幸而有几位好友在国内拍胸膛，先筹集三千元，叫我带着先走，随后他们再设法借款接济。我在国外便就视察所及，务力写书，以作报偿。"

顺便，韬奋还驳斥了外界所传他的"出国视察的费用是从捐款里刮下来的"的谣言。（"捐款"是指 1932 年《生活》周刊发起的给马占山抗日的捐款，共收到各界人士捐款 3 万多元。）

《会议记录》关于韬奋出国费用的记载有多处。

1933 年 8 月 16 日下午四时在环龙路环龙别业二号召开的第三次理事会议上，出席者有毕云程、杜重远（胡愈之代）、邹韬奋（艾代）、徐伯昕、艾逊生。实际与会者四人。

"胡愈之先生提议本社经理邹韬奋先生有功于社，此次赴欧考察经济不甚充裕，应酌赠考察费以资补助案。"

"议决：在二十二年六月底结算盈余中提出五千元赠作考察费。"同时通过"邹韬奋先生赴欧考察请假一年案"。

"议决通过，在请假期薪金照支，一切社务由副经理代行职务。"另外，9 月 20 日第 4 次理事会（参加者较上次增加了杜重远、王志莘）通过"关于补助邹韬奋先生考察费及酌赠特种社员股银案"，议决"由常年大会提出报告，不必另开特别大会报告之。"（1933—1937《会议记录》第 19、20、22 页）

为什么韬奋对外只说借款 3000 元？我的理解是，韬奋出国时确实只借了生活书店的 3000 元，所以，他对戈宝权那样说。由胡愈之提议把借款改为赠款，并提高到 5000

陈叔通先生（1876—1966）是中国近代史上一位有影响的人物。1949 年中华人民共和国成立以后，他曾担任过全国人大常委会副委员长、政协全国委员会副主席、中华全国工商联合会主任委员。《百梅书屋诗存》辑录了陈叔通从 1941 年到 1948 年所写的一百六十多首诗，较好地体现了陈叔通诗作的成就与水平，中华书局于 1959 年出版了该书的 12 开影印线装本。

到了 20 世纪 80 年代，为了纪念陈叔通先生，中国民主建国会、中华全国工商联筹划编辑出版《爱国老人陈叔通诗存》，书里加入了陈叔通在 1949 年以后新写的诗作。可很有意思也很耐人寻味的是，最后由中华书局于 1986 年出版的，还是原来的《百梅书屋诗存》，只是把影印改成排印，并做了一些文字上的校勘，增补了一篇序言和一篇介绍文章，而陈叔通在 1949 年以后所写的诗作却都没有收入。我搜集到一些与当时出版陈叔通《百梅书屋诗存》有关的第一手资料，虽然还不完整，但是颇有史料研究价值，其中最重要的是几封信，可以说清楚这个问题。现在按照时间的先后，分别介绍如下。

1984 年 7 月 2 日，民主建国会、全国工商联史料工作办公室的冯和法、张帆给民建中央秘书长蒋达宁写了一封信。信件是复写的，全文如下：

达宁同志：

为纪念陈叔老，我们准备印行《爱国老人陈叔通诗存》，去年曾向玠老汇报，得到叔老女儿陈慧同志的同意，经许家骏同志的努力，此书已经基本标点、编就。叔老侄子陈植同志已详细校订，陈慧同志也将再行审阅。我们的安排是：

一、由我室派人与中华书局联系，询问：（1）此书可否出版？因《百梅书屋诗存》在解放初曾由该书局影印过一千本，可能有版权问题。(2) 我们将标点本及解放后新作，合辑一本，拟请该局出版，是否同意？

元，是他出国后一个多月的事，待他知道时，一定更晚了。为了保持前后一致，他在《患难余生记》中也不好改口了。

韬奋对这笔钱，究竟是作为"赠款"接受还是作为"借款"对待？并没有明确的记载。从一些表述中看，似乎韬奋并未作为"赠款"接受。在《患难余生记》中他谈到："因为出国视察借了一笔款子，有好几

本著作的版税已不是我自己的，除把版税抵消一部分，还欠着朋友们几千块钱，一时无法偿还。"1935 年，韬奋回国后，《会议记录》中几次提到"邹韬奋先生提议愿拨股份一部分偿还旧欠全款以清账目案"，是偿还此次出国的借款还是偿还另外的借款，我没有精力研究，希望有志者去查考，得出正确的结论。❖

二、如中华书局自己不愿出版，而又同意我们在别处出版，则我们拟与人民文学出版社、浙江人民出版社、政协文史出版社等联系出版。

三、万一各出版社认为销路不佳，均不愿出版，最后拟请领导考虑，是否我们自己出版（内部发行）？

四、领导决定后，我们还将请示中央统战部。

此致

敬礼

史料工作办公室

冯和法　张帆

一九八四年七月二日

1984年7月14日，冯和法又给蒋达宁写了一封信，信件的全文如下：

达宁同志：

遵嘱，叔老的《爱国诗人陈叔通诗存》已由我室寿祝衡同志前往中华书局联系二次，见到该局总编李侃、副总编程毅中和文学编辑许逸民同志，商洽结果，他们认为事关统战工作，初步同意出版，唯请中央统战部或我会去一正式公函，说明缘由。我们认为此事即由我们两会去函，同时由我个人写了一信给一局廖希圣同志，作为汇报、备案。他们如有意见，可做指示，同时，必要时也可请部方去一电话。目前此事我们正在积极进行中（如请许涤新同志作序，请陈慧同志审阅，并请他们尽可能介绍对诗懂行的同志审阅等等），编辑人拟请出版社或陈慧具名，现尚未定，目的是避免领导上审稿辛劳。现将目前情况汇报，我们即按序进行。

致中华书局函和我个人名义致廖希圣同志函，盼审阅后掷回。

敬礼

冯和法

一九八四年七月十四日

同一天，蒋达宁在信上批道："和法同志建议甚好，请即按序进行。"此信还有底稿一份，内容基本相同。

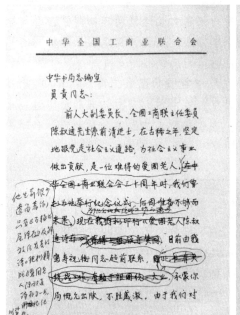
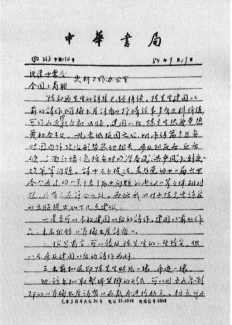

民主建国会、中华全国工商业联合会与中华书局的信函手迹（1984年9月19日）

1984 年 7 月 16 日，民主建国会、中华全国工商业联合会正式致函中华书局编辑部，信件的底稿全文如下：

中华书局总编室
负责同志：

前人大副委员长、全国工商联主任委员陈叔通先生系前清进士，在古稀之年，坚定地跟党走社会主义道路，为社会主义事业做出贡献，是一位难得的爱国老人。他生前很少遗留著作，只有《百梅书屋诗存》及解放后发表的诗。现拟辑成《爱国老人陈叔通诗存》一书，以资纪念。日前由寿祝衡同志趋前联系，承蒙你局慨允出版，不胜感激。由于我们对旧诗所知不多，关于校对、编排等事务，拟恳你局全权处理，还望大力协助，不胜企感。

此致
敬礼

在这封留存的底稿当中，有人用圆珠笔写上"此为最后定稿""84 年 7 月 16 日"等字句。

1984 年 9 月 19 日，中华书局编辑部正式回复民建中常会、中华全国工商联史料工作办公室。信件的全文如下（上面盖有公章）：

民建中常会、全国工商联史料工作办公室：

陈叔通先生的诗集已经拜读。陈先生建国以前的诗作《百梅书屋诗存》抒情论事多有史料价值，可作为近现代文献出版。建国以后，陈先生热爱党、热爱社会主义，一片赤诚之心，所作诗篇多与当时国内外政治形势密切相关，涉及反右、反右倾、"三面红旗"（包括当时的"浮夸风""共产风"）、外交政策等问题。诗中不少提法，若与党的十一届六中全会通过的《关于若干历史问题的决议》等文件相对照，乃有不尽符合之处。为此我们对于陈先生诗集的出版提出如下几点建议：

一、是否不收建国以后的诗作。建国以前的作品，书名仍称《百梅书屋诗存》。

二、撰写前言，可以谈谈陈先生的一生行实，但以不涉及建国以后的诗作为好。

三、书前拟选印陈先生照片一张，手迹一张。

四、该书拟取繁体竖排的形式，可以用五九年影印的《百梅书屋诗存》为底本进行标点。标点可不用专名线，书名号用《　》。诗句最好不用分号，以一逗一句为妥。

五、影印稿有个别误字，如"别裁"当是"别才"，"澈"当是"徹"等，请予改正。

以上意见不知是否妥当，请便中见示。

此致
敬礼

中华书局编辑部

中华全国工商业联合会 1984 年 10 月 16 日再次回复中华书局编辑部，信件的底稿如下：

中华书局编辑部：

来函敬悉，卓见甚是，我们完全同意。兹送上陈叔通先生照片及手迹各二张，许涤新序一纸，"怀念爱国老人陈叔通先生"一文和"百梅书屋诗存"复制本一册，仅供参考，一切编排，悉请按尊函办理。此致敬礼

在这封留存的底稿当中，有人用铅笔写上"84/9 月"，还有"10/16"等字句，估计此信应当是 9 月份拟稿，在 10 月 16 日发出的。

这套材料中，没有《爱国老人陈叔通诗存》的书稿，但是有几张残缺不全的陈叔通年谱简编手稿，估计最初还有编写陈叔通年谱的计划，或者仅仅是为了将陈叔通的诗作按照时间顺序排列的需要。这套材料中，还有陈叔通诗作手抄稿多首，估计是在书稿编成之后又搜集到的，例如 1960 年 11 月 11 日的《陪班禅游西湖口占》《粤汉参观纪事》《访朝纪事》等等，均为应酬之作，的确无甚思想与艺术价值，只是留有那个时代的痕迹而已。❖

中共湖南省委副书记文选德同志是一位学者型领导，对湖湘文化情有独钟和深入研究，自2004年起倡导编纂《湖湘文库》（下简称《文库》），整理出版湖南古近代以来的名人著作。尽管当时《文库》编辑出版的经费尚无着落，但湖南省新闻出版局的领导同志已在进行《文库》的筹备工作，开始研究《文库》的整体框架和编纂方针。2005年8月22日下午，在省新闻出版局八楼会议室召开了《湖湘文库》专题会，我应邀参加，并受命搜索湖湘文献，编写文献书目，修订已初拟的《湖湘文库编辑出版大纲》，以供专家讨论。

这是我首次与会，正式参与《文库》工作之始，内心感到无比激动。认为自己有幸参与编纂《湖湘文库》，这是省、局领导对我的肯定和信任，我一定要竭尽绵薄，全身心投入，努力完成领导交付的工作任务。于是抓紧时间查阅资料，如民国时湖南文献委员会拟定的《湖南丛书书目》，1981年湖南省古籍整理规划小组编的《湖南部分著作家及著述选录》和《湖南省志·著述志》等，编写出《湖湘文献书目》初稿。至12月20日在麓山宾馆尹飞舟同志主持召开的《湖湘文库》筹备会上，更进一步明确由我收集专家意见，执笔拟写"湖湘文献""湖湘研究"两大部分的书目。同时强调，要贯彻已修订过的《湖湘文库编辑出版大纲》的精神，即："《湖湘文库》是一套以湖湘文化为内涵，供人们全面了解湖湘文化、深入了解湖南的高质量传世藏书，是省委、省政府领导下为存史、资政、团结、育人作贡献的一项文化工程。其内容围绕湖湘文化主题，涉及政治、经济、军事、社会、历史、地理、文学、艺术、科技、教育、民族、宗教、民俗、人物等多方面。主要分为湖湘文献和湖湘研究两大部类。"并强调："《文库》的编辑出版，一是突出文献资料性，二是突出学术研究性，并兼顾普及工作。"

当时设想的书目，第一部分"湖湘文献"拟分为古代湘籍名人著作、客湘名人作品和近代湘籍名人著作三大块，约300种；第二部分"湖湘研究"分为人物研究、对湘籍名人的思想及其某种著作的研究和湖湘文化分类研究三个方面，约100种。此外，在湖湘文献整理和湖湘研究的基础上，《文库》将考虑衍生出版两类副产品：一是出版一定数量的适合大众阅读的普及性读物，或曰《湖湘文化普及丛书》；二是以汇编形式出版《湖湘研究资料汇编》。后来经过论证，不断征求专家意见，到2006年4月初才议定为文献整理300种，研究著作200种，普及读物100种。

2006 年 4 月 8 日是一个值得纪念的日子。那天，上年刚由交通部长调任湖南省委书记的张春贤同志陪同中国证监会尚福林主席一起参观岳麓书院，朱汉民、唐浩明二位做导游。当书记感叹书院所见湖湘文化底蕴之深厚时，唐先生趁机说出湖湘典籍之多以及欲编《湖湘文库》而经费困难。书记问知需要 6 000 万元后，下午就跟省财政厅厅长李有志同志打电话，请他牵头找有关部门同志一起开个会进行论证，很快就将编辑出版《湖湘文库》列入省委、省政府的议事日程，决定《文库》立项，定性为政府行为，由省财政拨款"盛世修典"。4 月 11 日上午的《文库》工作会上，李厅长就代表省政府宣布：省政府同意工作小组第三方案，《文库》编书 600 种，1 000 册，经费 7 800 万元。省财政每年 1 000 万元，出版集团 200 万元，争取 6 年完成。同时要尽快搭好班子，建立制度，争取《文库》正式启动时，能拿出点精品。

这一鼓舞人心的喜讯，促使《文库》编委会迅速成立，同时加快了框架与书目的制定。《湖湘文库》编辑出版委员会由文选德同志任主任，省出版局局长刘鸣泰同志任第一副主任，张光华、彭国华、张天明同志任常务副主任，熊治祁、夏剑钦、曾主陶等同志任副主任，郭天民同志为装帧设计总监，还聘请鄢琨、王杰成二位参与编委会审稿工作，从而形成了在《文库》编纂过程中发挥中枢作用的编委会总部。在 4 月下旬召开的一次省内应邀学者与编委会人员的研讨会上，文选德同志关于"明确工作任务、统一编纂思想"的重要讲话，是《文库》框架结构走向成熟的一个转折点。他在讲话中明确指出："《文库》要把湖湘典籍的整理与研究结合起来，以整理典籍为主。所选内容应该是曾经影响湖湘历史进程，具有重要文献学术价值，

能够体现湖湘文化内涵和湖湘人文精神的重要典籍，再就是古今社会认同的杰出人物、重大事件、特色风物及其代表性著作。"主张文献整理与研究著作的比例七三开，具体分为湖湘经典、湖湘人杰、湖湘风物、湖湘史志 4 个部分。并强调："对于现当代的研究成果要出一点，但要厚古薄今，经得起历史的检验。"

随后几个月内，经过前后十六七次会议征求意见和论证，数百人次的认真审阅和发言，以及编委会人员认真消化专家意见、反复研究修订，才在 8 月 6 日的《文库》编委会第一次全会上，形成一个分甲、乙编的整体框架和第七次修订后的书目。这一框架与书目，在 8 月 24 日省委领导主持召开的《文库》正式启动的工作会议后，又分别在北京和省会进行过多次专家论证，才最后形成一个可作为《文库》实施工程总蓝图的整体框架和书目。即《文库》的整体框架分为甲、乙编，以甲编湖湘文献为主，且将文献的收集整理断至 1949 年。甲编湖湘文献除湘人、寓湘人物著述外，还包括方志中的名人名志和湖湘旧报刊，共 442 个选题。乙编湖湘研究的选题，系收录今人的研究著作。这虽是一件有风险、须慎重的事，但对于湖南的历史、人物、风物以及湖湘文化的研究状况，当今的学术界不能没有一个交代。于是编委会集思广益，吸收专家意见，在乙编中设计了湖湘历史、湖湘人物、湖湘考古与古文化、湖湘风物、湖湘文化综合研究、湖湘文史资料和湖湘文化工具书等 7 个部分，共 259 个选题。

应该说，相对于《文库》最后完成的宏伟目标来说，这搭框架、定书目，毕竟只是走完了整个文化工程的第一步。今后各社根据书目和《文库》图书质量管理的要求，进行文献版本的斟酌选定、校勘标

点和排版清样的反复校对，以及人物、史志、风物、工具书等著作的选作者、定提纲和繁重的编校工作等，将是《文库》编委会和各社同仁面临的更为艰巨的任务。但共同的历史使命和责任感，在强烈地震撼着我们，要求我们以湖湘先辈不畏艰难、勇当重任的精神，担负起党和湖南人民的重托，不辱使命，恪尽职守，殚精竭虑，不达目的誓不罢休。有感于此，我曾在2006年8月20日参加蒋建国同志主持的《文库》工作会议后，感言一则道："领导寄予厚望，我辈战战兢兢；兹事责任重大，莫负先贤后人；自愧才疏学浅，惟有黾勉尽心；愿与诸君共进，确保完满告成。"

《湖湘文库》的编辑出版工作，自2006年8月正式启动至2013年8月竣工，经历了整整7年时间的努力奋斗。在这7年中，作为总策划、总调度和管理者的《文库》编委会始终坚持常抓不懈且有些纠结的是4个字：进度、质量。因为《文库》作为一个重点文化工程，"工程是有阶段性的，必须讲求进度；质量是永恒的，必须放在首位"。"《文库》既是历史留给我们的，也是我们留给历史的，所以更要讲究质量。"这正是编委会主任文选德同志一再强调的"千秋功业，质量第一；认真负责，万无一失"和"一丝不苟的精神"。这种对质量的讲究和长抓不懈，说到底是源于对历史的尊重、对学术的敬畏和对先贤后代的负责。

一、增强质量意识，用制度规范行为

《湖湘文库》是一个由编委会统一领导、由湖南省11家出版社共同实施完成的出版文化工程。为了保证工程的质量，首先必须增强大家的质量意识。为此，工程启动伊始的10月24日，《文库》编委会即召开了第一次编辑出版工作会议，编委会常务副主任张光华同志在会上谈《湖湘文库》实施方案的5个"坚持"时，就特别强调"坚持质量第一的观点，在保证质量的前提下求进度"。此后每年3月都要召开一次《湖湘文库》编辑出版工作会议，向参加《文库》编辑出版工作的各社社长、分管副社长和项目负责人等布置全年的工作任务，讲进度与质量，最后语重心长的还是《文库》图书的质量问题，强调这是《文库》图书是否能够传之久远、免遭非议的生命线。除工作会议强调图书质量之外，自2007年起还连续5年分别召开编校人员与印刷人员的图书质量专题会议，以增强大家的质量意识，解决工作中的具体问题。

为确保《文库》图书的整体质量，做到图书体例的各项标准、规格的统一，协调编校、印制、物资供应和储运等各方面的工作，《文库》编委会还抓紧制订和印发了《湖湘文库关于编辑出版的管理规定》，以在提高质量意识的同时，进一步用规章制度来规范大家的编辑出版行为。这本《管理规定》的小册子包括《书稿编辑校对流程管理规定》《图书编辑体例规定》《图书印刷物资和生产流程管理规定》《〈湖湘文库〉古籍校点工作细则》《关于古籍校点和编辑工作的注意事项》《关于校点与审读民国旧籍书稿的意见》《图书印刷与精装质量整体要求》以及《图书质量奖惩办法》等，已涉及《文库》图书编辑出版的各个方面，是实施这一文化工程的系统性规章制度，加上编委会编印的《书刊编校规范化手册》，这些都为规范《文库》图书的编辑出版行为、保证图书质量发挥了重要的作用。

二、选好作者是保证书稿质量的关键

《文库》选题基本确定之后，编委会领

导前期特别注重抓的是约稿和作者（包括点校者）遴选工作，认为这是保证书稿质量的关键。在《文库》第一次编辑出版工作会议上，文选德主任提出了"四个精神"，即从事《文库》编辑出版工作，大家要有"感恩负责的精神""黄昏赶路的精神""一丝不苟的精神""协同作战的精神"，其中阐述"一丝不苟的精神"，就特别指出："做学问，搞科研，要甘坐冷板凳，一丝不苟，半点马虎不得。尤其是文言文，要搞懂不容易，需要埋头苦干，如果搞一些坐不住的人，那就糟了。若要不遭非议，作者是关键！"

作者是关键，这既包括甲编"湖湘文献"的整理者、点校者，也包括乙编"湖湘研究"的撰著者和文史资料的汇编者。首先，古文献的整理者、点校者，不仅要熟悉古文和古代文化知识，有较好的学养和古文功底，而且要有很强的责任心，真正爱惜自己的名誉和学术生命。只有这样，在点校工作中才能不浮躁，不敷衍，遇到疑难问题能找工具书甚至请教专家解决。因此，我们在与岳麓社、人民社、教育社等古籍整理选题较多的社的项目负责人交换意见时，总是反复强调一定要选好点校者，真正找到能够胜任某文集整理工作的人，才能有望保证书稿质量；不然的话，编辑拿着点校不到位的"夹生饭"书稿才真不好办。实际上，由于编辑对学界人员不太熟悉，前期约稿中也确实出现了一些因用人不当而导致书稿质量不高的"夹生饭"现象，给后来的审稿编校工作带来了很多麻烦。

二是湖湘研究的选题，不管是历史（通史与专题史）、人物、考古、风物，还是湖湘文化综合研究的选题，约稿的成败，关键仍然是选作者。这类选题约请的作者，一定要是对某方面有深入研究、有学术积累，且有较高写作水平的专家才能胜任。如湖湘人物选题中关于周敦颐、王船山、魏源、左宗棠、郭嵩焘、曾国藩、黄兴、谭嗣同等八大人物的研究著作述要，就基本上是按照这一要求慎重挑选作者的，结果也较为理想，这8种人物"述要"的著作，大多已成为研究某一人物的入门工具书或参考书。又如《湘籍近现代文化名人·翻译家卷》，编著者张旭多年从事外文翻译工作和湘籍近现代翻译人才的研究，故接受稿约后仅半年多时间就完成了该书的编著任务，且一次性达到出版要求，顺利通过社方三审和《文库》编委会的最后审读。

正因为约稿和选作者工作的重要，2009年4月《文库》首批图书赠送仪式之后，编委会于5月20日召开了全体编校人员的质量学习交流会，光华同志在会上作了《进度的"关键词"和质量元素的构成》重要讲话，提出"进度的关键词"——"为防止选题实施受挫，约稿失败、返工或质量不高，争取进程顺利，需要注意几条"，"首要的一条是编辑对选题的理解深刻、了解全面、把握准确，对实施的估测具有预见性，以奠定向作者约稿时思路清晰的基础"。强调作者的选择，必须注意其专业基础、写作（点校整理）能力、写作（点校整理）条件。我作为编委会副主任在会上就《湖湘文库》书稿《前言》的写作，以及《内容简介》和部分书稿的状况进行了述评。这次会议不仅引起了各社编辑人员对约稿和选作者工作的高度重视，还通过对《前言》的地位、功能和写作方法进行的个案分析与互动交流以及对当时书稿质量状况的分析、评价，让大家交流学习了抓好书稿基础工作的方法和经验，为《文库》书稿质量的提高发挥了重要作用。

三、抓审稿与编校工作，是提高图书质量的有效措施

约定的书稿交稿之后进入编辑阶段，书稿审定和编校质量的高低又是决定图书内容质量的关键，必须采取有效措施抓实抓细。《文库》的书稿按照《书稿编辑校对流程管理规定》，各社应按新闻出版总署下发的《图书质量管理体系》和《文库》的具体要求，对书稿进行一读、三审、三校。但《文库》编委会为确保图书的质量和规格统一，《文库》所有图书付印清样印前还需经编委会审核并签署意见，然后才交出版社付印。而实际工作中，乙编中的大多数书稿还并不是那么一帆风顺，往往是从撰稿初始的定提纲和框架，到审读修改样稿，《文库》编委会与社方编辑人员都要提前介入，几乎参与其全过程；而且对社方三审通过的书稿仍要认真审读、修改，甚至退社返修，直到达到《文库》要求的出版水平才能付印。这一类情况，如《长沙通史》《湖南农业史》《曾纪泽的外交活动与思想研究》《湖南历代文化世家·新化邹氏卷》《湖南近现代名校史料》等，《文库》编委会便都是多次召开定框架、修改提纲或样稿的会议，与作者反复推敲、逐步推进，有的还邀请专家召开审稿会，以更有效地提高书稿质量。又如《湖湘学案》一书，由于作者交稿较迟，书稿讹阙较多、体例不一，靠编辑加工是难以达到出版要求的。若退回作者修改，因资料缺乏，作者亦恐难于立时奏效。为不影响《文库》整体的进度，编委会决定聘请3位专家分别审订，逐篇把关，才使该书不仅按时付印，还大大提高了书稿质量。

在书稿的编辑过程中，《文库》编委会特别注重抓编校人员的业务培训和书稿质量检查。2007年10月17日在湖南师大红楼召开的第一次编校工作会议上，文选德主任不仅重申"千秋功业，质量第一；认真负责，万无一失"，而且指出《文库》图书的书稿编校"不全是水平问题，还有个责任心问题、态度问题。必须一丝不苟。稍有不慎，就会出现后患"。通过这次会议，各社编校人员不仅提高了认识，感到责任重大，而且互相交流了情况，引起了各社领导的高度重视。2010年3月召开的第四次工作会议上，编委会领导再次强调要"保证质量，好中求快"，并提出编辑工作要抓实抓细。会议之后，各社对图书质量的问题更加重视，有的社增加了编校力量，有的社召开了乙编图书作者的座谈交流会，有的社举办了编校知识竞赛，以增强编校人员的质量意识和知识技能。《文库》编委会也采取措施，一个月内召开了3次书稿提纲和作品的讨论会，对2009年出版的图书进行了质量抽查，同时还抽查了当年发排书稿的质量。随后于4月30日再次召开编校人员的图书质量专题会议，通报了图书和书稿检查的有关情况，并对图书质量抽查和书稿审读中发现的问题作了具体分析，最后还宣读了《文库》编委会关于对《湖湘文库》2009年度图书质量实施奖罚的决定。

《文库》编委会和各社同仁，正是由于这样高度重视图书质量，从《文库》选题抓起，紧抓作者选择、书稿审读和编校质量，时刻怀着一种敬畏学术、绝不以讹传讹的敬业精神，才使《文库》的图书能基本保证质量，做到修订重版书能够后出转精，内容更臻完善，初校初撰书能够立得住、少差错，基本上得到学术界认同。

2013年8月，《湖湘文库》纸质版图书的编辑出版工作全部完成，历时整7年，共成书702册，分甲、乙两编，甲编《湖湘文献》442册，乙编《湖湘研究》著作和文史资料汇编259册，外加《湖湘文库书目提要》1册。✧

日前，我在整理家父陈瑜清的藏书时，发现一些颇具年代感的老书，其中一本是丰子恺先生译日本上田敏著《现代艺术十二讲》，格外引人注目。这是 1929 年 5 月由开明书店出版的精装初版本，书名页上有"裘梦痕"藏书签名，距今已有九十五年之久，保存完好，只是封面颜色已经褪去，无破损和折页痕迹。我多次阅读这本译著，发现它是难得一见的珍贵版本，译者和收藏者的关系非同一般，藏书背后还蕴藏着一段人间情缘。

丰子恺先生是一位令人敬仰的漫画家、书法家、散文家、翻译家和教育家，他的艺术道路可以说是从翻译创作和艺术教育起步的。1919 年 7 月，他毕业于浙江省立第一师范学校，1921 年初，东渡日本留学，接受艺术、语言的教育和熏陶，年底回国后，在上海等地多所学校任教。1925 年上海立达学园成立，他担任了校务委员，为西洋画科负责人。由于早年艺术教育面临教材的匮乏，西洋的文艺理论在中国还是空白，丰先生利用业余时间阅读了大量的国外文艺理论原著，有选择地进行翻译，创编了一套按年级分类的教材。1928 年他翻译上田敏著《现代艺术十二讲》，就是为立达学园二年级学生授课所用，他基本上遵照原著进行翻译，深受学生们欢迎。次年由开明书店初版发行，有平装和精装两种，精装定价一元五角，内容包括：现代的精神，现代生活的基调，现代诸问题，现代诸问题与艺术，现代的艺术，现代的文学，自然派小说，自然派以后的文学，现代的绘画，印象派绘画，现代的音乐。丰先生在序言里写道：

立达学园开办西洋画科凡三年。今年暑假第一次毕业后，即行停办。我为此三班美术学生译述三种关于艺术知识之讲义：为一年级生述艺术概论，为二年级生述现代艺术，为三年级生述西洋美术史。一年级与三年级两种讲义稿，已蒙开明书店排印为《艺术概论》及《西洋美术史》两种书，于两月前出版。今再将二年级讲义稿付印，即此《现代艺术十二讲》。

日本京都帝国大学文学教授上田敏先生曾为该大学一般学生演讲现代艺术，分十二回讲毕，有桑木严翼君速记其演讲稿。先生逝世后，其友人森林太郎君等欲保留先生在讲坛上之面影，将此稿加以修整，刊行为《现代的艺术》。今所译者即此书。上田先生对于各种艺术均有丰富之趣味与见识；此演讲系为理工科医科学生及一部分公众而开，浅明而多兴味，与专门讲义异趣。又因上田先生系文学专家，对于文学兴味更深于别种艺术，故其论文学较别种艺术，尤为津津，且在论别种艺术中亦时时回顾文学，全书几以文学为中心。故此稿与其作美术学生讲义，实不如作一般读物之为适当也。

全书以文学为主要对象阐述现代艺术的理论问题，涉及绘画、音乐、雕刻、宗教、哲学和科学等方面，内容广泛，通俗易懂，既有专业的知识，又有生动的意趣，读起来不枯燥，不乏味。在日本，该书是大学生教学用书，丰先生拿来对立达西洋画科的学生进行施教，恰好体现了丰子恺"艺术教育是很重大很广泛的一种人的教育"理念，践行了他的艺术教育就是"人的教育"的教学定位。

译著装帧精美，封面图案由几块抽象的几何图形和英义字母构成，简明大方，彰显现代艺术的时尚特点。书前编排了20幅国外近现代艺术家的代表作品，如法国雕塑家罗丹的"黄铜时代"，法国印象派画家莫奈的"凡尼司"、马奈的"草地上的聚餐"和德加的"舞女"等世界名画，图文并茂。开明书店于1926年8月成立，丰子恺的许多音乐、美术、散文等作品都由开明书店出版，他还为开明书店的许多书籍作插图，绘制封面。

丰先生曾说过，在立达工作、生活八年之久，立达是他一生中付出心血最多的地方。在教书育人的实践中，他边教学边创作，因材施教，不辞辛劳编译教材。在引进和传播西方现代艺术方面，丰子恺是一位代表性人物，他把日本学者写的西方艺术史介绍到中国，直接翻译国外的西方美术史论著作为中国学生教材，不仅对中国的西洋艺术教育进行了推广和普及，还对美术青年和专业工作者产生了较大的影响，为现代主义美术在中国传播作出了重要的宣传，也为中国近代艺术绘画走向世界指引了努力的方向。中国现代教育家叶圣陶先生曾评价过丰子恺的艺术论著："在三十年代，子恺兄为普及音乐绘画等艺术知识写了不少文章，编了好几本书，使一代的知识青年，连我这个中年人也包括在内，受到了这些方面很好的启蒙教育。"

2004年1月，《现代艺术十二讲》由湖南文艺出版社再版发行，列入"艺术细胞丛

裴梦痕收藏的丰子恺《现代艺术十二讲》书影及批注

书"，推介语：本书经过这样一番校订之后重新出版，就好比给它注入了一点新鲜血液，使它重新成为一部对读者有启发作用和参考价值的读物。2019年12月，上海书画出版社出版的《中国近代艺术文献丛刊·美术卷》（第一辑）第十五卷收录了《现代艺术十二讲》，这一早年教材译本，影响至今。

裴梦痕一生从事音乐教育工作，早年收藏丰先生的著作，使他一生受用。由于此书有他的亲笔批注，又收藏于1967年的特殊年代，批注内容都为"文革"运动时期的极左观点，便成为一本刻有时代烙印的"别样"藏书。翻开书页，直入文本，在第一讲《现代的精神》第一页有一段首批：

这是一本在帝国主义资本主义制度下的资产阶级立场观点的著作。看过毛主席《在延安文艺座谈会上讲话》的人，读来深觉可笑，但是以批判来看它，也觉有趣。因为拆穿了它的西洋镜，又从它的反动论著中，得到了反面的教育与启发。

痕 一九六七年 春

历史的车轮是不可阻挡地向社会主义共产主义前进的！

时过境迁，再看这条批注觉得可笑。查看全书，五个章节写有批注，每一条皆落笔

划线字句旁的空白处，字小端整，长短不一，语气各异，针对书中的学术观点进行驳斥，就西洋的艺术理论和表现形式进行批判。细数五十余条批注皆为旁批，当年惯用的标语"四海翻腾云水怒，五洲震荡风雷激的时代来了"偶有出现。裴梦痕以极左的观点，用贬低的语气，视译著为反面教材进行批判和抨击，口诛笔伐，毫不留情。不知其用意何在？我想他为什么不用毁书的方式来表明态度，而不厌其烦地逐页逐句加注评语和反驳。我沉思许久后才明白：裴先生是一位识时务者，当年他已经退休在家，为了使藏书躲过一劫，采用这种顺势而为的方式来达到他保全图书之目的，所做一切都是给造反派看的。凡是有过"文革"经历的人，都知道政治运动给知识分子带来多么大的冲击，设法保护好心爱的藏书才是他当年的初衷。

裴梦痕与丰子恺的情谊不容置疑，他们从师生关系发展成为志同道合的同人，书上批注不是他的真情实意，更不是他的藏书初心。为了求证，我查看他收藏丰子恺译《孩子们的音乐》，书上没有一条批注。裴梦痕一生从教，音乐教育离不开教学参考用书，藏书成为他的爱好之一。曾遇社会战乱，经受过运动冲击，他多年的藏书都不离不弃，尤其是丰先生的著作。我从父亲的日记里得知裴先生藏书丰富，他的图书经常在朋友圈内传阅，包括《中文名歌五十曲》初版本。由此可见，历经"文革"十年，裴梦痕的藏书大多数都幸运保存下来。

1966 年开始的"文革"运动，丰子恺在上海首先受到冲击，惨遭迫害。面临突如其来的政治风暴，大多数有头脑的人都会审时度势，谨慎面对。"文革"中，父亲被单位造反派隔离审查，上交了丰子恺赠送的字画。上海派人来杭外调丰子恺，要父亲写揭发材料。当时为了过关，父亲写了一份交代材料，说了一些违心的话。

裴梦痕，字绍，生于 1901 年，卒于 1978 年 4 月，出生于杭州一个书香世家，家境殷实，从小喜爱艺术，毕业于上海专科师范学校（上海艺术大学前身），25 岁毕业后任中学音乐教师，先后在上海、长沙等地的立达学园、劳动大学、复旦大学附中、上海爱国女校、岳云音乐专科学校、澄衷中学、浦东中学、松江三中等校任教，教授乐理、和声、钢琴等课程，解放后在松江中学任校长，退休后在杭州定居。他选择音乐教学为终身职业，把毕生精力默默奉献给音乐教育事业，勤勉敬业，在普通学校音乐教育和社会音乐教育领域，留下印痕。他是一名爱国的音乐教育家，培养了大量的音乐人才，其中有的成为音乐家，如上海音乐学院的前院长桑桐，音乐史学家汪毓如，闻名中外的音乐家贺绿汀都是他引以为傲的学生。长期坚守教育岗位，默默奉献，淡泊名利的他，却很少被人们所关注和研究。

丰先生在序言中说：立达西洋画科仅有三年之生命。回想此中日月，三四教师与十余学生优游于杨柳栏杆边之小画室（现改为中学教室），今已成为陈迹矣！我以此三种讲义稿刊出于世，聊示三年之遗念。裴梦痕是丰先生所述画科教师中的一员，是辅助丰先生的得力助手。他们白天在校授课，晚上利用业余时间共同编写教材。他与丰子恺合编教材有《中文名歌五十曲》《洋琴弹奏法》《开明音乐教本·乐理编》《开明音乐教本·唱歌编》《怀娥铃演奏法》等五种。其中，1927 年 4 月，他们合编《中文名歌五十曲》，由开明书店出版，成为当时普通学校音乐教育的教材，书中首次收录李叔同先生的《送别》等歌曲，前后重印出版达 10 版之多，广为流传，影响至今。日后，裴梦痕自编教材多种：《中等学校唱歌》《续洋琴弹奏法》《声乐基本练习》《读谱法讲义》《音乐常识讲义》和《和声学讲义》等。裴梦痕不仅对中国基础音乐教育作出贡献，还对早期中国钢琴教学法的研究和发展产生了一定的影响。

裘梦痕与丰子恺可谓亦师亦友。在上海专科师范读书时，裘梦痕是丰子恺的嫡系弟子，毕业后供职于立达学园。裘梦痕也是立达学园校务委员，先后为立达学园的音乐教学事业奉献了三十多年。他与丰子恺共事的八年间结下深厚情谊，除了在艺术教育事业上，还有缘在立达校舍附近的永义里缘缘堂与丰家结邻相伴多年，交往甚密，感情很深。自与丰先生立达一别后，彼此牵挂不断。抗战爆发后，1938 年 2 月初，裘梦痕把《上海新闻报》登载石门湾缘缘堂一月初遭日军焚毁的消息，第一时间写明片报告给逃难途中的丰子恺，令他无比愤慨，写下了《还我缘缘堂》等文章数篇进行控诉。

父亲陈瑜清，笔名诸候，生于 1908 年 5 月 30 日（农历），卒于 1992 年 10 月 31 日，出生于浙江桐乡乌镇一个中医世家。8 岁时，由姑母陈爱珠带去上海读书，1923 年 9 月进上海立达学园读高中，丰子恺是他的音乐和日语老师。父亲熟知裘梦痕老师，但没有听过他的课。父亲曾回忆立达的往事：丰先生教学生识五线谱，用钢琴伴奏混声四部合唱，教大家唱李叔同先生用民间乐曲"老六板"填词的一首爱国歌曲《祖国歌》。这些都给父亲留下深刻的印象。父亲在丰先生循循善诱的教学中学习日语，从音乐启蒙教育中产生了兴趣，老师诲人不倦的教导和为人师表的品德影响了父亲的人生抉择和志向，选择去日本和法国留学，回国后走上教书的岗位。父亲与丰先生结下的深厚情谊，缘于抗战逃难期间，与丰先生有过三地三段不期而遇的经历，期间他们患难与共，真情关爱，相互帮助，结邻相伴。这份情缘一直延续了半个多世纪，丰先生赐赠父亲的五幅书画墨宝便是最好的见证，笔墨见真情，件件是珍品。

20 世纪 70 年代，裘梦痕、沈本千、黄源和父亲等几位与丰先生结缘的好友恢复了联系，他们徜徉于湖边品茶叙旧，合影留念，经常会聚酒馆把酒言欢，回忆往事，主动关心丰先生的境况和健康。1975 年 9 月 15 日，丰子恺先生在上海不幸病故，惊悉噩耗，在杭好友悲痛万分，由裘梦痕、沈本千和陈瑜清联名发去唁电，深表哀悼，唁文由裘梦痕执笔，父亲保存了底稿，唁文如下：

华瞻同志：

顷奉大札，藉悉尊翁病犯绝症，无可挽救，尚希顺变节哀，善自珍摄！本千与尊翁为浙江一师同学，校内画社之画友。梦痕前任教立达学园，与尊翁共事、邻居多年。瑜清昔在立达肄业，亲承教诲，抗战时期又多次相遇，时相过从，忝时忘年之交。虽经多年阔别，却常念旧谊，今突闻噩耗，不胜伤悼。幸请代向令堂慰问，应看后秀蔚起，多多宽怀为祷！专此布复，并候

苦安。

沈本千　裘梦痕　陈瑜清　同启

时隔三年后，裘梦痕因病在杭去世。因老师无后人，父亲经常在生活上帮助裘师母唐志云老人，令她很受感动，裘师母把先生珍藏的图书赠予父亲留作纪念，父亲对老师的著作尤为喜爱，珍藏至今。

《现代艺术十二讲》初版精装书实属珍稀版本，全书品相尚佳，为了存世留下时代痕迹的批注，见证了一段历史风雨。值得一提的是，书后夹有一张"开明书店读者调查表"，供读者填写意见后邮寄开明书店编译所，一纸书附表格与书同在，足见收藏者的可贵之处，裘先生的收藏情怀令人敬佩，值得赞颂。斯人已去，书比人寿，岁月留痕，书留余香。一本老书，还有一段收藏的故事。珍藏的译著穿越时空，流传至今，艺术之光未泯，价值再显。先辈的情缘打动了我，感人的往事难以忘怀，今撰文与大家分享这段藏书佳话，以寄托我对先辈们的缅怀之情。❀